现代远程教育系列教材

人力资源管理

（第二版）

李文静　主编

经济科学出版社

图书在版编目（CIP）数据

人力资源管理：含习题手册/李文静主编 . —2 版 . —北京：经济科学
出版社，2014.4（2015.8 重印）

ISBN 978 – 7 – 5141 – 4377 – 5

Ⅰ.①人… Ⅱ.①李… Ⅲ.①人力资源管理—远程教育—教材
Ⅳ.①F241

中国版本图书馆 CIP 数据核字（2014）第 036203 号

责任编辑：张　频
责任校对：王苗苗
技术编辑：李　鹏

人力资源管理（第二版）

李文静　主编

经济科学出版社出版、发行　新华书店经销

社址：北京市海淀区阜成路甲 28 号　邮编：100142

总编部电话：010 – 88191217　发行部电话：010 – 88191522

网址：www. esp. com. cn

电子邮箱：esp@ esp. com. cn

天猫网店：经济科学出版社旗舰店

网址：http://jjkxcbs. tmall. com

固安华明印业有限公司印装

710×1000　16 开　25 印张　500000 字

2015 年 3 月第 1 版　2015 年 8 月第 2 次印刷

ISBN 978 – 7 – 5141 – 4377 – 5　定价：48.00 元（含习题册）

现代远程教育系列教材
编 审 委 员 会

总　序

当今世界，网络与信息技术的发展一路高歌猛进，势如破竹，不断推动着现代远程教育呈现出革命性变化。放眼全球，MOOCs运动席卷各国，充分昭示着教育网络化、国际化正向纵深发展；聚焦国内，传统大学正借助技术的力量，穿越由自己垒起的围墙，努力从象牙塔中走出来，走向社会的中心；反观自我，68所现代远程教育试点院校围绕党的十八大提出的"积极发展继续教育，完善终身教育体系，建设学习型社会"目标，经过十余载的探索前行，努力让全民学习、继续学习、终身学习的观念昌行于世。

教材作为开展现代远程教育的辅助工具之一，与教学课件、学习平台和线上线下的支持服务等要素相互匹配，共同发挥着塑造学习者学习体验和影响最终学习效果的重要作用。技术的飞速进步在不断优化学习体验的同时，也对现代远程教育教材的编写提出了新挑战。如何发挥纸介教材的独特教学功能，与多媒体课件优势互补，实现优质教材资源在优化的教学系统、平台和环境中，在有效的教学模式、学习策略和学习支持服务的支撑下获得最佳的学习成效，是我们长期以来不断钻研的重要课题。为此，我们组织有丰富教学经验及对现代远程教育学习模式有深入研究的专家编写了这套现代远程教育教材。在内容上，我们尽力适应大众化高等教育面对在职成人、定位于应用型人才培养的需要；在设计上，我们尽力适应地域分散、特征多样的远程学生自主学习的需要，以培养具备终身学习能力的现代经管人才。

　　教材改变的过程正是对教育理念变革的不断践行。我们热切希望求知若渴的学生和读者们不吝各抒己见，与我们一同改进和完善这套教材，在不断深化的继续教育综合改革中为构建全民终身教育体系共同努力。

　　这套教材的出版得到了经济科学出版社的大力支持，范莹编辑对这套教材无论从选题策划、整体设计还是到及时出版更是付出了大量劳动，在此一并表示衷心感谢！

现代远程教育系列教材编委会

前　言

现代管理大师彼得·德鲁克曾经说过："企业只有一项真正的资源，就是人"，由此可见人力资源作为企业生存和发展命脉的重要地位。如何最大限度地调动员工积极性，激发员工潜能，在员工自我实现的同时圆满地达成企业目标，是每一位管理者必须思考和面对的问题。人力资源管理正是这样一门有关如何利用和开发人力资源的学科，也是企业管理人员必须掌握的知识与技能。

本书旨在通过系统地展现人力资源管理的相关内容，使读者了解人力资源管理的基础理论和基本功能模块，理解各个模块之间的有机联系，掌握发挥人力资源管理各项职能所需的各种方法和技术。

根据远程教育的特点，考虑到接受网络教育的学员大部分都是在职工作者，学习时间和精力有限，本书除了以深入浅出的语言阐述人力资源管理的基础理论和基本原理之外，还设置了"小思考""小资料""小案例"等栏目，以丰富的实例材料帮助读者在理解相关理论知识的同时，把握这些理论在实践中的应用途径和方式，为解决其在工作中遇到的问题提供参考。此外，为了使读者更为准确地理解和把握人力资源管理各主要功能模块在具体实践中的运作要点，从第3章开始的每一章结尾处都设置了"实践流程与要点"和"实操认知与思考"两项内容。旨在通过简洁凝炼的图示直观展示从工作分析到劳动关系管理的各个模块在企业人力资源管理实践中需要注意的关键环节，从而为读者参与具体实践提供直接参考。

全书共包括9章，具体分工如下：第1章（李文静、朱琳）；第2章（李文静、王朝阳），第3章（柏玉和、王朝阳），第4章（李文静、柏玉和）第5章（李文静、王晓莉、高丹竹），第6章（王晓莉），第7章（王慧）、第9章（王慧、郝瑞芝），第8章（李文静、张琳）。此外，东北财经大学研究生院的庞庭英、郝瑞芝、董琪明等几位同学也参加了本书的后期校对和材料更新工作，在此为他们所提供的无私帮助表示感谢。

在本书的编写过程中，参考和引用了国内外学者大量的研究成果，并且得到经济科学出版社编辑的鼎力相助，在此表示衷心的感谢。由于编者知识、经验的局限，书中难免有不足之处，敬请广大读者批评、指正。

编者

2014 年 6 月

目／录

第1章　人力资源管理导论

学习索引

```
                    人力资源管理导论

  人力资源和人力        人力资源管理        美国、日本的人力      人力资源
  资源管理概述          的发展历程          资源管理模式        管理的发展

  ── 人力资源的含义、性质及作用        ── 美国的人力        ── 目前人力资源
                                        资源管理            管理面临的挑战

  ── 人力资源管理的含义、职能及
     作用                             ── 日本的人力        ── 人力资源管理
                                        资源管理            发展的趋势
  ── 人力资源管理的理论基础
```

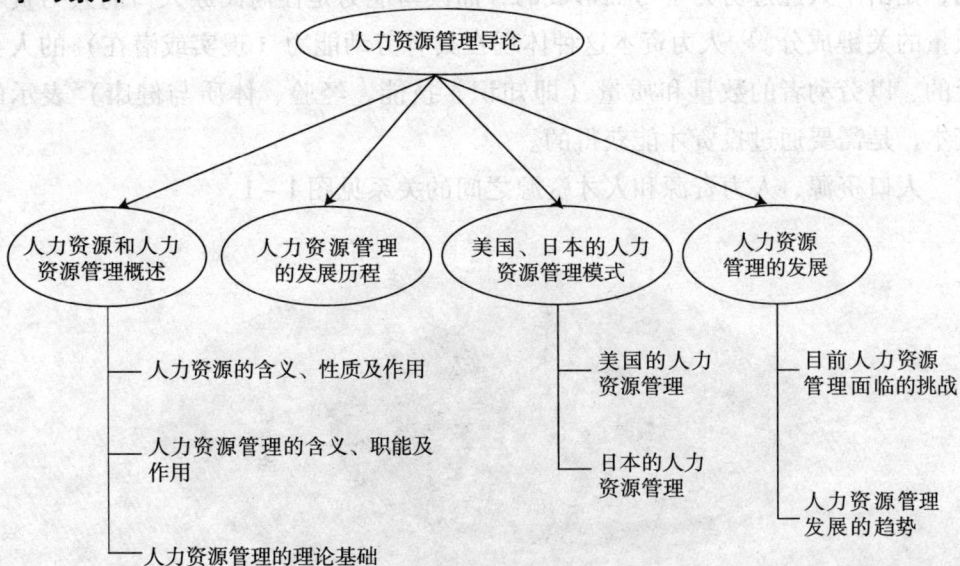

1.1　人力资源和人力资源管理概述

1.1.1　人力资源的含义、性质及作用

1. 人力资源的含义

人力资源的概念是由管理大师彼得·德鲁克于 1954 年在其名著《管理实践》中首先正式提出并加以明确的。人力资源是指在一定范围内能够为社会创造物质财富和精神财富、具有智力劳动和体力劳动能力的人口的总和，它包括数量和质量两个方面。

在对人力资源概念界定的同时，我们还需要明确与人力资源相关的概念：

（1）人口资源。人口资源是指一个国家或地区的人口总量。人口资源主要表明的是数量概念，它是人力资源和人才资源的基础，它主要表现为人口的数量。

（2）人才资源。人才资源是指一个国家或地区具有较强的管理能力、研究能力、创造能力和专门技术，在价值创造过程中起关键或重要作用的那部分人。人才资源是指人力资源中杰出的、优秀的人员，着重强调人力资源的质量。

（3）人力资本。对于人力资本的含义，被称为"人力资本之父"的西奥多·舒尔茨认为，人力资本是劳动者身上所具备的两种能力，一种能力是通过先天遗传获得的，是由个人与生俱来的基因所决定的；另一种能力是后天获得的，是由个人经过努力学习而形成的，而读写能力是任何民族人口的人力资本质量的关键成分。① 人力资本这种体现在具有劳动能力（现实或潜在）的人身上的、以劳动者的数量和质量（即知识、技能、经验、体质与健康）表示的资本，是需要通过投资才能获得的。

人口资源、人力资源和人才资源之间的关系见图1－1。

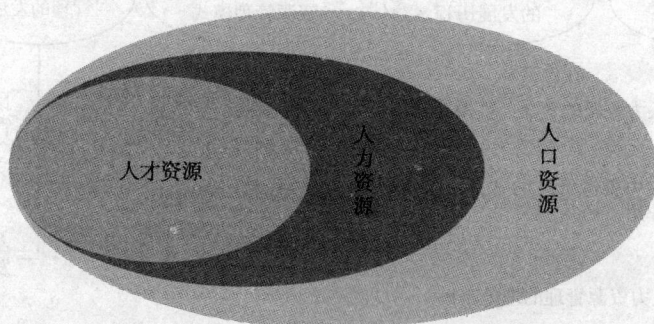

图1－1　人口资源、人力资源和人才资源的数量关系

2. 人力资源的性质②

（1）能动性。人力资源是劳动者所具有的能力，而人总是有目的、有计划地在使用自己的脑力和体力，它具有思想、感情和思维，具有主观能动性，这是人力资源同其他资源的最根本的区别。人，作为人力资源的载体，和自然资源一样是价值创造的客体，但同时它还是价值创造的主体。它能够通过接受教育或主动学习，使自身的各方面素质得到提高。并能够主动地运用自己的知识与能力、思想与思维、意识与品格，有效地利用其他资源推动社会和经济的发展。

（2）两重性。人力资源既是投资的结果，同时又能创造财富，或者说，

---

① 萧鸣政．人力资源开发与管理——在公共组织中的应用（第二版）［M］．北京：北京大学出版社，2009：6.

② 林忠，金延平．人力资源管理（第三版）［M］．大连：东北财经大学出版社，2012：2－3.

它既是生产者也是消费者。根据舒尔茨人力资本的理论，人力资本投资的程度决定了人力资源质量的高低。他说："土地本身并不是使人贫穷的主要因素，而人的能力和素质却是决定贫富的关键。旨在提高人口质量的投资能够极大地有助于经济繁荣和增加穷人的福利。"从生产和消费的角度来看，人力资本投资是一种消费行为，而且这种消费行为是必需的，是先于人力资本收益的，没有这种先前的投资，就不可能有后期的收益。人力资源作为一种经济性资源，它与物质资本一样具有投入产出规律，并具有高增殖性。研究表明，对人力资源的投资无论是对社会还是对个人所带来的收益要远远大于对其他资源进行投资所产生的收益。舒尔茨用投资收益率法研究了美国1929～1957年的经济增长贡献指标，结果表明人力资源投资的贡献率高达33%。

（3）时效性。人力资源是一种具有生命的资源，它的形成、开发和使用都要受到时间的限制。人的生命的周期一般可以分为发育成长期、成年期和老年期。由于在不同时期人的体能和智能存在差异，因而各个时期的学习能力和劳动能力也有不同，这就要求对人力资源的培养要遵循人的成长规律，在不同阶段提供不同的学习与培训项目。对人力资源必须适时开发，及时利用，讲究时效，否则就容易造成浪费人力资源的问题。

（4）社会性。人类劳动是群体性劳动，每一个人都在一定的社会和组织中工作和生活，其思想和行为都要受到社会和所在群体的政治、经济、历史和文化氛围的影响，这就必然导致人力资源质量的不同。例如，古代整体的人力资源质量就远远低于现代，发达国家整体的人力资源质量也明显高于发展中国家。

（5）再生性。经济资源分为可再生性资源和不可再生性资源两大类。人力资源是一种可再生性资源，这是基于人口的再生产和劳动力的再生产，通过人口总体内的各个个体不断地替换更新和劳动力消耗—生产—再消耗—再生产的过程实现的。进一步而言，如果人的知识、技能陈旧了，也可以通过培训和学习等手段得以更新和补充。

3. 人力资源的作用

（1）人力资源是财富形成的关键要素。人力资源是社会经济运动的基本前提。从宏观的角度看，人力资源不仅在经济管理中必不可少，而且是组合、运用其他各种资源的主体。也就是说，人力资源是能够推动和促进各种资源实现配置的特殊资源。因此，人力资源成为最重要和最宝贵的资源。它不仅与自然资源一起构成了财富的源泉，而且在财富的形成过程中发挥着关键性的作用①。

（2）人力资源是经济发展的主要力量。研究经济增长问题的经济学家一

① 董克用. 人力资源管理概论（第三版）[M]. 北京：中国人民大学出版社，2011：13-15.

致认为，"知识的进展"是20世纪经济增长的最主要因素。所谓知识进展，主要是对人力资源进行投资、开发，使社会劳动的文化水平、专业理论和专业技能提高，具有较高的运用物质资源的能力。统计数据表明，美国国民收入增长中，36%是靠科学技术知识的应用而获得的；发达国家国民生产总值中科技知识的贡献率达到了60%～80%。在许多产品中，物质资源的原材料价值所占的比例越来越小，而人力资源的比例则越来越大①。

（3）人力资源是企业的首要资源。企业要想正常运转，就必须投入各种资源，而在企业投入的各种资源中，人力资源是第一位的。人力资源的存在和有效利用能够充分激活其他物化资源，从而实现企业的目标。彼得·德鲁克曾指出："企业只有一项真正的资源：人。"小托马斯·沃特森曾说过："你可以搬走我的机器，烧毁我的厂房，但只要留下我的员工，我就可以有再生的机会。"由此可以看出，人力资源是保证企业最终目标得以实现的最重要、也是最有价值的资源。②

> **📋 小资料**
>
> **彼得·德鲁克简介**
>
> 彼得·德鲁克（Peter F. Drucker）对世人有卓越贡献及深远影响，被尊为"大师中的大师"。德鲁克以他建立于广泛实践基础之上的30余部著作，奠定了其现代管理学开创者的地位，被誉为"现代管理学之父"。30余部著作中最受推崇的是他的原则概念及发明，包括：《将管理学开创成为一门学科》、《目标管理与自我控制是管理哲学》、《组织的目的是为了创造和满足顾客》、《企业的基本功能是行销与创新》、《高层管理者在企业策略中的角色》、《成效比效率更重要》、《分权化》、《民营化》、《知识工作者的兴起》、《以知识和资讯为基础的社会》等。至2004年，德鲁克还有新书问世。
>
> 无论是英特尔公司创始人安迪·格鲁夫，微软董事长比尔·盖茨，还是通用电气公司前CEO杰克·韦尔奇，他们在管理思想和管理实践方面都受到了德鲁克的启发和影响。"假如世界上果真有所谓大师中的大师，那个人的名字，必定是彼得·德鲁克"——这是著名财经杂志《经济学人》对彼得·德鲁克的评价。
>
> 资料来源：http://www.cec-ceda.org.cn。

---

① 姚裕群.人力资源开发与管理概论（第三版）[M].北京：高等教育出版社，2011：20.
② 董克用.人力资源管理概论（第三版）[M].北京：中国人民大学出版社，2011：15.

1.1.2　人力资源管理的含义、职能及作用

1. 人力资源管理的含义

彼得·德鲁克在 1954 年第一次提出人力资源概念之后，怀特·巴克在 1958 年其《人力资源职能》一书中，首次将人力资源管理作为管理的普通职能来加以论述。

所谓人力资源管理是依据组织和个人发展需要，对组织中的人力这一特殊资源进行有效开发、合理利用与科学管理的机制、制度、流程、技术和方法的总称①。

正确理解人力资源管理的含义，必须破除两种错误的看法：一种是将人力资源管理等同于传统的人事管理，认为两者是完全一样的；另一种是将人力资源管理与人事管理彻底割裂开来。其实人力资源管理与人事管理之间是一种继承和发展的关系：一方面，人力资源管理是对人事管理的继承，人力资源管理依然要履行人事管理的很多职能；另一方面，人力资源管理又是对人事管理的发展，它的立场和角度又与人事管理明显不同，可以说是一种全新视角下的人事管理，两者的区别见表 1 – 1②。

表 1 –1　　　　　　　　　　人力资源管理与人事管理的区别

项目	人力资源管理	人事管理
观念	视员工为有价值的重要资源	员工是投入的成本负担
目的	满足员工自我发展的需要，保障组织的长远利益实现	保障组织短期目标的实现
内容	不仅是人员与劳动力的管理，而且是人力资本的管理	人员与劳动力的简单管理
模式	以人为本	以工作为中心
范围	正式组织、非正式组织、团队、组织外	正式组织内
组织结构	树型、矩阵型扩大到网络型	树型或矩阵型
视野	广阔、远程性	较狭窄
性质	战略、策略性	战术、业务性
深度	丰富、主动、注重开发	简单、被动、注重"管人"
功能	系统、整合	单一、分散
地位	从决策层到全员	人事部门执行层
作用	决定组织前途	提高效率与工作生活质量

① 彭剑锋.人力资源管理概论（第二版）[M].上海：复旦大学出版社，2011：6.
② 温志强.人力资源开发与管理 [M].北京：清华大学出版社，2011：40.

续表

项目	人力资源管理	人事管理
工作方式	参与	控制、隐秘
协调关系	合作、和谐	监督、对立
角色	挑战性、动态性	例行性、记载式
导向	组织目标与员工行为目标一致	组织目标与员工行为目标分离
部门属性	生产与效益部门	行政部门

2. 人力资源管理的职能

美国人力资源管理协会将人力资源管理的职能划分成六种①：（1）人力资源规划、招募和选择；（2）人力资源开发；（3）报酬和福利；（4）安全和健康；（5）员工和劳动关系；（6）人力资源研究。这六种职能的每一种又是由一系列的活动组成的（见表1-2）。

表1-2　　　　　　　　人力资源职能所包括的活动

人力资源管理的职能	职能所包括的活动
人力资源规划、招募和选择	进行工作分析以便为组织内特定的工作确定具体要求 预测组织为实现其目标对所需人力资源的要求 制订和实施满足这些要求的计划 招募组织为实现其目标所需的人力资源 选择和雇用填补组织内具体职位的人力资源
人力资源开发	员工上岗引导和培训 设计和实施管理及组织开发方案 在组织内部建立有效的工作团队 设计评价员工个人绩效的系统 帮助员工制定职业生涯规划
报酬和福利	设计和实施针对所有员工的报酬和福利制度 确保报酬和福利公正、一致
安全和健康	设计和实施确保员工健康和安全的方案 对自身存在影响工作绩效问题的员工提供帮助
员工和劳动关系	在组织和工会之间起到调解人的作用 设计惩罚和抱怨的处理系统
人力资源研究	提供一种人力资源信息库 设计和实施员工沟通系统

① 参见网址：www.SHRM.org。

在国内也有很多学者对人力资源管理的职能做出了不同的细分，但他们之间都存在着一些共同之处，这些共同的职能可以说是人力资源管理应当承担的基本职能，董克用将其概括为以下 7 个方面：①

（1）人力资源规划。对组织在一定时期内的人力资源需求和供给做出预测；根据预测的结果制订出平衡供需的计划等。

（2）职位分析。一是对组织内各职位所要从事的工作内容和承担的工作职责进行清晰的界定；二是确定各职位所要求的任职资格，例如，学历、专业、年龄、技能、工作经验、工作能力以及工作态度等。职位分析的结果一般体现为职业说明书。

（3）招聘录用。这一职能包括招聘和录用两个部分：招聘是指通过各种途径发布招聘信息，将应聘者吸引过来；录用则是指从应聘者中挑选出符合要求的人选。

（4）绩效管理。根据既定的目标对员工的工作结果做出评价，发现其工作中存在的问题并加以改进，包括制订绩效计划、进行绩效考核以及实施绩效沟通等活动。

（5）薪酬管理。确定薪酬的结构和水平，实施职位评价，制订福利和其他待遇的标准以及进行薪酬的测算和发放等。

（6）培训和开发。包括建立培训的体系，确定培训的需求和计划，组织实施培训过程，对培

> **📝 小案例**
>
> ### 人力资源部在 GE 的角色
>
> 在 GE，人力资源部的宗旨是：成为员工、经理人、董事等可信赖的伙伴，成为公司"可见的、可信的、能够创造附加价值的业务伙伴"。这就意味着 GE 的人力资源部不是公司的行政部门，不是仅仅去执行决策的部门。在公司发展最关键的时候，在公司发展重要的场合，必须能够看到人力资源人员的身影。
>
> GE 对人力资源部门管理人员的素质要求很高，不仅仅能够胜任简单的支付工资等人力资源的基本工作，更应该对 GE 的文化、产品、市场、财务都有全面的了解，才能在人才招募与培训、发展的过程中有所依据，才能在公司做出各种重大决策时，发挥人力资源部门的应有作用。王晓军认为，一名称职的人力资源管理人员，当涉及公司发展的任何业务领域、职能部门等任何问题，都能够从不同的角度为决策者出谋划策，帮助业务或职能部门解决问题。
>
> 在中国，GE 人力资源部门的责任是"发现、吸引、培养和留住最好的人才"，为人才创造发展的机会。
>
> 资料来源：中国人力资源开发网。

① 董克用 . 人力资源管理概论（第三版）[M] . 北京：中国人民大学出版社，2011.

训效果进行反馈总结等活动。

（7）员工关系管理。这一职能除了要协调劳动关系、进行企业文化建设，以及创造融洽的人际关系和良好的工作氛围外，还要对员工的职业生涯规划进行设计和管理。

3. 人力资源管理的作用

（1）有利于企业获得竞争优势。20 世纪 80 年代以来，人力资源管理与企业经营绩效的关系成为各界关注的焦点问题。1985 年，哈佛商学院著名的竞争战略学家迈克·波特明确指出，人力资源管理有助于企业获得竞争优势。目前，人力资源管理对企业利润的直接影响已基本成为人们的共识。提高企业未来优势的关键是提高组织中人的能力和才干，所以人力资源管理的首要任务就是如何吸纳和留住有能力和有才华的员工。

（2）有利于组织生产经营活动的顺利进行。组织中人与人、人与事、人与组织的配合与效率，直接影响组织生产经营活动的顺利进行。离开了人力资源，企业经营根本无法运转，更不用说任何价值的创造。只有通过科学的人力资源管理，合理组织人力资源，不断协调人力资源同其他资源之间的关系，并在时间和空间上使人力资源同其他资源形成最优配置，才能保证组织生产经营活动有条不紊地进行。

（3）有利于调动组织员工的积极性，提高劳动生产率。员工绩效取决于企业的生产条件、员工技能和工作积极性，其中工作积极性是最重要的因素。美国学者通过调查发现，按时计酬的职工每天只需发挥自己 20% ~ 30% 的能力，就可以保住自己的饭碗，但若充分调动其积极性和创造性，其潜力可以发挥出 80% ~ 90%。人力资源管理通过各种人事政策和制度安排为员工创造一个适合他们的劳动环境，努力提高员工对组织的忠诚度和凝聚力，提高员工的工作热情和工作积极性，进而提高员工工作绩效和劳动生产率。

（4）有利于减少劳动消耗，提高组织经济效益。组织经济效益是指组织在生产经营活动中的支出和所得之间的比较。减少劳动消耗的过程，就是提高经济效益的过程。因此，通过科学的人力资源管理，合理配置人力资源，可以促使组织避免人才浪费，减少招聘成本等劳动消耗，取得最大的经济效益。

1.1.3　人力资源管理的理论基础

1. 人性假设理论

人力资源管理的理论基础之一就是企业管理中的人性观，美国著名管理学家道格拉斯·M·麦格雷戈在其著作《企业中的人性方面》中说："每项管理的决策与措施，都是依据有关人性与其行为的假设。"对人的本性的看法，是人力资源管理理论、管理原则和管理方法的基础。对于人性假设理论，很多学者都做过深入的研究，其中最具代表的就是麦格雷戈提出的"X 理论—Y 理论"以及美国行为科学家埃德加·H·沙因提出的"四种人性假设理论"。

（1）X 理论—Y 理论。麦格雷戈在 1957 年发表的《企业中人的方面》一文中，提出了著名的 X 理论—Y 理论，这是一对基于两种完全相反假设的理论，X 理论认为人们有消极的工作原动力，而 Y 理论则认为人们有积极的工作原动力。

X 理论是麦格雷戈对把人的工作动机视为获得经济报酬的"实利人"的人性假设理论的命名。主要观点是：①人类本性懒惰，厌恶工作，尽可能逃避；②绝大多数人没有雄心壮志，怕负责任，宁可被领导骂；③多数人必须用强制办法乃至惩罚、威胁，使他们为达到组织目标而努力；④激励只在生理和安全需要层次上起作用；⑤绝大多数人只有极少的创造力。

在这种理论的指导下，企业管理的唯一激励办法，就是以经济报酬来激励生产，只要增加金钱奖励，便能取得更高的产量。所以这种理论特别重视满足职工生理及安全的需要，同时也很重视惩罚，认为惩罚是最有效的管理工具。麦格雷戈是以批评的态度对待 X 理论的，指出：传统的管理理论脱离现代化的政治、社会与经济来看人，是极为片面的。这种软硬兼施的管理办法，其后果是导致职工的敌视与反抗。

他针对 X 理论的错误假设，提出了相反的 Y 理论。Y 理论指将个人目标与组织目标融合的观点，与 X 理论相对立。Y 理论的主要观点是：①一般人本性不是厌恶工作，如果给予适当机会，人们喜欢工作，并渴望发挥其才能；②多数人愿意对工作负责，寻求发挥能力的机会；③能力的限制和惩罚不是使人去为组织目标而努力的唯一办法；④激励在需要的各个层次上都起作用；⑤想象力和创造力是人类广泛具有的。

Y 理论激励的办法是：扩大工作范围；尽可能把职工工作安排得富有意义，并具挑战性；工作之后能产生自豪感，满足其自尊和自我实现的需要；使职工进行自我激励。只要启发内因，实行自我控制和自我指导，在条件适合的情况下就能实现组织目标与个人需要统一起来的最理想状态。

（2）四种人性假设理论。美国行为科学家埃德加·H·沙因在其 1965 年出版的《组织心理学》一书中把前人对人性假设的研究成果归纳为：经济人假设、社会人假设、自我实现人假设、复杂人假设。他将这四种假设并列称为"四种人性假设"，这应当说是到目前为止对人性假设所做的最全面的概括和研究。

第一种，经济人假设。人的一切行为都是为了最大限度地满足自己的私利，X 理论概括地说明了经济人假设的基本观点。经济人意思为理性经济人，也可称实利人。这是古典管理理论对人的看法，即把人当做"经济动物"来看待，认为人的一切行为都是为了最大限度满足自己的私利，工作目的只是为了获得经济报酬。经济人的假设，起源于享受主义哲学和英国经济学业家亚当·斯密（Adam Smith）的关于劳动交换的经济理论。亚当·斯密认为：人的本性是懒惰的，必须加以鞭策；人的行为动机源于经济和权力维持的员工的效力和服从。

第二种，社会人假设。人们在工作中得到的物质利益，对于调动人们的生产积极性只有次要意义，人们最重视在工作中与周围的人友好相处。社会人假设的理论基础是人际关系学说，这一学说是由霍桑实验的主持者梅奥提出来的，之后又经英国塔维斯托克学院煤矿研究所再度验证。后者发现，在煤矿采用长壁开采法先进技术后，生产力理应提高，但由于破坏了原来的工人之间的社会组合生产反而下降了。后来，在借鉴社会科学知识，重新调整了生产组织后，生产力得到了提升。这两项研究的共同结论是，人除了物质外，还有社会需要，人们要从社会关系中寻找乐趣。

1933 年梅奥总结了霍桑实验以及其他实验的结果，概括起来说，霍桑实验得出了下述结论。一是传统管理认为生产效率主要决定于工作方法和工作条件。霍桑实验认为，生产效率的提高和降低主要取决于职工的"士气"，而士气取决于家庭和社会生活，以及企业中人与人之间的关系。二是传统管理只重视"正式群体"问题，诸如组织结构、职权划分、规章制度等，霍桑实验还注意到存在着某种"非正式群体"。这种无形的组织有其特殊的规范，影响着群体成员的行为。三是霍桑实验还提出新型领导的必要性。领导者在了解人们的合乎逻辑的行为的同时，还须了解不合乎逻辑的行为，要善于倾听职工的意见，与员工进行积极沟通，使正式组织的经济需要与非正式组织的社会需要取得平衡。

第三种，自我实现人假设。自我实现指的是人都需要发挥自己的潜力，表现自己的才能，只有人的潜力充分发挥出来，人的才能才充分表现出来，人才会感到最大的满意。自我实现人这一概念是马斯洛提出来的。马斯洛认为：人类需要的最高层次就是自我实现，每个人都必须成为自己所希望的那种人，"能力要求被运用，只有潜力发挥出来，才会停止吵闹。"这种自我实现的需要就是"人希望越变越为完美的欲望，人要实现他所能实现的一切欲望。"具有这种强烈的自我实现需要的人，就叫"自我实现人"，或者说最理想的人就是"自我实现人"。"自我实现人"的假设是 20 世纪 50 年代末，由马斯洛、阿基里斯、麦格雷戈等人提出的。这种假设认为：人有好逸恶劳的天性，人的潜力要充分挖掘，才能得以发挥，人才能感受到最大的满足。

第四种，复杂人假设。复杂人假设类似于摩尔斯、洛斯奇提出的超 Y 理论，他们认为，X 理论并非一无用处，Y 理论也不是普遍适用，应该针对不同的情况，选择或交替使用 X、Y 理论，这就是超 Y 理论。

沙因认为，经济人假设、社会人假设和自我实现人假设并不是绝对的，他们在不同环境下针对不同的人分别具有一定的合理性，由于人们的需要是复杂的，因此不能简单地相信或使用某一种假设，为此他提出了复杂人的假设。这种理论是要求将工作、组织、个人三者作最佳的配合，其基本观点可概述为：一是人的需要是多种多样的，而且这些需要随着人的发展和生活条件的变化而发生变化。每个人的需要都各不相同，需要的层次也因人而异。二是人在同一时间内有各种需要和动机，它们会发生相互作用并结合为统一整体，形成错综复杂的动机模式。例如，两个人都想得到高额奖金，但他们的动机可能很不相同。一个可能是要改善家庭的生活条件，另一个可能把高额奖金看成是达到技术熟练的标志。三是人在组织中的工作和生活条件是不断变化的，因此会不断产生新的需要和动机。也就是说，在人生活的某一特定时期，动机模式的形式是内部需要与外界环境相互作用的结果。四是一个人在不同单位或同一单位的不同部门工作，会产生不同的需要。例如，一个人在工作单位可能落落寡合，但在业余活动或非正式群体中却可使交往的需要得以满足。五是由于人的需要不同，能力各异，对于不同的管理方式会有不同的反应。因此，没有一套适合于任何时代、任何组织和任何个人的普遍行之有效的管理方法。

2. 激励理论

激励理论是行为科学中用于处理需要、动机、目标和行为四者之间关系的核心理论。行为科学认为，人的动机来自需要，由需要确定人们的行为目标，激励则作用于人内心活动，激发、驱动和强化人的行为。激励理论是业绩评价理论的重要依据，它说明了为什么业绩评价能够促进组织业绩的提高，以及什么样的业绩评价机制才能够促进业绩的提高。

（1）内容型激励理论。内容型激励理论重点研究激发动机的诱因。主要包括马斯洛的"需要层次论"、赫茨伯格的"双因素论"和麦克莱兰的"成就需要激励理论"等。

①马斯洛的需要层次理论。这是由心理学家马斯洛提出的动机理论。该理论认为，人的需要可以分为五个层次：第一，生理需要，维持人类生存所必需的身体需要。第二，安全需要，保证身心免受伤害。第三，归属和爱的需要，包括感情、归属、被接纳、友谊等需要。第四，尊重的需要，包括内在的尊重如自尊心、自主权、成就感等需要和外在的尊重如地位、认同、受重视等需

要。第五，自我实现的需要，包括个人成长、发挥个人潜能、实现个人理想的需要。

②赫兹伯格的双因素理论。又称"激励——保健因素"理论，是美国的行为科学家弗雷德里克·赫茨伯格提出来的。20世纪50年代末期，赫茨伯格和他的助手们在美国匹兹堡地区对200名工程师、会计师进行了调查访问。访问主要围绕两个问题：在工作中，哪些事项是让他们感到满意的，并估计这种积极情绪持续多长时间；又有哪些事项是让他们感到不满意的，并估计这种消极情绪持续多长时间。结果他发现，使职工感到满意的都是属于工作本身或工作内容方面的；使职工感到不满的，都是属于工作环境或工作关系方面的。他把前者叫做激励因素，后者叫做保健因素。赫茨伯格告诉我们，满足各种需要所引起的激励深度和效果是不一样的。物质需求的满足是必要的，没有它会导致不满，但是即使获得满足，它的作用往往是很有限的、不能持久的。要调动人的积极性，不仅要注意物质利益和工作条件等外部因素，更重要的是要注意工作的安排，量才录用，各得其所，注意对人进行精神鼓励，给予表扬和认可，注意给人以成长、发展、晋升的机会。随着温饱问题的解决，这种内在激励的重要性越来越明显。

> **小思考**
>
> **需求层次理论在现实管理中的意义**
>
> 首先，需求层次理论强调了人的价值和尊严，对于促进管理中对人的重视具有积极意义。传统管理理论的出发点往往是把人看作是"工具"，认为人与动物并没有本质的区别，否认人的感情、价值以及尊严等特性。需要层次理论突出了人的因素，促使了资本主义企业管理重点由物到人的转变。其次，需要层次理论概括了一般人在不同层次上的需要，在一定程度上反映了人类行为和心理活动的共同规律，因而获得了广泛认同。最后，需要层次理论肯定了高层次需要的重要性，有助于发挥精神利益的作用。需要层次理论强调了人在低层次需要的基础上高层次需要的意义，认为只有高层次需要的追求和满足才能使人产生更深刻的内在幸福感和丰富感（高峰体验）。也就是说人应该去不断追求高层次的境界，才能充分体现人的特点，高层次需要比低层次需要更能持久地激励人去努力工作。这就说明了在管理方面不仅仅要重视物质利益的作用，而且也要重视和发挥精神利益的作用。

③戴维·麦克利兰的成就需要理论。美国哈佛大学教授戴维·麦克利兰把人的高级需要分为三类，即权力、交往和成就需要。在实际生活中，一个组织有时因配备了具有高成就动机需要的人员使得组织成为高成就的组织，但有时

是由于把人员安置在具有高度竞争性的岗位上才使组织产生了高成就的行为。麦克利兰认为前者比后者更重要。这说明高成就需要是可以培养出来的，并且目前已经建立了一整套激励员工成就需要的培训方法，来提高生产率，为在出现高成就需要的工作时培养合适的人才。

④奥德弗的 ERG 理论。"ERG" 理论是生存—相互关系—成长需要理论的简称。奥德弗认为，职工的需要有三类：生存的需要（E）、相互关系需要（R）和成长发展需要（G）。该理论认为，各个层次的需要受到的满足越少，越为人们所渴望；较低层次的需要者越是能够得到较多的满足，则较高层次的需要就越渴望得到满足；如果较高层次的需要一再受挫，得不到满足，人们会重新追求较低层次需要的满足。这一理论不仅提出了需要层次上的满足——上升趋势，而且也指出了挫折——倒退的趋势，这在管理工作中很有启发意义。

（2）过程型激励理论。过程型激励理论重点研究从动机的产生到采取行动的心理过程。主要包括弗鲁姆的"期望理论"、海德的"归因理论"和亚当斯的"公平理论"等。

①弗鲁姆的期望理论。这是心理学家维克多·弗罗姆提出的理论。期望理论认为，人们之所以采取某种行为，是因为他觉得这种行为可以有把握地达到某种结果，并且这种结果对他有足够的价值。换言之，动机激励水平取决于人们认为在多大程度上可以达到预期的结果，以及人们判断自己的努力对于个人需要的满足是否有意义。

②海德的归因理论。归因理论是美国心理学家海德于 1958 年提出的，后由美国心理学家韦纳及其同事的研究而再次活跃起来。归因理论是探讨人们行为的原因与分析因果关系的各种理论和方法的总称。归因理论侧重于研究个人用以解释其行为原因的认知过程，亦即研究人的行为受到激励是"因为什么"的问题。

③亚当斯的公平理论。公平理论又称社会比较理论，它是美国行为科学家亚当斯在《工人关于工资不公平的内心冲突同其生产率的关系》、《工资不公平对工作质量的影响》、《社会交换中的不公平》等著作中提出来的一种激励理论。该理论侧重于研究工资报酬分配的合理性、公平性及其对职工生产积极性的影响。

（3）行为改造理论。行为改造理论重点研究激励的目的（即改造、修正行为）。主要包括斯金纳的强化理论和挫折理论等。

①强化理论。强化理论是美国心理学家和行为科学家斯金纳等人提出的一种理论。强化理论是以学习的强化原则为基础的关于理解和修正人的行为的一种学说。所谓强化，从其最基本的形式来讲，指的是对一种行为的肯定或否定

的后果（报酬或惩罚），它至少在一定程度上会决定这种行为在今后是否会重复发生。

②挫折理论。挫折理论是关于个人的目标行为受到阻碍后，如何解决问题并调动积极性的激励理论。挫折是一种个人主观的感受，同一遭遇，有的人可能产生强烈的挫折感，而有的人则不会。

1.2　人力资源管理的发展历程

人力资源管理作为一种科学管理可以说是近代工业革命的产物，它的每一次变革都是以社会的发展和科学技术的进步为推动力的。国内外学者关于其发展和演进的过程，常见的有四阶段理论、五阶段理论和六阶段理论。这些理论从不同角度揭示了人力资源管理的发展历史。本书结合国内外学者的观点，把人力资源管理的发展历程划分为以下几个阶段。

1.2.1　18 世纪末至 19 世纪末——工业革命时代

18 世纪后期工业革命的标志——蒸汽机的出现，手工业的生产转变为机器的生产，工厂这一新的组织形式代替了以家庭为单位的手工作坊。工厂制度的出现，劳动分工思想的提出，个体劳动在工厂消失，工人的协同劳动成为主体，因此对工人的管理问题就逐渐凸显出来。

这一阶段的人力资源管理思想特点如下：

（1）人力资源管理在这一阶段表现为"雇用管理"，主要功能用于招录和雇用工人，其管理以"事"为中心，以"目的"为指导。

（2）确立了劳动分工，每位工人有自己的岗位，在劳动分工的基础上对每个工人的工作职责进行界定。

（3）推行了员工福利制度，福利制度是在"关心工人"和"改善工人境遇"的观念基础上建立起的一种有关"工人应如何被对待"的制度体系，其基本信念是"福利工作是能强化诚信和提高工人士气的'善举'"，这会改善劳资关系，并有希望提高生产率。然而，福利人事提高生产率的作用在实践中并没有得到显现。

（4）开始对工人的工作业绩进行考核。"人本管理的先驱"——罗伯特·欧文建立了最早的工作绩效考核系统，将绩效考评最早引入苏格兰。美国军方则于 1813 年开始使用绩效考评，美国联邦政府则于 1842 年开始对政府公务员进行绩效考评。绩效考核在一定程度上提高了工人的工作积极性和工作效率，同时也是人力资源管理科学化、系统化的一种表现。

1.2.2　20世纪初至20世纪30年代——科学管理时代

弗雷德里克·泰罗的科学管理思想的出现宣告了管理时代的到来，管理从经验阶段步入科学阶段。它对人事管理概念的产生也具有举足轻重的影响。首先，泰罗的思想与理论引起了人们对人事管理职能的关注，并推动了人事管理职能的发展。其次，科学管理主张管理分工，强调计划职能和执行职能的分开，从而为人事管理职能的独立提供了依据和范例。

这一时期，人力资源管理有以下特点：

（1）劳动方法标准化。有了最佳工作方法、工时定额和其他劳动定额标准。同时，建立各种明确的规定、条例、标准，并使工人掌握标准化的操作方法，使用标准化的工具、机器和材料，使一切工作制度化、标准化、科学化。

（2）将计划职能与执行职能分开，人力资源管理的一些基本职能在这个阶段初步形成，例如职位分析、招聘录用、员工培训等；同时，专门的人事管理部门在这一阶段也出现了，负责招聘录用、抱怨处理、工资行政等事务。

（3）已经能组织起各级的指挥体系。各种职务和职位按照职权的等级原则加以组织，对人的管理制订了下级服从上级的严格的等级观念。

1.2.3　20世纪30年代至20世纪70年代——人事管理阶段

在这一时期，工人运动的兴起和经济危机的出现，一方面使得很多当时著名的工厂倒闭；另一方面使得不少工厂成长为企业。对外企业开始关注市场，管理的重心从生产管理转向市场管理。对内企业主开始关注"劳资关系"，重视工人的其他需要，使科学管理向人事管理进化，管理的理论指导思想源于霍桑实验和梅奥等人的行为科学理论。科学家们开始关注工人的需要，研究工人的行为特点，并试图在管理中突出人的重要性，其最大的意义在于实现了管理开始从以"工作为中心"到"以人为中心"的转变。

这个时期，人事管理有以下几个特点：

（1）从内容上看，早期的人事管理活动仅限于人员招聘、选拔、分派、工资发放、档案管理等较为具体的工作，后来逐渐涉及职务分析、绩效评估、奖励制度的设计与管理、其他人事制度的制订、员工培训活动的规划和组织等。

（2）从性质上看，人事管理活动的诸多工作基本上是属于行政事务性的工作，活动范围有限，以短期导向为主，主要由人事部门职员执行，很少涉及组织层次战略。

（3）从地位上看，由于人事管理活动被视为是低档的、技术含量低的、无需特殊专长的工作，因而人事管理工作的重要性并不被人们所重视，人事管理只是属于执行层次的工作，无决策权力可言。

1.2.4　20世纪90年代至今——人力资源管理阶段

1984年，亨特设想对人事管理重点的转移，引起人事管理有关人员的广泛注意，最终导致了人事管理向人力资源管理的转变。从人事管理到人力资源管理，这不是简单的名称更迭，而是赋予全新的概念和内容。

人力资源管理对应于现代企业制度，管理的理论基础是现代管理论和系统论。人力资源管理的特点主要是：

（1）人力资源管理把员工看做为资源，这是人力资源管理与人事管理的根本区别。传统的人事管理把人视为成本，强调外部控制，着眼于如何降低成本。而人力资源管理则把人视为一种资源，而且是一种很重要的资源。

（2）人力资源管理围绕着人性化展开，尊重员工的创造和需求，调动员工的积极性，发挥员工的作用，挖掘员工的潜能，实现员工的价值，使员工和组织得到同步发展。

（3）人力资源管理的地位得到大幅度提升。现代人力资源管理更具有战略性、整体性和未来性，它从被看做为一种单纯的行政事务性管理活动的框架中脱离出来，根据组织的战略目标制订人力资源规划与战略，人力资源管理部门直接参与企业战略决策，并成为组织生产效益的部门。

1.3　美国、日本的人力资源管理模式[①]

1.3.1　美国的人力资源管理

美国一直能够维持其作为世界上最发达的国家的地位，这与其高度重视其人力资源是密不可分的。美国不仅通过各种政策吸引了世界上大量的优秀的人才，更主要的是形成了自己独特的人力资源管理模式。美国的人力资源管理模式的基本特点主要体现在以下几个方面。

1. 人力资源的高度市场化配置

美国的市场经济运行很大程度上依赖于劳动力市场对于人力资源的市场化配置。劳动力市场是美国人力资源配置的主体场所，而人力资源的市场化配置则是美国人力资源管理模式的最显著特征。对于企业来说，可以通过人力资源

---

① 林忠，金延平. 人力资源管理（第三版）[M]. 大连：东北财经大学出版社，2012.

市场找到自己所需的任何类型的人才。对于劳动者来说，市场化机制给予以个人能力实现职业流动或工作转换的员工充分的尊重和肯定。

2. 以职务分工为基础的人力资源管理制度

详细的职务分工是美国企业在人力资源管理上的最大特点，也是美国企业经营的基础。美国企业管理的经营基础是契约和理性，重视刚性制度安排。组织结构上具有明确的指令链和等级层次，分工明确，责任清楚，讲求用规范加以控制，对常规问题处理的程序和政策都有明文规定。在人力资源管理方面表现为高度专业化和制度化，大多数企业都有对其工作岗位所制定的《工作说明书》，详细描述每个岗位对人员素质，包括知识、技艺、能力和其他方面的具体要求。企业分工精细、严密，专业化程度很高，员工在各自岗位上工作，不得随便交叉。由于工作内容都有明文规定，新员工可以照章办事，很快就能掌握工作的内容和程序，这样就大大减少了员工对企业的威胁。另外，由于员工对生产经营过程的了解仅限于局部某一点，因此，在生产经营中的应变能力和协调能力较差。

3. 人才的快速提拔

美国企业人力资源使用上的一个重要特点是重视个人能力和素质。员工进入企业后，首先按照其受教育水平的高低分配工作和确定薪酬，随后，不论员工的学历高低，只要有能力，并有良好的工作绩效，就可能很快得到提升和重用，公平竞争，不必论资排辈。企业的中高层领导，可以从内部提拔，也可以从外部选拔，一视同仁。

4. 薪酬水平的市场调节

美国的各类用人机构特别是企业通常以市场化机制决定和调节各级各类员工的薪酬水平。首先，根据劳动力再生产费用和劳动力市场的供求关系及供求平衡状况，拟定各级各类技术、管理岗位及技术工人或其他岗位的工资价格，这是决定各级各类人力资源工资水平的基本依据。然后，企业本着吸引人才、保持外部竞争和内部平衡等原则，参照劳动力市场上相关岗位的最新工资价格水平，自主决定本企业各级各类岗位的工资价格。最后，劳资双方经过工资谈判，以合同方式确定双方共同接受的工资价格水平。另外，美国企业的员工工资一般每年调整一次。为提高员工工资调整的合理性及科学性，并真正实现对于优秀员工的激励和奖励，许多企业在做出员工工资调整决策时，通常综合考虑下列三个因素：（1）劳动力市场的工资价格水平变化；（2）消费品物价指数的变化；（3）以绩效评估方式评定的员工工作绩效。市场机制动态地调整着人力资源的配置和供求，并决定着各级各类人力资源的薪酬水平。

5. 强化培训

美国企业对员工培训工作极为重视，尤其是专业知识方面的培训，其主要方式有：企业内部短期培训、企业送培、在职学习，企业还会不遗余力地选送有潜力的经理攻读高级经理商学班等。但总的来说，美国企业还较为重视高层经理人员的短期培训，大公司每年花费在这种培训上的费用比例相当高。

6. 人力资源的全球化引进

美国能在最近半个世纪以来发展成为经济实力和科学技术方面的世界第一流大国，其重要原因之一就是以全球化的方式引进世界其他国家的优秀人力资源。移民在保证美国劳动力的适度增长特别是优秀人才的积聚方面起着十分重要的作用。由于美国实行比较完全的市场经济制度，竞争环境相对公平，经济发展水平高；美国具有世界先进的科学技术及完善的教育发展条件，优秀人才较易得到良好的培育，并在科学和技术领域得到良好的发展；美国能包容多民族的文化，并以较强的吸引能力兼收并蓄世界各种肤色、种族、各种类型的优秀人才。美国的人力资源全球化引进，虽然也在一定程度上加剧了引进人才与本土人才在就业与发展方面的竞争，并产生了一些新的不平衡，有时甚至引发了排斥外国移民的浪潮。但这些不平衡与人力资源全球化引进给美国经济发展带来的巨大促进作用相比是微不足道的。

1.3.2　日本的人力资源管理

1. 终身雇用制

终身雇用制是日本管理制度的重要特征，并且得到法律的支持。日本法律明文规定，"除一年以内的临时工外，不得规定雇用年限。"终身雇用制也是日本人力资源管理模式的支柱之一，日本的大中型企业基本上都实行终身雇用制。从员工方面看，日本企业的员工一般都不愿意更换工作，具体表现在两方面：一是日本企业里的员工就业非常稳定，更换工作的人数很少，使得日本的劳动力市场，特别是已经就业的员工更换工作的二次劳动力市场很不发达；二是劳动力市场对更换工作者有相当的歧视，假如员工中途更换工作，工资平均要损失一半左右，至退休时，其收入仍只相当于同类员工未更换工作者的2/3。从企业方面看，对员工进行了大量的培训以后，一般也不愿意员工离开企业，因此，即使在经济处于萧条时，也不轻易解雇职工，而是在企业内部通过缩短工作时间、调整工资水平等方式维持就业，尽量照顾职工的生计；企业内出现结构性过剩人员时，一般通过扩大营业部门和开发新产品等措施来吸收剩余人员；对于不能胜任本职工作的职工，企业则通过内部职业培训提高工作能力，将其安排合适的工作岗位。因而，重视维持雇用的稳定是日本企业的普遍倾向。

2. 年功序列制

年功序列制是将工资和工作年限密切挂钩的制度，它与终身雇用制紧密相连，主要表现在工资和晋升两个方面。根据这种制度，新员工进入企业后，其工资待遇按照资历逐年平均上升，没有明显的差别。在以后的职业生涯中，员工的工资待遇也是随着工龄的增加而持续上升，这种资历工资制与终身雇用制遥相呼应，能够使员工感受到在同一个企业工作持续工作的好处和中途退职的损失，有利于巩固长期雇用制度和维持激励机制，一方面对企业经营产生积极作用，另一方面对稳定员工队伍、缓解劳资矛盾，增加员工对企业的向心力起着重要作用。从晋升方面来看，员工的职位提升除了与资历条件密切相关外，还与职工的业绩、能力、学历和适应性有关，它的差距会依每个人能力和贡献的不同而逐渐显现，较有利于创造一种相对健康的竞争环境。

3. 企业内工会制度

企业内工会是指以企业为单位组织的工会。由于日本企业中的员工利益主要是和本企业相连的，各个企业之间的情况又差别很大，所以，工会都是以企业为单位组成的，而不像美国那样跨企业和跨行业。这种以企业为单位的工会制度同终身雇用制和年功序列制一起被认为是日本人力资源管理模式的三大支柱。日本工会的负责人大多曾在强企业担任过管理职务，而企业的管理人员很多也在工会担任过职务，因此日本的企业工会在代表员工利益发言时，一般对企业并不采取对抗性态度，对建立和谐的劳资关系，促进企业的发展起着积极的作用。一方面，它在某种程度上代表员工同资方交涉，为员工争取利益；另一方面，它又与资方合作，共同保证企业的生产经营活动顺利进行。

4. 注重员工在职培训

日本企业在招聘员工时，不看重个人的具体技能，而是强调基本素质。日本企业因为在招聘时注重个人素质而轻具体技能，因此在培训新员工上要花更多的工夫。据估计，日本大、中、小企业在员工在职培训上所花的总费用，分别是美国相应企业的 1.8 倍、2.4 倍和 2.2 倍。员工在培训中，不仅要学习技术方面的"硬技能"，还要学习企业内部的管理制度、人际关系和行为准则等很多"软知识"和"软技能"。这种软知识和软技能的一个特点是，只有员工继续在本企业工作时，这些知识和技能才能发挥作用，帮助员工提高劳动生产率。员工一旦离开企业则不再发挥作用。这样就加大了其退出成本，加强了员工的忠诚度。在日本企业中，尤其重视对软知识和软技能的培训。

5. 内部提拔为主的晋升制度

日本的企业在有新的工作需要时，尽可能通过内部调节来满足，因为从劳动力市场上招聘的人员，一般只具备工作岗位需要的硬技能，而不具备在企业工作需要的软知识和软技能。重新培训已具备软知识和软技能的员工再去掌握新的硬技能，比从外部招聘员工快捷、划算。因而日本企业人力资源使用的入口狭窄，进入企业必须从基层干起，通过按部就班的培养过程，逐步了解企业、认可企业、完善自身、创造效益，求得提拔重用。对人的评价与提升采取比较慎重的态度和渐进式的方法，不以一时一事取人，侧重于全面、历史地考察。

6. 注重精神激励

在日本的人力资源管理中，非常重视精神因素的作用，这充分表现在日本企业的评估制度和激励制度上。日本企业在评估时除了评估职工的工作表现和知识外，更重要的是评估其对企业的忠诚度、工作热情及合作精神。在日本企业中，如果一个员工不具备上述素质，即使他取得了优良的工作业绩、具有渊博的知识和熟练的专业技能，也不会被认为是一个好的员工。

日本企业的工资政策也最重视公平和合理，不强调人与人之间的差异，也不把奖励个人放在首位，企业的福利政策也与此相对应。因此，企业更多的使用内部激励，如他们可以不遗余力地为员工营造一个友好、和谐和愉快的工作环境，积极的吸收员工参与决策和管理，使员工有充分的安定感、满足感和归属感，从而形成全面合作的劳资关系。

📝 **小案例**

本田的管理模式

本田技术研究所是当今日本乃至世界汽车业的佼佼者。在日本企业界，本田是技术和活力的代名词，也是日本大学生毕业后非常向往的就业目标。这个创立于1946年的企业能够在短短几十年内取得如此的成绩，与它的创立者本田宗一郎的性格有很大关系。宗一郎在经营中一直遵循着以下一些原则和规定，这些原则和规定已经渗透到企业的每个角落，成为人们所说的本田管理模式。

一、充分尊重个人，公平合理授权

为了保证权力确实能够交给有能力的人，宗一郎规定在企业中担任领导人的亲属一律不得进入公司工作。本田变成大企业后这个原则依然保留着，中途录用者占职工人数的一半，实施混血主义，以保持公司的创造力。进入公司，无论是高级干部还是一般职工均以"先生"相称，而不是以职务相称。公司董事没有个人单独的办公室，而是采取同用一个大房间的"董事同室办公制度"。

宗一郎的语录"为自己工作"是这种尊重个人精神的高度概括。他告诫职工不要考虑向公司宣誓忠诚，而是要为自己工作；在本田这种尊重人的精神到处可见，人员安排、调动贯彻"自我申请制"是这种精神的体现之一。

二、一人一事，自由竞争

宗一郎的搭档藤泽认为，在企业内使每个人的能力都得到最大限度的发挥，能够专心从事研究，在传统的金字塔形的组织结构中是很难实现的，因此废除这种结构采取一人一事并进行自由竞争是非常重要的。

一人一事就是废除公司强迫一个人干一项他不能胜任的工作做法。保证每一个人都有选择一个自己的主攻方向的权利。自由竞争就是主张进行不同性质的自由竞争。为了达到共同的目标，每一个人，每一个小集体都要有自己的设想，并通过它来找到开发领域，把竞争机制引进公司内部。

三、造就独创型人才

要造出风格独特的产品，企业职工就必须具备独创性的头脑。横向型组织、项目攻关制度只是一种保证，归根到底，关键还取决于人。企业中能拥有多少独创性人才是本田创业以来一直给自己设置的课题。为此，本田采取了下列一些措施。

1. 引进合理化建议制度。在1953年，本田率先引进了合理化建议制度。到20世纪70年代，一年所提建议总数突破10万件，4件中有3件被采纳。对于优秀的建议，本田给予免费出国旅游的奖励。

2. 建立"新设想工作室"。本田在其国内各工厂设有名为"新设想工作室"的实验工作室，室内备有机械设备。职工一旦产生好主意就可以到实验室中把设想具体化，当然原则上是利用业余时间。

3. 举办违反常规作品的展览会。展览会的宗旨是提出自由奔放的设想并给予实施的"头脑运动会"，是彻底的群众文娱活动。这与本田"不论工作、娱乐，只要心情舒畅就干到底"的素质相吻合，在大会上能看到许多异想天开的作品。

4. 技术面前人人平等。在本田，技术面前人人平等，没有上下级的区分，经常发生被称为下克上的事情。在汽车发动机由空冷改为水冷时，由于本田宗一郎是空冷的绝对拥护者，久米等人采取"罢工"方式进行抗议。在看到水冷式的优点后，本田发出了"今后是年轻人的时代了"，从而决心退役。

四、顾客满意第一的原则

宗一郎指出独特的发明创造，如果不能及时地提供给社会，它将毫无价值。在本田，研究人员认为他们不是在研究技术，而是在研究人们的心理，在想尽一切办法，用尽一切技术满足人们的心理。

本田历代的领导者们从来没有提出诸如"称霸世界市场"、"赶上丰田"、"超过日产"之类的口号，而是强调顾客满意第一、在使用户满意方面力争第一。

本田没有专门的市场调查研究机构，它依靠的是开发小组。开发部门的全体人员都是市场调研员，他们用自己的眼睛、耳朵探索市场动向，这比依靠市场调查部门得到的信息更有感性认识。

本田的管理模式是一个完整的系统，它是一系列原则和规定在一定的哲学思想下的和谐统一。我们只有理解了它的完整性，才能为我所用，只着眼于一点是不能发挥其功效的。

资料来源：中国人力资源开发网。

1.4 人力资源管理的发展

1.4.1 目前我国人力资源管理面临的挑战

改革开放三十多年来，中国经济、社会等各个方面都实现了空前的发展，在社会经济发展中面临很多新问题和新挑战，加之经济危机的到来，中国宏观经济的发展背景已经发生了很大变化，中国的人力资源管理要想适应新时代的发展，在竞争中保持优势，应该克服以下四点挑战。

1. 人力资源管理的全球化

全球化主宰着竞争的市场，蕴含着新市场、新产品、新概念、新的竞争能力和对经营的新的思考方式。人力资源管理需要创建新的模式和流程来培养全球性的灵敏的嗅觉、效率和竞争。第一，人才流动国际化、无国界。21世纪，企业要以全球化的视野来招聘和选拔人才，来看待人才的流动。第二，人才市场竞争的国际化。国际化的人才交流市场与人才交流将出现，并成为一种主要形式。人才的价值（价格）就不仅仅是在一个区域市场内来体现，它更多的是要按照国际市场的要求来看待人才价值。第三，跨文化的人力资源管理成为重要内容。不同文化背景的人在一起，就构成了跨文化的环境。在跨文化背景下对不同层面的多样化的人力资源进行有效管理，是人力资源管理的重要任务。第四，人才网成为重要的人才市场形式。要通过利用网络优势来加速人才的交流与流动，并为客户提供人力资源的信息增值服务。第五，人才流动速率加快，流动交易成本与流动风险增加，人才流向高风险、高回报的知识创新型企业。

2. 人力资源管理的信息化

当今信息技术的发展和应用，大大地改变了人们的生活，也给人力资源管理工作带来了深刻的变化。一方面，在信息化进程中起关键作用的资源是人力资源已成为人们的共识，人力资源的核心竞争力地位被充分肯定。企业的人力资源管理应能够适应信息化带来的变化，能够使信息化成为提高管理效率和水平的手段，因而对人力资源的获取、甄选、保留、使用等提出了更高的要求。另一方面，人力资源管理信息化也是企业信息化的重要组成部分。为了适应快速变化的市场，企业需要更加灵活、快速反应的人力资源管理平台和解决方案。越来越多的企业开始大力推进人力资源管理信息化，试图通过信息技术来降低企业成本，规范业务流程，提高工作效率和人力资源管理水平。由此可见，在信息化背景下，人力资源管理正在经历前所未有的冲击。

3. 高端人才供给远远小于需求

"十七大"报告提出"优先发展教育，建立人力资源强国"，这就为中国人力资源管理提出了新的方向。目前人力资源素质较低问题在我国尤为突出，过去30年，我国实际上走的是依靠廉价劳动力的劳动密集型发展道路。我国是人力资源大国，劳动力丰富、价格廉价，基于资源禀赋理论，这种发展道路是正确的。但中国经济现在面临很多新的挑战，中国的经济增长模式需要我们进一步反思。实际上劳动力的供给和需求关系在悄然发生变化。尽管从学者的研究来看，中国现在还没有到达"刘易斯拐点"，但是供求关系已经发生变化而且有进一步变化的趋势，今后依靠廉价劳动力的发展模式将逐渐淡出历史舞台。同时随着经济高速增长，经济模式逐渐发生转变，高层次人才已经越来越供不应求，实际上中国不仅缺乏高

> **📖 小思考**
>
> **《劳动合同法》传递了什么信号？**
>
> 中国人民大学劳动关系研究所所长常凯先生认为《劳动合同法》传递的信号主要有三个方面：经济原因、社会原因和政治原因。
>
> 在经济原因方面，新法传递的信息是：国家引导、鼓励企业创新以保持经济持续增长，而不再鼓励企业仅仅是依靠劳动力价格比较优势保持经济增长。
>
> 在社会原因方面，新法传递的信息是：企业不能无限制地扩大资本与劳动分配的差距，不能以过分牺牲劳动者权益的代价换取企业的财富增长。
>
> 在政治原因方面，新法传递的信息是：国家不能容忍企业蔑视法律，不能容忍企业在对待劳动者的待遇上蔑视国家的权威，不能容忍企业损害国家的人力基础。
>
> 常凯教授认为，劳工问题，劳动关系问题，不仅仅是劳动者个人的问题，也不仅仅是个别企业的问题，而是影响整个国家竞争力的问题。

端人才，也缺乏大量技术工人。企业要获得全面的竞争力，就必须要依靠创新型高端人才，拥有知识的人才对组织的生存与竞争具有关键意义。

4.《劳动合同法》的实施带来人力资源管理法制环境的变化

2008年《劳动合同法》的实施，使得人力资源管理人员都在为解决劳动

法可能引发的企业成本增加等经营问题寻找捷径。出台《劳动合同法》，为的是进一步保护劳动者的权益，规范雇主的用工行为。《劳动合同法》在长期来讲有利于促进人力资源管理作为战略伙伴关系的形成，但短期而言，对企业人力资源管理是个挑战。这需要人力资源管理者全面理解掌握这部法律。

1.4.2 人力资源管理发展的趋势

作为上述变化的回应，现今的人力资源管理将怎样发展呢？关于人力资源管理的发展趋势，中国的学者们纷纷提出了各自的看法，我们结合学者们的观点总结出五大趋势：

1. 由战术性向战略性人力资源转变

从时间周期看，人力资源与其他任何资源的获得相比都要用更长的时间。人力资源管理不仅仅是人力资源职能部门的责任，更是全体员工及全体管理者的责任。尽管人力资源管理在内容上得到不断的丰富和发展，但许多企业的人力资源管理仍然局限于战术而非战略水平上。现在越来越多的企业认识到，人力资源管理的对象是组织中最重要的资源，它通过所管理的人与其他管理职能进行互动，在实现组织整体目标的过程中起着不可估量的重大作用。而现代企业经营战略的实质，就是在特定的环境下，为实现预定的目标而有效运用包括人力资源在内的各种资源的策略。通过有效的人力资源管理，将促进员工积极参与企业经营目标和战略，并把它与个人目标结合起来，达到企业与员工"双赢"的状态。因此，人力资源管理将成为企业战略规划及战略管理不可分割的组成部分，而不再只是战略规划的执行过程，人力资源管理的战略性更加明显。新的人力资源部门应是规模更小，权利更大，核心任务就是战略。在执行层面上，人力资源合作伙伴将和总经理及他的团队紧密合作，根据战略价值和预期得到的价值，评估、诊断和发展组织联盟。这就要求人力资源专家不仅要对商业有深刻的认识，而且要擅长组织设计、组织变革和干预方法，并且还需要具备分析能力和人际关系能力，以推动变革的顺利开展。很多企业都请人力资源专家实质性地参与战略研究和制订全过程，从而使人力资源管理在更高的层次上得到不断地发展，更趋于强调战略问题，强调如何使人力资源管理为实现组织目标作更大的贡献。

2. 人力资源管理者的角色将重新界定

为适应人力资源管理部门的角色转变，企业人力资源管理者的角色将重新界定，主要表现在以下三个方面。

（1）经营决策者角色。传统观点认为，人力资源管理部门是一个无足轻重的行政管理部门，同企业经营没有直接关系，只需要负责企业人员的招聘、培训、工资等日常管理活动。21 世纪，随着市场竞争的日趋激烈，人力资源管理在企业的核心地位越来越突出，人力资源管理者不再仅仅局限在人事工作方面，而是更多地参与到企业经营活动中来，成为一个经营决策者。他们一方面要关注企业经营的长远发展，另一方面也要帮助直线经理和员工进行日常管理活动。

（2）CEO 职位的主要竞争者。随着企业对人力资源管理的日益重视和人力资源在现实生活中的重要作用，人力资源管理者在企业中的地位不断上升。CEO 职位的候选人从最初的营销人员、财务人员逐步扩展到人力资源管理人员，越来越多的高层人力资源主管会问鼎 CEO 职位，越来越多的人力资源主管会进入企业董事会。如在 20 世纪 90 年代，美国前 200 家大企业中就有 96 位人力资源高层主管出任 CEO。

（3）直线经理的支持者和服务者。人力资源职能部门的权力淡化；直线经理的人力资源管理责任增加；员工自主管理的责任增加。人力资源管理将成为各级管理人员的共同职责，而不再只是人力资源管理部门的任务。人力资源管理开始被确认为各级管理人员的共同职责。越来越多的企业将要求各级管理人员参与人力资源管理，并对其进行人力资源管理的培训，推广企业人力资源管理的理念、方法和手段。这种趋势也使得各种管理协会、社团组织、教育机构的人力资源管理专业的培训得以蓬勃发展。同时，企业要把人力资源管理工作的各项指标作为直线经理绩效考评的主要内容。企业各层主管应该主动与人力资源管理部门沟通，共同实现企业目标，而不仅仅在需要招工或辞退员工时，才想到人力资源管理部门。

3. 人力资源管理工作外包化趋势日益明显

为了能够适应组织内部投资结构和工作量的经常变化，使组织能够维持较为明快有效的系统和程序，于是出现了人力资源管理工作外包现象。外包就是将组织的人力资源管理活动委托给组织外部的公司承担，主要原因是组织内部投资结构和工作量的经常变化。一部分基础性工作向社会化的企业管理服务网络转移，企业的档案管理、社会保险、职称评定、招聘和培训等庞杂的事务性工作、知识含量不太高的工作从人力资源部门转移出去，而组织设计、工作分析等具有开创性的职能则交给管理咨询公司。人力资源管理外包的实质就是降低管理成本，通过从战略高度对企业成本结构和成本行为的全面了解、控制和改善，寻求长久的竞争优势，以达到有效地适应外部持续变化的能力，当组织发生变化时，人力资源部门通过它的机构和运行以使它变得更精干和更灵活。

4. 培训的投资将不断增大

培训是企业获得高质量人力资源的重要手段。人力资源是企业所有资源中增值潜力最大、最具有投资价值的资源，而员工培训是企业所有投资中风险最小、收益最大的战略性投资。经过培训，企业由于员工技能提高而得到长足发展，员工则从企业发展和自身努力中获得收益。员工和企业不仅共同分担了培训成本，而且也分享了培训的收益，意味着企业和员工都有动力继续合作。同时，员工由于获得职业培训特别是特殊职业培训，而使其在企业外部的价值比在企业内部的价值低，必然会选择与企业的命运紧紧联系在一起。企业可以根据自身的实际需要，制订多层次、多渠道、多形式的业内培训，以提高员工业务技能和敬业精神。

5. 工作方式将会发生根本性的变革

随着网络技术的发展，工作以项目为核心的发展趋势日益明显，员工居住地方越来越分散，居家办公也将进一步普及。现在，从事信息密集型行业的人数将逐渐超过从事传统服务业和制造业的人数，现代化的通讯手段，电子邮件、网络会议的使用将成为人们工作联系的主要方式。2004 年美国劳工部调查表明，采用在家工作方式的人数已经达到 2070 万，占非农业劳动力总数的15%。与此相应，在家工作正在成为现代劳动市场中正规部门就业的重要发展趋势。调查显示，受过高等教育的人群采取居家办公的工作形式比较多。人们愿意采取居家办公的最重要原因是舒适，人们不愿意采取居家办公的最主要原因是认为居家办公缺乏与同事和客户"面对面"的交流。

1.5 实操认知与思考

宝洁之谜：把人力当做武器[①]

诞生于 1837 年的宝洁，起初只是美国俄亥俄州辛辛那提市 18 家蜡烛和肥皂制造商之一。两位创始人：威廉·普洛科特和詹姆斯·甘布尔选取了各自姓氏中的第一个字母，组成了 P&G。这家风格保守、但又不断创新的公司，在此后长达 160 多年的光阴中，成功地开创了一个日化消费品行业的宝洁帝国。是什么力量，能够使一家公司如此长寿不衰？主要的原因就是保洁把人力当做武器。

在企业演进的过程中，利润最大化都是始终强调的。只不过在不同时期，利润所满足的对象从企业主、合伙人、股东进而泛化到各种利益相关者。已经有越来越多的公司认识到，单纯追求规模和利润并不能使公司本身基业长青，

---

① 资料来源：中国人力资源开发网（http://www.Chinahrd.net）。

甚至依赖或沉迷于某一种成功产品或市场策略，甚至卓越领导人的洞见能力，都是危险的。

而我们看到的令人悲哀的现实是，大量企业以追求利润和规模为远景目标，为此它们不惜与资本媾和，并寻租政府权力；它们经不起人事动荡的反复折腾，每一次的改朝换代都带来大规模的清洗和肃反，并改换管理体制；它们建立的是一个低信任度的组织，管理者和员工是依靠利益交易的关系暂时聚合在一起，企业成为赚钱的工具和机器，公司政治成为主导企业发展的隐性力量。在某些人眼中，公司只意味着可以分割出售的资产，或是独立于社会约束之外的个人帝国。

那么，究竟什么才是公司基业长青的关键因素？从宝洁的个案看，企业文化和忠诚于该文化的一代又一代的员工。员工塑造着企业文化，而企业文化又影响并通过员工传承。企业文化包括价值观、公司使命和愿景等一系列价值判断，而伟大的公司总是善于将这些抽象的企业文化理念融入组织设计和运行的各个环节和层面，并外化为员工的自觉行为，从而使公司看起来像一个整体：你无法具体说清楚到底哪一部分细节最出色，而是整个公司变成一件完美的艺术品。

毫无疑问，人才是保存公司文化和核心竞争力的传递者，而非产品和技术——没有哪一项产品和技术可以横跨百年而不被淘汰。宝洁的历任 CEO 都是从初进公司时的一级经理开始做起的，他们熟悉宝洁的产品，也熟悉宝洁的经营机制，更重要的是，他们对宝洁的文化有百分之百的忠诚。他们是随着宝洁公司成长而一道成长的，这种自豪感和主人翁意识可以很好地保持公司的凝聚力。而从组织文化的角度来说，如果有太多的"空降兵"进入的话，这个组织就会在文化融合方面要付出更高的成本。

当然，为了给一个职位找到合适的人才，其实有很多种方法。例如，你可以到市场上"购买"，通过猎头公司迅速挖到有成熟经验的人；或者可以让员工"学习"，把员工派到竞争对手那里去参观访问，了解对方的长处；或者可以"借用"，从咨询公司里借调人员来暂时弥补职位空缺。相比而言，花大力气培养内部员工的方法是成本最高的，但是，宝洁却偏偏选择此途，而且在员工培训方面更是投入了大量公司资源。对宝洁来说，难道非如此不可吗？

这就又回到了最初的命题：宝洁到底是一家追求无限利润的公司，还是一家尊重和培养人才，并依靠文化传承而存续的公司？答案当然是后者。

宝洁是一家重视人才胜过重视产品、重视文化胜过重视利润的公司。许多伟大的公司领袖都相信，利润并不是公司追求的终极目标，而是努力工作所随之而来的客观回报；公司存在的目的，不是为了成为股东或者员工赚钱的一部机器——尽管它可能是一部闪闪发亮、运转良好的机器，而是为了尊重和实现每一个人的价值，这种价值将会为客户、投资者、合作伙伴、社区和其他利益相关者带来更多的益处。

思　考

1. 宝洁保持长期成功的关键要素是什么？
2. 从宝洁的案例来看，内部晋升和外部选拔哪个更合适？
3. 宝洁为什么为员工培训投入大量资源？

本章小结

人力资源的概念是由管理大师彼得·德鲁克于 1954 年在其名著《管理实践》中首次正式提出并加以明确的。人力资源是指在一定范围内能够为社会创造物质财富和精神财富、具有智力劳动和体力劳动的人口的总和，它包括数量和质量两个方面。

人力资源的性质：（1）能动性。（2）两重性。（3）时效性。（4）社会性。（5）再生性。

人力资源的作用：（1）人力资源是财富形成的关键要素。（2）人力资源是经济发展的主要力量。（3）人力资源是企业的首要资源。

人力资源管理是依据组织和个人发展需要，对组织中的人力这一特殊资源进行有效开发、合理利用与科学管理的机制、制度、流程、技术和方法的总称。

美国人力资源管理协会将人力资源管理的职能划分成六种：（1）人力资源规划、招募和选择；（2）人力资源开发；（3）报酬和福利；（4）安全和健康；（5）员工和劳动关系；（6）人力资源研究。

国内也有很多学者对人力资源管理的职能做出了不同的细分，但它们之间都存在着一些共同之处，这些共同的职能可以说是人力资源管理应当承担的基本职能，董克用（2011）将其概括为七个方面：人力资源规划、职位分析、招聘录用、绩效管理、薪酬管理、培训和开发、员工关系管理。

人力资源管理的作用：有利于企业获得竞争优势、有利于组织生产经营活动的顺利进行、有利于调动组织员工的积极性，提高劳动生产率、有利于减少劳动消耗，提高组织经济效益。

人力资源管理的理论基础：人性假设理论包括 X 理论—Y 理论和四种人性假设理论；激励理论包括内容型激励理论、过程型激励理论和行为改造理论。

第2章 人力资源规划

学习索引

```
                         人力资源规划
               ┌──────────┬──────────┬──────────┐
             概述        编制      预测技术    信息系统
          ┌ 定义      ┌ 规划的内容   ┌ 需求预测   ┌ 信息系统的作用
          ├ 目标      └ 程序与步骤   ├ 供给预测   ├ 内容和基本信息
          ├ 规划的作用            └ 资源的平衡   └ 信息系统的建立
          ├ 影响因素
          └ 制定原则
```

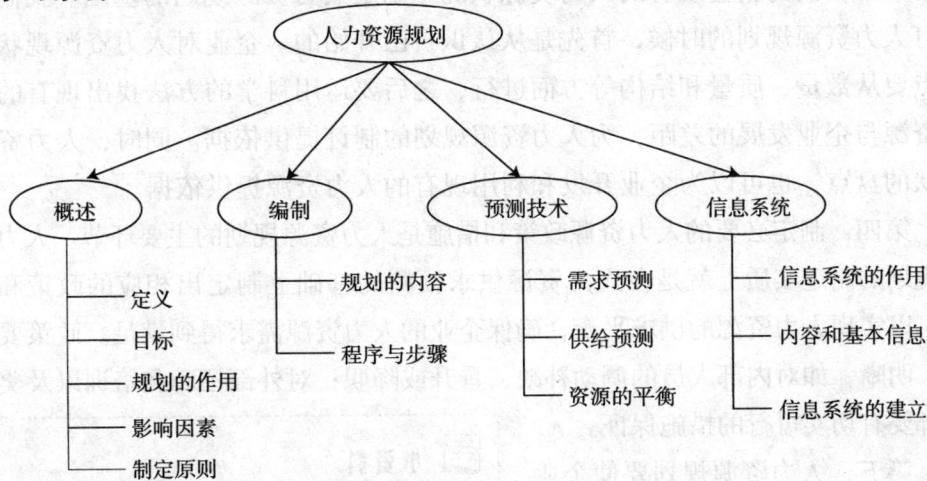

2.1 人力资源规划概述

2.1.1 人力资源规划的定义

人力资源规划是人力资源管理的一项基础性工作，是指一个企业为了实现其战略目标，根据企业的人力资源现状，科学地预测、分析自己在未来环境变化中的人力资源供给与需求状况，从而制订相应的政策和措施，使企业的人力资源供给和需求达到平衡，确保自己在需要的时间和需要的岗位上获得所需人才，并使企业和个人都获得长期的利益。人力资源规划的定义可以从以下几个方面理解。

第一，企业或组织的环境是不断变化的，而企业制订人力资源规划的主要原因就是环境的变化。企业的外部环境包括政治、经济、法律、技术、文化等，这些环境因素处于动态的变化之中。它们的变化会导致企业内部的战略目标不断变化，进而使人力资源供求随之变化。因此，我们要在制定人力资源规划的时候对这些变化进行科学的预测与分析，从而保证企业短期以及中长期的人力资源需求得到满足。

第二，实现企业的战略目标是制定人力资源规划的目的。大多数学者认为，在现代社会中，人力资源是企业最宝贵的资源，企业要获得成功必须拥有足够数量和较高质量的人力资源。人力资源规划可以为企业配备适宜数量与质量的人力资源，即为企业的发展提供人力保证，提高企业的效率和效益，使企业的长期目标得以实现。

第三，搞清企业现有的人力资源状况是制定人力资源规划的基础。我们在制订人力资源规划的时候，首先是从认识自己开始的。企业对人力资源现状的盘点要从数量、质量和结构等方面进行，之后要运用科学的方法找出现有的人力资源与企业发展的差距，为人力资源规划的制订提供依据。同时，人力资源现状的盘点，也可以为企业开发和利用现有的人力资源提供依据。

第四，制定必要的人力资源政策和措施是人力资源规划的主要环节。人力资源规划的制定实质上就是在人力资源供求预测的基础上制定出相应的政策和措施，以实现人力资源的供求平衡，确保企业的人力资源需求得到满足。政策要正确、明晰，如对内部人员的调动补缺、晋升或降职；对外部招聘和培训以及奖惩等都要有切实可行的措施保证。

第五，人力资源规划要使企业和个人都获得长期的利益。组织在实现战略目标的过程中，要尽量发挥企业中每个人的力量。因此，企业要为员工创造良好的条件，关心每个人在物质、精神和业务发展等方面的需要，这样有助于员工实现个人目标，从而充分发挥每个人的积极性、主动性和创造性，提高工作效率和组织效率，使组织目标得以实现。

> **小资料**
>
> 人力资源规划有广义和狭义之分。广义的人力资源规划是指根据企业或组织的发展战略、目标及内外环境的变化，预测未来的组织任务和环境对企业的要求，为完成这些任务和满足这些要求而提供人力资源的过程。狭义的人力资源规划是指具体的提供人力资源的行动计划。狭义的人力资源规划是广义中的一部分。人力资源规划一般都是指广义上的人力资源规划。

2.1.2 人力资源规划的目标

我们制定人力资源规划是为了实现以下六个主要目标。

1. 要保证组织在适当时间和不同的岗位上获得适当的员工

这一目标包括员工的数量、质量和结构等方面。从数量方面来看，如果员工过多，组织就会因工资成本过高而损失经营效益；如果员工过少，又会由于组织不能满足现有顾客需求而导致销售收入降低。从质量方面来看，如果员工的素质不能达到组织的要求，那么组织是无法完成既定目标的。同时，员工的结构不合理也会影响组织的工作绩效。所以，制定人力资源规划可以确保企业对人力资源的需求，在最大限度地开发利用企业现有人员潜力的同时，招聘到最适宜的员工。

2. 促进人力资源的合理利用

事实上，在相当多的企业中都存在这样的一种现象：一些人的工作负荷过重，而另一些人的工作过于轻松；一些人感觉在完成一项任务的时候心有余而力不足，另一些人则感到能力未能完全发挥。只有很少的企业其人力资源的配置完全符合理想的状况。人力资源规划可改善人力资源分配的不平衡状况，进而谋求合理化，使员工能够充分发挥自己的能力，在组织需要的时候产生最高的工作绩效。

3. 要确保组织对外部环境变化的及时反应及适当地调整

企业所处的外部环境是不断变化的，人力资源规划在客观上要求决策者全面考虑外部环境中各个相关领域里的各类情形，例如，国内经济状况；本行业的发展状况等。人力资源规划促使组织对外部环境状态进行思索和评估，预测可能的变化，而不是对某种情况的出现做出被动反应，这将使组织总能比竞争对手先行一步。

4. 为组织的人力资源活动提供正确的方向和工作思路

人力资源规划一方面为其他各种人力资源职能（如人员配置、培训与开发、工作绩效测评、薪酬等）确定了方向；另一方面，它还确保组织采用比较系统的观点看待人力资源管理活动，理解人力资源计划和组织战略之间的相互关系，以及某一个职能领域的变化会对另一个职能领域产生的影响。例如，一个科学的人力资源计划能够确保对员工进行培训与对员工进行工作绩效测评的一致，并且在薪酬决定中也特别考虑这些因素。

5. 配合组织发展需求规划人力资源

任何组织都在不断地追求生存与发展，但是要生存发展下去，是要依靠人力资源的获得和利用的。人力资源规划可以保证企业在适当的时间地点获得适当的人员，从而达到配合组织需要的目标。人力资源规划也是人力资源发展的基础。人力资源发展包括人力资源预测、人力资源增补、人员培训，这三者紧密联系，不可分割。人力资源规划一方面对目前人力现状予以分析，以了解人事动态；另一方面，对未来人力需求做一些预测，以便对企业人力的增减进行通盘考虑，再据此制订人员增补与培训计划。

6. 要将业务管理者与职能管理者的观点结合起来

虽然人力资源规划通常由公司人力资源部发起和进行，但它也需要组织中所有管理人员的参与协作。公司人力资源部的领导未必会比一个具体部门的负责人更了解其所负责的那个领域的情况。人力资源部与业务管理人员之间的沟通是确保任何人力资源规划活动成功的基础。公司人力资源部必须帮助业务管理人员参与规划过程，但在安排他们参与规划过程的同时，也要考虑到其业务专长和既定的工作职责。

2.1.3 人力资源规划的作用

人力资源规划在企业的经营管理中具有十分重要的作用，具体表现在以下几个方面：

1. 有利于企业知道长远的战略目标和发展规划

一个企业在制订战略目标和发展规划时，总会先考虑企业自身的各种资源，特别是人力资源的状况。一套切实可行的人力资源规划，有助于管理层全面深入地了解企业内部人力资源的配置状况，进而科学合理地确定企业的战略目标。

2. 为企业经营战略目标的实现提供必需的人力资源

企业所处的环境是不断变化的，环境的改变会使企业的生产和经营等领域也发生变化，相应地，企业对人力资源的需求也会发生变化。人力资源规划就是科学地分析、预测企业在不断变化的环境中人力资源供给和需求状况，制定必要的政策和措施，以确保企业在需要的时间和需要的岗位上能获得需要的人力资源，使企业经营战略目标得以实现。

3. 人力资源规划能使企业有效地控制人工成本

人力资源规划有助于检查和预算出人力资源计划的实施成本及其带来的效益；也可以对现有的人力结构做一些分析，找出影响人力资源有效运用的原因，从而使人力资源效能充分发挥，达到控制人工成本的目的。

4. 人力资源规划有助于满足员工需求和调动员工的积极性

人力资源规划展示了企业内部未来的发展机会，使员工充分了解自己的哪些需求可以得到满足以及满足的程度。如果员工明确了那些可以实现的个人目标，就会去努力追求，在工作中表现出积极性、主动性、创造性。否则，在前途和利益未知的情况下，员工就会表现出干劲不足，甚至有能力的员工还会采取另谋高就的方法来实现自我价值。如果有能力的员工流失过多，就会削弱企业实力，降低士气，从而进一步加速员工流失，使企业的发展陷入恶性循环。

5. 为企业的重要人事决策提供依据

人事决策是企业管理中一项重要内容，要想避免人事决策的失误，就要获得准确的信息。人力资源规划可以为人事决策提供准确的信息，保证人力资源管理活动正常进行。

2.1.4 人力资源规划的影响因素[①]

影响人力资源规划的主要因素包括两个方面，一个是企业内部因素；另一个是企业外部因素。

1. 企业内部的影响因素

（1）经营目标的变化。由于企业外部环境和自身情况的不断改变，企业的经营目标也会随之发生变化，而经营目标的改变则会对人力资源的需求造成影响。所以我们要调整人力资源规划，以适应经营目标的改变。

（2）组织形式的变化。随着现代企业制度的建立，现代企业的组织形式逐渐向扁平化方向发展，目的在于减少中间层次的信息与资源的损耗，改善人际关系，提高员工的效率。由于传统组织形式的瓦解，扁平化组织形式的出现，企业对人力资源的需求必然会相应改变，从而人力资源计划也应该做出调整，以支持现代化的新型组织形式，促进企业制度的合理化和不断完善，直至最终实现现代企业制度。

（3）企业高层管理人员的变化。企业的高层管理人员发生变化，一方面会使企业的经营目标发生改变，从而影响到企业的人力资源规划；另一方面，不同的高层管理人员对人力资源管理所持的观念和态度不同，会直接影响到他们对企业人力资源管理活动的支持程度，进而会影响到他们对人力资源规划的重视程度。因此，企业高层管理人员的变化也会对人力资源规划产生影响。

（4）企业员工素质的变化。随着社会的进步和人民文化水平的提高，现代企业的员工素质也有了普遍的提高。企业中白领员工的比重增加，知识工人成为企业发展的主要力量。在这种形势下，传统的人事管理体制和方法已经无法适应发展的需要，现代的人力资源开发与管理的体制和方法便应运而生，并且开始逐步取代传统的体制和方法。此时，人力资源规划作为人力资源管理的基础工作，必须做出相应的调整，保证人力资源管理活动既能适应员工素质的变化，又能促进员工素质的提高。

2. 企业外部的影响因素

（1）人口和劳动力市场的变化。人口的变化将导致劳动力供给的变化，这也就意味着企业获得所需要的具有一定劳动技能的人力资源也将发生变化。人口统计数据的变化，对企业的人力资源规划有着重要意义。例如，人口统计中的人口总数、性别比例、年龄比例等信息对企业劳动力队伍的结构有很大影

---

① 林忠，金延平．人力资源管理（第三版）［M］．大连：东北财经大学出版社，2012：29－30.

响。劳动力市场的变化，就表现为劳动力供给的变化或劳动力需求的变化。无论在劳动力市场上发生了哪一种变化，都会对企业的人力资源规划产生影响。所以，在企业人力资源规划中必须考虑这些因素。

（2）行业发展状况的变化。行业的发展状况，也会对企业的人力资源规划产生影响。例如，一些传统行业，由于其不能适应市场的需求，发展前景很黯淡，因此相关的企业就要考虑调整经营结构、转变经营方向，企业的人力资源规划也应该有所侧重，要着重于引进或培养企业转变所需要的人才，同时还要着重于解聘和安置已对企业无用的人员，降低人力资源成本。而对于一些所谓的"朝阳行业"如高

> **小思考**
>
> 为什么劳动力市场的变化会对人力资源规划产生影响呢？在不同的人力资源供求情况下，便会制订出不同的人力资源规划。例如，在目前的劳动力市场上，高级管理人才的供给不足，因此，企业必须根据这种情况调整人力资源规划，完善员工补充计划、员工培训计划和薪酬激励计划等，力求为企业招聘到急需的人才，或培养出合格的员工，并激励他们长期为企业服务。

新技术行业，因为其发展前景一片光明，潜力巨大，因此就应该采取不同的人力资源规划，规划的重点应该放在吸引和激励人才方面，以保证企业的持续发展。

（3）政府政策的变化。政府相关政策的制定和修改，也会影响企业的人力资源规划。例如，允许人才自由流动的政策、大学毕业生就业政策的实施，就会促使企业制定相应的人力资源规划，来扩大人力资源的招聘范围和吸引全国各地的人才到企业工作，为企业的持续发展提供充足的人力保证。

除了上述因素外，还有一些企业内部与外部的因素会影响人力资源规划。比如企业的发展阶段、职工对工作和职业态度的不同、法律和法规的改变、社会经济的发展状况等因素，也会对人力资源规划造成一定影响。

2.1.5 人力资源规划的制定原则

1. 科学性原则
企业制定人力资源规划必须遵循人力资源发展的客观规律，不仅要参考人力资源现状，同时还要对人力资源的供给和需求进行预测。在我们进行预测的时候，如果不利用科学的预测方法，我们是不能得到准确结果的。因此，我们首先要遵循科学性的原则。

2. 系统性原则
我们在制定人力资源规划的时候，是以实现企业的发展战略为目的的，因此它是企业总体发展战略的一个子系统。同时，我们也要把它作为整体来考

虑，将企业内不同层次、不同部门的人力资源规划作为其子系统统一规划。

3. 动态性原则

企业所处的环境是不断变化的，我们做人力资源规划是要预测环境变化对人力资源的需求的影响。但是，我们的预测结果并不一定十分准确，可能会出现偏差，所以，我们要对人力资源规划进行不断地调整，所以它是一个动态的过程。

4. 实用性与适用性原则

人力资源规划的实用性表现在为企业战略目标服务、依照规划可以具体操作、根据内外环境和条件的变化可及时调整三个方面。适用性是指人力资源规划的方向、目标、内容、规模与速度，要适应国家经济、政治的需要，特别要注意适应市场经济体制和现代企业制度深化改革及适应于企业自身发展特点的需要。而这是以人才的类型、才智、专业、素质、年龄、观念结构等诸多方面的广泛性为基础的。

5. 协调性原则

人力资源规划是整个企业发展规划的组成部分，要与其密切相关的因素相平衡、协调。因此，我们在编制和执行过程中要处理好四个关系：整体与局部、当前与长远、数量与质量、速度与效益。

6. 企业与员工共同发展原则

人力资源规划不仅为企业的战略发展服务，而且还要为促进员工自身发展服务。在知识经济时代，员工越来越重视自身素质的提供，因为他们清楚地了解，只有提高自身素质，才能取得良好的发展前景，才能实现自身价值。而企业的发展也离不开高素质员工的支持，两者是相互支持、相互促进的。因此，优秀的人力资源规划一定是能够使企业和员工得到长期利益的规划，一定是能够使企业和员工共同发展的规划。

2.2　人力资源规划的编制

2.2.1　人力资源规划的内容

人力资源规划主要包括两部分内容：

1. 人力资源总体规划

人力资源总体规划是企业人力资源的战略规划，是人力资源管理活动的基础，它是指在规划期内人力资源管理的总目标、总政策、实施步骤以及总预算的安排。它包括明确宗旨、建立目标、评价优势和劣势、确定结构、制订战略和制订方案。

2. 人力资源业务规划

企业人力资源业务规划只要在企业业务经营层次上，确定为实现人力资源战略发展规划需要实施的各种业务规划。它包括：人员配备规划、人员补充规划、人员使用规划、人员培训规划、绩效考评规划、薪酬激励规划、劳动关系规划、退休解聘规划等。每一项业务计划也都由目标、政策、步骤及预算等部分构成。这些业务规划是总体规划的展开和具体化，其执行结果应能保证人力资源总体规划目标的实现。另外，还应当注意人力资源各项业务规划之间的平衡。例如，人员补充规划与培训规划之间，人员薪酬规划与使用规划、培训规划之间的衔接和协调。当企业需要补充某类员工时，如果信息能及早到达培训部门，并列入培训规划，则这类员工就不必从外部补充。又如，当员工通过培训提高了素质，而在使用和薪酬方面却没有相应的政策和措施，就容易挫伤员工接受培训的积极性。人力资源规划的内容，如表2-1所示。

表2-1　　　　　　　　　　　　　人力资源规划的内容

计划类别	目标	政策	预算
总规划	总目标（绩效、人力总量和素质、员工满意度等）	基本政策（扩大、收缩、改革、保持稳定）	总预算：××万元
人员配备规划	部门编制、人力结构优化、绩效改善、人力资源能位匹配	人员配备政策、任职条件	人员总体规模变化而引起的费用变化（工资、福利等）
人员补充规划	类型、数量、层次对人力资源结构和绩效的改善	人员标准、人员来源、起点待遇	招聘、甄选费用
人员使用规划	后备人员数量保持、适人适位、职务轮换幅度、改善人力结构、提高绩效目标	人员晋升政策、晋升时间、职位轮换范围和时间、未提升人员的安置	职位变化引起的工资、福利等支出的变化
人员培训规划	人员素质及绩效的改善、培训类型与数量、提供新人员、转变员工劳动态度及作风	培训时间的保证、培训效果的保证（如待遇、考核、使用）	教育培训总投入支出、脱产培训损失
绩效考评规划	增加员工参与、增进绩效、增强组织凝聚力、改善企业文化	绩效考评标准和方法、沟通机制，反馈	绩效考评引起的支出变化
薪酬激励规划	人才流失减少、士气水平、绩效改进	薪酬政策、激励政策、激励重点	增加的薪酬额预算
劳动关系规划	减少投诉和不满、降低非期望离职率、改进干群关系	参加管理、加强沟通	法律诉讼费和可能的赔偿费
退休解聘规划	劳动成本降低、劳动生产率提高	退休政策、解聘程序	人员安置费和重置费

2.2.2　人力资源规划的程序与步骤

1. 人力资源规划的程序

人力资源规划的制定大体可分为四个步骤，如图 2-1 所示。

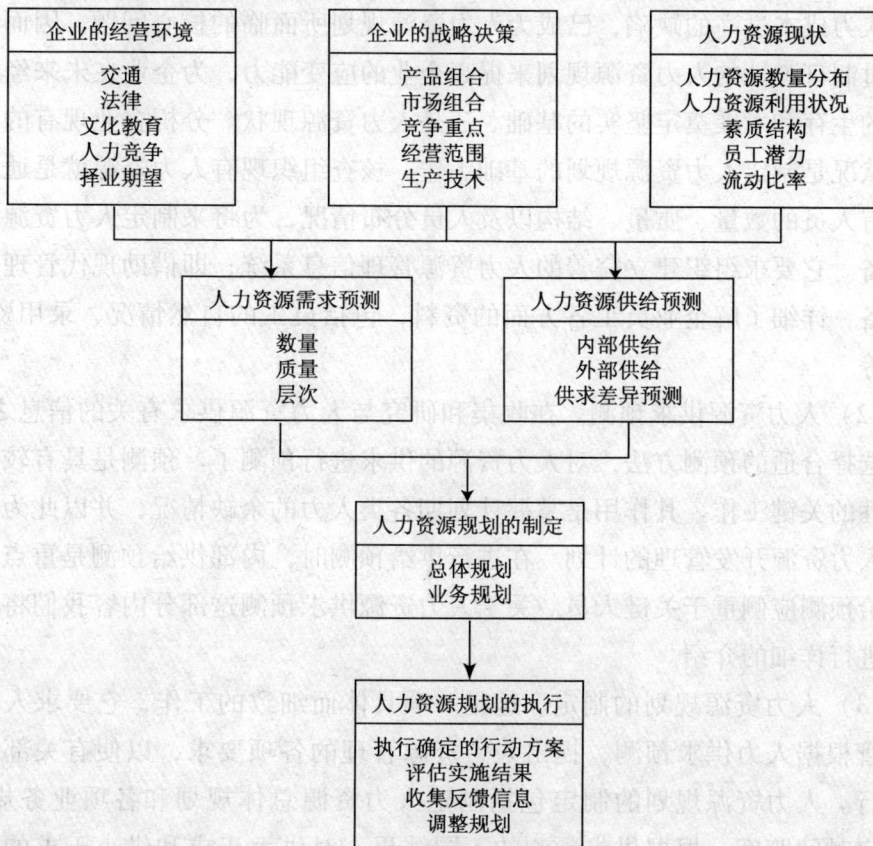

图 2-1　人力资源规划的程序

（1）收集研究相关信息。信息资料是人力资源规划的前提，也是制订人力资源规划的依据。一般情况下，与人力资源规划有关信息资料包括三个方面：一是经营战略。企业的经营战略主要包括：战略目标、经营决策、产品组合、市场组合、竞争重点、经营区域、生产技术、生产规模等，这些因素的不同组合会对人力资源规划提出不同的要求。因而，制订人力资源规划时，必须要了解与企业经营战略有关的信息。二是经营环境①。制定人力资源规划还要受到企业外部经营环境的制约。例如，相关的经济、法律、人口、交通、文

---

① 林忠，金延平. 人力资源管理（第三版）[M]. 大连：东北财经大学出版社，2012：31.

化、教育等环境，劳动力市场的供求状况，劳动力的择业期望等。随着知识经济时代的到来，市场变化愈加迅速，产品生命周期越来越短，消费者的偏好日趋多元化，导致企业面临的经营环境越来越难以预测，对人力资源管理工作，特别是基础性的人力资源规划提出了更高的要求。如何使企业的人力资源规划既能适应经营环境变化导致的人力资源需求变化，又能摆脱固定人力资源框架造成人力成本过高的缺陷，已成为人力资源规划所面临的核心问题。因而，必须通过制订弹性的人力资源规划来提高企业的应变能力，为企业在未来经营环境中的生存和发展奠定坚实的基础。三是人力资源现状。分析企业现有的人力资源状况是制定人力资源规划的基础工作。核查组织现有人力资源就是通过弄清现有人员的数量、质量、结构以及人员分布情况，为将来制定人力资源规划做准备。它要求组织建立完善的人力资源管理信息系统，即借助现代管理手段和设备，详细了解企业员工各方面的资料，包括员工的自然情况、录用资料、工资等。

（2）人力资源供求预测。在收集和研究与人力资源供求有关的信息之后，就要选择合适的预测方法，对人力资源的供求进行预测了。预测是具有较强的技术性的关键工作。其作用是掌握计划期各类人力的余缺情况，并以此为依据安排人力资源开发管理的计划。在进行供给预测时，内部供给预测是重点，外部供给预测应侧重于关键人员。关于人力资源供求预测这部分内容我们将在下一节进行详细的介绍。

（3）人力资源规划的制定。这是一项具体而细致的工作，它要求人力资源主管根据人力供求预测，提出人力资源管理的各项要求，以便有关部门照此执行。人力资源规划的制定包括制定人力资源总体规划和各项业务规划，并确定时间跨度。根据供求预测的不同结果，对供大于求和供小于求的情况分别采取不同的政策和措施，使人力资源达到供求平衡。人力资源供求达到平衡是人力资源规划活动的落脚点和归宿。

（4）人力资源规划的执行。执行人力资源规划是人力资源规划的最后一项工作，主要包括：实施、评价、反馈和调整。实施是人力资源规划执行中最重要的步骤。在做好准备工作以后，就可以进行实施工作，实施时应严格按照规划进行，并设置完备的监督和控制机制，以确保人力资源规划实施的顺利进行。人力资源规划不是一成不变的，它是一个动态的开放系统，对其结果必须进行评估，并重视信息反馈，通过反馈的信息不断地进行调整，使之更加切合实际，更好地促进企业目标的实现。

2. 人力资源规划的制订步骤

由于企业的具体情况不尽相同，所以制定人力资源规划的步骤也各有特色。但是一般来说，编写人力资源计划有以下几个典型步骤，读者可根据企业的实际情况进行裁减。

（1）制定职务编制计划。根据企业发展规划，结合职务分析报告的内容，来制定职务编制计划。职务编制计划阐述了企业的组织结构、职务设置、职务描述和职务资格要求等内容。制定职务编制计划的目的是描述企业未来的组织职能规模和模式。

（2）制定人员配置计划。根据企业发展规划，结合企业人力资源盘点报告，来制定人员配置计划。人员配置计划阐述了企业每个职务的人员数量，人员的职务变动，职务人员空缺数量等。制定人员配置计划的目的是描述企业未来的人员数量和素质构成。

（3）预测人员需求。根据职务编制计划和人员配置计划，使用预测方法，来预测需求。人员需求中应阐

> **小资料**
>
> **如何评价人力资源规划的合理性？**
> ·规划者对人力资源问题的熟悉程度越高、重视程度越高，人力资源规划的合理性就越大。
> ·人力资源规划者与提供数据者以及使用人力资源规划的管理人员之间的工作关系越好，制订的人力资源规划就越可能合理。
> ·人力资源规划与相关部门进行信息交流越容易，越可能制订出合理的人力资源规划。
> ·管理人员越重视人力资源规划，人力资源规划者也就越重视人力资源规划的制订过程，制订的规划才可能客观合理。
>
> **如何对人力资源规划的实施所带来的效益进行评价？**
> ·实际招聘人数与预测需求人数的比较；
> ·劳动生产率的实际提高水平与预测提高水平的比较；
> ·实际的执行方案与规划的执行方案的比较；
> ·实际的人员流动率与预测的人员流动率的比较；
> ·实施行动方案后的实际结果与预测结果的比较；
> ·劳动力的实际成本与预算成本的比较；
> ·行动方案的实际成本与预算成本的比较。
>
> 资料来源：林忠，金延平. 人力资源管理（第三版）[M]. 大连：东北财经大学出版社，2012：32－33.

明需求的职务名称、人员数量、希望到岗时间等。最好形成一个标明有员工数量、招聘成本、技能要求、工作类别，及为完成组织目标所需的管理人员数量和层次的分列表。实际上，预测人员需求是整个人力资源规划中最困难和最重要的部分。因为它要求以富有创造性、高度参与的方法处理未来经营和技术上的不确定性问题。

（4）确定人员供给计划。人员供给计划是人员需求的对策性计划。主要阐述了人员供给的方式（外部招聘、内部招聘等）、人员内部流动政策、人员外部流动政策、人员获取途径和获取实施计划等。通过分析劳动力过去的人

数、组织结构和构成以及人员流动、年龄变化和录用等资料，就可以预测出未来某个特定时刻的供给情况。预测结果勾画出了组织现有人力资源状况以及未来在流动、退休、淘汰、升职及其他相关方面的发展变化情况。

（5）制定培训计划。为了提升企业现有员工的素质，适应企业发展的需要，对员工进行培训是非常重要的。包括新员工的上岗培训和老员工的继续教育，以及各种专业培训。培训计划中包括了培训政策、培训需求、培训内容、培训形式、培训考核等内容。

（6）制定人力资源管理政策调整计划。人力资源管理政策调整计划，是对组织发展和人力资源管理之间关系的主动协调，目的是确保其主动地适应形势发展的需要。计划中明确计划期内的人力资源政策的调整原因、调整步骤和调整范围等。其中包括招聘政策、绩效考评政策、薪酬与福利政策、激励政策、职业生涯规划政策、员工管理政策等。

（7）编写人力资源部费用预算。编制人力资源费用预算主要包括招聘费用、培训费用、福利费用、调配费用、奖励费用、其他非员工的直接待遇，以及与人力资源开发利用有关费用的预算。

（8）关键任务的风险分析及对策。每个企业在人力资源管理中都可能遇到风险，如招聘失败、新政策引起员工不满等，这些事件很可能会影响公司的正常运转，甚至会对公司造成致命的打击。风险分析就是通过风险识别、风险估计、风险驾驭、风险监控等一系列活动来防范风险的发生。

人力资源计划编写完毕后，应先积极地与各部门经理进行沟通，根据沟通的结果进行修改，最后再提交公司决策层审议通过。

2.3　人力资源预测技术

2.3.1　人力资源需求预测

人力资源需求预测是指以企业的战略目标、发展规划和工作任务为出发点，综合考虑各种因素的影响，对企业未来人力资源的数量、质量和时间等进行估计的活动。它是制订人力资源规划的起点，其准确性对规划的成效有决定性作用。企业在引进新技术之前与引进新技术之后对人力资源的需求是不同的，其中包括所需人员数量、质量、专业结构的不同等。

1. 影响人力资源需求的因素

企业对人力资源的需求受到诸多因素的影响，其中市场对企业产品的需求是最重要、最根本的。所以在进行人力资源预测时，要考虑以下两类因素：一是外部因素。主要包括经济、政治、法律、技术和竞争者等。外部因素的影响多是间接性的，企业对其的可控性很弱，这就要求企业要对外部环境进行高度的关注。二是内部因素。企业的战略目标规划决定了其发展速度、新产品开发和试制、市场覆盖率等。因此，它是企业内部因素影响人力资源需求的最重要因素。企业产品的销售以及预算对人力资源需求也有直接影响。此外，企业劳动定额的先进及合理程度也影响着人力资源需求量。

2. 人力资源需求的预测方法

一般来说，人力资源需求的预测包括定性分析预测法和定量分析预测法，主要有以下几种。

（1）定性分析预测法。该预测法又分现状规划法、经验预测法和德尔菲法。

① 现状规划法，又称为维持现状法。组织对当前的人力资源状况感到满意，即认为目前的岗位设置和人员配置是合适的，在未来一段时间内没有必要变动，即企业目前各种人员的配备比例和人员的总数将完全能适应预测规划期内人力资源的需求。主要操作步骤：第一步，分析企业当前人力资源状况，确认是否需要较大的变动；第二步，预测出退休人员数量；第三步，大致预测出辞职、辞退、重病等离开岗位的人员数量；第四步，局部是否有较小的岗位变化，如有，预测需要变动的人员数量；第五步，第四步用变动人员的数量对第二、第三步离开岗位的人员总和进行修正后，得到的人员数量即是未来的人员需求。

② 经验预测法。它是利用现有的情报和资料，根据有关人员的经验，结合本企业的特点，对公司人力资源需求加以预测。经验预测法可以采用"自下而上"和"自上而下"两种方式。"自下而上"就是由直线部门的经理向自己的上级主管提出用人要求和建议，征得上级主管的同意；"自上而下"的预测方式就是由公司经理先拟定出公司总体的用人目标和建议，然后由各级部门自行确定用人计划。

③ 德尔菲法，又称"专家征询法"或"集体预测法"。德尔菲法源于20世纪40年代末美国兰德公司的"思想库"，这种方法是由有经验的专家或管理人员对某些问题分析或管理决策进行直觉判断与预测，其精度取决于预测者的经验和判断能力，主要操作步骤：一是预测筹划；二是由专家进行预测；三是进行统计与反馈；四是表达预测结果；德尔菲预测调查表、德尔菲法的具体操作步骤分别如表 2-2、图 2-2 所示。

表 2 - 2　　　　　　××企业人力资源需求德尔菲预测调查表

预测项目：××企业从事 IT 信息产业的 X 专业与 Y 专业的合理人才结构比例的上一轮调查结论：

1. Y 专业不需要。2 人回答，占 4.44%
   主要理由是：
2. 1:0.5（X:Y）。10 人回答，占 22.22%
   主要理由是：
3. 1:1（X:Y）。15 人回答，占 33.33%
   主要理由是：
4. 1:1.5（X:Y）。11 人回答，占 24.44%
   主要理由是：
5. 1:2（X:Y）。7 人回答，占 15.56%
   主要理由是：

中位值：1:1

四分值区间：［1:0.5，1:1.5］

您的新预测：X:Y 为＿＿＿＿＿＿＿＿＿＿＿＿＿＿＿＿＿＿＿＿＿＿＿＿＿＿＿＿

您的结论：＿＿＿＿＿＿＿＿＿＿＿＿＿＿＿＿＿＿＿＿＿＿＿＿＿＿＿＿＿＿＿＿

资料来源：胡八一．人力资源规划实务［M］．北京：北京大学出版社，2008.

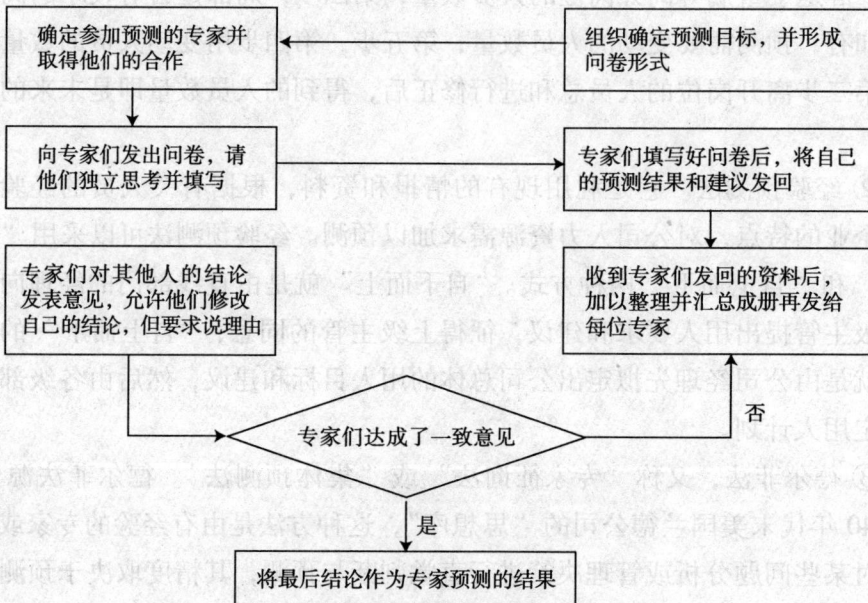

图 2 - 2　德尔菲法的具体操作过程

资料来源：赵应文．人力资源管理［M］．北京：北京大学出版社，2012：56.

（2）定量分析预测法，又分为趋势外推预测法、回归分析法、比率分析法和计算机模拟法。

①趋势外推预测法是通过对企业在过去 5 年或者更长时间内的员工变化情况进行分析，然后以此为依据来预测企业未来人员需求的方法。这种方法既可以对企业进行整体预测，也可以对企业的各个部分进行结构性预测。主要操作：把时间作为自变量，人力资源需求量作为因变量，根据历史数据，在坐标轴上绘出散点图；由图形可以直观地判断应拟合哪种趋势线（直线或曲线），从而建立相应的趋势方程；并用最小二乘法求出方程系数，确定趋势方程；根据趋势方程便可对未来某一时间的人力资源需求进行预测。

📖 **小案例**

已知某企业过去 12 年的人力资源数量，如表 2 - 3 所示，预测未来第三年的人力资源需求量为多少？

表 2 - 3　　　　　　　　某企业过去 12 年的人力资源数值

年度	1	2	3	4	5	6	7	8	9	10	11	12
人数	510	480	490	540	570	600	640	720	770	820	840	930

根据表 2 - 3，将年度作为横坐标，人数作为纵坐标，绘制出散点图 2 - 3。

建立直线趋势方程：$Y = a + bX$，其中：Y 为人数；X 为年度。

利用最小二乘法，可以得出 a、b 的计算公式：

$$a = \overline{Y} - b\overline{X}$$

$$b = \frac{\sum_{i=1}^{n}(X_i - \overline{X})(Y_i - \overline{Y})}{\sum_{i=1}^{n}(X_i - \overline{X})^2}$$

图 2 - 3　人力资源数值

代入数据可得：$a = 390.7$，$b = 41.3$

$$Y = 390.7 + 41.3X$$

所以，未来第三年的人力资源需求量为：$Y = 390.7 + 41.3 \times 15 = 1010$（人）

资料来源：林忠，金延平. 人力资源管理（第三版）[M]. 大连：东北财经大学出版社，2012：35 - 36.

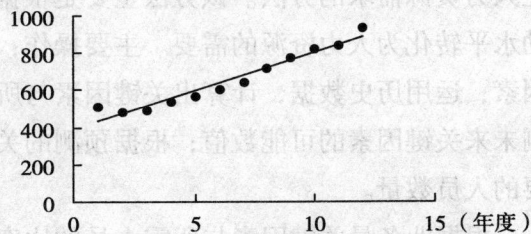

趋势外推预测法是人力资源需求预测中运用最广泛的时间数列预测方法，其最重要的是要找出趋势线。运用趋势外推法必须满足两个前提，一是企业要有历史数据；二是这些数据要有一定的发展趋势和规律可循。在运用趋势外推法时，隐含了一个假设，即企业的未来仍按过去的规律发展。但在现实中，由于很多因素在变化，很少有企业是按照过去的趋势发展。特别当预测的时间变长时，大多数因素都会发生变化，导致预测结果不准确，所以趋势外推预测法只能用于中、短期或比较稳定的预测。

②回归分析法是研究自变量与因变量之间变动关系的一种数理统计方法。回归模型包括线性回归方程和非线性回归方程。主要操作：确定与企业中的人力资源数量和构成高度相关的因素，建立回归方程；然后根据历史数据，计算出方程系数，确定回归方程；从而得到相关因素的数值，对人力资源的需求量做出预测。

回归分析方法是一种比较精确的预测方法，对人力资源需求预测有相当大的实用价值。回归模型旨在一种或多种独立变量条件下，建立生产经营活动水平与人员需求量之间的数学关系，并用这种关系推测未来。但预测的准确程度与相关变量的选取有很大的关系，这要求在具体应用时，一定要选取与人力资源需求量相关的变量。

③比率分析法是通过计算某些原因性因素和所需员工数量之间的比率来确定人力资源需求的方法。该方法主要是根据过去的经验，将企业未来的业务活动水平转化为人力资源的需要。主要操作：根据需要预测的人员类别选择关键因素；运用历史数据，计算出关键因素与所需人员数量之间的比率值；从而预测未来关键因素的可能数值；根据预测的关键因素数值和比率值，计算未来需要的人员数量。

根据业务量关键因素与所需人员的比率关系，可直接计算出需要人员的数量。例如：某企业有生产工人100名，每日可生产50000单位的产品，即一名生产工人每日可生产500单位产品。如果企业明年要扩大产量，每日生产100000单位产品，根据比率可以确定需要生产工人200名，也就是要再增雇100名生产工人。人员机构比率分析法的关键因素是关键岗位所需要的人数，根据关键岗位与其他岗位人数的比率关系，可以间接计算出需要的人员数量。例如：某企业有200名生产人员和10名管理人员，那么生产人员与管理人员的比率就是20，这表明1名管理人员管理20名生产人员。如果企业明年将生产人员扩大到400人，那么根据比率可以确定企业对管理人员的需求为20人，也就是要再增加10名管理人员。

比率分析法假定企业的劳动生产率是不变的，如果考虑到劳动生产率的变

化对员工需求量的影响，可用以下计算公式：$N = \dfrac{w}{q(1+R)}$

式中：N 为人力资源需求量；w 为计划期内任务总量；q 为目前的劳动生产率；R 为计划期内生产率变动系数，$R = R_1 + R_2 - R_3$（R_1 为由于企业技术进步而引起的劳动生产率提高系数；R_2 为由于经验积累而引起的生产率提高系数；R_3 为由于年龄增大及某些社会因素而引起的生产率降低系数）。

④计算机模拟法是进行人力资源需求预测各种方法中最为复杂的一种方法，也是相对比较准确的方法。这种方法是在计算机中运用各种复杂的数字模型对在各种情况下企业组织人员的数量和配置运转情况进行模拟测试，从模拟测试中得出各种人力资源需求的方案以供组织选择。主要操作：寻找各种影响人力资源需求的因素；分析这些因素的关系和这些因素与人力资源需求的关系；借助计算机建立人力资源需求预测模型；将未来各种因素可能出现的数值输入计算机，模拟未来的环境，计算机直接输出人力资源需求方案。

一些企业已经在组织内部开发出了完善的人力资源信息系统。将人力资源部门和直线部门所需的信息集中在一起，实现互联与共享，建立起综合的计算机预测系统。在这一系统中需要保存的信息包括生产单位产品的直接工时、当前产品系列的销售额计划。通过这两者可以初步确定直接生产人员的人数，从而确定企业内部人力资源需求。

3. 人力资源需求的预测步骤

人力资源需求的预测步骤总体分为两类，一类是自上而下的预测方法；另一类是自下而上的预测方法。从实践应用的情况看，自上而下的预测方法较为普遍，具体程序如下。

（1）预测企业未来生产经营状况。企业未来生产经营大辩论状况从根本上决定着人员需求量。一般来说，从企业发展战略规划中可直接将未来生产经营大辩论状况分离出来而不用预测。企业未来生产经营状态，表示手段可采用具体的职能水平和各分类计划。如各职能的增减及职能领域的扩大或缩小、产品结构的改变、目标市场的变化和市场占有率的增减、新技术的引进或采用、销售额的变化与生产率水平的变化等。这些活动和指标要定量描述，否则无法转换为具体的各类人员需求量。

（2）估算各职能工作活动的总量。未来生产经营目标的实现，是由各职能活动来支撑的，因而必须估算各职能活动的总量及其在不同活动层次的活动总量分布。但是，由于这些活动是不同质量或等级的，仅有各职能未来活动总量的估计是不够的。而是要在总量确定以后，将其分配到该职能的不同层次上。例如，可以把销售活动总量分配到市场推销、市场研究、宣传广告、销售管理等不同层次上，从而为确定各类销售人员需求量预测提供基础。

（3）确定各职能及各职能内不同层次类别人员的工作负荷。由于生产技术基础的改善，工作的效率是不断提高的。因而必须充分考虑各因素变化对工作效率的影响，确定各职能及各职能内不同层次类别人员的工作负荷。

工作效率与工作负荷在不同条件下相关性是不同的。以生产环节与销售环节为例，如果是在生产环节，工作效率因为新技术的引入等原因而提高，工作负荷却可以不变或减少。但是销售环节，随着市场竞争的激烈，尽管提高了工作效率，但推销单位价值货物的活动量却会增加，导致工作负荷增加。因此，在确定各类人员工作负荷时，要充分考虑各种变量的影响，不能仅从主观愿望进行推测。

（4）确定企业整体人力资源需求预测量。通过前几个步骤，在此环节只需进行简单的转换即可。

通过人力资源需求的预测步骤，就可以预测出企业的人力资源需求。在实际的操作中，应分别对企业的短期、中期和长期人力资源需求进行预测。预测的准确性，可以用预测结果与到时的实际结果对照，不断加以调整，使预测结果与真实结果相接近。

2.3.2 人力资源供给预测

人力资源供给预测是指企业为了实现其既定目标，对未来一段时间内企业内部和外部各类人力资源补充来源情况的预测。为了保证企业的人力资源供给，企业必须对内部和外部的人力资源供给情况进行估计和预测。通过人力资源供给预测的结果与人力资源需求预测的结果进行比较，找出差距，可以制订相应的人力资源具体计划。

1. 企业内部人力资源供给预测

（1）影响企业内部人力资源供给的因素。具体包括：企业员工的自然流失（伤残、退休、死亡等）、内部流动（晋升、降职、平调等）、外部调动（包括自动辞职和合同到期解聘等）。企业内部人力资源供给，主要依靠管理人员和技术人员的不断接续和替补。其主要过程：明确预测范围；确定专业发展需要。

（2）企业内部供给预测方法。一般而言，企业应优先考虑从组织内部获得所需的人力资源，即先评估企业现有人力资源对企业人力资源需求的满足程度，当充分利用企业现有人力资源之后，如仍存在人才需求缺口时，通常才会考虑从外部引进。

① 技能清单法是用来反映员工工作记录和工作技能特征的一张清单，其

内容主要包括教育背景、以往的经历、获得的证书、主管的能力评价等。技能清单可以为以下工作提供参考：晋升人选的确定、管理人员的接续计划、对特殊项目的工作分配、工作调配、培训、职业生涯规划、工资奖励计划与组织结构分析等。对于人员流动频繁或经常组建临时性项目团队的组织，其技能清单中要包括所有的员工；而对于那些主要使用技能清单来制订管理人员接续计划的企业，其技能清单中可以只包括管理人员。

② 人员核查法是通过企业现有人力资源数量、质量、结构在各岗位上的分布状态进行核查，从而掌握企业可供调配的人力资源拥有量及其利用潜力。这种方法是静态的，它不能反映人力资源拥有量未来的变化。人员核查法的主要操作步骤：对企业工作职位进行分类，划分等级；确定每一职位每一级别的人数；建立现有人员信息库（或表）。

例如：某企业把企业员工划分为 A 管理类、B 技术类、C 销售类、D 后勤类 4 类职系，每类分 3 个等级，其员工状况可以用表格的形式表示出来，如表 2 - 4 所示。

表 2 - 4　　　　　　　　　　　某企业人力资源现状

岗位	级　别			
	A	B	C	D
1	3	5	2	0
2	5	8	10	2
3	8	2	15	6
合计	16	15	27	8

资料来源：范伟，张瞳光. 人力资源管理［M］. 北京：中国商务出版社，2010.

从表 2 - 4 中可以看出，该企业的管理类员工的一级员工为 3 个，二级员工为 5 个，三级员工为 8 个，表中各类员工的分布状况相当明朗。

③管理人员接替模型，即对管理人员的状况进行调查、评价后，列出未来可能的管理人员人选，又称管理人员继承计划。该方法被认为是把人力资源规划和企业战略结合起来的一种较好的方法。主要操作：确定管理人员晋升计划包括的管理岗位；确定各个管理岗位上的可能接替人选；评价接替人员的当前工作绩效和提升潜力。根据评价结果，当前绩效可划分为"优秀"、"令人满意"和"需要改进"三个级别；提升潜力可划分为"可以提升"、"需要培训"和"有问题"三个级别；确定职业发展需要，并将个人目标与企业目标结合起来，如图 2 - 4 所示。

总裁

人事副总裁
★	张辉	50	☆
●	杜云	45	○
▲	白莲	45	△

执行副总裁
●	陈德	45	○
★	万锦江	42	☆
▲	姚历	38	○

市场副总裁
★	力娜	45	☆
▲	胡彬	48	△
●	赵云丹	35	△

财务副总裁
●	任泉	40	○
▲	赵云峰	52	△
★	江波	45	○

家电部总经理
●	陈沸	43	△
★	李小路	40	☆
▲	陆雨	38	○

服装部总经理
★	于平江	50	☆
●	金良	45	△
●	何佳丽	36	○

人事经理
●	赵为	40	○
●	王妃	37	☆
▲	邹迅	49	△

财务经理
★	李佳	40	☆
▲	赵亮	42	○
●	沈丹	33	○

人事经理
▲	金风	45	△
●	冯玉英	36	○
●	李小茜	39	○

财务经理
●	郭赞军	45	☆
▲	龙以伟	40	△
▲	付晶	39	○

生产经理
★	魏丹	50	☆
●	马俊	45	○
▲	冯华	40	○

销售经理
★	孙起辉	42	☆
▲	江南	45	○
▲	程笑凯	38	△

生产经理
●	陆绪	45	☆
●	韩小红	38	○
▲	遥远	42	△

财务经理
●	李坤	46	△
★	罗绪辉	42	☆
●	肖凡	35	○

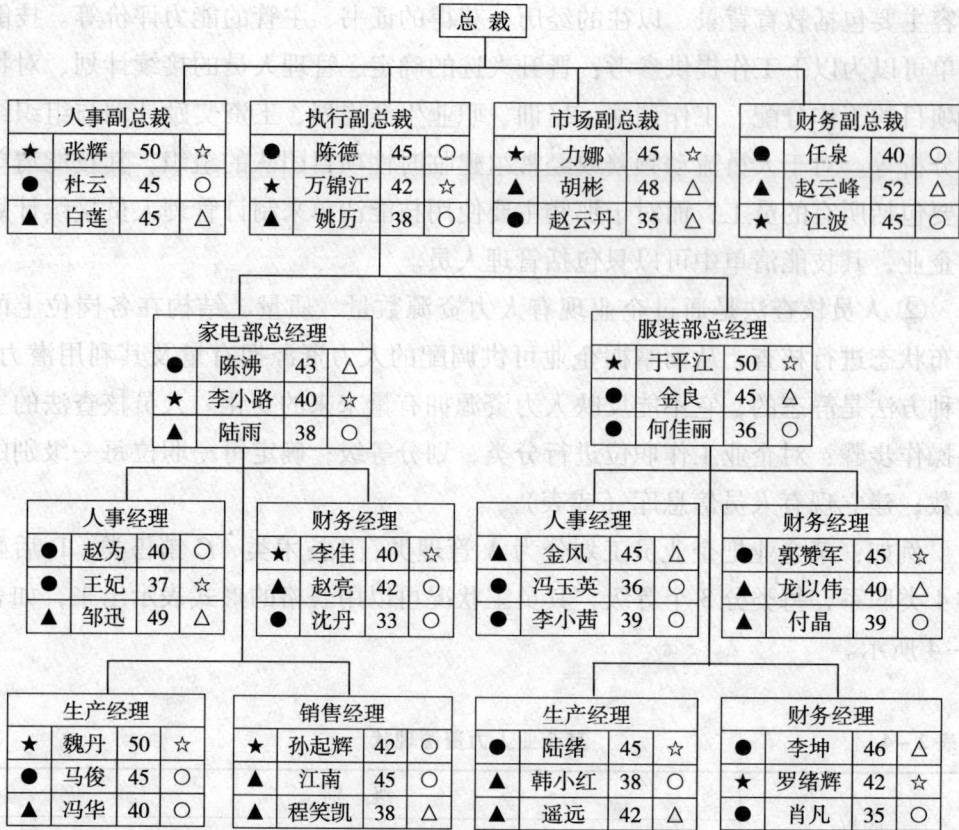

注：优秀：★；可以提升：☆；令人满意：●；需要培训：○；有待改进：▲；有问题：△。

图2-4　管理人员接替模型

资料来源：林忠，金延平. 人力资源管理（第三版）[M]. 大连：东北财经大学出版社，2012：41.

　　管理人员替换模型主要涉及的内容是对主要管理者的总体评价，主要评价管理人员的现有绩效和潜力，发展计划中所有接替人员的现有绩效和潜力；其他关键职位上的在职人员的绩效、潜力及对其评价意见。通过管理人员接替模型，可以优先提拔培养企业的内部人员，为企业的内部人才提供了一个良好的发展平台，同时也确保了企业有足够合格的管理人员供给，为企业的持久发展提供了保障。

　　④ 马尔可夫模型是一种运用定量分析预测企业内部人力资源供给的方法。其基本思路是通过具体历史数据的收集，找出组织过去人事变动的规律，由此推测未来的人事变动趋势。马尔可夫预测法实际上是一种通过转换概率矩阵，使用统计技术预测未来的人力资源变化的方法。如果给定各类工作的初始人数、转移概率和补充进来的人数，那么各类工作在未来某一时期的人员供给数就可以根据以下公式来预测。

$$N_i(t) = \sum N_j(t-1) \cdot P_{ij} + R_i(t)$$

其中 $N_i(t)$ 为时刻 t 时，i 类工作的人数；P_{ij} 为员工从 j 类工作向 i 类工作转移的概率（i，$j=1$，2，3，…，k，k 为工作分类数）；$R_i(t)$ 为在时间（$t-1$，t）内，i 类工作所补充的人数。

具体操作：根据组织的历史资料，计算出每一类的每一名员工流向另一类或另一级别的平均概率。根据每一类员工的每一级别流向其他类或级别的概率，建立一个人员变动矩阵表。根据组织年底的种类人数和步骤 2 中人员变动矩阵表预测第二年组织可供给的人数。

马尔科夫预测法不仅可以处理员工类别简单的组织中的人力资源供给预测问题，也可以解决员工类别复杂的大型组织中的内部人力资源供给预测。如职位类别特别多，可以通过建立人员变动矩阵，然后根据企业现有的人力资源状况预测组织未来的人力资源供给状况。值得注意的是，尽管马尔科夫预测法在一些大公司得到了广泛的应用，但关于这种方法的精确性与可行性还需要进一步研究。显然，转换矩阵中的概率与预测期的实际情况可能有差距，因此，使用这种方法得到的内部劳动力供给预测的结果也就可能不精确。

小案例

某会计事务所，有四类人员：合伙人（P）、经理（M）、高级会计师（S）、会计员（J）。其初始人数和转移矩阵见表 2-5（A）。表中表明，在任何一年里，有 80% 的合伙人仍留在该所，20% 的合伙人退出；有 70% 的经理仍在原职，10% 的经理成为合伙人，20% 的经理离开；有 5% 的高级会计师升为经理，80% 的高级会计师仍在原职，5% 的高级会计师降为会计员，10% 的高级会计师外流；有 15% 的会计员晋升为高级会计师，20% 的会计员另谋他职。用这些历史数据来代表每类人员转移流动的转移率，可以推算出人员变动情况。即起始时刻每一类人员的数量与每一类人员的转移率相乘，然后纵向相加，就可以得到下一年的各类人员的供给量，如表 2-5（B）所示。

表 2-5　　　　某会计事务所人力资源供给情况的马尔可夫模型

(A)

初始人数	类别	P	M	S	J	离职
40	P	0.8	—	—	—	0.2
80	M	0.1	0.7	—	—	0.2
120	S	—	0.05	0.8	0.05	0.1
160	J	—	—	0.15	0.65	0.2

（B）

初始人数	类别	P	M	S	J	离职
40	P	32	0	0	0	8
80	M	8	56	0	0	16
120	S	0	6	96	6	12
160	J	0	0	24	104	32
合计		40	62	120	110	68

从表2-5（B）中可以看出，该事务所下一年将有相同数量的合伙人（40人）和相同数量的高级会计师（120人）。但是，经理将减少18人，会计员将减少50人。可以根据这些数据和正常的人员扩大、缩减或维持计划来采取措施，使人力资源的供给与需求保持平衡。

马尔可夫模型的关键是确定转移率。假定已有 $t=-T$ 到 $t=0$ 时刻的所有数据，则可根据以下公式计算转移率：

$$P_{ij} = \sum m_{it}(t) / \sum n_i(t) \qquad t=-T,-(T-1),\cdots,0$$

式中：P_{ij} 为从 i 类工作向 j 类工作转移人员的概率；m_{ij} 为从 i 类工作向 j 类工作转移人员的数量；n_i 为第 i 类人员的初始数量。

2. 企业外部人力资源供给预测

（1）影响企业外部人力资源供给的因素是多种多样的，在进行人力资源外部供给预测时应考虑以下几个方面：一是宏观经济形势。主要考虑经济增长率和失业率。经济增长率越高，失业率越低，所有企业的人力资源需求就会增加，相对于某一企业的人力资源供给就会减少；失业率越高，人力资源供给就越多，企业人力资源供给就会增加。二是人口状况。影响企业外部人力资源供给的重要因素主要包括：企业所在地区内人口总量和人力资源率。它们决定了该地区可提供的人力资源供给总量。当地人口总量越大，人力资源率越高，则人力资源供给越充足；人力资源的总体构成。三是劳动力市场。劳动力市场是指劳动力供应和劳动力需求相互作用的市场，企业所在城市是否繁荣，也是影响企业人力资源的外部供给因素。四是政府的政策法规。影响企业外部人力资源供给不可忽视的一个因素是一些政策法规的因素。比如受户籍制度的影响，一些人力资源可能并不能形成企业的有效供给。对劳动标准执行透明的地区，对人力资源的吸引力更强，会增加供给量。

（2）企业人力资源外部供给预测的常用方法如下：① 查阅资料。企业可以通过互联网以及国家和地区的统计部门、劳动和人事部门发布的一些统计数据及时了解人才市场信息，另外，也应及时关注国家和地区的政策法律变化。

② 直接调查相关信息。企业可以就自己所关注的人力资源状况进行调查。可以与高校保持长期的合作关系，以便密切跟踪目标生源的情况，及时了解可能为企业提供的目标人才状况。③ 对雇用人员和应聘人员的分析。企业通过对应聘人员和已经雇用的人员进行分析，也会估计出未来人力资源供给状况。

3. 企业人力资源供给的预测步骤

人力资源供给预测是一个比较复杂的过程，它的步骤也是多样化的，其主要操作步骤如下：

步骤 1：对企业现有的人力资源进行盘点，了解企业员工状况。

步骤 2：分析企业的职位调整政策和历史员工调整数据，统计出员工调整的比例。

步骤 3：向各部门的人事决策者了解可能出现的人事调整情况。

步骤 4：将步骤 2 和步骤 3 的情况汇总，得出企业内部人力资源供给预测。

步骤 5：分析影响外部人力资源供给的地域性因素。

步骤 6：分析影响外部人力资源供给的全国性因素。

步骤 7：根据步骤 5 和步骤 6 的分析，得出企业外部人力资源供给预测。

步骤 8：将企业内部人力资源供给预测和企业外部人力资源供给预测汇总，得出企业人力资源供给预测。

2.3.3　人力资源的平衡

一般情况下，在整个企业的发展过程中，企业的人力资源不可能自然的处于供求平衡状态。实际上，企业始终处于人力资源的供需失衡状态，往往会出现三种供求不平衡的结果：一是人力资源供大于求；二是人力资源供小于求；三是人力资源总量平衡，结构不平衡。根据这些人力资源供求不平衡的不同状态，可采取不同的调整政策和措施。

1. 人力资源供大于求的调整方法

对于总量上的人力资源过剩，可以制订以下政策和措施进行调节：

（1）增加无薪假期。即减少工作时间，并随之降低工资水平。当企业出现短期人力资源过剩的情况时，采取增加无薪假期的方法比较合适，这样做可以使企业暂时减轻财政上的负担，而且可以避免企业需要员工时再从外部招聘员工。例如，用多个员工来分担过去一人就可以完成的工作，并相应地减少工资。

（2）提前退休计划。即通过制订提前退休激励计划来使老年员工自愿提前退休。企业可以适当放宽员工退休的年龄和条件限制，促使更多的员工提前退休。通过该计划，一方面可以减少老年员工较高的人工成本；另一方面可以为年轻员工的发展清除障碍。因而提前退休计划是一种调节人力资源供大于求的有效而明智的措施。

（3）通过开拓新的企业生长点来吸收过剩的人力资源。例如，扩大经营规模、开发新产品、实行多元化经营等。也可以采取合并或关闭某些臃肿的机构，以减少人力资源供给，并提高人力资源的使用效率。

（4）进行员工培训。一方面可以扩展员工的技能，增强他们的择业能力，鼓励员工自谋职业；另一方面，可以为企业的发展储备人力资源。

（5）裁员。即以强化企业竞争力为目的而进行的有计划的大量人员裁减。裁员是一种短期行为，可以降低劳动力成本，同时也可能会带来一些负面影响。但裁员仍不失为一种应对人员过剩的有效方法。

> **📝 小思考**
>
> **如何使企业减轻裁员的负面影响？**
>
> 通常企业在决定裁员前，首先，应该分析企业目前的人员配置从数量和质量上是否合理，以及企业未来的业务发展是否需要减少人员配置。其次，企业应该考虑选择合适的降低人力成本的方式。再次，企业应该考虑被裁的对象和范围，以及对这些员工的沟通和补偿方式。最后，企业可以在裁员之前，提供一段时间以允许员工找工作，或提供一些相关的培训课程，帮助员工离职后找工作，同时，也可以使在职员工感受到企业的人文关怀，不会影响整个企业的氛围。

2. 人力资源供小于求的调整方法

对于总量上的人力资源短缺，可以制订以下政策和措施进行调节：

（1）企业人力资源失衡的内部调整。通过企业内部的人力资源的岗位流动，将相对富余的合格人员调往空缺岗位，以增加劳动力的供给。

（2）进行技能培训。对公司现有员工进行必要的技能培训，使之不仅能适应当前的工作，还能适应更高层次的工作。这样，就为内部晋升政策提供了保障。如果企业即将出现经营转型，企业应该及时向员工培训新的工作知识和工作技能，以保证企业在转型后，原有的员工能够符合职位任职资格的要求。这样做的最大好处是防止了企业的冗员现象。

（3）提高技术改革水平。当市场工资上升时，企业可以通过提高资本技术有机构成技术含量，提高员工的劳动生产率，相对地减少人力资源需求。企业也应对员工采取科学的激励手段，例如：培训、工作再设计等，来调动员工的积极性、主动性、创造性，以提高劳动生产率，减少对人力资源的需求。

（4）延长员工的工作时间或增加工作量，并相应地提高工资。这种方法比较适用于人员短缺不严重，并且要在尊重员工意愿的情况下实施。延长工作时间的方法可以节约福利开支，减少招聘成本，保证工作质量。但如果过度地加班加点，则会引起员工的反对。

📋 **小案例**

奥的斯："投资"员工的未来

作为世界上最大的电梯公司，奥的斯从 2003 年开始校园招聘。随着中国业务的迅速增长，新招聘大学生的人数以每年 100% 的速度增长，仅 2005 年新入职的大学生就达到 400 余人。为了使这些新人尽快适应公司业务发展，同时也使这些大学生们在职业生涯的起步阶段走得更稳，奥的斯实施了系统的新员工发展培训计划，全面培养应届毕业生的技能及素质。

奥的斯的新员工培训分为如下几个步骤：

来自全国各地的大学生入职后，首先汇聚到天津总部全国培训中心参加为期两周的入职培训。

入职培训结束后，这些意气风发的新人被输送到集团各分支机构和职能部门。

为了在日常工作中对新毕业的学生们给予持续的激励和辅导，培训中心通过每月编辑的电子培训刊物（e-magazine）不断向他们传递工作方法和自我激励与发展的信息，协助他们稳步地完成从学生到公司所需要的职业员工的角色转换。同时，对他们的工作技能和业绩表现进行紧密地跟踪与评估，从而确保培养和保留符合公司发展需要的具有胜任能力的人才。

（5）聘用临时工。聘用临时工是企业从外部招聘员工的一种特殊形式。对于一些临时性的工作，企业可以采用雇用临时工的方法来应对人员短缺。这种方法可以保持企业生产规模的弹性，并可以减少人员福利成本和培训成本。但企业必须注重调节临时工与全职员工的关系，以防负面影响的发生。

（6）外包，即企业将较大范围的工作整体承包给外部的组织去完成。通过外包，企业可以将任务交给那些更有比较优势的外部代理人去做，从而提高效率，降低成本，减少企业内部对人力资源的需求。

3. 人力资源结构失衡的调整方法

人力资源结构失衡调整方法通常是上述两种调整方法的综合运用。实际上，在制定人力资源平衡措施的过程中，不可能是单一的供不应求或供过于求，企业人力资源往往出现结构失衡。企业要根据具体情况，制订出相应的人力资源规划，使各部门人力资源在数量和结构等方面达到平衡。

对于这种供求失衡，主要通过以下政策和措施进行调节：

（1）通过企业内部人员的晋升和调任，以满足空缺职位对人力资源的需求。

（2）对于供过于求的普通人力资源，可以有针对性地对其进行培训，提高他们的知识技能，让他们发展成为企业需要的人才，补充到空缺的岗位上。

（3）通过人力资源外部流动，来补充企业某些岗位的人力资源需求，并释放另一些岗位过剩的人力资源。

小资料

"人力资源外包"服务的制约因素：（1）目前在我国还没有统一的服务收费标准，人才机构都是自行定价，参照的价格不一样，建立外包合作关系的最初阶段可能要付出高昂的成本；（2）将某一人力资源职能外包出去的企业可能失去对日常人力资源管理以及与雇员互动的控制；（3）如果企业选择的服务商不好，可能会面临雇员士气低落的风险。

2.4 人力资源管理信息系统

人力资源管理信息系统（HRMIS），也称为人力资源管理系统，或人力资源信息系统。它是指对人力资源信息进行收集和加工，利用信息进行人力资源的规划和预测，辅助公司领导进行人力资源开发管理与人事决策的信息系统。

2.4.1 人力资源管理信息系统的作用[①]

1. 及时提供全面可靠的信息，改善企业人力资源管理的效率

虽然人力资源管理者也可以用 Word 或 Excel 等软件来保存和处理员工的工资、养老金、劳动合同等信息，但是信息非常分散，在信息采集、整理和更新时会产生许多重复的工作，造成人工浪费。人力资源管理信息系统可以通过建立统一的人力资源管理数据库，将与人力资源管理相关的信息全面、有机地联系起来，有效地减少信息更新和查找中的重复劳动，保证信息的相容性，从而大大提高工作效率。人力资源管理信息系统不仅能够记录所发生的动态数据，同时还能够利用各种报表生成工具提供对决策有价值的分析报告。此外，人力资源管理信息系统还能够提供更为安全的技术支持等。

2. 简化人力资源管理工作，强化其战略职能

人力资源管理信息系统的建立可以为企业搭建一个标准化的人力资源管理业

---

① 吴宝华. 人力资源管理实用教程（第二版）[M]. 北京：北京大学出版社，2012：295 - 296.

务平台，大大减少人力资源管理部门的常规性日常事务，从而强化其战略职能。标准化的、科学的人力资源管理信息系统拥有易查询、易访问的信息库，能完成绝大部分的事务性工作，可以为管理者提供及时、准确、整合的信息。从而把人力资源管理人员从繁重的日常行政管理或服务性管理事务中解放出来，更多地行使其管理职能。使得人力资源管理人员能够站在企业发展战略的高度，分析、诊断企业的人力资源现状，挖掘和开发人才的价值，把工作重心放在支持企业管理层的战略决策以及服务员工上，更多地注重为管理层提供决策咨询和建议，更多地关注企业最重要的资产——员工和员工的集体智慧的管理。从而实现其由传统的执行角色向现代的参与战略的角色转变，支持企业的战略目标。

3. 规范人力资源管理部门的业务流程

设计良好的人力资源管理信息系统，不仅能将人力资源管理部门的工作职能完全覆盖并划分清楚，而且能够将经过优化的业务流程在系统中集中体现，包括招聘流程、绩效管理流程、培训和开发流程、职业规划流程以及离职流程等。进而帮助人力资源管理者实现人力资源管理规范化的业务运作，提高人力资源管理的科学性。

4. 提高企业的整体管理水平

实施人力资源管理信息系统之后，经过整合形成的较为全面、准确、一致和相容的信息，不仅可以让企业领导对本企业人力资源的现状有一个比较全面和准确的认识，而且可以生成综合的分析报表供企业领导人在决策时参考。同时，实施人力资源管理信息系统的过程本身也包含着回顾企业本身的机构和岗位设置、管理流程、薪资体系等，并根据软件中所蕴涵的现金管理思想来改变现行的体系。因此，人力资源管理信息系统的实施过程也是一个反思现行制度、重组、改进和提高管理水平的契机。此外，人力资源管理信息系统的运用可以顺应当今国际人力资源管理的信息化发展方向，实现信息资源的有效转移和优化，有助于将先进的管理理论和先进的信息技术的实践经验转化为企业的竞争力。

5. 增强员工自我管理与开发能力，增强企业员工的组织认同感

信息技术的成熟和员工自助系统，使人力资源管理信息系统软件具备了薪资管理、保险福利管理、人事管理、考勤管理、自助服务、培训管理、绩效管理、劳动合同、时间管理、人力资源规划、报表统计等多项功能。这些功能的应用，不但使远程人力资源管理变得更为简单，也让普通员工参与自我管理成为可能，增加了管理工作的透明度，赢得员工更多的信任，从而提高了人力资源管理部门的服务质量，增强员工的组织认同感和忠诚度。

2.4.2 人力资源管理信息系统的内容和基本信息

1. 人力资源管理信息系统的内容

（1）管理要素。管理要素决定了人力资源管理信息系统的结构。管理信息系统必须深入研究不同管理级别活动的性质、内容及联系。管理级别对管理信息系统的影响可以从横向结构与纵向结构两个方面来看。横向结构是对不同管理层次的有关职能部门的数据进行综合，设置共用数据库及各子系统用的数据文件，以满足不同管理职能的信息需求；纵向结构是对基层作业管理数据进行分析，综合及处理出中层战术管理所需的信息，进而处理出上层战略管理所需信息。

（2）信息要素。人力资源管理信息系统的作用之一就是收集人力资源信息，因此，没有信息的管理信息系统就是一个空的框架。管理信息系统包括一些基础信息，这些内容随后进行介绍。

（3）系统要素。系统是指一类为了达到某种目的而相互联系、相互作用、相互影响的事物的整体。人力资源管理信息系统是一个大的系统，但是根据不同的信息类型、管理级别又会分为若干个子系统。

2. 人力资源管理信息系统的基础信息

（1）自然状况：姓名、性别、年龄、民族、籍贯、联系方式、政治面貌、身体健康状况等。

（2）知识状况：文化教育程度、专业、学位、取得的各种证书和职称等。

（3）能力状况：写作能力、表达能力、创新能力、操作能力、人际关系能力、管理能力等以及其他特长。

（4）阅历及经验：做过何种工作、担任何种职务、取得的业绩，以及任职时间、调动原因、总体评价。

（5）心理状况：兴趣、偏好、积极性水平、心理承受能力。

（6）工作状况：目前所属部门、岗位、职级、绩效及适应性。

（7）收入状况：工资、奖金、津贴及职务外收入。

（8）家庭背景及生活状况：家庭成员、生活条件、居住地点、家庭职业取向及个人职业生涯规划等。

> **📋 小资料**
>
> 信息安全是信息时代的一个重要课题，人力资源管理信息系统的信息安全也是不容忽视的。它包括两个方面，一是数据库和系统安全，另一个是隐私和法律问题。数据破坏和系统瘫痪会给企业带来巨大损失。人力资源信息中有一些信息是员工的私人信息，这些信息的泄露有可能对当事人带来不良影响，同时会引起不必要的法律纠纷。

2.4.3 人力资源管理信息系统的建立

企业建立人力资源管理信息系统可以自己开发，也可以选择市场上软件开发商提供的系统。但是自己开发系统与选择已有的系统步骤是不同的。

1. 人力资源管理信息系统开发的步骤

（1）问题识别阶段。在这一阶段要弄清楚系统开发的目的，以及什么时间、什么地点做，同时要与组织内有关各方进行充分沟通，并准备一份报告，在报告中要包括系统的基本功能和实施步骤等内容。（见表 2 - 6）

表 2 - 6　　　　　　　　　人力资源信息系统的基本信息示例

人员基础信息	薪酬与福利信息	招聘信息
姓名 性别 出生日期 身体状况 婚姻状况 家属信息 参加社团信息 联系方式	薪酬项目与当前薪酬水平 以前的薪酬水平及持续时间 未来的薪酬增加计划 养老金计划 医疗、人身、失业保险 伤害、疾病记录 补偿要求 培训和教育信息	招聘信息公布日期 招聘主要负责人、监督人员 空缺职位和招聘名额 工作职责 要求的受教育程度 要求的经验 可能薪酬范围 面谈日期 面谈的得分 被选中的名单和公布日期 候选人拒绝就职的时限 适合就职的工作 以前雇主的信息 以前的雇佣情况
工作经历信息	当前学历、证书 以往教育背景资料 参加培训的时间、类型、成绩 由企业赞助的特殊课程学习	
职务或工作名称、编号 就职日期 过去工作信息 工作变动日期、原因 生产线经验和管理经验 业务素质 可胜任的工作及潜能 奖励或处分类型、原因 绩效记录 缺勤记录 雇员态度和士气 提供的合理化建议记录 与其他员工的合作经历	工作和绩效评价信息 个人兴趣、工作偏好 理想职位 绩效评价记录 工作表现和提升潜力 离职信息 离职日期、原因 新雇主信息 在新雇主处的职位和薪酬 再次雇用的条件	外部劳动力市场信息 该地区人员供给量分析 不同技能、职业、年龄、性别失业率 未来人力资源需求预测 未来薪酬水平 判定短缺或过剩 其他信息

资料来源：郑兴山. 人力资源管理（第二版）　[M]. 上海：上海交通大学出版社，2010：66.

（2）可行性研究阶段。可行性研究是为了保证资源的合理利用，避免一些不必要的失败。可行性研究包括四个方面：目标和方案、技术、经济和社会可行性。要对这四项内容一一进行分析，如果由一个方面不可行，就要及时进行调整，以避免在以后的开发工作中遭遇失败。

（3）成立项目小组。在可行性研究以后，就应该建立专门的项目小组，负责系统的开发的具体工作，项目小组要有专家参与，同时高层管理者和各职能部门管理者必须全力支持项目小组的工作。

（4）确定需求阶段。在这一阶段，项目小组要与高层管理者、各职能部门的管理者进行沟通，了解他们想要通过系统解决哪些问题，这么做主要是因为系统是为管理人员的工作而服务的，如果系统的功能与管理人员的需要不匹配，这个系统就没有开发的意义了。

（5）系统设计阶段。在这一阶段主要是进行代码设计、输入与输出设计、文件设计和数据库的设计。

（6）程序编制、调试阶段。在设计阶段之后，就要开始着手进行程序的编制，程序的设计和编制可以自行组织开发，也可以委托专业公司来做。在编制好程序以后，就要对这个系统进行调试，发现问题及时解决。

（7）正式启用阶段。系统开发完成以后就可以投入使用了，在使用以前项目组成员要组织人力资源管理人员以及其他有关部门将需要的信息全部输入系统。在输入后，系统开始正式启用，人力资源管理信息系统的开发工作基本结束。

（8）维护评价阶段。企业在日常使用系统的同时，要组织专业人员对系统进行维护，保证系统能够平稳运行。此外，在使用系统一段时间后，还要对系统进行跟踪评价，不断完善系统功能，提高人力资源管理的质量。

> **小思考**
>
> **开发中可能会遇到的问题**
>
> （1）灵活性和操作便利性的冲突。
>
> （2）缺少规划，数据源不统一。
>
> （3）不顾现实情况，追求一步到位。

2. 人力资源管理信息系统选择的步骤

企业可以自主开发人力资源管理信息系统，也可以选择软件开发商提供的现有软件，实施选择的步骤如下：

（1）组建小组。一般认为组成一个 3～7 人的小组，一起完成这个任务是一个好的选择。小组应该包括一名拥有丰富 IT 技术知识的队员和系统的主要使用者。

（2）制定目标。小组的工作首先应该从识别和制定人力资源管理系统项目的目标开始。如果在一开始没有设立一套项目目标，将会在评估错误的产品上浪费重要的时间，或者甚至更坏，最后选择了错误的软件系统。

（3）确定未来需要。这一步和自主开发系统基本一致。

（4）技术环境。在选择任何一个系统之前，都必须识别和确定新系统的技术环境。这个工作将由 IT 专家来负责。

（5）财务预算。虽然在和供应商正式洽谈前做预算很困难的，但在与供应商接触之前还是应该先预估自己公司愿意支付的价格。做预算时，非常重要的是把这些成本分做三个部分：软件、硬件和实施。软件费用主要包括系统软件的使用权费用、有关数据库的使用权费用，以及软件的升级和维护费用。硬件费用主要包括服务器费用、计算机设备和网络设备费用。实施费用则包括软件安装和调试费用、教育培训费用、数据转换费用，以及供应商或第三方提供服务时需要的咨询费用。

（6）编制说明书。编制一个说明书，要列出项目实施的目标，定义我们需要的系统基本的功能，并说明本系统如何与其他系统相互整合和接口，并列出所需的技术环境，这是整个选择过程的关键一环。

（7）发布需求信息。可以选择通过互联网来发布需求信息，也可以询问其他公司是否能够推荐一些供应商。

（8）资料初审。正常情况下，通过发布需求信息，得到一个候选供应商的名单。接下来，就是同他们接洽，并研究他们提供的公司和产品介绍。要仔细的讨论和研究供应商们所提供的产品资料，以便确定哪些供应商可以继续进行深入了解。

（9）发布项目招标书。在初审以后，可以开始准备一份项目招标书，发给目前已经缩小了的供应商名单中的所有幸存者。

（10）评估。当所有的标书返回时，需要有一套评价所有系统的基本标准。一个典型的做法是，编制一个评价表。为各个供应商在每一个要求上进行评分，这样就可以找到那些最能够满足条件的供应商了。

（11）测试版本的控制。系统的测试版本一般来说是专门设计，用来显示正式版本系统所具有的功能与特征，以及操作方式等。在测试版演示评估过程中，所有小组成员都应参加。

（12）第二次评估。当完成所有系统测试版的演示评估的工作后，所有的小组成员对每个测试系统都写出他们满意与不满意的地方。这些供应商再提供更符合要求的测试版系统，来做最后的评估。

（13）决策因素。一般来说，价格是每个企业最先考虑的因素，但是这不是唯一的因素。管理团队代表握有最终的投票权，所以必须确保管理团队代表能够参与选择过程。

（14）考察案例。在考察案例之前要确定需要了解和解决的问题，包括从系统功能到后续支持等一些具体问题。同时最好能够亲自拜访这些系统的用户，看看实际的运行效果如何。

（15）第二次演示测试版。第一次演示时，可能会发现一些问题，在第二次演示的时候就要尽量全部解决。同时还要复查系统的核心功能性、报告系统、运行速度、实施进度计划和成本、客户服务情况，以及项目报价和其他项目小组关心的问题。

（16）再次评估和选择。接下来，要对之前每个供应商提供的系统进行综合评价，选择最有利于组织的方案，然后准备实施。

（17）实施阶段。实施是最后的步骤，项目小组要制订一个合理的实施计划，控制好每个实施的环节，如果在使用新系统前，企业还使用过别的系统，要注意新旧系统的切换，在系统运行以后，还要注意系统的维护与完善。

2.5　实操认知与思考

绿色化工公司的人力资源计划的编制①

白士镝前天才调到人力资源部当助理，虽然他进入这家专门从事垃圾再生的企业已经有三年了，但是，面对桌上那一大堆文件、报表，他还是有点晕头转向：我哪知道我干的是这种事。原来的副总经理李勤直接委派他在 10 天内拟出一份本公司 5 年的人力资源计划。

其实白士镝已经把这任务书仔细看过好几遍了。他觉得要编制好这计划，必须考虑下列各项关键因素：

首先是公司现状。公司共有生产与维修工人 825 人，行政和文秘性白领职员 143 人，基层与中层管理干部 79 人，工程技术人员 38 人，销售人员 23 人。

其次，据统计，近 5 年来员工的平均离职率为 4%，没理由会有什么改变。不过，不同类型的员工离职率并不一样，生产工人离职率高达 8%，而技术和管理干部则只有 3%。

最后，按照既定的扩产计划，白领职员和销售员要新增 10%～15%，工程技术人员要增加 5%～6%，中、基层干部不增不减，而负责生产与维修的蓝领工人要增加 5%。

有一点特殊情况要考虑：最近本地政府颁发一项政策，要求当地企业招收

---

① 陈维政，余凯威，程文文．人力资源管理（第三版）［M］．北京：高等教育出版社，2011：68.

新员工时，要优先照顾妇女和下岗职工。公司一直未曾有意地排斥妇女或下岗职工，只要他们来申请，就会按照同一种标准进行选拔，并无歧视，但也未特殊照顾。如今的事实却是，只有 1 位女销售员，中、基层管理干部除两人是妇女外，其余也都是男的，工程师里只有 3 个是妇女，蓝领工人中有 11% 是妇女或下岗职工，而且都集中在最底层的劳动岗位上。

白士镝还有 7 天就得交出计划，其中得包括各类干部和员工的人数，要从外界招收的各类人员的人数以及如何贯彻政府关于照顾妇女与下岗人员政策的计划。

此外，绿色化工公司刚开发出几种有吸引力的新产品，所以预计公司销售额 5 年内会翻一番，他还得提出一项应变计划以备应付这种快速增长。

思考问题：

（1）白士镝在编制这个计划时要考虑哪些情况和因素？

（2）他该制定一项什么样的招工方案？

（3）在预测公司人力资源需求时，他能采用哪些计算技术？

本章小结

人力资源规划是指一个企业为了实现其战略目标，根据企业的人力资源现状，科学地预测、分析自己在未来环境变化中的人力资源供给与需求状况，从而制订相应的政策和措施，使企业的人力资源供给和需求达到平衡，确保自己在需要的时间和需要的岗位上获得所需人才，并使企业和个人都获得长期的利益。

人力资源规划有六个主要目标。第一个目标是要保证组织在适当时间和不同的岗位上获得适当的员工，这包括员工的数量、质量和结构等方面；第二个目标是促进人力资源的合理利用；第三个目标是要确保组织对外部环境变化做出及时的反应，并根据实际情况进行适当地调整；第四个目标是为组织的人力资源活动提供方向和工作思路；第五个目标是配合组织发展需求，规划人力资源发展；第六个目标是要将业务管理人员与职能管理人员的观点结合起来。

人力资源规划具有以下作用：有利于企业知道长远的战略目标和发展规划；为企业经营战略目标的实现提供必需的人力资源；人力资源规划能使企业有效地控制人工成本；人力资源规划有助于满足员工需求和调动员工的积极性；为企业的重要人事决策提供依据。

人力资源规划的影响因素要从企业内部和企业外部两个方面来分析。人力资源规划的制定有六项原则：科学性原则、系统性原则、动态性原则、实用性与适用性原则、协调性原则和企业与员工共同发展原则。

人力资源规划包括两方面内容，一是总体规划；二是业务规划。业务规划包括：人员配置规划、人员补充规划、人员使用规划、人员培训规划、绩效考核规划、薪酬激励规划、劳动关系规划和退休解聘规划。

人力资源规划的制定与实施大体可分为四个程序：收集研究相关信息阶段、人力资源供求预测阶段、总体规划与业务规划制定阶段、人力资源规划执行阶段。人力资源规划制定具体步骤为：制定职务编制计划、制定人员配置计划、预测人员需求、确定人员供给计划、制定培训计划、制定人力资源管理政策调整计划、编写人力资源部费用预算和关键任务的风险分析及对策。

一般来说，人力资源需求的预测方法可分为两大类，定性分析预测法和定量分析预测法。定性分析预测法包括：现状规划法、经验预测法、德尔菲法。定量分析预测法包括：趋势外推预测法、回归分析法、比率分析法、计算机模拟法。

人力资源供给预测包括两个方面：企业内部人力资源供给预测和企业外部人力资源供给预测。对企业内部人力资源供给预测，有技能清单法、人员核查法、管理人员接替模型和马尔可夫模型等。企业外部人力资源供给的来源主要包括各类学校毕业生、转业退伍军人、其他企业流出人员和失业人员等。随着社会主义市场经济体制的确立，各地劳动行政主管部门建立了许多劳动力中介机构，这些机构经常向社会发布劳动力供求信息，这些信息是企业预测外部劳动力供给的重要依据。

现实情况下，人力资源供求会经常出现不平衡的问题，针对三种供求不平衡的现象，我们要采取不同的措施来应对。

人力资源管理信息系统对于现代企业的管理具有十分重要的作用，它可以及时提供全面可靠的信息，改善企业人力资源管理的效率；简化人力资源管理工作，强化其战略职能；规范人力资源管理部门的业务流程；提高企业的整体管理水平；增强员工自我管理与开发能力，增强企业员工的组织认同感。管理信息系统包括三个要素：管理要素、信息要素和系统要素。系统还包括一些基础信息：自然状况、知识状况、能力状况、阅历及经验、心理状况、工作状况、收入状况和家庭背景及生活状况。人力资源管理信息系统可以自主开发，也可以选择软件供应商提供的软件。无论选择何种方式，一定要严格按照步骤来进行，以避免不必要的失败。

第3章 工作分析

3.1 工作分析的概述

3.1.1 工作分析的定义及基本术语

国内外学者对工作分析做出了许多定义。蒂芬和麦格米克（Tiffin & Mc-Cormick，1965）从广义上定义，工作分析是针对某种目的，通过某种手段来收集和分析与工作相关的各种信息的过程。高培德和阿特齐森（Ghorpade & Atchison，1980）认为，工作分析是组织的一项管理活动，它旨在通过收集、分析、综合整理有关工作方面的信息，为组织计划、人力资源管理和其他管理职能提供基础性服务。格雷·代斯勒（Gary Dessler，1996）从工作分析的具体目的出发对工作分析做出定义，即工作分析就是与工作相关的一道程序，通过这一程序，我们可以确定某一工作的任务和性质是什么，以及哪些类型的人（从技能和经验的角度）适合被雇佣从事这一工作。

📑 小实验

美国加利福尼亚大学的学者做了这样一个实验：把6只猴子分别关在3间空房子里，每间两只，房子里分别放着一定数量的食物，但放的位置高度不一样。第一间房子的食物就放在地上，第二间房子的食物分别从易到难悬挂在不同高度的适当位置上，第三间房子的食物悬挂在房顶。数日后，他们发现第一间房子的猴子一死一伤，伤的缺了耳朵断了腿，奄奄一息。第三间房子的猴子也死了。只有第二间房子的猴子活得好好的。

究其原因，第一间房子的两只猴子一进房间就看到了地上的食物，于是，为了争夺唾手可得的食物而大动干戈，结果伤的伤，死的死。第三间房子的猴子虽做了努力，但因食物太高，难度过大，够不着，被活活饿死了。只有第二间房子的两只猴子先是各自凭着自己的本能蹦跳取食，最后，随着悬挂食物高度的增加，难度增大，两只猴子只有协作才能取得食物，于是，一只猴子托起另一只猴子跳起取食。这样，每天都能取得够吃的食物，很好地活了下来。做的虽是猴子取食的实验，但在一定程度上也说明了人才与岗位的关系。

岗位难度过低，人人能干，体现不出能力与水平，选拔不出人才，反倒成了内耗式的位子争斗甚至残杀，其结果无异于第一间房子里的两只猴子。岗位的难度太大，虽努力而不能及，甚至埋没、抹杀了人才，有如第三间房子里的两只猴子的命运。岗位的难度要适当，循序渐进，如同第二间房子的食物。这样，才能真正体现出能力与水平，发挥人的能动性和智慧。同时，相互间的依存关系使人才间相互协作，共渡难关。

本书则认为，所谓工作分析，就是对某特定的工作做出明确的规定，并确定完成这一工作所需要的知识技能等资格条件的过程。工作分析由两大部分组成：工作描述和工作说明书。通俗地讲，工作分析就是要通过一系列科学的方法，把职位的工作内容和职位对员工的素质要求弄明白。通过工作分析，我们要回答或者说要解决以下两个主要的问题：第一，"某一职位是做什么事情的"；第二，"什么样的人来做这些事情最适合"。

1. 工作描述

工作描述具体说明了某一工作的物质特点和环境特点，主要包括以下几个方面：

（1）工作名称的描述。这主要说明某项工作的专门名称或代号，目的是便于对各种工作进行识别、分类以及确定组织内外的各种工作关系。

（2）工作内容的描述。这主要是对所要完成的工作任务、工作责任、使用的原材料和机器设备、工作流程、与其他人的正式工作关系、接受监督，以及进行监督的性质和内容等方面进行的描述。

（3）工作条件的描述。这包括对工作地点的温度、湿度、光线、噪音、安全条件、地理位置、屋内或室外等工作条件和物理环境的说明。

（4）工作社会环境的描述。工作社会环境又被称为工作人际因素，包括工作群体中的人数、完成工作所要求的人际交往的数量和程度、各部门之间的关系、工作地点内外的文化设施、社会风俗的影响程度等。

（5）聘用条件的描述。这包括对工作时数、工资结构、支付工资的方法以及福利待遇等方面的描述。

2. 工作规范

工作规范主要说明的是从事某项工作的人员必须具备的生理要求和心理要求等任职资格条件，主要包括几个方面：从事该项工作所需的一般要求，包括年龄、性别、学历、工作经验等；生理要求，指从事该项工作所需的生理性要求，包括健康状况、力量与体力、运动的灵活性、感官的灵敏度等。心理要求，指从事该项工作所需的心理性要求，包括事业心、合作性、观察力、领导能力、组织能力、沟通能力等。

在工作分析中，常常会用到一些术语，但这些术语的含义经常被人们混淆。因此，理解并掌握它们的含义对科学地、有效地进行工作分析是十分必要的。

（1）工作要素，是指工作活动中不能够再继续分解的最小动作单位。例如，速记人员速记时，能正确书写各种速记符号、使用计算机、签字、打电话、发传真，等等。

（2）任务，是一系列为了不同的目的所担负完成的不同的工作活动，即工作活动中达到某一工作目的的要素集合。例如，管理一项计算机项目、打印文件、参加会议、从卡车上卸货，等等，都是不同的任务。

（3）职责，是指某人担负的一项或多项相互关联的任务集合。例如，人事管理人员的职责之一是进行工资调查。这一职责由下列任务所组成：设计调查问卷，把问卷发给调查对象，将结果表格化并加以解释，把调查结果反馈给调查对象等四个任务。

（4）职位，也叫岗位，是指某一时间内某一主体所担负的一项或数项相互联系的职责集合。例如，办公室主任，同时担负单位人事调配、文书管理、日常行政事务处理等三项职责。在同一时间内，职位数量与员工数量相等，有多少位员工就有多少个职位。

（5）职务，是指主要职责在重要性与数量上相当的一组职位的集合或统称。例如，开发工程师就是一种职务，秘书也是一种职务。职务实际上与工作是同义的。在企业中，一种职务可以有一个职位，也可以有多个职位。如企业中的法律顾问这种职务，就可能只有一个职位；开发工程师这种职务，可能就有多个职位。

（6）工作族，是由两个或两个以上的工作组成。这些工作或者要求工作者具有相似的特点，或者包括多个平行的任务。例如，生产工作和销售工作就是两个工作族。

（7）职业，是指不同时间、不同组织中，工作要求相似或职责平行（相近、相当）的职位集合。例如，会计、工程师等。

（8）职业生涯，是指一个人在其工作生活中所经历的一系列职位、工作或职业。

（9）职（岗）系，由两个或两个以上的工作组成，是职责繁简难易、轻重、大小及所需资格条件不同，但工作性质充分相似的所有职位集合。例如，人事行政、社会行政、财税行政、保险行政等均属于不同职系，销售工作和财会工作也是不同职系。职系与工作组同义。

（10）职组，是指若干工作性质相近的所有职系的集合。例如，人事行政与社会行政可并入普通行政组，而财税行政与保险行政可并入专业行政组。职组并非职务分析中的必要因素。

（11）部门，即是指若干工作性质大致相近的所有职系的集合。

（12）职（岗）级，是同一职系中职责繁简、难易、轻重及任职条件充分相似的所有职位集合。

（13）职等，是指不同职系之间，职责的繁简、难易、轻重及任职条件要求充分相似的所有职位的集合。

3.1.2　工作分析的作用

工作分析是人力资源管理的一项重要基础工作，只有做好工作分析，才能保证在人员招聘与录用过程中的适人适位，才能保证人员培训、绩效管理、薪酬管理、职业生涯规划等人力资源管理职能的规范化，从而最大限度地提高人力资源的使用效率，降低人力资源的使用成本。工作分析的作用具体表现在以下几个方面：

1. 有利于人力资源规划

每个组织对于本单位内部的人员配备和工作安排，都必须有一个合理的计划。当内部或外部环境发生改变时，组织也应当根据工作或生产的发展趋势相应地调整人力资源规划。工作分析信息可以帮助组织确定未来的工作需求以及完成这些工作的人员需求。

2. 有利于人员招聘与录用

从上述工作分析的含义我们已经知道，工作描述的主要内容是说明有关工作的静态和动态的特点；工作说明书则提出了完成该项工作的有关人员的心理、生理、技能、受教育程度等方面的要求。毫无疑问，在此基础上确定的用人标准，可以帮助招聘人员寻找并发现真正适应工作岗位、能为组织做贡献的候选人。

3. 有利于员工培训与开发

员工的培训与开发解决的是任职者的知识、技能和素质与岗位相互匹配的问题。应该培训开发什么？请专家、教授来讲课能够开阔人的视野，但所讲的内容是否正是员工所短缺的知识和技能、是否能够有效地提高员工的工作绩效？一般意义上的培训很难回答以上的问题。因此，我们需要根据工作说明书对任职者的要求，有针对性地对员工短缺的知识、技能和能力素质进行培训与开发，才能做到有的放矢，从而有效地提高员工的工作能力。通过工作分析，企业可以明确从事某项工作所应具备的技能、知识和其他各种素质条件。这些条件和要求并不能使当前从事各项工作的员工人人都能满足，这就需要企业根据工作分析的结果，参照员工的实际工作绩效，制订和设计培训方案，有区别、有针对性地安排培训内容和方法，以提高员工的工作技能，进而提高工作效率。

4. 有利于建立先进、合理的工作定额和报酬制度

所谓先进、合理，就是在现有工作条件下，经过一定的努力，大多数人能够达到，其中一部分人可以超过，少数人能够接近的定额水平。工作分析是动员和组织职工提高工作效率的手段，是工作和生产计划的基础，也是制订企业部门定员标准和工资奖励制度的重要依据。工资奖励制度是与工资定额和技术等级标准密切相关的，把工作定额和技术等级标准的评定建立在工作分析的基础上，就能够制订出比较公平合理的报酬制度。

5. 有利于职业生涯规划的制定

随着员工在组织内部和组织间的流动日益频繁，工作分析的结果无论对组织还是对员工本人，在考虑进行这种流动时都是非常必要的。另外，无论组织还是个人，如果对工作要求和个人工作的联系没有充分了解，就不可能制订有效的职业生涯规划。职业生涯规划针对员工个人的发展方向和工作兴趣，为员工提供了职业发展的通道。工作说明书提供了工作的内容和任职资格，对能力素质也提出要求，为员工的职业发展提供客观的、可供遵循的轨迹。员工可以

根据自身发展目标，结合自身的素质特长，清晰规划自己的发展渠道。

3.1.3　工作分析的内容

工作分析是现代人力资源管理所有职能的基础和前提，只有做好了工作分析，才能更有效地完成人力资源管理工作。工作分析的内容包括以下六个方面：

（1）此项工作做什么，是指从事的工作活动和工作责任。工作活动包括：任职者所要完成的工作活动，任职者的工作活动产出（产品或者服务），任职者的工作活动标准。工作责任包括：管理责任和非管理责任。

（2）为何要完成此工作，是指该项工作在整个组织中的作用。主要包括工作目的和工作关系。工作的目的是指该工作为何存在，有何意义。工作关系，是指工作指导和被指导的关系，以及晋升通道、协作关系和工作中所接触得到的部门内外、组织内外的其他资源。工作关系可以分为横向工作关系和纵向工作关系。

（3）工作何时做，是指该项工作活动进行的时间安排。主要包括：工作时间安排是否有固定时间表，工作时间制度是什么。工作活动的频繁程度区分，如每日进行的活动、每周进行的活动、每月进行的活动，等等。

（4）工作在哪里做，是指工作进行的环境。主要包括：工作的自然环境（室内/外、温度、照明度、紫外线辐射强度、通风程度、位置高低等）；工作危险性，即对身体造成的伤害（砍伤、摔伤、烧伤、扭伤、对视力/听力的损害等，以及心理压力即职业病等）；工作的社会和心理环境（工作地点的生活便利程度、与他人的交往程度等）。

（5）如何完成工作，是指任职者如何进行工作活动以及活动的预期的工作结果。主要包括：工作活动程序与流程；工作活动涉及的工具与机器设备；工作活动涉及的文件记录；工作汇总的关键控制点。

（6）完成工作需要哪些条件，是指完成工作所需要的物质条件和人力资源条件。物质条件是指任职者在完成工作任务的正常情况下，需要使用的工具、仪器和设备，表明工作对操作技能的基本要求。对任职者的要求包括经验、教育、培训、知识、生理要求、协调和灵活性、心理能力、智能和社会技能等方面。

3.1.4　工作分析的目的与原则

1. 工作分析的目的

（1）促使工作的名称与含义在整个组织中表示特定而一致的意义，实现工作用语的标准化。

（2）确定工作要求，以建立适当的指导与培训内容。

（3）确定员工录用与上岗的最低条件。

（4）为确定组织的人力资源需求、制定人力资源计划提供依据。

（5）确定工作之间的相互关系，以利于合理的晋升、调动与指派。

（6）获得有关工作与环境的实际情况，以利于发现导致员工不满、工作效率下降的原因。

（7）为制定考核程序及方法提供依据，以利于管理人员执行监督职能及员工进行自我控制。

（8）为改进工作方法积累必要的资料，为组织的变革提供依据。

2. 工作分析的原则

工作分析应该遵循以下原则：

（1）系统性原则。任何一个完善的组织都是一个相对独立的系统。因此，在工作分析中，应从系统论出发，将每个岗位放在组织系统中，从总体上和相互联系上进行系统性分析研究。

（2）动态性原则。工作分析的结果并不是一成不变的，要根据企业的战略、环境变化及业务调整，经常性地对工作分析的结果进行修正。

（3）目的性原则。在工作分析中，要明确工作分析的目的。根据工作分析的目的，注意工作分析的侧重点。

（4）参与性原则。工作分析尽管是由人力资源部主持开展的工作，但是它需要各级管理人员与员工的广泛参与，尤其需要高层管理者的重视和业务部门的大力配合。

（5）经济性原则。工作分析是一项非常费心、费力、费钱的事情，它涉及企业组织的各个方面。因此，本着经济性原则，选择工作分析的方法显得尤为重要。

（6）应用性原则。应用性原则是指一旦形成工作说明书，管理者就应该把它应用于企业管理的各个方面。无论人员招聘、选拔、培训，还是考核、激励，都需要严格按照工作说明书的要求来做。

3.2　工作分析的程序

3.2.1　工作分析实施的时机

工作分析既是一项耗费人力、物力、财力的活动，又是一项复杂而庞大的活动，因此，只有在特定的情况下才需要进行工作分析。

（1）当新组织建立时，需要引进工作分析。

（2）当新的工作产生时，需要进行工作分析。

（3）当工作由于新技术、新方法、新工艺或新系统的产生而发生重要变化时，需要进行工作分析。

尤其是最后一种情形，即工作性质发生变化时，最需要进行工作分析。

3.2.2 工作分析的信息收集

1. 工作分析需要收集的信息类型

为了成功地完成工作分析，需要相当多的信息，通常包括以下几类信息，如表3－1所示。

表3－1 工作分析需要收集的信息

信息种类	内　　容
工作活动	具体的工作时间
	工作事项
	工作方式
	与他人交往的活动
工作标准	工作质量
	完成工作的时间
	工作标准
	工作误差
所使用的机器、工具、设备和辅助工作	所涉及的专业知识
	加工的原材料
	所需的咨询和维护等方面的劳务
工作环境	工作日程表
	工作物理环境
	组织和社会的环境
	物质和非物质奖励
工作对个人的要求	个人特性，如个性、兴趣爱好、生理特征和人格品行等
	所需要的学历和培训程度
	工作经验

2. 选择收集信息的方法

收集工作信息的方法多种多样，有定性的方法，也有定量的方法；有以考察工作为中心的方法，也有以考察任职者特征为中心的方法。在具体进行工作分析时，选择哪种方法更有效，还要看具体问题了，要具体问题具体分析。

（1）要考虑工作分析所要达到的目标。工作分析所要达到的目的不一样，所需要收集的信息也不一样，自然方法也不一样了。当工作分析用于招聘时，就该选用关注任职者特征的方法；当工作分析关注薪酬体系的建立时，就应当选用定量的方法。

> **小知识**
>
> 定性的信息往往可以用文字来表达，比如，工作条件、环境要素、任职者的资格等。定量的信息往往通过数字来表达，如工作计量、工作日程和工作群体的人数等。

（2）选择收集工作信息的方法时，要考虑所分析的职位的不同特点。有的工作可以用观察的方法收集信息，例如，操作机械设备，但是对于脑力劳动者就不能用现场观察法来收集信息。还有的职位的调查需要通过书面来表达，如调查问卷，但是一些文化水平比较低的员工就无法回答，这就需要用其他的方法来收集信息。

（3）选择收集工作信息的方法时，还应考虑实际条件的限制。有些方法虽然能够得到足够多的信息，但是可能花在收集信息上的时间很多，浪费了很多的人力、财力和物力。例如，访谈法可以获得很多的一手信息，但是它需要很长的时间跟员工交谈。而问卷调查法收集到的信息有限，但是花费的时间很短，效率较高，适宜在时间紧迫的情况下采用。

实际上，每一种收集工作信息的方法都有其独到之处，也有其适用的范围，优缺点并存。并不存在一种最好或最坏的方法，关键是在特定的条件下，根据具体情况具体分析采用哪一种方法更好一些。

3.2.3 工作分析的实施过程

工作分析是对工作一个全面评价过程，这个过程可以分为四个阶段：准备阶段、调查阶段、分析阶段和完成阶段。

1. 准备阶段

准备阶段是工作分析的第一个阶段，主要任务是了解情况、确定样本、建立关系、组成工作小组。具体工作如下：

（1）确定工作分析信息的用途。首先，要明确工作分析所获得的信息将用于何种目的。这是因为工作分析所获得信息的用途直接决定了需要搜集何种类型的信息，以及使用何种技术来搜集这些信息。有些技术如对在工作岗位上的员工进行访谈，让他们说出自己所从事的工作的任务以及他们自己所负有的责任，这对于编写工作说明书和为空缺岗位甄选员工是极为有用的。而另外一些分析技术如职位分析问卷法则不能提供上面所述的描述性信息，但可以运用职位分析问卷法得出的结果对工作进行对比，以确定各种工作的相对价值，进而确定此种工作的报酬（各种工作分析的方法将在下一节中详细介绍）。

（2）组成由实际承担工作的员工、承担工作员工的直接上级主管以及工作分析专家参加的工作小组来搜集工作分析信息。利用现有的文件与资料，如组织结构图、工作流程图、岗位责任制、工作日记等对工作的主要任务、主要职责、工作流程进行分析总结。如果有现成的工作说明书，则它将作为审查并重新编写工作说明书的一个很好的起点。工作分析小组可以提出原来的工作说明书中存在的不清楚、模棱两可的问题，或对新的工作说明书提出拟解决的主要问题。

（3）确定调查和分析对象的样本，选择有代表性的样本进行分析。当需要分析的工作很多但它们又比较相似的时候，对工作进行逐个分析必然非常耗费时间。此时，选择典型的工作进行分析显然是必要且可行的。

2. 调查阶段

调查阶段主要任务是搜集工作分析的信息。通过搜集有关工作活动、工作对员工行为的要求、工作条件、工作环境、工作对员工个人的要求等方面的信息，来进行实际的工作分析。分析的工作不同，所采取的方法也不同，通常可以结合多种方法进行分析。具体工作如下：

（1）编制各种调查问卷和调查提纲。

（2）到工作现场进行现场观察，观察工作流程，记录关键事件，调查工作必需的机器、工具、设备，考察工作的环境。

（3）对主管人员、承担工作的员工进行广泛问卷调查，并与主管人员、"典型"员工进行面谈，收集有关工作的特征及需要的各种信息。

3. 分析阶段

分析阶段的主要任务是对有关工作特征和工作人员特征的调查进行全面的总结分析。工作分析提供了与工作的性质和功能及任职资格有关的信息，而这些信息只有与从事这些工作的员工及他们的直接主管人员进行核对才有可能不出现偏差。这一核对工作有助于确保工作分析所获得的信息的正确性、完整性，同时也有助于确定这些信息能否被所有与被分析的工作有关系的人所理解。具体工作如下：

（1）仔细审核、整理获得的各种信息。

（2）创造性地分析、发现有关工作和工作员工的关键成分。

（3）归纳、总结出工作分析的必需材料和要素。

4. 完成阶段

这是工作分析的最后阶段。前三个阶段的工作都是为此阶段工作奠定基础的，此阶段的主要任务是依据前三个阶段所得材料编制工作说明书与工作规范。有时候，工作说明书和工作规范分成两份文件来写，有时候则合并在一份工作说明书中。具体工作如下：

（1）根据所得信息草拟工作说明书与工作规范。

（2）将草拟的工作说明书与工作规范与实际工作对比，根据对比结果决定是否需要再次调查研究。

（3）修正工作说明书与工作规范。

（4）若有必要，可重复（2）、（3）的工作，如对待特别重要的职位，可重复修订工作说明书及工作规范。

（5）形成最终的工作说明书和工作规范。

（6）将工作说明书应用于实际工作中，并对其不断完善。

（7）对工作分析工作本身进行总结评估，将工作说明书和工作规范存档，为今后的工作分析工作提供经验与信息基础。

3.3　工作分析的方法

3.3.1　访谈法

1. 访谈法的概念

访谈法又称为面谈法，是指工作分析员就某项工作，面对面地询问任职者及其主管以及专家等对工作的意见或看法。

此方法可以对任职者的工作态度和工作动机等深层次内容进行详细的了解，通过该方法收集的信息不仅是工作分析的基础，而且可以为其他工作分析方法提供资料，例如通过访谈法获取的信息有助于开发工作分析问卷。访谈法是目前在国内企业中运用最广泛、最成熟并且最有效的工作分析方法；它是唯一适用于各类工作的方法，而且是对中高层管理职位实施工作分析效果最好的方法；访谈还能够促使任职者对工作进行系统性的思考、总结与提炼。

访谈内容主要包括：工作目标、工作内容、工作性质和范围、工作责任、工作中遇到的问题、任职者对薪酬与考核等制度的意见和建议。

> 📝 **小资料**
>
> 访谈法分为三种：个人访谈法、群体访谈法和主管人员访谈法。

2. 操作流程

通用的工作分析访谈流程包括五个阶段，即准备阶段、开始阶段、主体阶段、结束阶段和整理阶段。

（1）准备阶段。在准备阶段，需要做的工作：制定访谈计划、培训访谈人员，以及编制访谈提纲。

① 制定访谈计划。访谈计划的内容是：访谈目标；访谈对象（要求是工作任职者的直接上级或从事本职位6个月以上的任职者）；访谈方法（例如：访谈的结构化程度以及访谈的形式）；访谈的时间和地点（时间安排以不打搅任职者正常的工作为宜，地点应保持安静和整洁）；访谈所需的材料和设备。

② 培训访谈人员。需要对访谈人员做如下培训：访谈原则和技巧；访谈计划；访谈目的和意义；组织和指导访谈人员收集目标职位的相关背景信息。

③ 编制访谈提纲。访谈者根据现有资料，编制访谈提纲，以防止在访谈过程中出现严重的信息缺失，确保访谈过程的连贯性。

访谈提纲中的问题分为通用性问题（开放式）和个性化问题（封闭式），通过通用性问题收集各方面信息，通过个性化问题收集与职位相关的职责和任务，作为启发被访谈者思路的依据（见表3-2）。

表3-2　　　　　　　　通用的工作分析访谈提纲（部分）

一、关于岗位目标	此岗位的工作目标是什么？ 此岗位最重要的是取得什么结果？ 从公司角度看，这个岗位具有什么意义和作用？
二、岗位地位	公司上级对此岗位作用的评价如何？ 此岗位直接为哪个部门或个人效力？ 哪些岗位与此岗位同属一个部门？ 此岗位一年所需的各种经费（如经营预算、销售额、用于员工本身的开销）是多少？
三、内外联系	你依据怎样的原则、规章制度、先例和人事制度办事？ 此岗位的行为或决策受哪个部门或岗位的控制？ 在公司内，此岗位与哪些部门或岗位有最频繁的工作联系？有哪些联系？
四、工作中的问题	你认为此工作对你最大的挑战是什么？ 你对此工作最满意和最不满意的地方分别是什么？ 此工作需要解决的关键问题是什么？

五、工作成果	你在工作中能够取得什么成果？其中最重要的成果是什么？
	通常可以用什么标准衡量你的工作成果？
	上司对工作任务的完成情况是否起决定性作用？
六、岗位要求	此岗位要求任职者具备哪些专业技术？
	通过脱产培训还是在职培训来掌握这个岗位所需的专业技术？
	此岗位要求任职者具备哪些知识？请按重要程度列出，并举出工作中的实例来说明。

（2）访谈开始阶段。此阶段的重点是帮助被访谈者保持信任的心态。

首先，访谈者可以通过营造轻松的和舒适的访谈气氛：如采取随意简单的方式让被访谈者进行自我介绍；尝试发现被访谈者喜好的话题，从这些话题出发展开访谈；在话题开始时，采取鼓掌和适度赞扬等方式表达对被访谈者的欢迎。

其次，向被访谈者介绍本次访谈的流程以及对被访谈者的要求，如果在访谈过程中需要使用录音和录像等手段，应向被访谈者事先说明。

再次，重点强调本次工作分析的目的、预期目标、所收集信息的用途，以及本次工作分析相关技术问题的处理方法（尤其是标杆岗位的抽取、被访谈者的抽取方式）。

最后，向被访谈者说明本次访谈已经征得其上级的同意，并且参与访谈的全部人员将保证访谈内容除了作为分析基础外，将对其上级和组织中的任何人完全保密。

（3）访谈主体阶段。访谈主体阶段的任务包括：寻找访谈"切入点"、询问工作任务，以及询问工作任务的细节。

① 寻找访谈"切入点"。访谈的"切入点"通常可以是：知道对方的名字；简单介绍访谈的目的；解释挑选他们做访谈对象的原因；询问被访谈者所在部门与组织中其他部门的关系，或者目标工作与部门内外的联系，或者询问工作环境等。随着访谈的逐步深入，所谈内容应趋于具体和详细，主要询

> **小思考**
>
> **寻找访谈"切入点"有什么意义呢？**
>
> 寻找访谈"切入点"是为了尽快与被访者建立融洽的关系。如果不建立这种融洽的关系，员工可能对访谈人员及访谈动机持怀疑态度甚至会产生抵触情绪（经常会出现员工将访谈看做是绩效考评，并会认为这会影响他们的薪酬），被访者为了自己的利益而扭曲事实，使收集到的信息与实际不符。所以在进行正式的访谈前，要和被访者建立融洽的关系，使访谈气氛十分轻松，这样才能收集到较准确的信息。

问任职者的各项工作任务"投入""行动"以及"产出"。

② 询问工作任务。询问任职者工作任务时，可以向其提供事先准备的任务清单初稿，与被访谈者就任务清单中所列项目逐条地讨论与核对。在讨论与核对时，可以询问一下问题：我们对这项任务的表述是否准确清晰？我们对这项工作任务的描述，所用术语是否正确，是否还有其他更为专业的表述？任务清单是否包含你的全部工作内容？整个任务清单中是否有相互矛盾和逻辑混乱的地方？各项任务表述是否相互独立？哪些内容可以合并或者需要拆分？如果访谈前没有准备任务清单，可以通过以下问题启发被访谈者：通常，你每天工作时要做的第一件事情是什么？接下来你会做什么？你的工作主要由哪些版块构成？各版块分别包含哪些任务及职责？

③ 询问任务细节。可以运用流程分析的思想，从"投入""行动"到"产出"三个角度询问工作任务的细节。

（4）访谈结束阶段。工作分析员应根据访谈计划把握访谈进程，若需要超过计划时间，应及时与被访谈者及其上司沟通，征得其同意。在访谈结束阶段，访谈者应就如下问题与被访谈者再次沟通：允许被访谈者提问；追问细节，并与被访谈者确认信息的真实性与完整性；重申工作分析的目的与访谈搜集信息的用途；如果以后需要继续访谈，应告知下次访谈的内容（最终确认成果）；感谢被访谈者的帮助与合作。

（5）访谈整理阶段。访谈结束后，及时整理访谈记录，为下一步信息分析提供清晰的和有条理的信息记录。

3. 优缺点比较

访谈法的优缺点如表 3-3 所示。

表 3-3　　　　　　　　　　　　　访谈法优缺点比较

优　点	缺　点
1. 访谈双方当面交流，能够深入、广泛的探讨与工作相关的信息：目标职位的特征，任职者的态度、价值观和信仰，以及语言等技能水平。 2. 工作分析员能够及时地对访谈问题进行解释和引导。 3. 工作分析员能根据实际情况及时地修正访谈提纲中的信息缺陷。 4. 工作分析员能及时地对所获得的信息与任职者进行现场确认，有利于提高工作分析的效率。 5. 对于工作分析有敌对情绪的任职者，可以通过工作分析员的沟通、引导，最大限度使其参与其中。	1. 工作分析员在访谈过程中容易受到认知这个人因素的影响，导致收集的信息扭曲，如种族、性别因素等。 2. 访谈法会对任职者的正常工作甚至组织的日常运转产生一定的影响。

3.3.2　观察法

1. 观察法的概念

观察法是一种传统的工作分析方法，工作分析人员直接到工作现场，对某些特定的工作活动进行观察，收集、记录有关工作的内容、工作间的相互联系、人与工作的关系，以及工作环境、条件等信息，并用文字或图表形式记录下来，然后进行分析和归纳总结的方法。

2. 操作流程

通用的工作分析观察法的流程包括三个阶段，一是观察前准备阶段；二是现场观察与记录阶段；三是数据整理、分析与应用阶段。

（1）观察前准备阶段。

① 确定目标。观察前首先要明确观察目的，针对不同的目的，将会有不同的观察客体、结构化程度、观察的关注点与之相对应。其次是要明确观察客体，观察的客体主要有个体、小组、团队、组织四个层面。层面定位是指将所要观察的职位置于怎样的环境中来观察。一方面，我们应根据目标职位的影响范围来确定观察的层面，若目标职位涉及这个组织的运行，则将其置于组织层面，以此类推。另一方面，在确定观察的客体层面时，我们要根据观察的目的选择合适的观察客体所处的层面。

> **小资料**
>
> 观察法是最早使用的工作分析方法。早在 20 世纪初，科学管理之父泰罗为了让工人使用标准的操作方法完成较高的工作定额，就采用了观察法进行动作与时间研究的科学实验。在泰罗之后，吉尔布雷思夫妇是第一批对动作进行观察并利用动作影片来分析和改进动作顺序的人。在砌砖实验中，他们通过仔细地观察和分析，将砌外墙和内墙的动作数量从 18 分别减少到 5 和 2，大幅提高了工作效率。

② 选择观察对象。根据工作分析观察法的目的以及客体的定位，我们应从目标职位任职者中选择合适的观察对象。若目标职位任职者较少，这些任职者都将是观察对象；若目标职位任职者较多，从经济和便利的角度看，一般选择 3~5 位典型的任职者作为观察对象，同时应选取绩效水平较高的任职者作为观察对象。在选定对象的同时，应该对观察对象进行相关的培训，应向他们说明工作分析的目的、操作流程，以及最终的影响等，消除其戒备心理。工作分析人员切忌采用"暗中观察"的方法。尽管这种方法能够真实地反映观察对象的实际工作状况，但是这种方法是不道德的，会降低组织成员对组织的信任感，可能会导致工作分析的失败。

③ 选择合适的方法。结构化观察法优点是规范、连贯、可信度高；缺点是僵化，易造成信息的缺失；非结构化观察法优点是灵活、信息收集面宽，但指导性差、分析整理难度大。在现实操作过程中，为了避免两种极端方法的缺陷，我们综合使用两种方法，在两者之间寻找恰当的平衡点，既避免观察的盲目性，又保证了观察的灵活性。

④ 确定时间地点。为了不影响组织日常运行，观察时间应事先确定。时间、地点的确定应遵循典型性、经济性、全面性、民主性的原则。

⑤确认设备工具。在观察过程中，将有大量的信息需要观察人员进行快速的整理记录，因此有必要采用一些辅助的手段帮助观察员进行记录，常用的设备包括录音机、摄像机等。如上所述，在对任职者进行录音、录像之前，应事先告知其目的和方式，避免各种负面影响。另外，其他计时、度量的工具应根据实际观察的需要予以配备。

⑥ 分析人员的选拔培训。在实地观察之前首先需要选拔观察分析人员，要求观察分析人员具备公正客观的态度、较强的沟通能力、文字表达能力以及对行为的理解把握能力，对于某些特殊的工作，需要有较强的体力等。然后对观察分析人员进行培训，目的是增强观察过程的可信度，收集更加准确可靠的信息，如培训质量的好坏。培训的内容主要包括工作分析的目的、特点的简介、研究设计的解释说明、观察法的操作及其要点等。培训的效果将直接关系到工作分析的质量，通过培训观察员，可以增加整个观察分析活动的规范性，同时通过集体讨论可以弥补观察方案中的不足之处，增强方案的可行性。

（2）现场观察与记录阶段。

①进入观察现场。上述准备工作就绪后，并非意味着观察可以顺利进行了，需要在进入工作现场时，做好一些前期铺垫工作，为观察的实施扫除一些影响因素。主要工作有：

相互沟通，建立信任。进入现场后，首要的工作是与任职者建立良好的相互信任关系。

简要介绍。观察开始之初，重申工作的目的是有必要的。

> **小资料**
>
> ● 被观察的员工的工作应相对稳定，即在一定时间内，工作内容、程序、对工作人员的要求不会发生明显的变化；
>
> ● 适用于大量标准化的、周期较短的工作，不适用于包含了许多难以测量的脑力活动的工作以及偶然发生的重要工作；
>
> ● 不能只观察一名任职者的工作，应尽量多观察几名，然后综合工作信息。同时注意要选择有代表性的样本；
>
> ● 观察人员尽可能不干扰被观察员工的工作；
>
> ● 观察前要有详细的观察提纲，这样观察才能及时准确。

安装设备。设备安装应避开任职者，以免对其造成压力。

②现场记录。在观察者与任职者之间建立良好的信任合作关系之后，即进入现场观察记录的阶段。观察记录质量的好坏对结果的影响是不言而喻的，因此在观察记录的过程中，观察分析一定要严格遵守观察记录的流程要求，本着严肃、敬业的态度，完成对目标职位每个环节的记录工作，现场观察中应注意以下问题：距离适中、适时交流、即时反馈。观察记录表如表3-4所示。

表 3-4   观察记录表

被观察者姓名：＿＿＿＿＿＿＿＿＿＿   日期：＿＿＿＿＿＿＿＿＿＿

观察者姓名：＿＿＿＿＿＿＿＿＿＿   观察时间：＿＿＿＿＿＿＿＿

工作类型：＿＿＿＿＿＿＿＿＿＿   工作部门：＿＿＿＿＿＿＿＿

观察内容：＿＿＿＿＿＿＿＿＿＿

- 何时开始正式工作？＿＿＿＿＿＿＿＿＿＿＿
- 上午工作多长时间？＿＿＿＿＿＿＿＿＿＿＿
- 上午休息＿＿＿＿次？第一次休息时间从＿＿＿＿到＿＿＿＿，第二次休息时间从＿＿＿＿到＿＿＿＿
- 上午完成＿＿＿＿件产品？平均多少时间完成一件产品？＿＿＿＿＿＿＿＿＿＿
- 与同事交谈＿＿＿＿次？每次交谈约多长时间？＿＿＿＿＿＿＿＿＿＿＿
- 室内温度＿＿＿＿度
- 抽了几支香烟？＿＿＿＿＿＿＿＿＿＿＿＿＿＿＿
- 喝了几次水？＿＿＿＿＿＿＿＿＿＿＿＿＿＿＿＿
- 什么时候开始午休？＿＿＿＿＿＿＿＿＿＿＿＿＿
- 出了多少次品？＿＿＿＿＿＿＿＿＿＿＿＿＿＿＿
- 搬了多少原材料？＿＿＿＿＿＿＿＿＿＿＿＿＿＿
- 噪音是多少分贝？＿＿＿＿＿＿＿＿＿＿＿＿＿＿

（3）数据整理、分析及应用阶段。观察结束后应对收集的信息数据进行归类整理，形成观察记录报告，数据整理根据采用的方法不同有不同的整理要求。对于结构化的观察结果，应按照计划根据一定的逻辑顺序（如发生时间）进行整理排列，补齐观察过程中的缩写，形成一份描述性的报告，当然也可以加入个人判断。

观察法数据整理分析是一项庞杂的工作，尤其是非结构化观察法，要对大量的活动描述进行归类分析。

3. 优缺点比较

（1）优点。做分析人员能够比较全面和深入地了解工作要求。适用于那些主要用体力活动来完成的工作，如流水线工人、专业技术人员等。成本低、经济实用且易操作。

（2）缺点。一是不适用于脑力劳动要求比较高的工作，以及处理紧急情况的间歇性工作。例如律师、教师、护士、管理人员等。二是对有些员工而言难以接受，他们觉得自己受到监视或威胁，从而在心理上对工作分析人员产生反感，同时也可能造成操作动作变形。三是不能得到有关任职者资格要求的信息。

3.3.3　问卷调查法

问卷调查法是通过让被调查职位的任职者、主管及其他相关人员填写调查问卷来获取工作相关信息的方法。问卷调查操作程序简单，成本较低，因此大多数组织都采取此方法来收集工作相关信息。

> **小资料**
>
> 问卷通常包括结构化问卷、开放式问卷两种。结构化问卷由分析人员事先准备好的项目组成，代表了分析人员希望了解的工作信息。问卷回答者只需要在问卷项目后填空、选择或对各个项目进行分数评定。回答结构化问卷简单、明确，不占用任职者太多时间；但回答方式比较呆板，不允许回答者有发挥的余地。如果问卷中有的项目表达模糊或不切实际，回答者也只能勉强作答或空着不答。开放式问卷让回答者用一段话表达自己的意见，这就给他们提供了发表不同看法的机会，如"请叙述工作的主要职责"。最好的问卷介于两者之间，既有结构化问题，也有开放式问题。

1. 操作流程

通用工作分析问卷调查法的操作流程包括五个环节，依次是问卷设计、问卷测试、样本选择、问卷发放与回收、问卷处理与运用。

（1）问卷设计。问卷中应当包括如下内容（见表3-5）。

表3-5　　　　　　　　　　　工作分析调查问卷

	填表日期：　　　年　　　月　　　日
姓名_____	工作名称_____
部门_____	工号_____
主管姓名_____	主管职位_____
1. 任务综述：用个人语言简要叙述自己的主要工作任务。	
2. 特定资格要求：列举为完成某项职位所承担的那些任务，需要具有哪些证书、文凭或许可证。	

3. 设备：请列举工作中通常使用的所有设备、机器、工具（比如打字机、计算机、汽车、车床、叉车、钻机，等等）。

机器名称　　　　　　　　　　　　平均每周使用的次数
_____

4. 常规工作任务：
_____

5. 工作接触：你所从事的工作。
_____

6. 决策：解释你在完成常规工作过程中所要做出的决策有哪些?
_____

（1）如果你所做出的判断或决定的质量不高，那么可能会带来什么后果?
_____

（2）如果你所采取的行为不恰当，那么会带来什么后果?
_____

7. 文件记录责任：请列出需要有你准备的报告或保存的文件资料有哪些，并请概括说明每份报告都是递交给谁的。

（1）报告_____　　递交给_____

（2）保存的资料_____

8. 监督的频率：为进行决策或决定采取某种正确的行动程序，你必须以一种怎样的频率同你的主管或其他人协商?

（　）经常　　　（　）偶尔　　　（　）很少　　　（　）从来不

9. 工作条件：请描述你是在一种什么样的条件下进行工作的，包括内部条件、外部条件、空调办公区域等。请一定将所有令人不满意或非常规的工作条件记述下来。
_____

10. 资历要求：请你列出为了令人满意地完成职位工作，工作任职者需要达到的最低要求是什么?

（1）教育
①最低学历_____
②受教育年限_____
③专业或专长_____
（2）工作经验
①工作经验的类型_____
②工作经验的年限_____
（3）特殊培训
①特殊培训的类型_____
②特殊培训的年限_____

（4）特殊技能

打字_____字/分钟　　　　　　　速记_____字/分钟

其他

11. 其他信息：请提供前面各项目中所未能包括，但你认为对你的职位来说是十分重要的其他信息

_____

员工签名：_____　　　　　　　日期：_____

①职位基本信息：任职者姓名、职位名称、所在部门、学历、工作经历、年龄、薪资水平等。

②职位目的：要求任职者使用一段简短的和概括性的语句来揭示职位在组织中存在的目的和作用。填写格式为：工作依据（格式："根据……"）＋工作内容（格式：动词＋工作对象）＋工作成果（主要描述工作达到的目的）。

③工作职责：按照工作任务的重要程度排列，写出该职位的工作任务。格式为：动词＋工作对象＋工作目标；还需要任职者估计某一工作职责占其全部工作时间的百分比。

④绩效标准：各项工作职责需达到的绩效标准，包括工作结果的数量、时限、质量，以及对组织的影响等。

⑤工作联系：与本部门内其他职位、其他部门、上级以及组织外的联系对象、联系内容、联系频率以及重要性等，工作联系的范畴界定为稳定的、长期的工作联系而非突发性的、偶尔的联系活动。

⑥组织构架：包括二级上级、直接上级、直接下级以及平级。

⑦工作特征：工作时间、出差比重、工作负荷等。

⑧任职资格：工作对任职者的学历、工作经验、知识结构、工作技能、能力与素质等方面的要求。

⑨所需培训：培训的目标、内容、时长、频率以及考核方式等。

⑩职业生涯：职位晋升通道。

（2）问卷测试。正式下发问卷之前，选取局部职位填写问卷初稿以测试问卷，针对测试中的问题及时修订和完善。

（3）样本选择。针对某一职位进行分析时，若目标职位任职者较少（3 人以下），则全体任职者均为调查对象，若任职者较多，则选取 3~5 人为宜。

（4）问卷发放与回收。对填写者进行工作分析辅导培训，通过公司内部通讯渠道（文件、OA 系统等）发放工作分析调查问卷；在填写过程中，工作

分析员及时跟踪填写状况，解答疑难问题，组织填写者交流填写心得，统一填写规范。回收问卷前将问卷反馈到被调查职位的直接上级，请他们对问卷中的信息进行确认、修正、签字，确保信息的真实性和准确性。

（5）问卷处理与运用。剔除回收问卷中的不合格问卷或重新进行调查，将相同职位的调查问卷进行比较分析，提炼正确信息，编制工作说明书。

2. 优缺点比较

（1）优点：一是可以在短时间内从众多任职者那里收集所需的信息资料；二是可在生产和工作时间之外填写，不影响正常工作；三是调查范围广，可用于多种目的、多种用途的工作分析；四是比较适于收集管理职位的工作信息。

（2）缺点：一是对问卷编制的技术要求较高；二是不同任职者因对问卷中同样问题理解的差异，会产生信息资料的误差，进而偏离工作分析的目标；三是问卷的回收频率通常偏低；四是不适合对文字理解能力和表达能力较差的人进行问卷调查。

3.3.4 工作日志法

工作日志法要求任职者在一段时间内实时记录自己每天发生的工作，按工作日的时间记录下自己工作的实际内容，形成某一工作岗位一段时间以来发生的工作活动的全景描述，使工作分析员能根据工作日志的内容对工作进行分析。工作日志法的主要用途是作为原始工作信息搜集方法，为其他工作分析方法提供信息支持，特别是在缺乏工作文献时，日志法的优势尤为明显。首先，其具有提醒功能，员工在实际操作过程中，可能会同时进行多项工作（尤其对企业的最高管理者），会因为注意细节而忽略重要的事情，所以及时查看工作日志，并进行标注，对企业的每一位员工都有重要作用；其次，其具有跟踪功能，企业的最高管理者根据工作日志所记录的内容，对相关员工的重要时间进行跟踪，在跟踪过程中增加资源支持的优势，把风险降低到最低限度。

1. 操作流程

通用的工作日志法操作流程主要包括三个阶段，依次是准备阶段、日志填写阶段、信息分析整理阶段。

（1）准备阶段。①表单设计。完整的工作日志包括四个部分，即前言、填写说明、任职者信息、工作日志内容。②目标定位。若目标职位的任职者较少，那么这些任职者都需要填写工作日志；若目标职位任职者较多，从经济和便利的角度看，一般选择 5~10 位典型的任职者来填写，同时应选取绩效水平较高的任职者。③培训相关人员。在选定对象以后，应该对其进行相关的培训，应向他们说明工作分析的目的、操作流程，以及最终的影响等，消除其抵制心理。④确定填写周期。填写的总时间跨度，即工作日志填写的时间范围。一般对于能划分完成工作周期的职位，在可能的情况下，可以选取一个工作周期作为填写工作日志的总体时间跨度；对于大多数职位，一般选取一个月到一个半月作为工作日志填写时间。

（2）日志填写阶段。通过中期讲解、阶段成果分析、工作分析交流会等方法进行过程监控，督促被调查对象保质保量的填写好工作日志，这里需要提到的是有些被调查对象往往不是在当时当日填写日志，而是在工作日结束时，甚至是过了几天之后才慢慢回忆前几天所做的工作，这样难免会造成信息的失真（见表3-6）。

表3-6　　　　　　　　　　　工作日志填写实例（正文）

5月29日　　　　　　工作开始时间：8:30　　　　　工作结束时间：17:30

序号	工作活动名称	工作活动内容	工作活动结果	时间消耗	备注
1	复印	协议文件	4页	6分钟	存档
2	起草公文	贸易代理委托书	8页	1小时15分钟	报上级审批
3	贸易洽谈	玩具出口	1次	40分钟	承办
4	布置工作	对日出口业务	1次	20分钟	指示
5	会议	讨论东欧贸易	1次	1小时30分钟	参与
……	……	……	……	……	……
……	……	……	……	……	……
16	请示	货贷数额	1次	20分钟	报批
17	计算机录入	经营数据	2屏	1小时	承办
18	接待	参观	3人	35分钟	承办

（3）信息分析整理阶段。

①提炼工作活动。根据各项活动不同的完成方式，采用标准的动词形式，将其划分为大致的活动板块，并将板块内的任务细化归类，形成工作活动描述。例如"文件起草""手续办理""编制报表"等。②工作职责描述。根据日志内容尤其是工作活动中"动词"确定目标职位在工作活动中扮演角色，结合工作对象、工作结果、重要性评价形成任职者在各项工作活动的职责。③工作任务性质描述。区分工作活动的常规性和临时性，对于临时性的工作活动，应在工作描述中加以说明。④工作联系。将相同的工作联系客体归类，按照联系频率和重要性加以区分，在工作说明书相应项目下填写。⑤工作地点描述。对工作地点进行统计分类，按照出现频率进行排列，对于特殊工作地点应

详细说明。⑥ 工作时间描述。可采用相应的统计制图软件，做出目标职位时间——任务序列图表，确定工作时间的性质。

2. 优缺点比较

（1）优点：一是成本低、所需费用较少；二是对分析高水平与复杂的工作，显得比较经济有效。

（2）缺点：一是无法对日志的填写过程进行有效的监控，导致任职者填写的活动详细化程度可能会与工作者的预期有差异；二是任职者可能不会按照规定的填写时间及时填写工作日志，导致事后填写的信息不完整甚至"创造"工作活动；三是需要占用任职者较多的填写时间；工作的部分任务发生频率低，但是影响重大，是本工作的核心职能，在日志法中，有可能因在填写的时间区间内没有发生，而导致重要信息的缺失。

3.3.5 实践法

工作实践法是指工作分析人员直接参与所研究的工作，由此掌握工作要求的第一手资料的一种工作分析方法。例如，为了了解工人的工作状况，佛罗里达州州长鲍伯·格雷尼姆在竞选期间的 100 天里，做了 100 种不同的工作。

1. 操作流程

工作实践法的操作流程可分为三个步骤：准备阶段、实践阶段和结束阶段。

（1）准备阶段。一是工作实践之前，阅读相关资料，例如，《员工操作手册》《工作计划》《岗位职责说明》等。二是与上级主管沟通，安排好工作实践的具体时间。三是向员工说明工作分析的目的和意义，以最大限度地获得他们的理解和支持。

（2）实践阶段。在参与工作的同时，注意运用 5W1H 分析法①观察工作流程并进行详细的记录。有疑问的地方及时与员工或上级主管沟通。

（3）结束阶段。工作实践结束后，分析整理所收集的信息，并与事先收集的相关资料核对，确定该工作实际流程及相应的工作职责。

2. 优缺点比较

（1）优点：可以了解到工作的实际任务以及在体力、环境、社会等方面的要求，适用于短期内可以掌握的工作。

---

① 5W1H 分析法：也称六何分析法，是一种思考问题的方法。即对选定项目要从原因（why）、对象（what）、地点（where）、时间（when）、人员（who）和方法（how）六个方面提出问题进行思考。

（2）缺点：不适用于需要大量训练和危险的工作。

3.3.6 关键事件法

关键事件法是指通过对某个职位上的员工的调查，找到反映其绩效好坏的"关键事件"，据此来进行工作分析的一种方法。

1. 操作流程

（1）关键事件记录的内容。对每一个事件的描述内容应包括：导致该事件发生的背景原因；员工的行为哪些是特别有效的，哪些是特别无效的；关键行为的后果能否被认知；员工控制上述行为后果的能力。

将上述各项详细地记录以后，对这些数据资料做出分类，并归纳总结出该职位的主要特征和具体要求。

（2）关键事件法操作步骤。关键事件法是一种常用的行为定向法，它是要求工作分析人员把注意力集中在与工作成功息息相关的员工行为上。其主要原则是，认定员工相关的工作行为，并选择其中最重要、最关键的部分来评定。

关键事件法的操作步骤：确定某项工作任务的总体目标。这一总体目标应当是这一领域的专家提出的一份简要陈述，陈述中所表达的目标应得到大多数人的认可；制定收集此项工作活动有关的事件的计划。其中给观察者提供的说明要尽可能明确，同时要有用于评定和区分所观察到行为的标准，信息的采集。事件可以通过访谈得到，也可由观察者自己描述。无论哪种形式都要保证表达的客观性，并包含所有相关的细节。

2. 优缺点比较

（1）优点：一是关键事件法被广泛用于许多的人力资源管理方面。比如，识别挑选标准及培训的确定，尤其应用于绩效考评的行为锚定与行为观察中；二是由于在行为进行时观察与测量，所以描述职务行为、建立行为标准更加准确；三是能更好地确定每一行为的利益和作用。

（2）缺点：一是需要花大量的时间去收集那些"关键事件"并加以概括和分类；二是关键事件法并不是对工作提供一种完整的描述。比如，它无法描述工作职责、工作任务、工作背景和最低任职资格的轮廓；三是中等绩效的员工难以涉及，遗漏了平均绩效水平。

3.3.7 文献分析法

文献分析法是一项既经济又有效的信息收集方法，它是通过对与工作相关的现有文献进行系统性的分析来获取工作信息。由于它是对现有资料的分析提炼、总结加工，通过文献分析法无法弥补原有资料的空缺，也无法验证原有描述的真伪，因此文献分析法一般用于收集工作的原始信息，编制任务清单初稿。

1. 操作流程

（1）确定信息来源。信息来源包括内部信息和外部信息。内部信息包括《员工手册》、《公司组织管理制度》、《岗位职责说明》、《绩效评价》、《公司会议记录》、《作业流程说明》、《ISO 质量文件》、《分权手册》、《工作环境描述》、《员工生产记录》、《工作计划》、《设备材料使用与管理制度》、《行政主管、行业主管部门文件》、《作业指导书》等；外部信息可以从外部类似企业相关工作分析结果或原始信息中获取，并作为原始信息加以利用，但必须注意目标职位与"标杆瞄准职位"的相似性。

（2）确定并分析有效信息。进行文献分析时，需要快速浏览文献，从大量的文档中寻找有效信息点。当发现有效信息后，可以根据收集信息内容的不同，使用各种符号进行标示，或者采用不同的颜色标示，以便以后快速查找。针对文献中信息不完整和缺乏连贯性的情况，应及时重点标出，在编制工作分析提纲时，作为重点问题加以明示；对于文献中隐含的工作内容以及绩效标准，应深入挖掘，在以后的分析中得以求证。

2. 优缺点比较

（1）优点：分析成本较低，工作效率高。能够为进一步工作分析提供基础资料、信息。

（2）缺点：收集到的信息不够全面，尤其是小型企业或管理落后的企业往往无法收集到有效、即时的信息。要与其他工作分析方法结合起来使用。

3.3.8　工作分析方法的评估

工作分析是人力资源管理的基础，它是为其他人力资源管理活动服务的。那么，我们如何评估每种工作分析方法应用于这些活动的效果呢？评估工作分析方法时必须考虑下面的因素。

（1）多功能性与适应性：在分析各种不同的工作时该方法的适合程度。

（2）标准化：该方法制定的标准能否在不同的时间和不同来源的工作分析资料中进行比较。

（3）使用者的接受程度：使用者能否接受这种方法（包括这种方法所采用的形式）。

（4）使用者的理解和参与程度：使用这种方法的人，或被其结果所影响的人，对这种方法的了解程度，以及是否能参与到工作分析资料的收集过程中来。

（5）培训需求：在使用这种方法时需要进行培训的等级。

（6）使用上的便利：在使用该方法进行工作分析时的便利程度。

（7）完成时间：实施该方法及获得分析结果所需要的时间。

（8）信度和效度：使用该方法所获结果的一致性，以及该方法对职责的重要性、完成职责所需要的技术和能力的描述的准确性。

（9）成本：与使用该方法付出的成本相比，组织通过使用这种方法所获得的利益或价值的总量大小。

3.4 工作说明书和工作规范的编写

3.4.1 工作说明书和工作规范编写的总体要求[①]

工作说明书和工作规范的编写，一般都按照一定的格式进行，但是并没有标准和统一的格式，这可能是因为工作的性质、企业的需要和工作分析者等方面的不同，使得工作说明书的编写内容和编写方式存在许多差距。尽管工作说明书和工作规范的格式不尽相同，但编写的基本步骤、编写的基本原则应该是共同的，工作说明书和工作规范的内容和描述的结果应该是基本一致的。

1. 基本原则

（1）科学性原则。这是对编写程序的要求。工作说明书和工作规范的编写，应该避免主观随意性，从程序上保证其科学性。这就需要相关专家共同参与撰写，任职者的主管审定，人力资源管理部门存档。

（2）适用性原则。这是对工作说明书和工作规范内容的要求。工作说明书和工作规范的内容应该简洁实用、重点突出，既不能过于详细，也不能失之简单，必须明确工作任务、工作职责和任职资格，使之能够被应用于人力资源管理的各项工作。

（3）准确性原则。这是对工作说明书和工作规范的语言表达方面的要求。工作说明书和工作规范应该对工作进行全面清楚地描述，任职者阅读以后能够明确其工作责任和工作流程。工作规范还应该列举并且说明任职者所必须具备的个人特质、条件、所受培训和教育经历等；同时，工作说明书和工作规范的描述应该准确，用词恰当，便于理解和把握。

（4）规范性原则。这是对工作说明书和工作规范的格式要求。工作说明

[①] 夏姚敢.人力资源管理（第二版）[M].上海：上海财经大学出版社，2012.

书和工作规范是组织人力资源管理系统的重要文件资料，其内容和描述的结果应该是基本一致的，内容应该是完备的，文本格式应该是统一的，从而使之能够适应现代化技术应用与发展的要求。

2. 基本步骤

在完成工作分析以后，一般需要编写工作说明书和工作规范。其编写的基本步骤如下。

（1）草拟。根据所收集的有关工作信息，初步拟定工作说明书和工作规范的草稿。

（2）对照。将工作说明书和工作规范的草稿与实际工作进行对照，根据对照的结果决定是否需要再次进行调研。

（3）修正。根据深入调研获取的新的工作信息，修正工作说明书和工作规范，对于一些特别重要的工作岗位，需要多次反复的修订。

（4）定稿。经过多次反馈和修正，形成最终的工作说明书和工作规范，并将工作分析的成果运用于实际工作中。

（5）总结。对工作分析进行总结性评估，并将工作说明书和工作规范归档保存，建立工作分析成果的管理制度，为今后的工作分析提供基础。

（6）更新。在工作分析成果运用于实际的人力资源管理工作过程中，要加强调研，注重反馈，从而不断完善工作说明书和工作规范。

3. 注意事项

（1）编写主题不明。工作说明书和工作规范需要相关专家、任职者上级主管，以及人力资源管理部门共同参与编写。在这个问题上，存在的错误认识和做法是：①由任职者自行编写。许多人误以为任职者最了解自己的工作内容和工作职责，只需任职者根据本岗位一直以来从事的工作内容编写工作职责就可以了。其结果是格式不统一，表达不规范，而且只写出做什么，而应该做到什么程度、什么时候做、怎么做，以及为谁服务、谁给予服务等要求一概不清。②由专家编写。许多人误以为只有专家才是权威的，盲目地依赖专家，将编写工作全部交给专家去完成，其结果可能是：虽然工作说明书和工作规范格式规范、内容详细，但是严重脱离组织的实际情况和特殊要求，缺乏操作性，组织很难贯彻落实，而员工则会产生普遍的不满和对立情绪。③由人力资源管理部门编写。许多组织的人力资源管理部门包揽了编写工作，这在一定程度上偏离了编写工作说明书和工作规范的本意。工作说明书和工作规范应该主要由各部门主管负责，人力资源管理部门不能代行其事，人力资源管理部门主要的职责是提供编写格式和方法，并给予适当的指导和审核。

（2）缺乏客观公正性。缺乏客观公正性主要表现在工作说明书和工作规范的编写以现任的人员或者理想的人员为标准，而没有以工作特性为依据。工作说明书描述的只是工作职位应该具有的特性，而与本职位的现任人员无关。工作规范所列举的任何知识、技能和能力的要求，都应该建立在完成工作确实必需的内容之上，而不是理想的候选人应该具备的条件。

（3）追求一劳永逸。工作说明书和工作规范的编写不是一劳永逸的，所有的工作说明书和工作规范都存在可能过时的问题。为了使之能够及时反映工作中发生的变化，应该让任职者及其直接上级每年察看一下工作说明书和工作规范，以便确定现有的工作说明书和工作规范是否需要更新。

3.4.2　工作说明书的编写

工作说明书又称职位描述，是以书面的形式对组织中的各个职位的工作性质、工作任务、工作职责与工作环境等所作的统一要求，它实际要描述的是任职者的工作是什么、为什么做、如何做以及在何处做等。工作说明书的编写并没有一个标准化的模式，根据应用需要的不同，工作说明书的侧重点也有所不同，但大多数工作说明书都可以包括以下几项内容：

（1）工作标识。包括工作名称、工作地位、工作部门、工作地点、工作分析时间等。在美国，工作名称要符合劳工部出版的《职位名称词典》制订的规范，如销售经理或库存控制员等。工作身份指是否豁免加班费和最低工资保障，在美国，有豁免身份的主要是行政和专业性职位。这些资料的目的是把这项工作和那些与之相似的工作区别开来。

（2）工作概述。这部分应当描述工作的总体性质，列出工作的主要功能或活动。如数据处理主管人员的工作概述可描述为"指导所有的数据处理操作、对数据进行控制以及满足数据准备方面的要求。"应力图避免在工作概述中出现模糊的语句，如"执行需要完成的其他任务"，因为这可能会成为员工逃避责任的一种托词。

（3）工作联系。这部分说明任职者与组织内以及组织外的其他人之间的联系情况。以某公司人力资源部经理为例来说明：报告工作对象为人事副总裁；监督对象为人力资源部工作人员、行政助理、劳工关系主管、一名秘书；工作合作对象为所有部门的经理和行政主管；外部关系为职业介绍所、猎头公司、工会代表、政府劳动管理机构、各种职位应征者。

（4）工作职责。这部分要把每一种工作的详细职责列举出来，并用一到两句话分别对每一项任务加以描述。如人力资源经理的任务之一包括"为填补空缺职位而进行员工招募、面谈与甄选。"这一任务可进一步定义为"仔细阅读应聘者简历并进行初步筛选"，"组织符合条件的应聘者面试并进行再次筛选"，"考核新员工试用期内业绩并决定最终的录用人员"。

（5）工作的绩效标准。这部分内容说明员工在执行每一项任务时被期望达到的标准。工作的绩效标准应具体而明确，以下举例说明：任务为完成每日生产计划；标准：①生产群体每一工作日所生产产品不低于 426 个单位。②在下一工作程序被拒绝的产品平均不得超过 2%。③在每周延时完成工作的时间平均不得超过 5%。

（6）工作条件。包括噪音水平、危害条件、湿度或热度等。

（7）工作规范。这部分是以上述几部分的内容为依据的，它指明了要完成该项工作，承担者需要具备什么样的特点、知识、技术等。工作规范可以单独编写，但通常都把它编写为工作说明书的一部分。

📖 小案例

美国 Midway 医院护士工作说明（部分）

工作职称：注册护士

工作概述：

　　负责病人从入院到转院或出院的全部护理。包括病情评估、治疗计划和实施、治疗效果的评价；对值班期间的护理和可以预见的患者和家庭将来的需要负责；在保证专业护理标准的前提下指导助手。

工作职责与绩效标准：

　　1. 评估患者的体力、感情和心理与社会方面。

　　标准：在患者入院 1 小时之内或至少每次值班出具一份书面诊断。按照医院规定把这份诊断交给该患者的其他医护人员。

　　2. 撰写患者从入院到出院的护理书面计划。

　　标准：在患者入院 24 小时之内设计短期和长期的目标，然后每次值班时根据新的诊断检查修改护理计划。

　　3. 实施护理计划。

　　标准：在日常护理中，按照但不局限于书面的《注册护士技能手册》在指定的护理区域应用这些技能。以一种系统的和及时的方式完成患者护理活动，并恰当地重新评判轻重缓急。

工作联系：

　　报告工作对象：护士长

　　监督对象：注册见习护士、助理护士、勤杂工

　　工作合作对象：协助护理部

　　外部关系：医生、患者和患者家属

任职资格：

　　教育：授权护士学校毕业生

　　工作经历：关键护理要求一年的医疗/外科护理经验（有特殊护理经验者优先），医疗/外科护理经验（应届毕业生可以考虑非重要职位）

　　证书要求：持有注册护士证书或被州政府许可

身体要求：

1. 能够屈体、运动或帮助转运 50 磅以上的重物。

2. 能够在 8 小时值班中站立或行走 80% 以上的时间。

3. 视力和听力敏锐。

3.4.3　工作规范的编写

　　工作规范又称岗位规范或者任职资格，是根据工作分析所提供的信息，拟定任职者的资格，列举并说明具体任职者的个人特质、条件、所受教育和培训等，用于招聘以及职业培训等活动。

　　工作规范要说明一项工作对承担这项工作的员工在教育、经验和其他特征方面的最低要求，而不应该是最理想的工作者的形象。在建立工作规范时要综合考虑以下三个方面：第一，某些工作可能面临着法律上的资格要求。例如，在美国，飞行员必须具备空中运输资格，这就要求具备 1500 小时的飞行经历，在书面和飞行测试中表现出很高的分析水平，良好的道德品质和 23 岁的最低年龄限制。第二，职业传统。例如，员工在进入某些行业以前必须经过学徒阶段。第三，被认为是胜任某一工作应该达到的标准和具备的特征。这在很大程度上取决于组织管理人员

📖 **小资料**

技能点：怎样编写工作规范

　　工作规范的编写一般有两种方法：一种是经验判断法，另一种是统计分析法。经验判断法主要是通过回答一些问题来进行编写，例如："要做好这项工作，任职者需要具备什么样的教育程度？"它虽然是由有经验的专业人士进行编写，但不可避免会带有一定的主观色彩。所以我们主要推荐使用统计分析法编写工作规范。

　　统计分析法主要是说明下列两者之间的关系：其一，表示出任职者特点的一些预测指标，如智力、运动协调能力、语言表达能力；其二，表示出工作绩效所要求达到的指标，如绩效等级的划分。

　　按照统计分析法确定任职者的特点。在此基础上，参考工作说明的编写过程，就可以得到一份完整的工作规范了。

的主观判断。这通常是通过综合工作说明中的信息，对现在承担该工作的员工和其主管人员的特征进行概括之后总结出来的。例如，申请秘书工作的人经常被要求录入速度在 100 字/分钟以上正是这种情况。

　　根据实际情况的不同，工作规范的侧重点也有所不同。例如，当正在寻找一名熟练的汽车修理工时，工作规范可能会集中在任职者以前的工作经历、相关培训的质量方面。而当寻找一名未受过训练的修理工时，就需要明确，哪些特点能够说明求职者具备完成此项工作的潜力，或具备接受训练的潜力，如身体特点、个性、兴趣等。确定每一种工作对人员的要求既可以使用主观判断性的方法（即主管人员和人力资源管理人员依据自己的经验来编写工作规范），又可以使用统计分析的方法（即把工作绩效和人员特点联系起来来编写工作规范）。

　　工作规范的例子如表 3 - 7 所示。

表 3 - 7　　　　　　　　　　某公司销售经理岗位工作规范

知识要求	学历	最低要求：专科
		理想要求：硕士
	基础知识	1. 电子、电力自动化、营销类专业 2. 丰富的电子产品知识
	法律法规知识	懂经济合同法、购销协议等
工作经验	最低：3 年工作经验，电力系统自动化领域的销售工作经验 2 年以上 理想：5 年工作经验，电力系统自动化领域的销售工作经验 2 年以上	
生理、心理特征	性别	男性最佳
	身体状况	健康、良好，能承受繁重、连续的出差
	年龄	25 ~ 45 岁
	性格开朗，热情，灵活，稳重，富于竞争性	
工作技能	1. 灵活、熟练地使用各种办公软件，特别是 SPSS 统计软件 2. 达到四级以上英语水平，口语流利者更佳 3. 良好的文字写作能力，会撰写市场调查报告	
能力要求	1. 市场调研、分析及预测能力 2. 良好沟通能力、协调能力 3. 专业的渠道规划、建设、实施能力	

　　资料来源：姚月娟. 工作分析与应用（第二版）[M]. 大连：东北财经大学出版社，2011.

3.5　实践流程与要点

工作分析被形象地称为"人力资源管理的基石"，工作分析的最终产出——工作说明书是人力资源管理各个功能模块有效运行的基础和依据。因此，清楚地把握工作分析的实践操作流程和每一环节的操作要点对于确保不同目标指导下的工作分析活动的顺利进行具有重要意义。

工作分析实践的一般流程：

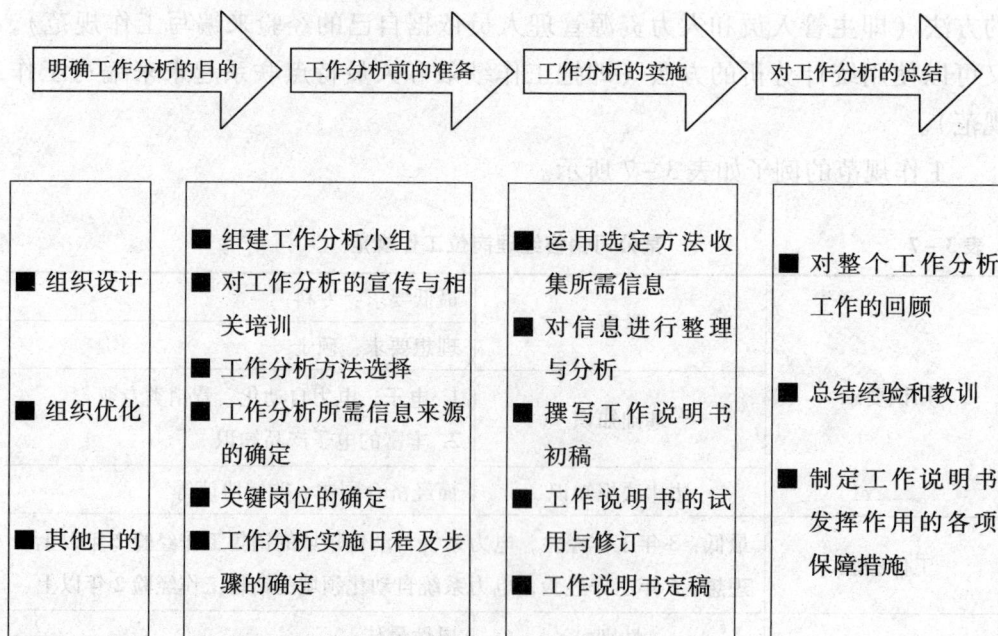

明确工作分析的目的 ➡ 工作分析前的准备 ➡ 工作分析的实施 ➡ 对工作分析的总结

■ 组织设计 ■ 组织优化 ■ 其他目的	■ 组建工作分析小组 ■ 对工作分析的宣传与相关培训 ■ 工作分析方法选择 ■ 工作分析所需信息来源的确定 ■ 关键岗位的确定 ■ 工作分析实施日程及步骤的确定	■ 运用选定方法收集所需信息 ■ 对信息进行整理与分析 ■ 撰写工作说明书初稿 ■ 工作说明书的试用与修订 ■ 工作说明书定稿	■ 对整个工作分析工作的回顾 ■ 总结经验和教训 ■ 制定工作说明书发挥作用的各项保障措施

3.6　实操认知与思考

工作职责分歧

一个机床操作工把大量的液体洒在其机床周围的地板上。车间主任叫操作工把洒掉的液体清扫干净，操作工拒绝执行，理由是职务描述书里并没有包括清扫的条文。车间主任顾不上去查职务描述书上的原文，就找来了一名服务工来做清扫工作。但服务工同样拒绝，他的理由是其职务描述书里没有包括这一类工作，清扫工作是勤杂工的职责。车间主任威胁说要把他解雇，因为这名服务工是分配到车间来做杂务的临时工。服务工勉强同意，但是干完之后就即向公司投诉。

有关人员看完投诉后，审阅了这三类人员的职务描述书：机场操作工、服务工和勤杂工。机床操作工的职务描述书规定：操作工有责任保持机床的清洁，使之处于可操作状态，但并未提及清扫地板。服务工的职务描述书规定：服务工有责任以各种方式协助操作工，如领取原料和工具，随叫随到，即时服务，但也没有包括清扫工作。勤杂工的职务描述书中确实包含了各种形式的清扫，但是他的工作时间是从正常工人下班后开始。

思考问题：

1. 对于服务工的投诉，你认为该如何解决？为什么？
2. 如何防止类似意见分歧的重复发生？
3. 你认为该公司在管理上有何需改进之处？

本章小结

工作分析，就是对某特定的工作做出明确的规定，并确定完成这一工作所需要的知识技能等资格条件的过程。

工作分析的作用具体表现在：有利于人力资源规划；有利于人员招聘与录用；有利于员工培训与开发；有利于建立先进、合理的工作定额和报酬制度；有利于职业生涯规划。

工作分析是对工作进行全面评价过程，这个过程可以分为四个阶段：准备阶段、调查阶段、分析阶段和完成阶段。

工作分析的方法有：访谈法、观察法、问卷调查法、工作日志法、实践法、关键事件法、文献分析法。

工作说明书和工作规范的编写，一般都按照一定的格式进行，但是并没有标准和统一的格式，这可能是因为工作的性质、企业的需要和工作分析者等方面的不同，使得工作说明书的编写内容和编写方式存在许多差距。尽管工作说明书和工作规范的格式不尽相同，但编写的基本步骤、编写的基本原则应该是共同的，工作说明书和工作规范的内容和描述的结果应该是基本一致的。

第4章 员工招聘

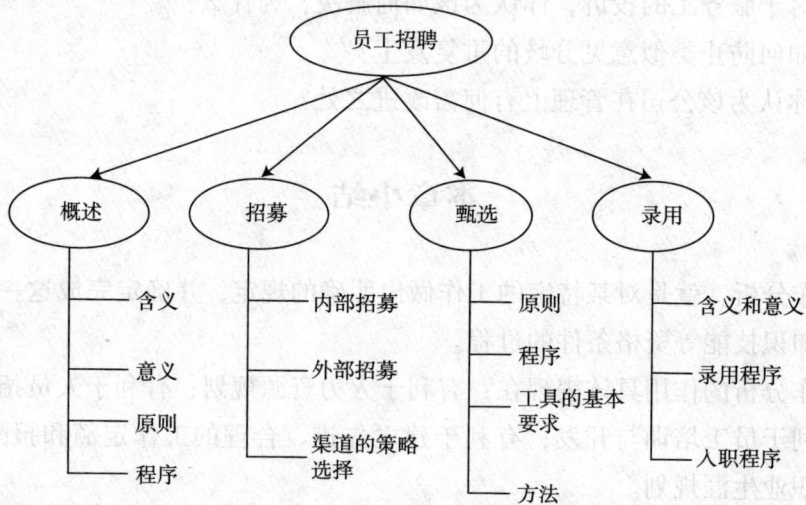

4.1 员工招聘概述

4.1.1 员工招聘的含义

招聘是组织为了生存和发展的需要，根据人力资源规划和工作分析的要求，通过发布招聘信息和科学的甄选，使组织获取所需的合格人才，并把他们安排到合适岗位工作的过程。

招聘主要由招募、选拔、录用和评估几个过程组成。招募是组织为了吸引更多更好的候选人来应聘而进行的若干活动；选拔则是组织从"人—事"两个方面出发，从招聘来的人员中，挑选出最适合的人来担当某一职位；而录用主要涉及员工的手续办理和合同签订以及试用、正式录用；评估则是对招聘活动的效益与录用人员质量进行评估。

人力资源管理是对人才这种资源的管理。一个组织的员工总会随着组织环境和组织结构的变化发生变化，为确保组织的生存和发展，员工的招聘对组织来说意义重大。"成功的招聘是一种战略，这可能也是一项最重要的战略。"

> **📖 小资料**
>
> 　　招聘活动可以说"古已有之"，我国古代历史上求贤若渴的故事不胜枚举。战国时秦孝公招揽于天下，卫鞅入秦，孝公识才重用，强秦以威诸侯。"萧何月下追韩信"、刘备"三顾茅庐"、孟尝君门客三千等故事，已经成为一些帝王将相为治理国家而寻求高端人才的佳话、美谈。招聘作为科学管理活动，可追溯到泰罗的科学管理时代，它伴随资本主义大机器生产时代对人力资源的大量需求而产生，并不断随着招聘管理活动的科学化和丰富化而得到发展。

4.1.2　员工招聘的意义

　　是否有一支数量充足的高素质员工队伍，在人力资源为第一资源的今天，已经成为决定组织生存和发展的关键因素。组织间的商业竞争，更大意义上也是一场人才的竞争。招聘运作的成效直接影响着组织的各项管理活动。因此，在人力资源管理中，对于员工的招聘与甄选应给予高度重视，它的意义表现为五个方面。

　　(1) 招聘工作决定着组织人力资源的质量。企业的竞争说到底是人才的竞争，人才是企业核心竞争力的源泉，而招聘是组织吸纳优秀人才的主要渠道，也是整个人力资源管理开发的基础。因此，招聘工作直接关系着组织的人力资源的质量。组织只有招聘到合适的员工，才能保证各项工作的正常开展和组织的长远发展，真正使人才成为企业核心竞争力的重要因素。

　　(2) 招聘工作影响着组织人员的稳定。招聘人员要注重和应聘者之间进行充分的沟通。一方面，组织要了解应聘者的求职动机，选出和企业价值观、企业文化比较吻合的员工；另一方面，招聘的过程是应聘者了解组织的发展史、战略目标、经营状况、价值观和文化等的过程，双方沟通得越充分，将来员工的稳定性就越高。

　　(3) 招聘工作给组织带来活力。这主要表现为对高层管理者和技术人员的成功招聘，可以为组织注入新的管理思想、新的工作模式，可能给组织带来技术上的重大革新，为组织增添新的活力。

　　(4) 招聘工作影响着人力资源管理成本。招聘时应同时考虑三个方面的成本：一是直接成本，包括招聘过程中广告费、招聘人员的工资和差旅费、考核费用、办公费用及聘请专家费用等；二是重置成本，重置成本是指因招聘不慎，须重新再招聘时所花费的费用；三是机会成本，机会成本是指因离职及新员工尚未胜任工作造成的费用支出。一般来说，招聘的职位越高，招聘成本就越大。招聘时必须考虑成本和收益，既要将成本降到最低，又要保证录用人员的素质要求，这是招聘成功的最终目标。

（5）招聘工作影响着组织的社会形象。招聘是组织对外宣传、树立良好社会形象的一个重要渠道。招聘时，组织要和应聘人员、人才中介机构、新闻媒体、高等院校、政府部门等多方发生联系。招聘人员素质的高低和招聘活动组织的成功与否都会影响到社会对企业形象的评价。组织会利用各种形式发布招聘信息，扩大其知名度。特别是有些企业利用精心策划的招聘活动，向人才展示组织的实力和发展前景，同时表明企业对优秀人才的渴望。

对于一个新成立的企业，人员的招聘甄选是企业成败的关键。如果不能招募到符合企业发展目标所需要的员工，企业在物质、资金和时间上的投入就会因为缺少合适的人才去利用这些资源而浪费；如果不能满足企业最初的人员配置，就无法进入正常的运营。对于已经处于运作阶段的企业，由于企业目标任务的变化、人员变化以及外部经营环境的变化，招聘管理工作仍然很关键，企业在其运作过程中需要持续地获得符合企业需要的人才，而人才的竞争是十分的激烈，成功的招聘管理工作可以使企业获得最大的竞争优势。

招聘人才的目的在于能够为本身带来利益，而唯有通过严谨而正确的招聘、甄选过程，才能找到真正适合企业的人才。而所谓的有效招聘就是指组织或招聘者"在适宜的时间范围内采取适宜的方式实现人、职位、组织三者的最佳匹配，以达到因事任人、人尽其才、才尽其用的互赢共生目标"。

4.1.3 员工招聘的原则

招聘工作是一个极具科学性和艺术性的工作，人力资源部门要按照组织发展的需要，在做好人力资源规划和工作分析的前提下，有计划、有目的、有步骤地开展日常的人员招聘工作。招聘工作要严格掌握对应聘人员的基本要求，把任人唯贤、择优录用的基本原则贯穿在整个人才招聘的过程中，为组织选拔出德才兼备的人才，不断满足组织持续发展的需要，打造组织的人才优势和竞争优势。具体来说，招聘工作应该遵循下列原则：

1. 规划性原则

招聘要以人力资源规划和工作分析为依据，人力资源规划是根据组织现在和将来发展的目标、战略、预测、评价组织对人力资源数量和质量的要求，它决定了组织预计要招聘的岗位、部门、数量、时限、类型等要求；工作分析则规定了岗位职责和任职资格，为招聘工作提供主要的参考依据，同时也为应聘者提供了有关岗位的详细信息。组织应该在人力资源规划和工作分析的基础上，有针对性地制定人力资源招聘计划，为成功招聘提供保障。

2. 双向选择原则

双向选择是指组织可以按照自己的愿望自主地选择自己所需要的员工，而劳动者也可以完全按照自己的条件要求自由地选择组织。双向选择是劳动力市场资源配置的基本原则，这一原则既可以使组织不断完善自身的形象，增强自身的吸引力，也能使劳动者为了获取理想的职业，在招聘中取胜，从而努力提高自身的素质与技能。

3. 公开公平竞争原则

强调组织在招聘过程中，应把招聘的单位、岗位、数量、资格条件等情况面向一定范围进行公开告知。同时，为达到公平竞争的目的，要公开、公平、公正地筛选、考核和评价应聘者，减少选拔工作中的主观随意性，也给予社会各种人才一个公平竞争的机会，充分发掘全社会的人才资源。

4. 人才适用原则

组织在招聘时，必须要坚持"人尽其才，才尽其能""广开才路""人事相宜"的原则。招聘的对象不一定是最优秀的，但应该是最适合的。招聘时要量才录用，不能一味地追求高学历、高职称，尽量避免大材小用，造成浪费。招聘要以职位的要求为标准，如果应聘者的条件远远超过职位的要求，那么在今后的工作中就会没有发挥的舞台，工作稳定性就不会太高。

5. 效率优先原则

这一原则指尽可能以最低的招聘费用，录用到最适合组织的人员。效率优先原则表现在，在招聘工作中，根据不同的招聘要求，灵活地选用不同的招聘形式，在保证所招聘员工素质要求的情况下，尽可能降低招聘成本。

6. 依法招聘原则

任何组织在招聘过程中都要遵守国家关于平等就业的相关法律、法规和劳动政策，包括劳动法、劳动合同法等劳动法规。实行公平竞争、平等就业，反对种族歧视、性别歧视、信仰歧视甚至容貌歧视和身高歧视，保护未成年人及妇女的权益，关注农民工等弱势群体、少数民族和残疾人群体的就业现状。

4.1.4 员工招聘工作的程序

招聘的程序是指从出现职位空缺到候选人正式到岗的整个过程。为了保证招聘活动的规范性、科学性，大部分组织的招聘过程通常包括：提出招聘需求、拟订招聘计划、发布招聘信息、实施招聘活动、人员挑选录用、招聘评估反馈。图 4-1 是完整的招聘流程图。

1. 提出招聘需求

确定职位空缺、提出招聘需求是整个招聘活动的起点，只有明确了空缺职

```
┌──────────────┐     ┌──────────────┐     ┌──────────────┐
│  提出招聘需求  │ ──> │  制订招聘计划  │ ──> │  发布招聘信息  │
└──────────────┘     └──────────────┘     └──────────────┘
                                                  │
                                                  ▼
┌──────────────┐     ┌──────────────┐     ┌──────────────┐
│  招聘评估反馈  │ <── │  人员挑选录用  │ <── │  实施招聘活动  │
└──────────────┘     └──────────────┘     └──────────────┘
```

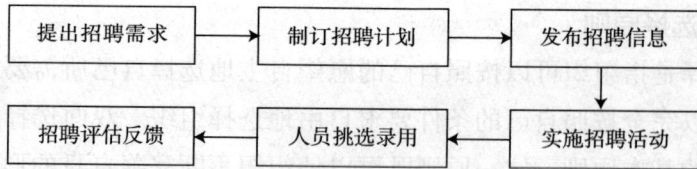

图 4 - 1 招聘流程

位的数量、类型和具体要求，组织才能开始制定招聘计划。招聘需求通常是由用人部门根据本部门人员配置情况提出的。由于招聘需求往往受限于组织的人员预算，因此，用人部门应该和人力资源部门根据组织的战略发展和实际业务的变化来确定人员的预算，并以工作分析和人力资源规划为基础，最终确定职位的空缺情况。

2. 制定招聘计划

招聘计划是组织招聘的依据，也是人力资源业务规划的重要组成部分。通过定期或不定期地招聘录用组织所需要的各类人才，为组织人力资源系统充实新生力量，提供可靠的人力资源保证，同时弥补人力资源的不足。招聘计划的内容包括：

（1）招聘的标准。人力资源部门和用人部门要进行充分的交流，并依据工作分析，编制岗位说明书和任职资格说明书，明确所需人员的录用标准和资格，这些可以从与工作相关的知识背景、工作技能、工作经验、个性品质、价值观、身体素质等方面的情况进行确定。

（2）招聘的范围。招聘的范围是指组织在多大的范围内开展招聘工作。确定招聘范围时，首先要考虑的是招聘岗位的类型，一般来说，在招聘较高层次和特殊性质职位的人才时，就需要在较大的范围内进行。其次，要考虑的因素是劳动力市场的供求情况，如果当地相关职位的供给比较充裕，在本地招聘就基本上可以满足需求。如果供给比较紧张，则要考虑扩大招聘范围。此外，组织所在地区的经济和技术发展水平也会影响招聘范围的确定。

（3）招聘的规模。招聘的规模是指企业准备通过招聘活动吸引多少数量的应聘者。招聘计划应该确定招聘录用人数以及达到规定录用率所需要的人员。招聘活动吸引的人数既不能太多也不能太少，太多会增加招聘的成本和选拔的难度，太少则会限制了挑选的范围，影响招聘质量。所以，应该控制在一个范围之内。

（4）招聘的预算。一般来讲，录用一个人所需要的费用可以用招聘总费用除以雇佣人数得出。除此之外，下面的成本计算也是必不可少的。人工费用，如招聘人员的工资、福利、差旅费、加班费等；业务费用，如电话费、服务费、资料费、信息服务费、广告费、物资及邮资费用等；一般管理费用，如设备折旧费、水电费、办公用具等费用。

3. 发布招聘信息

发布招聘信息的目的是吸引足够数量的应聘者以供筛选。从企业获得求职申请表开始，经过一轮又一轮的筛选，应聘者的人数越来越少，就像金字塔一样。如果在发布招聘信息这一环节上没有吸引到足够数量的合格的申请人，企业就无法获得符合要求的人才。到底为招聘到某种岗位上足够数量的合格员工需要吸引多少应聘者呢？这可以根据过去的经验数据来确定。招聘收益金字塔就为我们提供了这样一种经验分析工具。

我们这里所谓的招聘收益是指经过招聘过程中的各个环节筛选后留下的应聘者的数量，留下的数量大，招聘收益就大；反之，招聘收益就小。

假设根据企业过去的经验，每成功地录用 1 位销售人员，需要对 5 位候选人进行试用，而要挑选到 5 位理想的候选人，又需要有 15 人来参加招聘测试的面谈筛选程序，而挑选 15 名合格的测试和筛选对象又需要 20 名提出求职申请的人。那么，如果现在企业最终需要能够招聘到 10 名合格的销售人员，就需要有至少 200 人递交求职申请表，而且企业发布的招聘信息必须有比 200 人多很多的人能够接收到。

4. 实施招聘活动

（1）选择招聘人员。招聘不仅仅是单纯的招聘，也是组织加强对外宣传、提高自己知名度的过程。求职者从招聘过程就可以了解组织发展的战略、管理制度和企业文化等。而在招聘的过程中，直接和应聘者接触的是招聘人员，所以，从某种意义上说，招聘人员代表的是企业的形象，招聘人员素质的高低对招聘工作有着相当大的影响。

在选择招聘人员的时候，应该选择熟悉组织相关信息和职位相关信息的人员，他们能够根据职位的不同有针对性地提供招聘信息，全面地传达给应聘者。同时，招聘人员还要有良好的道德修养、应变能力和沟通能力，能够在有限的时间内充分的了解应聘者。

（2）确定招聘时间。从确定职位空缺到最终选拔录用需要一定的时间，为了避免因人员缺位影响组织正常工作的运行，招聘计划应该准备估计从候选人应聘到录用之间的时间间隔，合理确定自己的招聘时间，以保证空缺职位的及时填补。

（3）选择招聘地点。招聘地点的选择要因时因地而异。一方面要考虑所招人员的数量和质量，另一方面，要考虑招聘的成本。

5. 人员选拔录用

人员的选拔录用是通过运用一定的工具和手段对招募到的求职者进行考察，最终挑选出企业所需要的、恰当的职位空缺的填补者。

6. 招聘效果的评估

招聘的最后的一个环节就是要对招聘的效果进行评估。对招聘效果进行评估，及时总结经验，帮助组织发现招聘过程中存在的问题，对今后的招聘进行优化，提高企业招聘的效果。

对招聘效果的评估，主要包括以下几个方面：

（1）招聘的成本。通过成本收益核算能够算出招聘过程中费用的具体支出情况，分为必要支出项和非必要支出项，有利于降低日后的招聘费用。

（2）招聘的进程。在招聘计划中都有对招聘进程的安排，规定了招聘活动分为几个阶段，每个阶段的任务和时间。招聘结束后把实际招聘的过程跟计划的招聘过程进行比较，对计划的准确性进行分析，以便日后对招聘过程的安排更加科学、合理。

（3）录用的情况。录用员工数量的评估是对招聘工作有效性检验的一个重要方面。通过数量的评估，找出在招聘过程中的薄弱环节，以便日后改进。录用员工的质量也是对招聘工作有效性检验的一个重要方面，它是对员工工作绩效、工作能力、工作态度和工作潜力的评估。

4.2 人员招募

4.2.1 内部招募

内部招募方法是指在组织内公布空缺职位、发布招募启事、在职位所需技能和现有员工的技能库进行搜索，从内部寻找合适的人员并从内部招募员工。内部招募目前在企业界和其他各类型的机构中得到普遍的运用，一些调查显示，高达90%的管理职位都是从企业内部提拔起来的人员来承担的，通用电气公司数十年来一直从内部选拔CEO，日本许多企业的管理特殊之处就是内部晋升。

1. 内部招募的原则

（1）任人唯贤、唯才是用。组织内部不乏优秀的人才，缺乏的是发现人才的眼睛，只有解决了对人才选任的问题，才能保证合格的优秀人才有适合他发挥才干的岗位和机会。

（2）机会均等。内部招募的信息应该覆盖组织内部的各个角落，让每一个员工都清楚职位的要求，从而使符合条件的所有员工都有获得该职位的机会。

（3）激励员工。内部招募应该让广大的员工认识到，只要通过自己的努力，提高自己的工作能力将会被提拔到更高的岗位，从而调动员工的积极性，起到激励作用。

（4）合理配置，用人所长。通过竞争、选拔、考核、筛选、培训内部员工到组织空缺的职位，让员工充分发挥自己的特长，确保员工能胜任该岗位，最起码跟原来的岗位相比更适合现在的岗位，否则就不是一次成功的招聘，调动不起其他公司员工的积极性。

2. 内部招募的主要方法①

内部招募的实施方法主要有内部晋升和岗位轮换、内部竞聘、内部员工推荐、临时人员转正、人才库和继任计划等。

（1）内部晋升和工作轮换。内部晋升是指组织从内部提拔员工补充到高一级的空缺职位。晋升是组织内部招聘的重要方法，能够促进组织人力资源的垂直流动，激发组织内部其他员工的士气，保持组织的工作效率不断提高。工作轮换主要是组织内人员的横向流动，一般是指职务级别不变的情况下，在组织内轮换工作岗位。工作轮换有助于员工扩展自己的知识面，得到更多实际经验。

就内部晋升而言，美国柏克德公司的做法值得研究。该公司是美国乃至全球规模最大的从事基本建设工程的一家大公司，员工 3 万多人。公司设有多级培训机构并且在总部设立了一个很大规模的"管理人员培训中心"。公司的晋升方式，首先，公司从 2 万名管理人员和工程师中，选择 5000 人作为基层领导的申请者，然后，鼓励他们自学管理知识，并分批组织其参加 40 小时的培训，再从中选拔需要的基层领导人员。其次，从基层领导中选拔 1100 人参加"管理工作基础"的培训和考核，从中挑选出 600 人分别再给予专业训练，使他们承担专业经理的职务。最后，再从这些专业经理中选拔 300 人进行训练，以补充市场经理的空缺岗位。

就内部岗位轮换而言，日本丰田公司有一套较完整的体系，首先就是为提高一线工人的全面操作能力，公司对于一线工人采用工作轮换制，用以培养和训练多功能作业员。对于各级管理人员，公司采取 5 年调换一次工作的方式进行重点培养，每年 1 月 1 日进行组织变更，调换的幅度在 5% 左右，调换的工作一般以本单位相关部门为目标。通过这样的岗位轮换，有利于使之成为一名

---

① 杨浩. 人力资源管理［M］. 上海：上海财经大学出版社，2011：106 – 107. 姚锐敏，田鹏，杨炎轩. 人力资源管理概论［M］. 北京：科学出版社，2010：118 – 121.

全面的管理人才和业务多面手。

（2）内部竞聘。在组织内部，通过布告栏、内部报刊、内部网站等渠道公布空缺职位的信息，内部员工可以自由竞聘上岗。内部竞聘中需要接受选拔评价程序，只有经过选拔评价符合任职资格的人员才能予以录用，以保证内部招聘的质量。另外，参加竞聘的员工须得到原主管的同意，且一旦竞聘成功，应给予一定的时间进行工作交付。此外，对内部竞聘员工的条件也应有一定的界定，如应在原有的工作岗位工作时间满一定的时限、绩效考核的结果应该满足一定的标准等。竞聘上岗，是内部招募最常见的一种方法，也是当前形势下的一种创新性做法。

📋 小案例

职位公告

公告日期：

结束日期：

在 __人力资源__ 部门中会有一全日制 __人力资源经理助理__ 职位可供申请。此职位对/不对外部候选人开放。

薪资水平：最低 __3000 元__ 中间值 __4000 元__ 最高 __5000 元__

岗位职责说明：

1. 一旦接到人力资源申请表，向每一位合适的基层主管起草一份通知书，说明现在的工作空缺。通知书应包括工作的名称、工作编号、报酬级别、工作范围、履行的基本职责和需要的资格（从工作说明/规范中获取资料）。

2. 确保这份通知书张贴在公司的所有布告栏里。

3. 确保每一位胜任该职位的员工能清楚地了解空缺的工作。

4. 与总公司人力资源部门联系。

任职资格说明：

1. 在现在/过去的职位上表现出良好的绩效，其中包括：

- 有能力完整、准确地完成任务
- 能够及时地完成工作并坚持到底
- 有同其他人合作共事的良好能力
- 能进行有效的沟通
- 可靠、良好的出勤率
- 较强的组织能力
- 解决问题的态度和方法

　　●积极的工作态度：热心、自信、开放、乐于助人和献身精神
　　2. 可优先考虑的技术和能力（这些技术和能力使候选人更有竞争力）
　　●具有人力资源教育背景或曾接受人力资源管理课程培训
　　●具有招聘经验或协助招聘经验
　　员工的申请程序如下：
　　（1）电话申请可打号码＿＿＿＿＿＿，每天下午5:00之前，＿＿＿＿＿＿除外。
　　（2）确保在同一天将已经填好的内部工作申请表连同截至目前的简历一同寄到＿＿人力资源部＿＿
　　对于所有的申请者将首先根据上面的资格进行审查。
　　筛选工作由＿＿人力资源部×××经理＿＿负责。
　　机会对于每个人来说都是平等的！
　　资料来源：加里－德斯勒. 人力资源管理［M］. 北京：中国人民大学出版社，1999：121.

　　（3）内部员工推荐。当组织出现职位空缺时，鼓励内部员工利用自己的人际关系为组织推荐优秀的人才。据《劳动力》杂志报道，如果组织能合理利用员工推荐的方法，不仅省时省钱，而且提高征才质量，减轻人力资源部门的负担。但是，在员工推荐的过程中，为保证推荐的有效性，组织有必要注意以下三个因素：员工的道德水平、工作信息的准确性以及中间人的亲密程度。组织在鼓励或要求熟人推荐自己熟悉的人应聘空缺职位前，必须先建立一套明确的举荐制度。有很多公司愿意采用员工推荐的方法招聘新人，如INTEL公司通过给予员工高额奖金以及奖品来鼓励员工寻找合适的员工，并且还在操作流程上下了不少工夫，使员工愿意参加到此项活动中去。首先，它将推荐方法在公司网上公布，员工可以上网查看所有相关细节；其次，公司将职位空缺信息及所需条件也列在网上，员工可以直接转寄给熟人或朋友；同时，员工可以在网上填写介绍表，被推荐者也可以直接通过网络传递履历，整个过程清楚方便。当然，公司在收到介绍资料后也会尽快处理、答复。另外，采用员工举荐方式的典型案例是思科公司，该公司大约10%的应聘者是通过员工相互介绍而来的。

　　（4）临时人员转正。不少组织在核心员工或正式员工之外，为完成一些临时性的工作任务或由于编制所限、组织结构整合需要等原因，会雇用一些临时性员工或派遣员工。当人力资源派遣成为一种发展趋势、派遣员工或临时性员工队伍逐渐扩大的时候，组织应当特别重视这部分人力资源的价值。因此，在正式岗位出现空缺，而临时性员工的能力和资格又符合所需岗位的任职资格

要求时，可以采用将临时人员转正的方式，这样既可填补空缺，满足组织的用人需求，又能鼓励临时员工的工作积极性。当然，临时人员的雇佣和转正都要注意在各项手续的办理中符合我国人事管理的各项法规政策。

📋 **小案例**

使用微博寻找最佳新人

当 BIMA 的主席保罗·沃尔什（Paul Walsh）想选择一家新的公关代理人时，他寄希望于 Web 2.0 技术、微博来帮助确定最好的候选人。他不接受传统的申请表或自荐材料。相反，沃尔什希望目标候选人通过免费通信工具微博与他联系。他相信通过这种方式，可以直接剔除那些不具备使用最新沟通技术快速沟通的人。在他将这个招聘信息挂到 BIMA 的 Facebook 群后，很快就收到了回复。有三位代理人立刻表达了兴趣。当有人问及为何要求候选人使用微博联系他时，沃尔什回答："为什么？好吧，除非你想让我回答，你不适合这份工作。"

微博是一种免费的社交网络和微型博客服务，允许用户在上面发布个人更新，被称为"推文"（tweets），这是不超过 140 个字符的文本更新。微博"填补电子邮件与博客之间的空白，用很短的文字按时间顺序发布用户的即时想法、感受和活动，从而实现用户间的超级链接。"推文（微博回复）可以通过手机发布，可以同时发布照片并传送给其他使用移动通讯的联系人，即所谓"粉丝们"。粉丝们有可能直接回复这个消息，不过大多数时候，他们也通过自己的微博跟帖。许多微博社区都是由技术狂热分子、活跃的社交网络用户组成，这些人一般都同时拥有自己的博客和社交网站网页。发两条微博信息比写一篇长博客要快得多，因此微博已经成为寻找即时讨论、个人新闻、热门话题及最新技术反馈的新场所。

维珍移动（加拿大）公司的营销总监 N·罗森伯格（Nathan Rosenberg），已经利用微博与其团队交流了一年。他说，这种即时的微博信息是"管理者感受员工日常工作状态波动的一种有效方式，并能在它们成为大问题前加以处理。如果你一直在微博上关注某人，就知道他打算做什么，这种即时沟通真是棒极了。"罗森伯格还说："微博利用了这一代人想把个人生活的各个方面融合起来的倾向。"

虽然现在我们还不清楚微博在人力资源领域的最终运用程度，但目前知道的是，它是今天 Web 2.0 技术发展最快的部分。

资料来源：R. 韦恩·蒙迪，朱迪·B·蒙迪. 人力资源管理（第 11 版）[M]. 北京：机械工业出版社，2011：119.

（5）人才库和继任计划。许多组织都有一个相对完善的人才库，当出现职位空缺时，组织可以利用人才库中的档案信息进行招聘。大型的组织还会有继任计划，为组织中的一些重要岗位培养接班人。

4.2.2 外部招募

外部招募是从组织外部获得需要的人员。当组织的产品和技术的更新换代快，来不及培养内部人才适应新的技术的需要，或组织内出现职位空缺而没有合适的内部应聘者，或组织内部的人力资源不能满足招聘人数时，就需要向组织外部招募。

1. 外部招募的原则

（1）公平公正原则。组织的招聘人员是组织和应聘者沟通的桥梁，每一个招聘人员都应该明确公平公正的深刻含义，明白公平公正的重要性，排除主观偏见，为企业选出合适的人才。

（2）真实客观原则。在招聘外部人员的过程中，应聘者可能对组织不熟悉，面对这种情况，需要招聘人员将企业真实可靠的信息传达给应聘者，有助于应聘者和组织形成真正的心理默契。

（3）适用适合原则。招聘人员应该很熟悉空缺岗位的工作性质、工作职责和能力要求，并根据这些情况认真选择符合条件的人员，使组织招聘到真正胜任工作的人员。

（4）沟通和服务原则。外部招募是组织内外互动的过程。通过信息的双向流动，组织在获取应聘者信息的同时，也应该向应聘者传递企业需要的信息，实现组织内部与外部的双向沟通。此外，招聘过程也是招聘人员向应聘者提供咨询服务的过程，招聘人员向外界传递的相关信息，直接关系着该组织的形象，这些信息不仅涉及组织的内部结构、部门设置等硬件设施和组织文化、经营理念、发展潜力等软件配置，还应该能够从招聘人员的形象、谈吐、待人接物等方面反映出该组织成员素质的培养和人格的塑造，从而使应聘者即使不能最终被录取，也能给组织留下良好的印象。

2. 外部招募的主要方法

外部招募可以利用广告招募、采取校园招募，以及利用各种人才市场、劳务市场等招募，还可以通过网络招募和委托猎头公司招募等。

（1）广告招募。广告招募是指通过广播、报纸、杂志、电视等新闻媒体向社会大众传播招聘信息，以详细的工作职责和任职资格的介绍吸引潜在的符合条件的应聘者。不同的广告媒体有不同的特点，表 4-1 是对各种广告媒体的比较。

表 4-1　　　　　　　　各种广告媒体的比较

类型	主要优点	主要缺点	适用情形
报纸	发行量大； 信息传播快； 广告大小可灵活选择	针对性不高； 保留时间短； 纸质和印刷质量会对广告设计造成限制	特定地区招聘； 短期内需要得到补充的职位； 候选人数量较大； 流失率较高的行业或职位
杂志	接触目标群体概率较大； 保存时间较长； 纸质和印刷质量较好	发行地域分散； 广告预约期长	候选人地区分布较广； 候选人集中在某专业领域，选择该领域中的人广泛阅读的杂志； 职位空缺不迫切
广播电视	视听效果有较强冲击力； 黄金时间受众人数多； 容易留下深刻印象	时间较短； 费用比较昂贵； 缺乏持久性	公司需要迅速扩大影响，将企业形象的宣传与人员招聘同时进行； 需招聘大量人员； 用于引起求职者对其他媒体广告的注意
网络广告	不受时间和空间限制； 方式灵活、快捷； 可与招聘及 HRM 的其他环节形成整体； 成本不高	不上网的潜在候选人可能会没看到招聘信息	适用于有机会使用网络和电脑的人群
印刷品	容易引起应聘者的兴趣，并引发他们的行动	宣传力度有限； 可能会被人抛弃	适合与其他形式的招聘活动配合使用

资料来源：姚锐敏，田鹏，杨炎轩. 人力资源管理概论［M］. 北京：科学出版社，2010：121-122.

（2）校园招募。所谓校园招募是指从学校直接招募专业技术人员和管理人员，它是大公司招聘的主要形式。大学是人才荟萃的地方，许多用人单位招聘专业技术人员和管理人员，基本上都是从学校直接招聘。通过校园招聘，用人单位往往能起到进行公共关系、扩大自身影响的良好作用，能达到"百里挑一"地精选外聘人员的效果，还能够对未来员工进行组织文化的渗透，从多方面产生人力资源管理功效。

校园招募的不足主要表现在：招聘受时间的限制，一般一年只能招聘一次，当组织急需人才时，这种方法难以满足。学生普遍缺乏实际的工作经验。

一般来说，校园招聘的对象主要是应届毕业生，他们在学校学习组要以书本的理论知识为主，缺乏实践环节的培养，需要经过一定的培训才能真正发挥作用。

（3）人才招聘会。人才招聘会是一种比较传统也是一种最常用的招聘方式。招聘会搭建了求职者和用人单位沟通的桥梁，通过这种直接见面交流的方式，实现了人才和用人单位的双向选择。招聘会一般分为两类：一类是专场招聘会。专场招聘会是组织面向特定群体或者需要招聘大量人员而举办的。另一类是非专场招聘会，这类招聘会往往是由某些中介机构及用人单位参加的招聘会。组织参加非专场招聘会，需要了解招聘会的档次、对象、组织者、影响力等信息。这种方法的优点是避免了信息传递过程中的失真现象，达到了初步了解的目的；不足之处是费用比较高，需要投入大量的人力、物力、财力，时间也要受到招聘会召开时间的限制。

（4）利用猎头公司招募。猎头公司是指为组织寻找高级人才的服务机构。猎头公司一方面为组织搜寻有经验和特殊才能的高级人才信息；另一方面也为各类高级人才寻找合适的工作。猎头公司一般都拥有自己的人才数据库，他们掌握求职和招聘的信息，熟悉各类组织对特殊人才的需求，因此，利用猎头公司进行招聘的成功率较高。猎头公司在接受客户委托后主动接触候选人，对候选人进行面谈或其他方式的测评，并通过各种途径对候选人进行背景调查，向客户提供候选人的评价报告。猎头公司主要是为企业服务的，无论企业最终是否聘用猎头公司所提供的候选人，企业均需支付相应的费用。

据统计，2011 年，中国国内猎头公司已经超过了 5000 家，不过公司规模超过 50 人的专业猎头公司却极少。有人说金融危机来了，中国的猎头市场将遭到严重打击，但现实情况却告诉我们，中国猎头市场依然很火，猎头行业依然会像烽火一样形成燎原之势。猎头公司其实不缺客户，因为优秀人才永远都是稀缺资源，这是这个市场存在的根本原因。

（5）网络招募。网络招募，也被称为电子招募，是指通过技术手段的运用，帮助企业人事经理完成招募的过程。即企业通过公司自己的网站、第三方招聘网

> **小资料**
>
> 　　很多跨国公司成为跨国招聘网络平台的企业会员，如总部设在香港的 Jobs-DB.com 就是近年来成立的亚太地区最大的跨国招聘网络平台，目前有 13 万家企业会员。IBM、英特尔等知名跨国企业都在网上接收简历，世界 500 强企业中 96% 的人才招聘是通过网络实现的。跨国公司将网络招聘与传统的招聘方式结合起来，由此构建起一套完善多元的人才交流体系，而网络招聘在其中占据了强势地位。

站等机构，使用简历数据库或搜索引擎等工具来完成招聘过程。

随着网络的普及和计算机技术的发展，利用网络进行招聘已经越来越广泛地被企业采用，同时，互联网不仅仅是一个在网上发布招聘广告的媒体，而且是一个具有多种功能的招募服务系统。网络招募这样一个新生事物，既有巨大的潜力也有明显的缺陷，我们不能摒弃不用，而应当加以改进完善，用这种招聘方法传递的信息快捷而准确，影响的范围很广，费用低廉，但同时信息真实度低、应用范围狭窄与基础环境薄弱、技术和服务体系不完善、信息处理的难度大和网络招聘的成功率较低。

4.2.3　招聘渠道的策略选择

1. 内部招募和外部招募的模式比较

组织的招聘实践表明，组织应按招聘计划中的职位数量和资格要求，根据对成本效益的计算，选择一种或几种招募渠道和相应的招聘方法。

内部招募和外部招募各有其优势和劣势，在组织招募实践中，必须掌握他们各自的特点，对具体情况进行具体分析，灵活选择，有效应用。表4-2概括了这两种招募途径的优劣势。

表4-2　　　　　　　　　　内外部招募优劣势比较

	内部招募	外部招募
优势	• 组织对候选人的能力有清晰的认识 • 候选人了解工作要求和组织状况 • 奖励高绩效，有利于鼓舞员工士气 • 组织仅仅需要在基本水平上雇佣 • 更低的成本	• 更大的候选人蓄水池 • 会把新的技能和想法带入组织 • 比培训内部员工成本低 • 降低徇私的可能性 • 激励老员工保持竞争力，发展技能
劣势	• 会导致"近亲繁殖" • 会导致为了提升的"政治性行为" • 需要有效的培训和评估系统 • 可能会因操作不公或细腻了因素导致内部矛盾	• 增加与招募和甄选有关的难度和风险 • 需要更长的培训和适应阶段 • 内部的员工可能感到自己被忽视 • 新的候选人可能并不适应企业文化 • 增加搜寻成本等

资料来源：Mater Human Resources Guide，p. 198，the global law firm。

2. 组织在不同的发展阶段、不同的文化背景下的招聘渠道选择

组织不同发展阶段可以有不同的招聘渠道。在企业的初创期，特别需要有能力、有经验的人才加盟，然而现场招聘会几乎很难招到这类人，因为有技能、有经验的人才往往已经有了稳定的职位，不会有太多空闲的时间去参加招

聘会，但有可能在网上投放简历，所以，企业可以采用网络招聘的方法。在企业创立初期，组织规模较小，员工人数有限，一些企业在此阶段会更多从外部进行招聘补充空缺职位，尤其是对于基层的岗位。但对于管理人员和技术人员，可以采用内部招募的方法根据不同员工的表现进行内部晋升、工作轮换和返聘等等。对于成长期的企业，由于企业规模日益扩大，对基层和技术人员的需求都逐渐增加，所以企业应该按照自己的情况采用多种招聘方式结合的方式，这样招聘范围广，可选择的余地大，招到的人员也更加优秀，同时这样也大面积地宣传了企业的形象。如果企业需要中级或高级管理人才和技术人才，可以通过猎头公司去寻找。

不同的企业文化和经营风格也决定了每个企业都有其各自的招募渠道和方法。正如通用电气公司数十年来一直从内部选拔 CEO，而日本企业的管理特色之一就是内部提拔，IBM、HP 等公司的 CEO 则更多的是"空降"。还有一些企业根据自己的发展战略和偏好，从应届大学毕业生中招聘人员，看中的是大学生具备年轻人特有的开拓精神、不惧困难的精神，尽管事后他们需要花费很大的精力和财力去培养这些新人。另一些企业在一定阶段更希望从外部企业，甚至经常是竞争对手那里招聘一些有相应工作经验并有社会关系网络的熟练性人才，因为他们在招聘后不需要重新培训就能投入工作。

4.3 人员甄选

4.3.1 人员甄选的原则

为了把甄选工作做好，真正选用组织所需的人员，必须按人力资源开发和管理的客观规律办事，遵循反映这些客观规律的科学原则去从事工作。具体来说，甄选的原则有：

1. 因事择人原则

所谓因事择人，就是以组织岗位的空缺为出发点，去寻找适合岗位资格要求的人员。坚持因事择人的原则，从实际的岗位需求去选择合适的人，才能实现事得其人、人适其事，使人和事科学地结合起来。相反，如果盲目地录用人，然后再找岗位进行安排，就会出现大材小用、小材大用的现象，这样不仅会引起新招来人员的不满，同时也会导致组织的运行效率低下。可见，因事择人是合理进行人员甄选的首要前提。

2. 人职匹配原则

每个职业岗位都有特定的工作内容、岗位规范和对从业者的素质要求，每个求职者也都有自己的从业条件和个人意愿。组织在招聘人力资源时要尽量达到二者之间尽可能的匹配，这对其后的人力资源个性化管理也是至关重要的。

3. 用人所长原则

人力资源管理重视"用人所长"，其内涵有很多方面：其一，注重员工现有能力的有效利用，因事择人，适才适所，不埋没人才；其二，注意发掘人的潜在能力，在人才选用中，要通过人员素质测评与能力性向的测验，来判断应聘者的能力优势和发展的潜能，据此把其安置在相应的岗位上；其三，在员工的日常管理中，注重发现人之所长，及时进行岗位调整，并对其进行相应的培训，为人才潜能的发挥提供良好的条件。

"宁用无瑕之石，也不用有瑕之玉"的做法，是用人之大忌。人非圣贤，孰能无过，每个员工都有缺点，看人不能只看缺点，重要的是发现其长处，并让其发挥长处优势，为企业创造利润，然后再想办法帮助其改正缺点，是为用人多长，避其所短。

4. 德才兼备原则

"德才兼备"历来是一个重要的用人准则。在经济发达国家招聘人员时，除进行能力考核、选拔其中优异者，而且还要进行背景调查，在应征者品行端正、声誉良好时，才能录用。这是因为，德和才虽然是两个不同的概念，但二者又是一个不可分割的统一体。才的核心是能力问题，德的核心是能够努力服务的问题。德决定着才的发挥方向和目的，才又是德的运用，使德得到体现和具有了实际意义。

在一定条件下，由于德的缺陷，一个人的才能越大，对组织造成的危害也越大。为此，在甄选工作中，必须坚决反对重德轻才和重才轻德等错误倾向，始终坚持德才兼备的选用标准。

4.3.2 甄选的一般程序

一般而言，面向社会招聘员工的甄选程序，包括接见申请人、填写申请表、初步面谈、测验、深入面谈、调查背景及资格、录用决策、体格检查、最后安置九个程序。这些甄选程序属于"淘汰法"的性质。所谓"淘汰法"，是指在上述甄选全过程中，只要有一个程序或关卡没有通过，就会被淘汰掉。

下面就人力资源甄选程序的九个步骤具体进行阐述。

（1）接见申请人。若申请人基本符合应征空缺岗位的资格条件时，就予以登记，并发给岗位申请表。

（2）填写申请表。表4-3是一份工作申请表的范例。

表 4 – 3　　　　　　　　　　　　工作申请表

申请职位				
申请人姓名		性别		出生年月
最高学历		专业		职称
兴趣爱好		健康状况		
原工作单位		离职原因		
主要工作经验及所做的主要工作				
主要工作成就				
通讯地址				
联系电话		E – mail		
简历筛选意见				
初试意见				
复试意见				
用人单位意见	○录用	○考察后录用		○不录用
人力资源部意见		主管领导意见		

（3）初步面试。这一步一般是由人力资源部门工作人员与应聘者进行短时间的面谈，以观察和了解应征者的外表、谈吐、气质、教育水平、工作经验、优缺点、兴趣等，看其是否符合所应聘职位的基本资格条件，如果不符合，则直接淘汰，如果大致相符，则进行下一步。

（4）测验。通过测验，可以更深一步地判断应聘者的能力、经验以及学识。传统的测试最常用的就是笔试和实际操作，在现代测试中主要采取人员素质测评的有关方法。

（5）深入面谈。应聘者通过测试合格后，要由面试工作人员再和应征者进行一次深入的面谈，以便更加深刻地了解应聘者的态度、进取心、适应性、人际关系能力、应变能力以及领导能力等。

（6）审查背景和资格。对上述程序筛选合格的应聘者，要进一步进行背景及资格的审查。这种审查的具体内容包括应聘者的品行、学历和工作经验等。审查的方法是对学历和资历的证明文件，如毕业证书、职业资格证书等进行审查，也可以查阅人事档案，或向其以前的学习或工作单位进行调查。

（7）录用决策。一般情况下，人力资源部门在完成上述初选程序后，就会把候选人名单送交具体用人的部门，由该部门主管考虑、定夺录用，这时，人力资源部门可以对用人部门的选择决策提供具体资料和参考意见。

（8）体格检查。在用人单位决定录用某个应聘者后，要对其进行体检。通过体检判断应聘者在体能方面是否符合岗位的要求。体格检查合格者，则正式发布录用通知书。

（9）最后安置。经过上述所有程序后，被录用者报到后，就被安置在相应的空缺岗位上。为观察新进员工与岗位的适应程度，组织对新员工一般都有一定的试用期，试用期长短视工作性质和工作复杂程度而定。试用期满，经考察合格，用人单位对其工作满意，则正式给予转正和任用。

上述程序不是绝对的，由于各个组织的规模和招聘的岗位都不同，所采用的甄选程序也不尽相同，要按具体情况来定。

4.3.3 甄选工具的基本要求

信度和效度是人员甄选工作中对测评方法的基本要求，只有信度和效度达到一定水平的测验，其结果才适于作为录用决策的依据，否则即将误导面试者，影响其做出正确的决策。

1. 信度

信度是人员测评工具稳定性和可靠性的指标。如果把人员测评工具比作是一把用来测量物体长度的尺子的话，那么这把尺子在测量同一物体时，无论测评者、时间、地点怎样变化，结果都基本一样，说明这把尺子是一个可靠的测量工具，也就是说它有好的信度。所以，不难理解，精确的尺子要用钢而不是用橡胶做材质，后者缺乏信度。测试结果的差异来自两方面，即被测方和施测方（包括测试者、测试工具、测试内容等），而信度主要以施测方为依据进行度量。

2. 效度

效度即测评的有效性，反映运用某种技术得出的测试结果所能真正衡量被测试对象的程度。一个测评工具也许很可靠、很稳定，但并不能保证它一定有效，从而也就无法保证它是科学的测评工具。即便是钢质的尺子，用它来测长度会有很好的效度，但用它来测体重就不会有很好的效度。可以看出，工具本身并不存在是否有效的问题，也就是说，不要把效度理解为判断一项测试工具是否有效的指标。运用某工具或技术进行测试得出结果，并对结果作出推断进而形成结论，此结论的有效性才是所指的效度的真正含义。

信度和效度是表示测评质量的重要指标，两者既相互区别，又存在着联系。测评结果的一致性与稳定性用信度来反映，而其正确性与可靠性则由效度来表示。概括地讲，信度是效度的必要非充分条件，即正确与可靠则必然稳定与一致；反之则不一定成立。因此，在测评中如果效度较高则信度也一定较高，就不必再做信度检验了，但若是有较高的信度，则还需要对效度进行检验。

4.3.4 人员甄选的方法

企业在招聘员工时所采用的甄选方法主要有两大类，即面试法和测评法。

1. 面试法

面试是面试人员与应聘者之间进行信息沟通的过程。作为评价求职者的主要方法，面试可以使管理者获取并验证一些重要的信息，有机会评价应聘者的主观方面。

（1）面试的过程。

第一，做好面试准备。面试在很大程度上关系到选拔工作的成败，因此，正式面试之前的准备工作尤为重要。包括确定面试者、准备面试材料、明确面试的时间、安排面试的场所。

第二，营造适宜的气氛。为了营造一种轻松、融洽的面试氛围，面试者和应聘者可以先进行一些与面试内容无关的寒暄，以缓解面试紧张的气氛，帮助应聘者尽快进入面试状态，发挥其正常的水平。二者互相自我介绍之后，就进入了面试的核心阶段，即提问与回答阶段。

第三，进行面试提问。一般按照面试提纲展开，所提问题可根据求职申请表中发现的疑点，先易后难逐一提出。面试中应注意：

◆多问开放式的问题，即"为什么?""怎么样?"目的是让应聘者多讲。

◆面试中不要轻易暴露面试者的观点和想法，不要让对方了解你的倾向，从而迎合你以掩盖他真实的想法。

◆聆听时，可进行一些澄清式或封闭式的提问，但不要轻易打断应聘者的讲话，待对方讲完一个问题，再问另一个问题。

◆所提问题要直截了当，语言简练，有疑问可马上提出，并及时做好记录。

◆针对某一事项，可同时提问几个问题，从不同的侧面了解应聘者对这一问题的立场态度。有时答案本身并不重要，重要的是应聘者回答问题的方式和其思维角度以及体现出来的修养。

◆面试中，除了要倾听应聘者回答的问题，还要观察他的非语言的行为，如面部表情、眼神、姿态、讲话的腔调、举止，等等，从侧面反映应聘者的自信心和对面试的重视程度。

面试中非常重要的一点是了解应聘者的求职动机，这是一件比较困难的事情，因为一些应聘者往往把其真实想法隐藏起来。但我们可以根据他在原企业的工作业绩、个人发展、求职目的以及离职原因等等考察，再综合其他因素综合加以判断。

第四，做出面试反馈。面试结束后，要将面试结果通知应聘者本人，对录用人员发布"试录用通知"，对没有接受的应聘者发出"辞职书"。另外，要注意将面试资料存档备案，以备查询。

（2）面试中的提问技巧。

第一，封闭式提问。封闭式提问是指让应聘者对问题做出明确的答复，以"是"与"否"来做出简单的回答。它一般不要求应聘者发表过多的意见，最多加一个简要的说明。这种提问方法只是为了明确某些不太确切的信息。例如，面试者可以问："你是不是有3年以上相关的工作经历？"

第二，开放式提问。这是一种鼓励应聘者自由发挥的提问方式，让应聘者自由发表观点和看法，以获取相关信息。在应聘者回答的过程中，面试者可以根据应聘者的表现就其逻辑思维能力、语言表达能力等进行综合评价。比如，面试官会问到："请你评价一下自己的优缺点？"

第三，假设性提问。这是一种虚拟的提问方式，鼓励应聘者从不同的角度思考问题，充分发挥自己的主观想象力，以考察应聘者的应变能力、思维能力和解决实际问题的能力。例如，面试官可以对应聘者说："假如你得到了这个职位，你今后打算如何开展工作？"或者问："假如新的环境和你想象中有很大的差距，你该怎么办？"

第四，压迫性提问。主要是考察应聘者在压力下的反应和心理承受能力。提问可以从应聘者的前后矛盾的对话中引出，比如应聘者在面试过程中强调，自己作为原单位的销售负责人工作能力很强，而实际上离职的原因却是由于销售业绩差，公司倒闭。

第五，引导式提问。当涉及工资、福利、工作安排等方面的问题，通过引导式提问可以征询到应聘者的意向、需要等方面的信息。

第六，连串式提问。通过一连串的提问考察应聘者的反应能力、逻辑思维性、条理性和情绪稳定性。

2. 测评法

测评法也叫测试法，通过测评可以消除面试过程中主考官的主观因素对面试的干扰，实现招聘者的公平竞争，验证应聘者的能力和潜力，剔除应聘者资料和面试中的一些虚假信息，提高录用决策的准确性。测试法的内容和方法很多，这里只介绍几种最具有代表性的测评法。

（1）个性测评。现代心理学将个性定义为"个体比较稳定的、经常影响他人的行为，并使他和别人有所区别的心理特点的总和。"个性是一个复杂的、多层次的、多水平的系统，主要由个性倾向性和个性心理特征组成。个性倾向性主要包括需要、动机、兴趣、信念和世界观。个性心理特征主要包括能力、气质、性格，表示个体特定的类型特征，所以对个性的测评就分为能力测评、气质测评和性格测评，各自有各自的测评方法。

个性测评是对个性进行测量和评价的过程，具体是指通过一定的方法对员工的能力和个性进行考察，并进行定性或定量描述的过程。个性测评是人员选拔的一种重要方式，测评的结果为面试选拔的诊断结果提供依据。个性测评在古代就受到重视，秦始皇、汉高祖、诸葛亮、王安石、王阳明等人都运用这种鉴别人的个性的有效方法，选拔良才，量才为用。

（2）心理测评①。心理测评是指运用心理学的相关理论和方法，测评应聘者的智力水平和个性特征的一种测评方法。通常根据被测评者对一组标准问题的回答方式，测量其心理特征，并据以预测被测评者与拟任职位的符合程度，以达到甄选的目的。心理测评主要包括的形式有：①智力测评。也就是常说的智力测试，它是对人的一般认知功能的测量，测试的结果用 IQ 商数来表示。智力测评一般包括知觉、

> ### 📋 小案例
>
> #### 压力测试
>
> 很多人都知道亚马逊（amazon.com）的面试官会要求面试者猜测，美国有多少个加油站，或者，给出清洗西雅图市所有玻璃窗的费用清单估计。某公司则在硅谷的 101 高速公路上立了一块广告牌，上面包含了许多复杂的数学题。他邀请看到广告牌的路人将这些题目的答案上传到一个未公开的网站上。如果你登录了这个网站，你会看到第二组难度更高的问题。如果又一次清除了这个障碍，其会要求你提交自己的简历。一旦你到公司总部接受面试，他们喜欢问的一个问题是："你的身体缩小到只有一个五美分的硬币那么高，为保持你的身体密度不变，体重也相应减少了。接下来，你被扔进了一个空的玻璃搅拌机里。搅拌机在 60 秒之后将被启动。你要做什么？"求职者对面试问题的答案并不太重要，重要的是你在解决这一问题时使用的逻辑。
>
> 资料来源：R. 韦恩·蒙迪，朱迪·B·蒙迪. 人力资源管理（第 11 版）［M］. 北京：机械工业出版社，2011：138.

空间意识、数学能力、记忆力和语言能力等，要求被测评者通过分析、排列、推理、比较、归纳、判断、联想等技能来解答测试题目。②性格测评。性格是指个人对现实的稳定态度和习惯的行为方式。通过了解被测评者的性格、情

---

① 夏姚致. 人力资源管理（第二版）［M］. 上海：上海财经大学出版社，2012.

绪、态度等信息来判断应聘者的性格特征和工作要求是否匹配。性格测评常用的方法主要有投射式量表法和自陈式量表法。③心理健康测试。面对竞争日益激烈的环境，人们时刻感觉到紧张和压力的存在，因此，心理健康的程度直接关系到工作的效果。诊断心理健康的工具和方法很多，组织可以根据自身的情况和职位的需要合理地选择。

（3）评价中心测试。评价中心技术是近年来流行的一种评价、选拔企业管理人员的方法。评价中心是一种综合性的人员测评方法，而不是一个地理概念。它通过评估参加者在相对隔离的环境中做出的一系列活动，以团队作业的方式，客观地测评其专业技术和管理能力，为企业发展选择和储备所需的人才。评价中心技术综合使用了各种测评技术，其中既包括了个性测验、能力测验等心理测验的方法，也包括了面试的方法。评价中心技术的最主要的特点是它的情境性，这种方法将被试置于一个模拟的工作情境中，采用多种评价技术，观察和评价被试的心理和行为。评价中心技术主要用来选拔、评价中高级管理人员，不仅可以对被试各方面的管理能力做出评价，而且可以发现、识别被试未来的潜力。评价中心常用的测试方法有无领导小组讨论、公文处理法、角色扮演、管理游戏、案例分析等，表4-4是各种测评方法在评价中心中的使用。

表4-4　　　　　　　　各种测评方法在评价中心中的使用

	测评方法的类型		在评价中心中使用的比例（%）
比较复杂的	角色游戏		25
	文件筐		81
	小组任务		未调查
	小组讨论	分配角色的	44
		未分配角色的	59
	演讲		46
	案例分析		73
	搜寻事实		38
比较简单的	模拟面谈		47

①无领导小组讨论。无领导小组讨论是对一组人同时进行测评的方法。主持人给一组被评价者（通常4~8人）一个与工作有关的题目，进行简单说明后，让小组成员就这个问题进行讨论。在讨论小组中没有指定的领导者，也不安排任何角色，整个讨论过程完全由小组成员自行安排。主持人和评价者通过

观察对小组人员的主动性、说服力、沟通能力、表达能力、自信心、承受压力的能力、人际交往能力和经历进行评价。

美国人力资源管理评价中心的有关研究表明，无领导小组讨论对于评价被试者的集体领导能力非常有效，尤其适用于考察应聘者分析问题、解决问题以及决策等的能力。但是，事实上，由于各个小组之间的人数不同、小组成员的素质不同、气氛不同，很难进行小组之间的横向比较。此外，无领导小组讨论与管理实践中的实际情况毕竟存在差异，所以无领导小组讨论的信度难以保证。

②公文处理法。公文处理法也叫文件篓或文件筐测验，是评价中心常用的核心技术之一。具体方式是：设置一个模拟情景，让被测评者扮演管理者的角色，紧急地处理一些文件，这些文件包括上级的通知、下级的报告、客户的来信以及公司内部人事及财务方面的信息等。要求被测试者在规定的时间内，独立处理这些文件。公文处理完以后，评判人员还要对被试进行采访，要求被试者说明这样处理文件的理由，看其理由是否充分，决定是否果断。如果被试的文件处理方式处于扣分范围，应让被试特别说明。

公文处理测验可以反映被试者在管理上的组织、计划、分析、判断、决策和分派任务的能力，还反映了其对事物的主动性和对外界环境的敏感程度。

③角色扮演法。角色扮演法是一种比较复杂的测评方法，它要求被试者扮演一个特定的管理角色来处理日常的管理事物。它一般是多个被测评者同时参加测评，每个人扮演一个角色，模拟实际工作中的一系列活动。例如，让被测评者扮演一个百货公司的经理的角色，对售货员与顾客因某事引起的争执进行处理。

角色扮演强调在测评中要了解被试者的心理素质，而不是根据他临时提出的意见做出评价，因为临时工作的随机因素很多，不足以反映一个人的真才实学。角色扮演通常能有效地考察被测评者的多方面的能力，如组织协调能力、合作能力、实际工作能力和处理突发事件的能力等。

④管理游戏。管理游戏是一种比较复杂的测评方法。被测评者每 4 ~ 7 人组成一个小组，就算是一个"微型企业"。组员自愿组合或指派均可，但每人在"企业"中分工承担的责任或职务，则由每人自报或推举，小组协商确定。组内是否有分工或分工到什么程度由各组自定。各组按照游戏组织者所提供的统一"原料"（可以是纸板和糨糊或积木或电子元件与线路板等），在规定的工作周期时限内，通过组合拼接，装配"生产"出某种产品，再"推销"给游戏的组织者。评价者根据每人在此过程中的表现，遵循既定测评维度进行评分。

这种方法不仅可以测评进取心、主动性、组织计划能力、沟通能力、群体内人际协调团结能力等，还可以对这样的一个集体的某些方面，如"产品"质量和数量、团结协作状况等进行评定，并对优胜队给予象征性奖励，使活动具有游戏性质。

近年来，管理游戏越来越向计算机化发展，设计了专门的软件。组织者向各组提供"贷款"来源与条件、市场需求与销售渠道、竞争者概况及市场调研咨询服务等信息，由各组自行决定筹款、生产、经营策略，输入计算机，求得决策盈亏结果，并据此做出下一轮决策。这使得测试越来越真实了。

许多研究者和实际应用工作者都认为评价中心具有突出的特点，这些特点中有其他测评方法不可比拟的一些优点，同时也具有一定的局限性。

评价中心的优点主要表现在：由多个评价者进行评价，从不同的角度对被测评者的目标行为进行观察和测评，能够得到大量的信息，从而能够得出较为可靠和有效的结果。

在被测评者与其他人进行交往和解决问题的过程中，被测试者的某些特征会得到更加清晰的暴露，有利于对其较复杂的行为进行评价。评价中心具有很多情境是与拟任工作相关的情境。这样，根据在测评中考察应聘者的实际工作能力和潜在的能力选拔上来的人员，可以直接上岗，节省了大量的培训费用。

但是评价中心也有其自身的缺点：最突出的问题就是它的成本较高，包括货币成本、时间成本、精力成本等。这种测评形式复杂程度较高，任务的设计和实施的控制也较困难。另外，其中运用的技术的有效性也需要进一步的理论解释与验证。

4.4　人员录用

4.4.1　人员录用的含义和意义

当组织对应聘者进行了各种筛选以后，最后一步就是对人员的录用。招聘录用是指从招聘选拔阶段层层筛选出来的人员中选择适合组织的人，做出最终的录用决策、通知其报到、办理入职手续并对其进行岗前培训的过程。这是招聘工作的关键环节，他将直接决定组织招聘的成败。不少企业由于不重视人员录用这一环节，新员工在录用后对企业和本职工作缺乏起码的了解和认识，不仅给员工今后的工作带来一定的困难，也会使员工产生一种"人生地不熟"的感觉，难以融入到企业组织文化当中而导致纷纷跳槽，而企业又不得不进行新一轮的员工招募。这样既加大了企业的招聘成本，又不利于组织长期稳定的发展。因此，企业必须认真做好招聘录用工作。

招聘录用的每一个环节对组织来说都是至关重要的。录用决策的正确与否直接关系到企业招聘的效果；录用通知如果不能及时、恰当地发放，很可能使企业错失优秀人才；合理地签订劳动合同、规范的办理入职手续都将有效地减少员工与企业的矛盾和纠纷，有利于企业的稳定发展；岗前培训能增加新员工对组织和岗位的了解与认识，促进新员工与组织的融洽，有利于提高工作效率。

4.4.2 人员录用程序

录用是整个招聘工作的决定性阶段，这个阶段包括做出录用决策、安排体检和正式录用等方面的工作。

1. 做出录用决策

主要是对选拔评价过程中获取的信息进行综合评价和分析，确定每一个候选人的能力特点，并根据预先设计的人员录用标准进行挑选，从而选择合适人员的过程。录用决策的程序包括背景调查、归纳应聘者信息、分析录用决策的影响因素、决策方法的选择、最终决定。在做出录用决策时，应该时刻考虑到招聘的黄金法则，即岗能匹配，最合适的就是最好的，而最好的不一定是最合适的。

2. 安排体检

身体健康是开展工作的基础，不同的职位对健康程度的要求也是不同的，一些对健康状况有特殊要求的职位在招聘时尤其要对应聘者进行严格的体检，否则会给企业带来很多的麻烦。一般来说，进行录用前的体检主要作用有：

确定求职者是否符合岗位的身体要求；检查求职者的健康记录，为未来的保险或员工的赔偿要求提供依据；降低缺勤率和事故，发现员工可能不知道的传染性疾病；体检资料还可以用于研究员工的某些体力、能力特性是否与绩效水平相联系。

3. 正式录用

（1）通知应聘者录用结果。通过上述所有程序，人力资源管理部门就可以给被录用者发出录用通知，对不被录用者发出辞谢通知。

（2）录用面谈。录用面谈对于组织和个人都有非常重要的意义。录用面谈一方面可以加深组织对新员工的进一步了解，另一方面也可以加深新员工对组织的进一步了解。在录用面谈时，气氛比较轻松、融洽，新员工可以进一步询问自己感兴趣的问题，如薪酬待遇、培训机会、福利等。录用面谈的执行者要根据录用职位的高低来确定，高层管理者一般是由董事长、总监亲自执行；中层管理人员一般由分管业务的副总来谈；一般的员工则由部门负责人或人力资源主管来谈。

（3）录用人员岗前培训。岗前培训的目的在于向新员工介绍其工作、环境及同事，能使其迅速熟悉业务流程，消除新员工对新工作、新环境及新同事的神秘感，激励新员工的士气。岗前培训的内容包括熟悉工作内容、性质、责任、权限、利益、规范；了解企业文化、政策及规章制度；熟悉企业环境、岗位环境、人事环境；熟悉、掌握工作流程、技能等。培训周期一般为3~7天，特殊岗位的培训可以适当延长，培训合格者方可上岗工作，培训不合格者给予机会再进行培训，如仍不合格者，应予以辞退。

（4）试用期考察。试用的主要目的是为了通过工作实践考察试录用人员对工作的适应性。同时，也为试用人员提供进一步了解组织和工作的机会，事实上，这一阶段是组织和员工的双向选择，彼此双方不受任何契约的影响。培训合格者上岗试用，试用期一般为3个月，试用期工作优异者，经过部门推荐、考核通过，可提前结束试用期，正式录用。对试用期违反公司规章、工作程序和规范者，因其对新环境的不熟悉，应本着教育的原则予以纠正和帮助。

（5）正式录用。新员工经过试用期考察合格后即为正式录用。同时，完成人事档案的转移，填写新员工档案登记表并签订劳动合同。

4.4.3　员工入职程序

当一名职位候选人经过层层选拔被录用后，在正式进入该单位工作前，还要经过以下一些入职程序，参见图4-2。

（1）人力资源经理与录用员工签订《聘用意向书》，双方签字后生效，人力资源部保存原件，录用员工留存复印件。

（2）录用人员前往原单位处开具离职证明，并加盖原单位的公章或人事章。

（3）体检合格：录用员工前往指定医院进行身体检查，并将体检结果交到人力资源部，以确保身体条件符合所从事工作的要求。

（4）录用人员到人力资源部领取"入职介绍信"，前往人才交流中心开具档案转移的商调函，并回到原存档单位将人事档案转移到公司指定的档案管理机构。有的公司有自己的档案管理部门，有的公司的人事档案委托专业机构来进行，无论采取哪种形式，新员工的人事档案都应该转入公司统一的档案管理机构。

（5）人力资源部门把将要正式入职的员工信息录入员工信息管理系统，与新员工预先约定时间到公司正式入职。

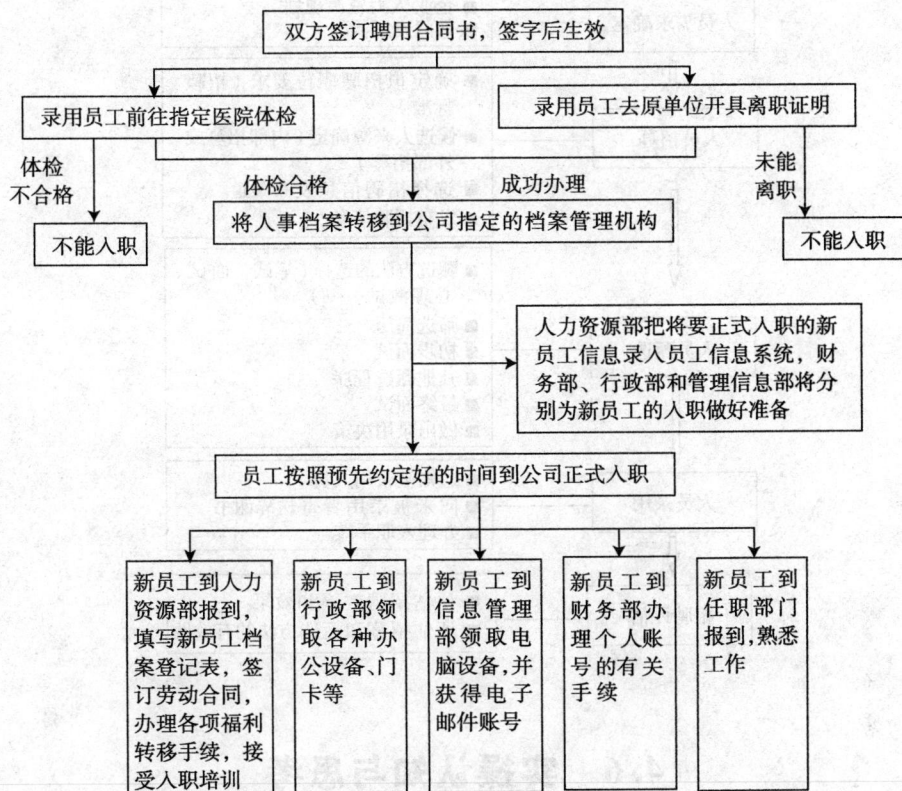

图4-2 入职程序

（6）让新员工填写档案登记表，并与新员工签订劳动合同，办理各种福利转移手续。

4.5 实践流程与要点

人员招聘时企业"选人"的过程，是企业建设优秀员工队伍的起点。招募到一定数量符合要求的候选人是企业获得所需人才的前提和基础，选拔出符合招聘职位要求的人员则是企业获取优秀员工的关键。因此，有必要明确人员招聘的一般流程和关键环节的工作要点。

```
┌──────────────┐      ┌────────────────────────────────────┐
│  人员需求确定  │──────│ ■ 企业人力资源规划                     │
└──────────────┘      │ ■ 部门发展状况                         │
       ⇓              └────────────────────────────────────┘
┌──────────────┐      ┌────────────────────────────────────┐
│              │      │ ■ 确定拟招聘职位要求（招聘              │
│   人员招募    │──────│   标准）                              │
│              │      │ ■ 候选人来源确定（内部招募或            │
└──────────────┘      │   外部招募）                          │
       ⇓              │ ■ 选择招聘信息发布渠道                  │
                      │ ■ 发布招聘信息                         │
                      └────────────────────────────────────┘
┌──────────────┐      ┌────────────────────────────────────┐
│              │      │ ■ 甄选方法的选择（笔试、面试、          │
│              │      │   心理测试……）                       │
│   人员甄选    │──────│ ■ 筛选简历                            │
│              │      │ ■ 初步面试                            │
│              │      │ ■ 其他甄选程序                         │
│              │      │ ■ 最终面试                            │
└──────────────┘      │ ■ 做出录用决策                         │
       ⇓              └────────────────────────────────────┘
┌──────────────┐      ┌────────────────────────────────────┐
│   人员录用    │──────│ ■ 通知被录用人员                       │
│              │      │ ■ 向未被录用者寄送辞谢书                │
└──────────────┘      │ ■ 办理入职手续                         │
       ⇓              └────────────────────────────────────┘
┌──────────────┐      ┌────────────────────────────────────┐
│   招聘评估    │──────│ ■ 评估招聘效率和效果                    │
└──────────────┘      │ ■ 评估招募和甄选方法的有效性             │
                      └────────────────────────────────────┘
```

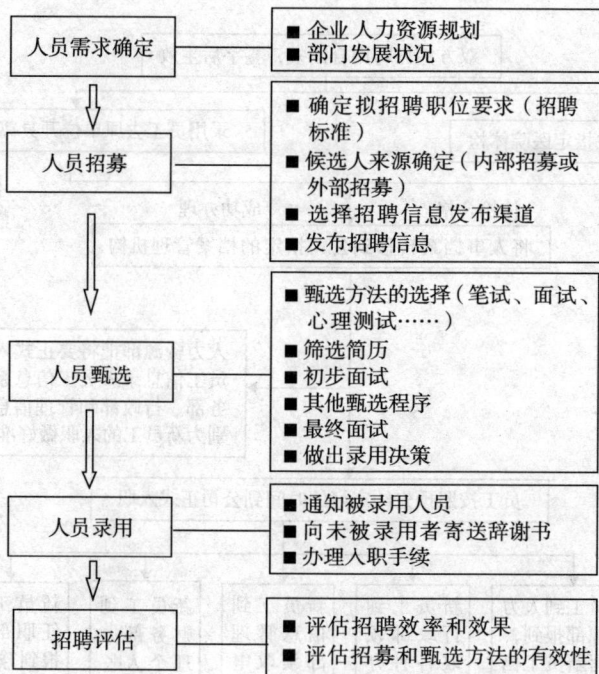

4.6　实操认知与思考

NLC 公司失败的招聘

NLC 化学有限公司是一家跨国企业，主要以研制、生产、销售医药、农药为主。耐顿公司是 NLC 化学有限公司在中国的子公司，主要生产、销售医疗药品。随着生产业务的扩大，为了对生产部门的人力资源进行更为有效的管理开发，2007 年年初，分公司总经理把生产部门经理于鑫和人力资源部门经理李建华叫到办公室，商量在生产部门设立一个处理人事事务的职位，主要工作是生产部与人力资源部的协调。最后，总经理说希望通过外部招聘的方式寻找人才。

在走出总经理的办公室后，人力资源部经理李建华开始了一系列工作。在招聘渠道的选择上，人力资源部经理李建华设计了两个方案：在本行业专业媒体中做专业人员招聘，费用为 3500 元，好处是对口的人才比例会高一些，招聘成本低；不利条件是企业宣传力度小。另一份方案为在大众媒体上做招聘，费用为 8500 元，好处是企业影响力度大；不利条件是非专业人才的比例很高，前期筛选工作量大，招聘成本高。初步选用第一种方案。总经理看过招聘计划之后，认为公司在大陆地区处于初期发展阶段不应放过任何一个宣传企业的机会，于是选择了第二种方案。

其招聘广告刊登的内容如下：您的就业机会在 NLC 化学有限公司下属的耐顿公司，为您提供的职位是：充满希望、发展迅速的新行业的生产部门人力资源主管，主管生产部和人力资源部两部门协调性工作。

抓住机会！充满信心！

请把简历寄到：耐顿公司人力资源部收

在一周的时间内，人力资源部门收到了 800 多封简历。李建华和人力资源部的人员在 800 多份简历中筛选出 70 封有效简历，经筛选后，留下来 5 人。他来到生产部门经理于鑫的办公室，将此 5 人的简历交给了于鑫，并让其直接约见面试。生产部门经理于鑫经过筛选后认为可从两个人中做选择：李楚和王志。他们将所了解的两人资料对比如下：

姓名/性别/学历/年龄/工作时间/以前的工作表现/结果

李楚，男，企业管理学士学位，32 岁，有 8 年一般人事管理及生产经验，在此之前的两份工作均有良好的表现，可录用。

王志，男，企业管理学士学位，32 岁，7 年人事管理和生产经验，以前曾在两个单位工作过，第一位主管评价很好，没有第二个主管的评价资料，可录用。

从以上的资料可以看出，李楚和王志的基本资料相当。但值得注意的是，王志在招聘过程中，没有上一个公司主管的评价。公司通知两个人，一周后等待通知。在此期间，李楚在静待佳音；而王志打过几次电话给人力资源部经理李建华，第一次表示感谢，第二次表示非常想得到这份工作。

生产部门经理于鑫在反复考虑后，来到人力资源部经理室，与李建华商谈何人可录用，李建华说："两位候选人看来似乎都不错，你认为哪一位更适合呢？"于鑫："两位候选人的资格审查都合格了，唯一存在的问题是王志的第二家公司的主管给的资料太少了，但是虽然如此，我也看不出他有何不好的背景，你的意见呢？"

李建华说："很好，于经理，显然你我对王志的表现都有很好的印象，人嘛，有点圆滑，但我想我会很容易的与他共事，相信在以后的工作中不会出现太大的问题。"

于鑫："既然他将与你共事，当然由你做出最后的决定。"于是，最后决定录用王志。

王志来到公司工作了 6 个月，在工作期间，经观察发现：王志的工作不如期望的好，制订的工作他经常不能按时完成，有时甚至表现出不胜任其工作的行为，所以引起了管理层的抱怨，显然他对此职位不适合，必须加以处理。

然而，王志也很委屈：来公司工作了一段时间，招聘所描述的工作环境和各方面情况与实际情况不符。原来谈好的薪酬待遇在进入公司后又有所减少。工作的性质和面试时所描述的也有所不同，也没有正规的工作说明书作为岗位工作的基础依据。

思考问题：

1. 这次招聘效果不好的原因有哪些？
2. 你认为该如何改进这次招聘活动？

本章小结

招聘是组织为了生存和发展的需要，根据人力资源规划和工作分析的要求，通过发布招聘信息和科学的甄选，使组织获取所需的合格人才，并把他们安排到合适岗位工作的过程。

员工招聘的意义：招聘工作决定着组织人力资源的质量；招聘工作影响着组织人员的稳定；招聘工作给组织带来活力；招聘工作影响着人力资源管理成本；招聘工作影响着组织的社会形象。

员工招聘的原则：规划性原则；双向选择原则；公开公平竞争原则；人才适用原则；效率优先原则；依法招聘原则。

员工招聘工作的程序：提出招聘需求；制订招聘计划；发布招聘信息；实施招聘活动。

内部招募方法是指在组织内公布空缺职位、发布招募启事、在职位所需技能和现有员工的技能库进行搜索，从内部寻招募用者并从内部招募员工。外部招募是从组织外部获得需要的人员。当组织的产品和技术的更新换代快，来不及培养内部人才适应新的技术的需要，或组织内出现职位空缺而没有合适的内部应聘者，或组织内部的人力资源不能满足招聘人数时，就需要向组织外部招募。

内部招募的主要方法：内部晋升和工作轮换；内部竞聘；内部员工推荐；临时人员转正；人才库和继任计划。外部招募的主要方法：广告招募；校园招募；人才招聘会；利用猎头公司招募；网络招募。

面向社会招聘员工的甄选程序，包括接见申请人、填写申请表、初步面谈、测验、深入面谈、调查背景及资格、录用决策、体格检查、最后安置九个程序。

人员甄选的方法，面试是面试人员与应聘者之间进行信息沟通的过程。作为评价求职者的主要方法，面试可以使管理者获取并验证一些重要的信息，有机会评价应聘者的主观方面。测评法也叫测试法，包括个性测评，心理测评和评价中心测评。

　　录用是整个招聘工作的决定性阶段，这个阶段包括做出录用决策、安排体检和实际录用等方面的工作。

第5章 员工培训与开发

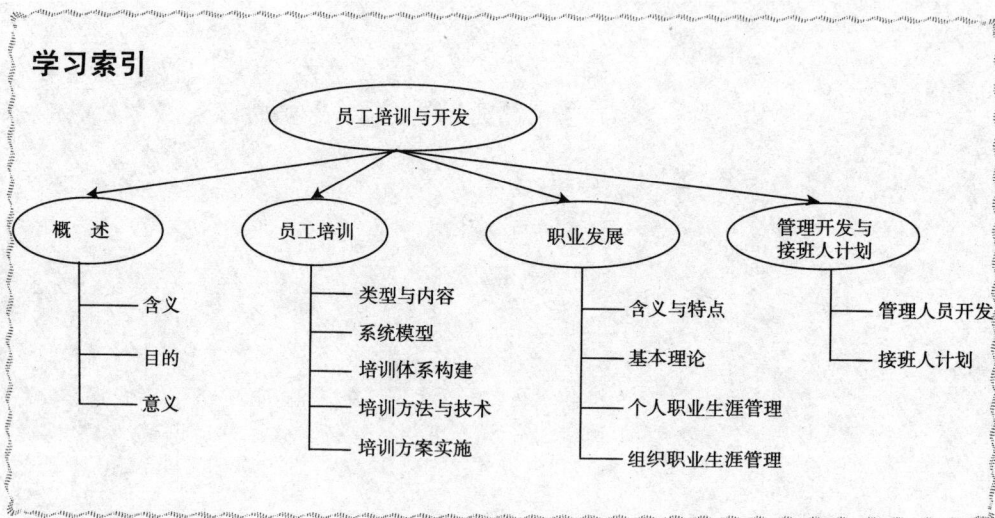

5.1 培训与开发概述

随着企业不断地发展壮大，员工的培训与开发也越来越受到重视，可以说培训与开发已经成为人力资源管理在实践中不可或缺的一部分。那么员工的培训与开发究竟是指什么呢？就人力资源管理的内容及全过程看，员工培训与开发是人力资源管理的重要组成部分，是提高组织运转绩效、使组织获取和增强竞争优势、维持组织有效运转的重要手段。从一般意义上看，员工培训与开发是指组织根据发展和业务需要，采用各种方式对员工实施的有目的、有计划的系统培养和训练的学习行为，使员工不断更新知识、开拓技能、改进态度、提高工作绩效，确保员工能够按照预期的标准或水平完成本职工作或更高级别的工作，从而提高组织效率，实现组织目标。美国学者 L.S. 克雷曼认为，"培训和开发是指有计划的学习的过程，它指导员工如何有效地履行当前或未来的工作"，"培训和开发实践通过提高员工的知识和技能水平来提高组织的业绩。"①

通常我们所说的培训与开发两个术语在一些场合可以混用，但实际上两者

① ［美］劳伦斯·S·克雷曼，吴培冠译．人力资源管理——获取竞争优势的工具（第四版）［M］．北京：机械工业出版社，2009：4.

还是有区别的。人员培训是根据组织和个人在某一时期的发展和工作需要，运用现代培训技术和手段，提高员工绩效和增强组织竞争力的过程，它主要着眼于现在的工作，侧重于提高员工当前的工作绩效，是以现在为导向的。而人员开发是指为员工未来发展而开展的正规教育、在职实践、人际互动以及个性和能力的测评等活动，是为未来发展做准备，提高其未来职业的能力，是以未来为导向的。传统观念认为，培训侧重于近期目标，重心放在帮助员工完成当前的工作，培养员工与当前工作或特定任务相关的能力，掌握基本的工作知识、方法、步骤和过程，所以员工培训具有一定的强制性。而开发侧重于培养提高管理人员的有关素质（如创造性、综合性、抽象推理等），帮助员工为企业的其他职位做准备，提高其面向未来职业的能力，同时帮助员工更好地适应由新技术、工作设计、顾客或产品市场带来的变化。近年来，由于市场竞争的加剧，培训与开发的重要性越来越被人们所认识，培训与开发越来越重视同企业发展和经营战略的契合，加之二者的功能和使用的技术手段趋同，培训与开发的界限已日益模糊。越来越多的企业认为，要想通过培训获得竞争优势，培训就不能仅仅局限于基本技能的开发，还要关注员工分析问题和解决问题的能力，满足现代企业对速度和灵活性的要求。另外，培训还要从单纯地向员工教授具体技能转变为创造一种知识共享的氛围，使员工能自发地分享知识，创造性地应用知识以满足客户的需求。在现代意义下，两者都注重员工与组织现在和未来的发展，而且一般员工和管理人员都必须接受培训与开发，人们已经越来越习惯于把两者并称为培训（T&D）。

5.1.1　培训与开发的含义

1. 培训与开发是一种人力资本投资

人力资本是与物质资本、金融资本相并列的三种资本存在形态之一。根据劳动经济学中的人力资本理论，人力资本是一种稀缺的生产要素，是组织发展乃至社会进步的决定性因素，但是它的取得不是无代价的。要想取得人力资本，就要进行投资活动，即人力资本投资。组织对于员工的培训旨在使员工不断更新知识、开拓技能、改进态度、提高工作绩效，最终提高组织效率，实现组织目标。因此，从人力资本理论角度来看，培训与开发也是一种人力资本投资，并且这种人力资本的投资是形成人力资本的必要条件。

2. 培训与开发以实现组织的目标为最终目的

培训与开发的最终目的就是为了实现组织的目标。当一个组织提出一项培训计划时，必须准确地分析培训成本和收益，考察它对组织目标实现的价值。员工培训与开发的目的是提高员工现在与将来的绩效和职业能力，从根本上讲，是为实现组织的目标服务。这就要求组织在计划及实施员工培训与开发时，必须首先明确这样一些问题：为什么要进行培训，需要进行什么样的培训，哪些人需要接受培训，由谁来进行培训，如何评价培训的效果，如何进行员工开发等，不能为了培训与开发而进行培训与开发，更不能做表面文章，应该切实提高培训与开发的效率与效果。

3. 培训与开发是一个管理过程

根据组织行为学理论，一个人的工作绩效取决于其工作行为，而其工作行为又由这个人在具体工作情境下所选定的行为目标决定。组织期望通过培训与开发促进组织目标的实现，这一过程必须通过影响员工在特定的工作情况下的行为选择来实现，也就是必须通过影响或者塑造员工的工作态度、工作行为，使其符合职业需要并有助于实现组织的目标。从管理的全过程来看，培训与开发既是一种管理手段，也是一个管理过程。

4. 培训与开发是员工职业发展的需要

培训与开发并不是只会给组织带来收益的。现代人力资源管理理论认为，员工在为组织做出贡献的同时，也要尽力体现自身价值，不断自我完善和发展。有效的员工培训活动不仅能够促进组织目标的实现，而且能够提高员工的职业能力，拓展他们的发展空间。换言之，培训与开发应该带来的是组织与个人的共同发展。从实际效果来看，无论是知识、技能等的培训，还是素质、管理潜能的开发，尽管组织会从中大受其益，但是员工个人自身的知识、技能等人力资本无疑会得到增值，使其增强适应各种工作岗位和职业的能力。同时组织在实施培训与开发过程中，绝不能忽视了员工的个人职业发展，这样才能进一步增强组织的凝聚力，以更好地提高组织的运行绩效。因此，员工培训与开发是员工职业发展、实现自我价值的需要。

5.1.2 培训与开发的目的

1. 从组织角度来说

培训与开发是为了满足企业长远的战略发展需求，实现组织目标。对员工培训的任务是要使员工掌握与工作有关的知识和技能，并使他们能够担负起随着工作内容变化的新工作。只有不断地对员工进行培训，才能保证企业拥有一批掌握本领域内最新科学技术并在实践中不断有所创造的科学技术队伍和管理人员队伍。许多成功的国内外企业的实践证明，他们取得成功的最重要秘诀之一是极为重视对本企业员工的持续培训。

2. 从职位要求来说

培训与开发是为了满足职位的技能要求，改进现有职位员工的绩效。通过培训，使员工掌握相关的技术、程序、方法、工具等。能力分为基本能力和解决实际问题的能力。基本能力是员工从事岗位工作所需要的知识和技能；处理实际问题的能力包括心理素质、理解能力、判断能力、创造能力、组织能力和协调能力等。

3. 从员工角度来说

培训与开发是为了提高员工的知识和技能，满足员工职业生涯发展的需要。很多有上进心的员工都希望从事具有挑战性的工作，在自己的工作中有成长的机会。这就给企业的管理者提出一个严峻的问题：如何才能不断地给员工分配具有挑战性的工作？如何才能给他们提供发展的机会？培训是一条重要的途径。培训的目标之一就是使员工不但要熟练地掌握现有工作岗位上所需要的知识和技能，还要使他们了解和掌握本企业或本行业的最新的科学技术动态，以增强他们在实践中的工作能力。事实证明，对企业员工来说，"高工资"不是吸引或留住他们的唯一的标准，而有吸引力的培训则变得越来越重要了。

4. 从企业文化角度来说

培训与开发是为了让员工更好地融入企业文化。企业文化是企业所拥有的共同的价值观和经营理念。企业文化在增强组织的凝聚力、指引员工自觉行动、协调团队合作以及提升企业形象方面有着非常重要的作用。如何让员工适应并融入企业文化中、自觉地遵守企业文化，是企业培训的一个重要内容。

5. 从市场竞争的角度来看

培训与开发是为了适应竞争的需要。市场竞争的本质或取得市场竞争优势的关键仍然是人。只有掌握最新科学技术的人才能不断地研制出市场需要的新产品，才能生产出高质量的符合顾客需要的产品。从这点看，企业进行培训的目的就是要培养一大批始终站在科学技术前沿的高级人才，并要通过培训使广大的员工能适应工作内容变化的需要。正是由于管理的基本作用是管理人和使人掌握现代的科学技术，又由于环境的复杂多变，因而必须重视对企业管理人员的培训和提高。

5.1.3　培训与开发的意义

随着时代的发展，培训与开发日益受到各类组织以及个人的重视，越来越多的专业培训机构也不断涌现，那么培训与开发的意义到底是什么呢？

1. 从外部环境来看

培训与开发是适应组织外部环境的发展变化的重要手段。组织不是生存于真空当中，其所依赖的外部环境每时每刻都在变化。而组织的生存和发展归根到底是人的作用，因此必须想办法提高员工素质、调动员工积极性、发挥员工创造力。因而组织必须通过加强对员工的培训来开发内部的人力资源，以应对不断发展变化的外部环境。

2. 从技术发展来看

培训与开发是适应新技术革命的迫切需要。世界经济的知识化、全球化、网络化时代的到来，新技术革命日新月异，市场需求日益复杂多变，市场竞争日趋激烈，对各类组织提出了前所未有的挑战。知识不断在发展，技术不断在变化，因而培训与开发已经成为各类组织应对新技术革命带来的挑战的必由之路。

3. 从企业内部来看

培训与开发是提高企业劳动生产率，增强企业竞争力的重要途径。组织培训员工的直接目的就是提高员工的知识水平、技能水平，改进员工的工作态度等，使之能够更好地胜任本职工作。经过培训的员工，劳动的熟练程度会得到提高，同时也提高了对新知识、新技能的吸收能力，与其他员工的配合也会更加默契。培训与开发的作用可以在两方面体现出来：一方面，通过增加员工的知识和能力，直接提高劳动生产率；另一方面，通过促进知识与技术的进步，改善生产要素的组合，从而间接提高劳动生产率。这样企业通过对员工的培训与开发，提高了劳动生产率，从而增强了企业的竞争力。

4. 从企业文化来看

培训与开发是营造优秀的企业文化的重要措施。当前，企业文化建设成为企业界的热门话题。企业文化具有导向功能、凝聚功能、激励功能和优化调节功能等，企业文化是企业生存和发展的根源，优秀的企业文化更加是企业良性发展的有力保障。培训是建立企业文化的重要途径。企业文化成为培训的重要内容，而培训是讲授、强化企业共同价值观的重要环节，因而是企业文化建设的有力杠杆。企业通过对员工进行价值观的培训，树立企业的理念和文化，使价值和流程发生转变，从而使企业培训的收入达到真正的增值。因而可以说培训与开发是营造优秀的企业文化的重要措施。

5. 从员工个人角度来说

培训与开发是实现员工个人发展和自身价值的必要措施。现代人力资源管理提倡以人为本的管理思想，就是在追求组织整体利益的同时，也把员工个人的职业生涯发展放在重要的位置。由马斯洛的需要层次论可知，生理、安全的需要是一个人较低层次的需要，而自尊，特别是自我实现的需要是一个人较高层次的需要。在现代组织中，员工工作所追求的目标已经不仅仅停留在低层次需要，绝大多数员工工作的目的在于追求高层次的需要，即自我实现的需要，实现自我价值。培训与开发正是给员工提供学习新知识和新技能的机会，使其能够跟上时代发展的步伐，随时接受工作岗位的变化和挑战。培训与开发的激励作用正是体现在，不仅要给员工物质上的满足感，而且要让他们感到精神上的成就感。

5.2　员工培训

5.2.1　培训与开发的类型、内容与原则

不同组织的培训与开发有着不同的需求和目的，但是大体上看，是有很多共同之处的，尤其在培训与开发的类型、内容与要遵循的原则方面，都是有规律可循的。

1. 员工培训与开发的类型

员工的培训与开发不是刻板的模式，往往根据组织的不同需要而有所差别，组织的规模、经营内容、项目经费、培训目的、参加培训的人等都会影响到培训类型的选择。员工培训与开发大体上可分为职前培训、在职培训、脱产培训三种：

（1）新员工上岗培训（职前培训）。新员工上岗培训主要是向员工介绍企业的基本情况、岗位职责及部门人员，培训内容以基础教育和行为培训为主。基础教育主要是有关企业历史、规章制度、企业的现状和发展目标、企业文化以及与本企业有关的新知识、新技能和新观念等。行为培训主要是让新员工熟悉工作流程和工作环境，学习工作手册等。这一类的培训目的在于使新进员工熟悉企业与工作的情况，帮助他们适应新环境，形成员工的归属感，在第一时间融入企业并接受企业文化的熏陶。新员工上岗培训是一种基础性、适应性和非个性化的培训。新员工上岗培训一般是分阶段进行的，根据企业的具体要求和各部门的业务差异一般可分为两个阶段：全公司培训阶段，又称集中培训，即所有同批进入企业的新员工，都接受同样内容的培训，不以其岗位特性作区分。工作现场培训阶段，新员工在接受了集中培训后，将由业务部门安排到岗培训，让新员工根据自己岗位特点，熟悉具体业务，掌握特定的工作技能。

（2）在职培训。在职培训是指参加培训的员工不离开工作岗位，由上级、有经验的员工或外聘专家对其进行现场指导、示范或授课。这种培训是最常用的一种方式，其最大特点是受训者不用脱岗，节省了成本。

小资料

京东商城升级培训体系

所谓的在职培训是指受训人员不离开工作岗位，但在职培训也不是千篇一律的，根据不同的目的，在职培训可分为以下几种形式：

（1）晋升培训。指对拟晋升人员或后备人员进行的培训，旨在使其达到更高一级岗位要求。晋升培训一般分为两个阶段：一是任职前培训阶段，此阶段的目的是提高受训者的理论水平，丰富受训者的工作经验，使其具备任职的基本条件。二是任职后训练阶段，为了进一步提高受训者的专业素质和管理能力，在受训者担任岗位职务 1~2 年内，根据工作需要，确定培训的内容，进行有针对性的专门培训。

（2）转岗培训。指对即将转换岗位的员工进行的培训，旨在使其达到新岗位要求。主要有四种培训方式：与新员工共同参加拟转换岗位的职前培训；一对一现场指导形式；外派参加专门培训；接受企业的定向培训。

（3）岗位资格培训。一些岗位，尤其是技术性岗位需要通过统一考试取得相应资格证书才能上岗，因此未获得资格证书的员工需要接受培训并参加资格认证考试，拿到相应的资格认证证书后方可上岗。

（4）知识更新培训。由于激烈的竞争，组织内外部环境的快速变化，员工需要不断学习新的知识和技能。尤其是管理人员和技术人员，需要不断更新知识，加强培训。

（5）绩效提高培训。当员工绩效未达到要求，员工绩效下降，或者绩效虽达到要求但员工希望改进其绩效水平时，需要进行以绩效提高为目的的培训。一般来说，这种培训以一对一指导为主要方式，同时可以加入多种技术方法。

（3）脱产培训。脱产培训有时也称外派培训，是指员工暂时离开现职，脱产到有关高等院校、科研机构、出国进修或者其他有关组织参加为期较长的培训。这种培训类型主要用来培养组织紧缺的人才，或者为组织培养和选拔高层次技术或者管理人才，或者为了引进新设备、新工艺、新产品，或为开办新业务，由组织挑选员工进行脱产集中学习。

这类培训能使受训者集中时间和精力接受培训，免受工作等其他事情干扰，有助于受训者获得更多的知识和技能，从而有助于增强培训效果和提高培训质量。但是这种培训的成本，包括直接成本和机会成本，比较高。因此在决定是否采取这种培训方式前应综合考虑培训的收益与成本。

2. 员工培训与开发的内容

确定培训内容是培训与开发方案中的一项重要内容。合理地确定员工培训的内容，对于实现培训目标，提高组织绩效有至关重要的意义。在组织中，员工培训主要是围绕工作需要和提高绩效展开的，而影响绩效的因素大体可分为三类：一是员工所掌握的知识，包括理论知识和业务知识；二是员工的业务技能；三是员工的工作态度，包括责任心、敬业精神、奉献精神、对组织的忠诚度等。因而，这三种因素也就构成了员工培训的内容。

（1）知识培训。员工培训的首要内容就是知识培训，通过各种形式的培训使得员工学习和掌握与工作有关的各种知识，包括各种学科知识，如经济学、管理学、市场营销学、财务管理、生产管理等；本组织的相关情况，如组织的发展战略、经营方针、规章制度、企业文化等。不同的培训对象和不同的培训目标所对应的培训内容应该有所区别、各有侧重，不能千篇一律。

（2）技能培训。员工技能培训主要包括：技术技能，人际技能、谈判技能、管理技能、计算机运用技能等。对于从事不同工作性质和处于不同职级层次的员工，技能培训的内容也要各有侧重。一般地说，高层管理人员最需培训的是概念技能，即判断与决策能力、改革创新能力等；而中层和基层管理人员则主要侧重人际技能和技术技能，如人际交往技能、业务操作技能。

（3）态度培训。员工的态度对其绩效有着重要的影响，因而通过培训来使员工的工作态度符合组织需要显得尤为重要，尤其是对新进员工来说，这一培训相当重要，直接决定了新进员工能否融入组织文化当中。员工态度包括员工的工作态度、工作士气、精神状态等。每个组织都有其特定的组织文化以及与其相适应的行为方式，如组织价值观、组织精神（如团队精神、敬业精神）、人际关系等。态度培训的目的就是使员工认同并自觉地融入组织这一文化气氛当中，以最大限度地提高组织运转绩效。

📝 小案例

东京迪斯尼乐园扫地员工培训

到东京迪斯尼去游玩，人们不大可能碰到迪斯尼的经理，门口卖票和剪票的也许只会碰到一次，碰到最多的还是扫地的清洁工。所以东京迪斯尼对清洁员工非常重视，将更多的训练和教育大多集中在他们的身上。

东京迪斯尼扫地的有些员工，他们是暑假工作的学生，虽然他们只扫两个月时间，但是培训他们扫地要花 3 天时间。

◆学扫地

第一天上午要培训如何扫地。扫地有三种扫把：一种是用来扒树叶的；一种是用来刮纸屑的；一种是用来掸灰尘的，这三种扫把的形状都不一样。怎样扫树叶，才不会让树叶飞起来？怎样刮纸屑，才能把纸屑刮的很好？怎样掸灰，才不会让灰尘飘起来？这些看似简单的动作却都要严格培训。而且扫地时还另有规定：开门时、关门时、中午吃饭时、距离客人15米以内等情况下都不能扫。这些规范都要认真培训，严格遵守。

◆学照相

第一天下午学照相。十几台世界最先进的数码相机摆在一起，各种不同的品牌，每台都要学，因为客人会叫员工帮忙照相，可能会带世界上最新的照相机，来这里度蜜月、旅行。如果员工不会照相，不知道这是什么东西，就不能照顾好顾客，所以学照相要学一个下午。

◆学包尿布

第二天上午学怎么给小孩子包尿布。孩子的妈妈可能会叫员工帮忙抱一下小孩，但如果员工不会抱小孩，动作不规范，不但不能给顾客帮忙，反而增添顾客的麻烦。抱小孩的正确动作是：右手要扶住臀部，左手要托住背，左手食指要顶住颈椎，以防闪了小孩的腰，或弄伤颈椎。不但要会抱小孩，还要会替小孩换尿布。给小孩换尿布时要注意方向和姿势，应该把手摆在底下，尿布折成十字形，最后在尿布上面别上别针，这些地方都要认真培训，严格规范。

◆学辨识方向

第二天下午学辨识方向。有人要上洗手间，"右前方，约50米，第三号景点东，那个红色的房子"；有人要喝可乐，"左前方，约150米，第七号景点东，那个灰色的房子"；有人要买邮票，"前面约20米，第十一号景点，那个蓝条相间的房子"……顾客会问各种各样的问题，所以每一名员工要把整个迪斯尼的地图都熟记在脑子里，对迪斯尼的每一个方向和位置都要非常地明确。

训练三天后，发给员工三把扫把，开始扫地。如果在迪斯尼里面，碰到这种员工，人们会觉得很舒服，下次会再来迪斯尼，也就是所谓的引客回头，这就是所谓的员工面对顾客。

资料来源：人力资源培训网（http：//www.chrepedu.cn）。

3. 员工培训与开发的原则

组织的培训都是以能够达到期望的效果为目标的，培训目标能否达到是检测培训成功与否的一项重要指标，成功的员工培训应遵循以下几个基本原则：

（1）学以致用原则。企业员工培训和一般院校的普通教育不同，只有和实际相结合才能产生较好的效果。因此培训必须做到理论联系实际，学以致用。也就是说，培训要有明确的针对性，紧紧围绕培训目标，从实际工作需要出发，与职位特点相联系，做到培训与使用不脱节。这就要求培训要根据企业经营和发展状况以及企业员工的特点来进行，既讲授专业技能知识和一般原理，提高受训者的理论水平和认知能力，又解决一些企业在经营管理中存在的实际问题，以提高企业的整体效益和管理水平。

（2）因材施教原则。培训作为教育的一种形式，运用教育的基本原理来指导培训，也可以保证培训的有效性，但是企业的培训绝对不能采取"大锅饭"形式，必须做到因材施教。因材施教首先要求承认企业员工个体之间的差异，这对于制订有针对性的培训计划是非常重要的。所以，培训要根据企业员工的不同状况，选择不同的培训内容，采取不同的培训方式。同时，即使是对同一员工，在不同的发展阶段，其培训也应有所差异。

（3）自发创造原则。培训与开发并不是一种"填鸭式"的教育模式，而应该通过这一培训机会充分调动员工学习的积极性和主观能动性，启发员工进行观察、思考、探索和推断，提高独立地发现问题、分析问题和解决实际问题的能力。因此在培训的过程中，要注意充分调动企业员工的主动性、创造性，强调员工的参与和合作，使他们在每一次培训的过程中都能自发地体验到创造的乐趣。

（4）激励原则。培训与开发是一种人力资本投资，不仅是组织为满足自身发展而进行的投资，同时也使受训者个人受益，因而对员工来说有一种内在的激励作用。在进行员工培训时，应通过一定的机制把培训的激励作用外在化，比如，把培训与员工个人的任职、晋升、奖惩、工资福利等关联起来，使员工充分地体会到培训的诸多好处，而不是被动、消极地参加培训。

（5）全员培训与重点提高的原则。全员培训就是有计划、有步骤地对在职的各类人员进行全面培训，这是提高全体员工素质和增强组织整体竞争能力的需要。因为在知识经济时代，每个人都面临知识的更新问题。目前凡是比较正规的组织，都建立了全员培训制度。但是全员培训不等于没有重点，在实行全员培训的同时，应重点地培训一批技术骨干和管理骨干，特别是中高级管理人员和关键技术骨干，使这些重点培训对象发挥带动作用。

（6）近期目标与长远战略相结合原则。企业培训不仅要满足当前生产经营活动的需要，同时又应该具有战略眼光，制订长期的规划，为企业的未来发展做好人力资源方面的战略储备，尤其是对核心人才的培养更应如此，因为这类人才的技术要求比较高，不是一朝一夕就能培养出来的。

5.2.2 培训与开发的系统模型

员工培训与开发对于组织与个人都具有十分重要的意义，而培训活动的成本无论从时间还是精力上来说都是不低的，因此，精心组织培训过程就显得十分重要。目前，在培训实践当中，专业化的组织都把培训活动看成是一项系统工程，采用系统的方法来组织培训活动，图 5 - 1 即是一个清晰的培训系统模型。

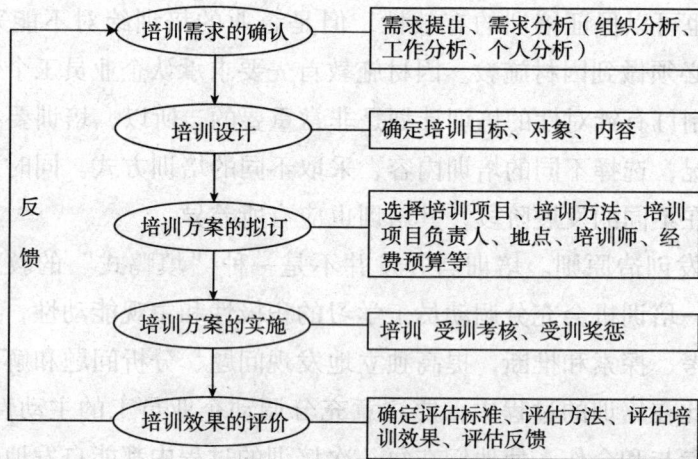

图 5 - 1 培训与开发系统模型

由图 5 - 1 可知，培训流程大致可以分为培训需求的确认、培训设计、培训方案的拟订、培训方案的实施、培训效果的评价几部分。

1. 培训需求的确认

培训需求确认一般可分为两个步骤：

（1）需求动意的提出。一般来说，培训需求的存在是进行培训的大前提。企业管理人员根据实际情况提出培训的需求动意，并报告给企业的培训组织管理部门。需求动意的提出是需求确认的第一步，也是整个培训过程的前提。经过需求分析，能够验证这种需求的意向是否合理和被采纳。

（2）需求分析。所谓培训需求分析，就是在进行培训活动之前，由培训部门及相关人员对组织的任务及其成员的知识、技能等进行鉴别与分析，以确定是否需要培训的过程。其主要作用是确认差距，保证人力资源开发系统的有效性，获取内部与外部的多方支持。它既是确定培训目标、实施培训方案的前提，也是进行培训效果评价的基础。培训需求分析主要包括组织分析、任务分析和个人分析三个方面：

①组织分析。组织分析是从组织层面出发，将培训需求与组织的战略发展背景结合起来，以实现组织的战略目标。一般来说，组织分析包括战略和目标分析、人力资源需求结构与规模分析、企业效率分析等。组织分析通常需要考虑组织战略方向、受训者上级和同事对其参与培训活动的支持度、可用的培训资源等。其中受训者的上级、同事对受训活动所持的态度往往容易被忽略，但是实践证明，参加培训员工的上司和同事对他参与培训所持的态度会对培训效果产生影响。这是因为，如果受训者参与培训得不到上司和同事的支持，那么他就不太可能将培训内容应用于工作中。

②工作分析。工作分析以具体工作为分析单位，分析员工所要完成的工作任务及完成任务所需要的技能和能力。或者说就是，研究员工的工作行为与期望的行为标准，找出其间的差距，从而确定此员工需要接受什么样的培训。工作分析主要包括以下五个步骤：一是选择分析的工作岗位并列出该岗位所需执行的各项任务的基本内容；二是确保任务基本内容的可靠性和有效性；三是明确该项任务所需的知识、技术和能力；四是评估执行该任务的员工现有的技术、知识和能力，及其与岗位要求的差距；五是确定该工作所需要的培训需求。

③个人分析。个人分析从员工个人层面出发，分析员工的培训需求。将员工目前的实际工作绩效与员工绩效标准进行对照，或者将员工现有的技能水平与预期未来对员工技能的要求进行对照，判断两者之间是否存在差距。个人分析的重点在于促成员工的个人行为发生所期待的转变。个人分析可以帮助确定谁需要接受培训以及培训是否合适的问题。影响员工绩效水平的因素包括几个方面：一是员工的个体特征，即员工是否具有完成该职位工作的技能和能力；二是员工的工作输入，即分析员工是否获得了必要的培训和指导，这是其绩效水平提高的重要因素；三是分析员工的工作输出，即分析员工是否对工作的标准有所了解和熟悉；四是分析员工的工作结果，即员工需要对各种奖励措施有所了解，并且确保奖励对员工具有激励作用；五是分析员工的工作反馈，即分析员工是否能获得执行工作中的有关信息。一般地，对于员工个人分析可采用观察法、问卷调查法、访谈法、必要性分析方法等，也可以通过绩效评估报告和绩效面谈获得员工培训需求的信息。

2. 培训设计

在这一阶段，要进行的首要工作就是设定培训目标，因为只有明确培训的目标，才能明确培训的方向、内容以及相应的方法形式等。培训目标是指培训活动要达到的预期效果，它可以是针对每一个具体培训阶段设置的，也可以是面向整个培训计划的。在设定培训目标时，应注意该目标必须明确、具体、可靠，同时应该具有一定的激励作用，并且是相对稳定的。另外，目标的设定应该从全局出发，符合组织战略。

在设定目标之后就要确定培训对象和培训内容。在确定培训对象时，可以先制订培训对象选择的原则，然后再根据培训的需求分析确定培训对象。而培训内容的选择则要根据培训类型的不同来具体安排相应的内容，要有针对性，不能泛泛地进行，否则所进行的培训基本上是低效的。

3. 培训方案的拟订

在对培训设计完成后，就要制定具体的培训方案，这是培训活动进行的依据，是用以规范和指导具体培训活动的行动指南。培训方案应该明确做什么，怎样做。一个完整的培训方案一般应该包括以下内容：培训项目；培训对象；培训的内容、形式、方法；培训的场地、设施；培训的时间及进度安排；培训课程设置、教材及资料、教学方法、考核方法；培训师；培训经费的预算以及筹集方式；食宿等后勤安排；培训项目的负责人、工作人员等。

4. 培训方案的实施

培训方案的实施，是整个培训活动的关键环节。实施培训，是指在企业培训组织管理部门或

> **📖 小思考**
>
> ### 如何制订年度培训计划？
>
> 年度培训计划可以从四个主要方面来综合考虑，即对培训需求的界定和确认、设计年度培训计划、辅助资料采购计划和预算控制。把全年的培训项目完整地计划好后，培训工作便可开始实施。
>
> 培训计划最基本的内容是：why - 为什么要培训？whom - 谁接受培训？what - 培训些什么？who - 谁实施培训？how - 如何培训？明确了这些问题，培训的成功就走出了第一步。
>
> 另外，需要格外注意的是：
>
> 首先，年度培训计划还要规定主持培训的人员必须完成的任务，培训目标是规定主持人员必须完成的任务，来作为他履行职责的导向。
>
> 其次，培训预算的确定。培训费用预算的主要考虑指标是：讲课费、教室费、教材费、课程设计费等。每个企业一般都有一定的培训费用（根据国家有关规定，教育经费占工资总额的1%），培训计划制订者应该结合企业规划、各类培训需求，并根据问题的重要性，进行费用分配。要注意既要满足企业长期发展战略规划所必需进行的培训，又要突出当前的培训重点。
>
> 最后，年度培训计划完成后，要报请领导审批，获得批准后才能够开始执行实施。

岗位人员的组织下，由培训教师实施培训。并由该培训项目的组织管理责任人组织考核和考评。具体内容应该包括以下几个部分：

（1）培训。培训是培训教师在规定的时间、场所对所确定的受训者进行

培训。

（2）受训考核。对受训人员进行培训考核是考查受训人员对受训内容的接受情况，也是督促受训人员认真接受培训的一种方式。

（3）受训奖惩。受训奖惩是督促受训人员接受培训的一项强制和激励措施。主要是根据受训人员当次接受培训的态度和表现来进行的，是保障培训效果良好的一种重要手段。有时受训人员的考评与奖惩也在培训过程中实施。应该注意的是，受训奖惩应及时进行，拖的时间不能太长，否则会失去强制和激励的作用。

5. 培训效果的评价

培训效果评价是整个培训系统工程的最后一个环节。所谓培训效果就是指在培训过程中受训者所获得的知识与技能改进状况、态度改变程度、工作效率的提高程度以及组织绩效的改进程度。而培训反馈，是组织管理中对培训修正、完善和提高的必要手段。这是企业组织与管理必不可少的一个程序。培训效果的评价绝对不是一个主观的感觉，对于培训效果的评估的各项标准的制订应该科学合理，评估的方法也应该能够与所进行的培训相匹配。

关于培训效果评价的标准，国内外的许多学者都进行了研究，目前广为使用的是美国著名学者 D. L. 柯克帕特里克教授提出的四层次框架体系，具体可参见表 5 - 1。

表 5 - 1　　　　　　　　柯克帕特里克的四层次评价标准框架

层次	标准	评价重点
1	反应	受训者的满意程度
2	学习	知识、技能、态度、行为方式方面的收获
3	行为	工作中行为的改进
4	结果	受训者获得的经营业绩

资料来源：林忠，金延平．人力资源管理（第三版）［M］．大连：东北财经大学出版社，2012：144.

其中，对反应和学习效果的评价主要是受训者的主观感受，有时也称内部标准；而对行为和结果的评价则主要是客观结果，有时也称外部标准。

评估培训效果的常用方法有：

（1）测试比较评价法。即分别在培训开始前和结束时用卷面测试或实际操作对受训者进行测试，然后将前后两次测试成绩进行比较，根据比较结果对培训进行评价。

（2）工作绩效对照评价法。即把受训员工参加培训前后的工作绩效进行对比，根据受训者工作数量和质量的变化情况来判断培训效果。

（3）工作态度调查评价法。这种方法是用调查表的形式对受训者在培训前后的工作态度的变化情况进行调查，根据态度变化情况来判断培训效果。

（4）成本收益评价法。这种方法是通过比较培训的成本和其所带来的收益来评价培训效果。培训的成本就是组织开展培训活动所支出的直接成本和机会成本，而收益则可分为直接收益和间接收益。直接收益就是培训后产量、产值或利润额的增加量，间接收益则是通过培训的员工及组织整体素质的提高、整体竞争力的增强、组织形象的改善等，相对于直接收益不太好量化。使用这一方法时应注意，培训的目标必须明确且便于衡量，并且评价的依据只能是培训对公司生产经营实际起作用的费用和收益。

有了明确的评估标准和相应的评估方法后，即可开始进行对培训效果的评估，在评估结束后，这一过程并没有结束，应该及时地进行评估反馈，并以此来改进培训工作。

最后需要注意的是，在培训活动结束后，应该及时地对当次培训进行总结。总结，即是该项培训组织管理责任人对该项培训的善后处理及总结，为今后培训效果的提高提供依据。同时，要将培训的相关资料编辑归档。

5.2.3 员工培训体系的构成要素

在上一节中，我们对于员工的培训与开发系统流程作了简要的介绍，在本节中，我们将着重从静态方面介绍组织内员工培训体系的构建。

员工培训体系的构成要素主要有以下七种：

1. 培训机构

企业进行培训时或者由内部相关部门进行组织，或者采用外包方式，因而企业的培训机构有两类：企业内部培训机构和外部培训机构。企业内部培训机构一般包括专门的培训实体，或由人力资源部履行其职责。而外部机构则包括专业培训公司，大学以及跨公司间的合作等。

企业在决定选择外部培训机构还是企业内部培训机构时应从其资金、人员及培训内容等因素考虑。一般来讲，规模较大的企业可以建立自己的培训机构，如摩托罗拉公司的摩托罗拉大学；而规模较小的公司、培训内容比较专业或者参加培训的人员较缺乏规模经济效益时，可以求助于外部专门的培训机构。

2. 培训对象

根据参加培训的人员不同，可分为：高层管理人员培训、中层管理人员培训、普通员工培训和技术工人培训。应根据不同的受训对象，设计相应的培训方式和内容。一般而言，对于高层管理人员应以理念能力、创新能力培训为主，参训人数不宜太多，采用短期而密集的方式，并应注意启发调动参训人员积极性；对于中层管理人员，应注重人际交往能力的培训和管理技能培训；对于普通的员工和技术工人的培训，需要加强其专业技能的培养，可以大班制的方式执行，充实员工的基本理念和加强实务操作。

3. 培训方式

根据不同的培训目的、培训对象和对培训内容的要求，培训可采取多种多样的方式，如岗前培训、岗位培训、转岗培训；脱产、不脱产、半脱产培训；长期培训、短期培训；初级培训、中级培训、高级培训等。企业需要依据不同的培训对象和内容对不同的培训方式进行选择，以达到最佳的培训效果。

4. 培训时机

培训时机的选择也是影响培训效果的一个重要因素。从需求的角度来讲，员工对培训内容的渴望程度越高，其产生的作用越明显；把握好培训的时机，可以提高培训后的效果，使培训事半功倍。

5. 培训地点与环境

培训地点和环境按照远近、优劣可以有很多的细分方式。在选择培训地点时，企业应该综合多方面的因素选择好地点与环境。需要注意的是，近年来一些组织出现了许多以培训为名，实则到处旅游的情况，因此，企业在开展企业外部培训的时候，要谨防假培训、真旅游的形式。

6. 培训预算

组织在进行培训时，经费预算是一个重要的问题。就企业和员工来讲，培训需求是多方面的，如何在既有的培训成本预算范围内，组织安排培训内容、方式等，以达到最佳的培训效果便成了企业需要考虑的问题。培训计划必须从企业战略出发，满足组织及员工两方面的要求，考虑企业资源条件与员工素质基础，考虑人才培养的超前性及培训效果的不确定性，确定职工培训的目标，选择培训内容及培训方式。以期能够以最少的预算达到最好的培训效果。

7. 培训师

培训师是培训体系中最重要的组成部分，是培训的基石和再生力量，在培训中起着非常重要的作用。培训师是开展培训的授课主体，其知识丰富程度、语言表达方式、授课形式等均对培训效果产生影响。培训师可以来源于企业内部，也可以来源于企业外部，其选择主要受到培训内容和培训费用的影响。一个好的培训师不仅要有深厚的理论知识，过硬的教学经验和实战经验，还要有良好的建立关系的能力、沟通能力、激励他人的能力、变通能力，以及自身的人格魅力。

5.2.4　构建企业员工培训体系的原则

构建合理的员工培训体系需注意一些基本的原则：

1. 以企业经营战略为方向原则

企业的经营战略是一项综合了公司的目标、政策和行动计划的规划。战略能够影响到一个企业如何运用它的实物资本、金融资本和人力资本。经营战略在很大程度上影响着培训类型、数量及培训所需要的资源，还影响着企业所需要的各种技术的类型和水平，影响到企业在培训方面的决策。为使企业获得发展，培训活动应该辅助企业实现其经营战略，使培训活动不仅着眼于当前所需知识和技术的传授，更着眼于企业未来的发展。培训方式具有战略性，才能更好地将培训活动与企业的发展相结合，使培训真正符合企业的需要。

2. 针对性原则

培训必须有针对性，而不是盲目的、泛泛的。这就要求培训需求结果确认的高度准确性。一个不完善或不真实的培训需求必然导致培训内容的设计变成"无的之矢"，缺乏强烈的针对性，结果会使培训效率低下，效果不明显。因此，要想根据企业的实际需要组织培训，就要求企业在培训初期就做好员工的培训需求分析工作。为了获得充分的资料和支持信息，培训需求分析应将组织分析、工作分析和个人分析结果相结合，得出一个综合结论。

3. 保证培训投资回报原则

培训分为通用培训和专业培训。通用培训适用于任何企业，专业培训只对本企业有用。由于通用培训的非排他性和人力资本价格的低市场化，以及企业财力限制等诸多原因，企业在进行培训投资时顾虑重重，造成培训投资十分有限。但应该注意的是通用性培训并非企业单方面的投资，而是企业与员工的共同投资。企业的投资为培训费用、培训期间员工工资、培训期间由于受训员工不在工作岗位而为公司造成的其他间接损失。受训员工的投资为受训员工本身所具有的能够有效接受培训的能力、受训员工为接受培训而多付出的精力和时间。

4. 培训管理体系有效性原则

培训管理体系必须有效，否则培训的效果必然会大打折扣。在构建有效的培训管理体系时要注意以下几点：在培训实施前，企业首先要确定好岗位或部门人员所应承担的职能和责任，岗位职责要落实到岗位的任职人员身上，部门职责要落实在部门内所有组成人员的身上，如果责任不清，就会影响工作的有效进行；要为培训创造良好的培训环境，包括教室空间是否合适、培训地点是否偏僻、设备是否齐全等；要在培训活动实施前对培训活动所涉及的物品进行总体检查，如电脑、投影仪等设备是否到位等。

5.2.5　结构化培训体系的构建

通常一个完整的结构化培训体系通常包括：培训课程体系、培训管理体系、培训成果转化机制三部分。

1. 建立培训课程体系

培训课程体系的设置是建立在培训需求分析基础之上，根据培训课程的普及阶段、基础阶段和提高阶段将培训课程相对应地分为员工入职培训课程、固定课程和动态课程三类。员工入职培训课程设置较为简单，属普及培训，课程主要包括企业发展历史与现状、企业文化、企业相关制度等。固定培训课程是基础培训，是从事各类各级岗位需掌握的应知应会知识和技能、职位晋升、绩效考核知识等的课程培训。动态培训课程是根据科技、管理等发展动态，结合企业发展目标和竞争战略做出培训分析，这类培训属于提高培训课程，是保证员工能力的提升，为企业的发展提供人才支持。

相对而言，固定培训课程设置的工作量在培训工作中最大，在企业中必须建立起以员工职业化为目标的分层分类员工培训体系，明确不同岗位，不同级别的人员必须掌握的知识、技能。在具体操作时，应从岗位分析入手，对所有岗位进行分类，在分类基础上对每一类进行层次级别定义和划分。由此，按照企业的组织结构和岗位胜任模式来建立固定课程体系就有了分析的基础和依据。以各级各类岗位为基础，分析员工开展业务工作所需的职业化行为模块和行为标准，分析支持这些职业化行为模块和行为标准所需的专业知识和专业技能。需要指出的是不同级别的必备知识可以是相同的，但在深度和广度上应该有所区别。对于动态培训课程可以从两个层次上进行分析，一是企业目标，分析企业的发展方向和竞争战略，所希望达到的目标。考虑与此相关的管理思路、管理观念和工作重点的转移，组织流程的改造及涉及新的技术领域、工艺技术，并据此确定培训课程；二是科技发展角度，如今科学技术、管理知识发展日新月异。当一项工作内容发生重大革新时，根据由此带来的新技术、新的管理理念来确定培训课程。

2. 建立培训管理体系

培训体系是动态平衡的体系，比如如何配备培训师，如何激励学员培训意愿，如何把培训课程的内容转化为工作流程和规范化的操作文件等，这些都是培训管理体系要考虑的，并通过制订相关制度加以落实。培训管理体系是培训体系有效运作的保证，对培训活动顺利开展起重要的支撑作用。建立培训管理体系可以从以下几个方面着手：

（1）明确责任人或部门。培训计划的制订和实施，关键是落实负责人或负责单位。要建立责任制，明确分工。培训工作的负责人要有一定工作经验和工作热情，要有能力让公司领导批准培训计划和培训预算，要善于协调与业务部门和其他职能部门的关系，以确保培训计划的实施。

（2）明确培训的目标和内容。在培训需求调查的基础上，结合组织分析、工作分析、个体分析等以决定培训重点、目标和内容。总之，应整合企业和员工的培训目的，使培训目标准确，培训的内容符合实际需要。

（3）明确培训方法。关于培训方法，前面已经有所介绍。每种方法都有不同的侧重点，因此必须根据培训对象的不同，选择适当的培训方法。方法的选择除了要考虑人员特点外，还要考虑企业客观条件的可能性。

（4）制订培训计划表。计划的目的是明确培训的内容、时间、地点、方式、要求等，使人一目了然，同时也便于安排企业的其他工作。计划表的制定必须科学、严谨，而且一旦确定后要严格遵照执行。

（5）评估并完善。每次进行培训后，应及时对培训活动进行培训评估，并有针对性地对企业培训体系进行修正与完善。

3. 建立培训成果转化机制

无论采用什么样的培训方法与手段，受训者在获得知识技能、理念上的进步之后，要巩固培训效果，必须通过运用实践才能有效且持续地将所学到的知识、技能、能力等运用于生产、管理、研发工作中。而企业就应建立相应的机制来对这种转化过程进行跟进和强化。

（1）建立协作支持机制。首先，必须获得直接上级支持，即受训者的上级管理人员积极支持其下属参加培训，支持受训者将所学的技能运用到工作中去。其次，同事支持，即通过自愿组成一个小群体，在一起以定期讨论的方式来强化培训成果的转化。

（2）建立强化激励机制，即通过与企业内部其他管理激励机制联结来强化受训者的培训转化行为过程与结果。不仅要使用外部强化手段，使受训者因为运用在培训中所学的新技能和行为而得到加薪、晋升等外在奖励；同时也不能忽略内部强化的作用，受训者因为运用在培训中所学新技能和行为而得到如上级和同事的赞赏等内在奖励。另外，为了全方位地运用强化激励机制，在企业内建立良好氛围，对于为受训者提供协作支持的相关人员也应给予相应的奖励。

5.2.6　培训的方法和技术

1. 培训的方法

培训方法的种类很多，传统的有：讲座法、视听教学法、程序教学法、学徒培训法、案例分析、文件处理、敏感性训练、商业游戏、研讨法、头脑风暴法、行为模仿、角色扮演法等，近年来，随着电脑的普及，出现了基于计算机的远程培训和基于互联网的培训方法。不同的方法有各自的特点和优势，具体如下：

（1）讲座法，也称课堂教学法，是由培训师用语言向受训者传授知识的一种方法，是培训中最为常见的一种方法。

（2）视听教学法，是把要讲授的内容做成幻灯片、视频、录音等视听教材进行培训。这种方法是通过视听感官刺激向受训者传授知识或技能。

（3）程序教学法，将培训内容划分为若干单元，每个单元后都设有自我测验题，由受训者按顺序自主学习，培训师不介入。

（4）学徒培训法，一种兼顾工作和学习的培训方法，通过选择一名有经验的员工对受训者进行行为示范、实践、反馈和强化，以达到培训目的。

（5）案例分析法，即给受训者一定的案例背景资料，由其进行分析并提出解决对策。

（6）文件处理，将一些待处理的文件交由受训者，让其在规定的时间内将这些文件进行正确的处理。这种方法可以使受训者从处理文件中得到锻炼，培养其分析和处理问题的能力。

（7）商业游戏法，即把培训内容制作成模拟仿真的游戏，让受训者通过游戏进行训练的一种培训方法。

（8）研讨法，通过举办专题或综合讨论会的形式，通过与会者的共同讨论、争论，找到问题的答案或搞清问题的发展变化规律及关键环节，使受训者学习和掌握有关知识与技能，从而达到培训的目的。

（9）角色扮演法，是在一个接近真实情况的培训环境中，指定受训者扮演环境中的某一角色，通过所扮演角色的演练来增强其对所扮演角色的感受，并培养和训练其解决问题的能力，如人际交往能力、解决冲突技能等。

（10）行为模仿法，即利用演示或影片向受训者展示培训内容，然后要求受训者模仿某一角色的行为或做法，并在模仿中随时与培训者进行互动，直至做到正确为止的一种培训方法。

（11）头脑风暴法，又称智力激励法，是美国现代创造学奠基人奥斯本提出的，是一种创造能力的集体训练法。它把一个组的全体成员都组织在一起，使每个成员都毫无顾忌地发表自己的观点，既不怕别人的讥讽，也不怕别人的批评和指责，是一个使每个人都能提出大量新观点、创造性地解决问题的最有效的方法。

（12）电脑辅助学习法，即利用计算机操作或模拟软件进行培训。

（13）远程培训法，采用远程培训时，处于中心地点的培训师可以通过电视连接对遥远地点的员工进行培训，这一方法可节省大量费用。

（14）通过互联网培训，即通过互联网进行在线培训，当前许多大型企业已经建立了自己的内部培训网络。许多企业选择利用互联网进行在线培训，这样一方面节省了企业的培训成本，节省了培训场地、培训设备等的费用；另一方面也给员工提供了便利，员工可以自由选择进行培训的时间和需要的课程，提高了培训的效率。

2. 影响组织选择培训方法的因素

员工培训的方法有很多种，根据培训类型的不同需要可以采取不同的培训方法。而不同的培训方法，所要求的师资力量、培训投入、培训时间和学员素质各有不同，产生的培训效果也有所不同。组织在选择培训方法时，经常考虑的因素有：

（1）成本。企业的培训是有成本的，包括经济成本、时间成本、精力成本和机会成本，因而在选择培训方法时，应该关注各种培训方法的成本，以及该种方法预期能够带来的培训的投入与产出比。

（2）企业的规模和实力。企业规模和实力不同，所能够承担的培训成本也不同。对于一些中小企业，由于培训经费有限，应该更多选择商学院的教师或咨询顾问进行培训，或就企业出现的问题进行培训解决；而一些大型企业和外资企业一般都具有系统的培训规划，定期就某些领域聘请业内知名的培训师进行培训，而且采取不同方式的培训，如情景练习、户外拓展训练、沙盘模拟，等等，通过体验式培训提升员工的团队精神和实际解决问题的能力。

（3）企业的发展战略。企业的发展战略对于培训方法的选择也有影响。企业在不同的发展阶段，对培训的选择也不同，如在初期，可能更多的是一些技巧和专业领域的培训，随后为了增强对企业文化、理念方面的认同，进而在态度、道德、诚信、思维创新、个人修炼等方面进行不同层面的训练。

（4）培训的具体目标。不同的培训目标下，培训方法也有所不同。要根据企业的培训目标选择培训方法，通常企业的培训目标有更新知识、开发技能（包括工作技巧、工作技能和经营决策能力等内容）、改变态度等。具体的培训目标与培训方法的对应关系可参见表5-2。

表 5 –2　　　　　　　　　按培训目标来分类的培训方法

培训目标	培训方法	原　因
更新知识	讲座法 视听教学法 电脑网络教育 自我学习	知识培训涵盖内容较多，且理论性强，讲座法能体现其逻辑关联性，对于一些概念性内容、专业术语性内容需要通过培训师的讲授以便于学员理解。而视听教学能够增加直观的感受便于深刻理解。而电脑网络教育和自我学习则可作为补充。
开发技能	商业游戏案例分析文件处理头脑风暴法研讨法操作示范法	技能培训要求员工掌握实际操作能力，如销售技能、操作技能等，学员通过角色扮演和操作示范反复练习，得到实际操作能力的提高。对于企业中级以上经营管理人员经营决策能力的培训，则可以选择案例分析、研讨法、头脑风暴法，通过案例研究和讨论开拓思维，提高解决实际问题的能力。
改变态度	角色扮演法 行为模仿法	态度培训如采用课堂讲授法会使学员感到空洞，而角色扮演能体现员工的态度。采用游戏式的行为模仿培训可以使学员通过共同参与，在轻松愉快的气氛中得到启发，调动员工的主动性。

📝 小案例

京东商城升级培训体系

新浪科技讯 4 月 26 日上午消息，京东商城（微博）集团宣布将培训上升为公司战略之一，并着手建立"京东大学"，为每一位员工建立科学、清晰的学习成长路径，帮助每一位员工在职业发展上实现成功。

据悉，京东培训体系从 2008 年开始搭建，2010 年培训部门从原本的 HR 功能中独立出来组成集团培训部。2012 年公司创始 CEO 刘强东强调"把培训上升为公司战略之一"，并着手建立"京东大学"。

京东商城近些年高速增长，员工迅速增加。在这个背景下，按照公司业务及运营的战略需求，开展了许多培训项目。有针对主管级的储备干部培训，针对经理级的新晋管理培训，针对中高层的 MBA/EMBA 培训；特别是举办数届针对应届生的"管理培训生项目"和针对经理的"管理干部项目"为公司的长远发展储备了大量人才，效果显著。

京东整个课程体系以企业文化为核心，以员工业务技能和管理能力提升为主线，以职业化素养熔炼为支脉，具体包括以下七大课程：

"融入之行：新入职课程；亮剑之旅：拓展训练课程；明日之翼：职业化课程；精英之路：业务进阶课程；跨越之阶：管理进阶课程；制胜之道：领导力课程；京东之魂：核心价值观课程"。

高端课程其实主要体现在领导力和执行力这两部分，更多的培训是普及型的，满足现在最迫切的业务部门的需求。现有课程300多门，所有课程都是常年开设，不断进行更新。

讲师体系是开展培训的核心资源。京东不仅与许多知名培训咨询公司建立良好关系，拥有大量外部讲师资源，在公司内部也组建了一支强大的内训师队伍。聘任的途径是让优秀员工不断报名，然后对他们进行培训认证。确认之后，有一个要求，就是每一个内训师一年至少讲三门课，京东会通过这三门课学员的评估、反映来调整和更换。现有内部讲师近600余人，包含基层最优秀的员工、经理、总部的总监、VP。公司定期举办内训师集训营，给内部讲师传授"呈现技巧""课程开发"等更专业的培训。

除了完备的培训体系，近日，京东商城集团还宣布推出了名为"安居计划"的员工无息贷款购房购车计划，用于帮助员工购房购车，安居乐业，贷款总额预计高达数亿元。

资料来源：本案例根据新浪科技网（http：//tech. sina. com. cn ）和《创业家》：京东是怎样搞员工培训的整理编写，2012。

（5）培训课程内容。在进行培训方法的选择时，除了根据培训目标来进行外，还可以根据不同的培训课程来选择适合的培训方法。具体可参见表5–3。

表5–3　　　　　　　　　　不同培训课程适合的培训方法

序号	培训课程内容	适合的培训方法
1	领导艺术	研讨法、案例研究、头脑风暴法等
2	战略决策	案例研究、研讨法、课堂讲授等
3	企业管理	课堂讲授、自我培训等
4	产品知识	课堂讲授、研讨法、视听教学法、自我培训等
5	营销知识	课堂讲授、研讨法、自我培训等
6	财会知识	课堂讲授、专题讲座、操作示范等
7	生产管理	课堂讲授、电脑网络、案例研究等
8	资本运作	课堂讲授、案例研究等
9	礼节礼貌	课堂讲授、角色扮演法等
10	品牌管理	课堂讲授、案例研究等
11	管理技能	角色扮演法、模拟训练、自我培训等
12	销售技能	角色扮演法、头脑风暴法等
13	服务技能	角色扮演法、模拟法、视听教学法等

续表

序号	培训课程内容	适合的培训方法
14	人际沟通能力	角色扮演法、游戏法等
15	创新技能	头脑风暴法、模拟训练等
16	商务谈判技能	角色扮演法、研讨法等
17	团队精神	游戏法等
18	服务心态	游戏法等

资料来源：金延平. 人员培训与开发［M］. 大连：东北财经大学出版社，2006：164 - 165.

5.2.7 员工培训的实施

1. 培训方案设计

（1）培训方案的内容及其作用。所谓培训方案，是从组织的战略出发，在全面、客观的培训需求分析基础上做出有关培训的总体的实施计划，它包括对培训时间（When）、培训地点（Where）、培训者（Who）、培训对象（Whom）、培训方式（How）和培训内容（What）等的预先系统设定。培训计划必须满足组织及员工两方面的需求，兼顾组织资源条件及员工素质基础，并充分考虑人才培养的超前性及培训结果的不确定性。

从内容上看，一个完整的培训计划应包含培训目的、培训对象、培训课程、培训形式、培训内容、培训讲师、培训时间、培训地点、考评方式、培训预算以及培训出现问题时的调整方式等方面的内容。具体可参见表 5 - 4。

表 5 - 4 培训方案项目及内容

项 目	具体内容
培训目的	为什么要进行培训？通过培训要达到一个怎样的效果？培训目的要简洁，具有可操作性，最好能够衡量，这样就可以有效检查人员培训的效果，便于以后的培训评估。
培训对象	培训对象是谁？是高层管理人员、中基层管理人员、关键技术人员、营销人员、新入职员工还是其他人员？确定了培训对象才能有针对性地设置培训课程，选择培训方法。
培训内容	培训的内容有哪些？企业历史和现状、企业规章制度、企业文化、工作流程、专项业务、管理实践、行业发展等。
培训形式	是岗前培训还是在岗培训？是长期培训还是短期培训？是脱产培训还是非脱产培训？

续表

项　目	具体内容
培训课程	根据培训的目的和内容应该为培训安排哪些课程？是重点培训课程、常规培训课程还是临时性培训课程？
培训方法	培训采用的方法有哪些？一些培训方法需要相应的辅助设备，需提前准备好。
培训的场地和设施	培训所在的场所和环境是怎样的？该场地能够提供哪些设施？另外还应明确每个培训项目的集合地点。
培训时间及进度安排	什么时间进行培训，整个培训需要多长时间？包括培训执行的计划期或有效期、培训计划中每一个培训项目的实施时间，以及培训计划中每一个培训项目的课时等。培训计划的时间安排应具有前瞻性，时机选择要得当，同时要兼顾学员的时间。
培训讲师	培训师是哪一类别的？外聘还是企业内部的？
考评方式	怎么样对受训者进行培训考核？采用笔试、面试还是操作，或是绩效考核等方式进行。
培训预算	培训的预算是多少？培训的直接成本和间接成本是多少？经费从哪里来？
食宿等后勤安排	培训期间的饮食、住宿怎样解决？
培训责任人	培训的负责人是谁？哪些部门为培训服务？负责人、工作人员等。
调整方式	计划变更或调整的程序及权限范围。

除了上述培训方案的总体框架外，还应该向受训人员提供培训手册或指南，内容包括培训的目的、范围、参训人员所需知识与技能、对受训者要求、培训方式规划、培训制度以及相应的参考资料等。

可以说，培训方案是培训活动进行的依据，是用以规范和指导具体培训活动的行动指南。就如同驾车外出旅行时常需的道路指南，培训者通过它能够知道起点在哪，终点在哪，所要经过地方的确切位置。具体地说，培训方案有利于管理和控制：它保证不会遗忘主要任务；它清楚地说明了谁负责、谁有责任、谁有职权；它预先设定了某项任务与其他任务的依赖关系，这样也就规定了工作职能上的依赖关系；它是一种尺度，可用于衡量对照各种状态，最后则用于判断项目、管理者及各成员的成败；它是用做监控、跟踪及控制的重要工具，也是一种交流和管理的工具。

（2）制定培训方案的步骤及应注意的问题。一般来说，企业培训方案的编制大体上包括以下几个步骤：

①培训需求分析。需求分析是培训方案出台的第一步，有了明确的需求，才能据以制订培训方案。

②培训条件调查。这一环节需要调查企业在培训方面具备的能力，如是否具备自办培训的能力。

③制定培训的总体目标。根据企业的整体战略和相应的人力资源战略来制订总的培训目标，再把总目标分解成若干个相应的培训项目，使员工培训的总体目标分段化、具体化。

④分配资源。根据各个阶段性计划，按轻重缓急来分配资源，提供相应的人力、物力和财力支持。

⑤综合平衡。主要是平衡好以下几对关系：培训需求与师资能力、培训工作与生产经营正常运转、企业培训需求与员工个人需求的协调、培训收益与培训投资。

⑥起草培训方案。即对培训计划进行具体安排并通过文字或图表的形式形成书面文件。

⑦提请管理层审批。培训方案经过讨论和修改后，上报企业相应管理层进行审核批准，通过后方可执行。

在制订培训方案计划时，应注意以下几个方面的问题：

一是培训方案的编制应从实际情况出发。企业在制订培训方案时应该从本企业的实际情况出发，结合本企业的特点、发展目标、管理方式等来组织培训，切忌盲目跟风。

二是处理好长期计划与短期计划的关系。企业的培训不是一朝一夕的事情，培训方案的制订既要切合当前需要，又要具有前瞻性。既能够满足当前生产经营中的需要，又要从企业的整体战略出发，做好企业人力资源可持续发展工作。

三是高层管理者的支持。培训方案的制订应取得高层管理者的支持，这对培训工作实行的顺利与否影响很大，这一点无须过多的解释。

四是注意成本资源约束。培训方案必须符合组织的资源限制。有些方案可能很理想，但如果需要庞大的培训经费，就不是每个组织都负担得起的。能否确保经费的来源和能否合理地分配和使用经费，不仅直接关系到培训的规模、水平及程度，而且也关系到培训人员的心态。

2.　培训费用预算

（1）预算的确定。培训费用的预算将有助于对培训工作的有效管理和控制，同时有利于相关的培训决策。

一般而言培训预算的确定有以下两种处理方式：

①按培训计划实际需要。先制订培训计划，根据计划的要求推算出培训预算，然后再根据企业的实际承受能力，再对预算进行调整。

②按照事先划定的培训预算范围。比如按企业上年度纯利润的 5% 计算，或者按人均 1000 元/年计算等，人力资源部门要根据企业既定的培训预算来制订培训计划。但在具体操作时，这种比例的确定不同的企业有不同的标准，如果企业有历史培训预算的数据，参考这些数据会更加有意义。如果没有历史数据，最通常的做法是参考同行业关于培训预算的平均数据。另外，同行业优秀企业的培训预算数据也很重要，将平均培训预算与优秀企业培训预算相比较，就可以看出培训费用对企业发展的贡献。

上述方法具有很强的可操作性，但它无法精确地推算出本企业的培训预算。

（2）预算的分配。虽然在确定培训预算时，可能会采用人均培训预算的方式，但是在预算分配时，往往不会人均平摊。企业一般都会将培训预算向公司高级经理人员和技术骨干员工倾斜，这样做是合理的。因为在很多企业中，80% 的效益是由 20% 的员工带来的。高级经理人员及技术骨干员工提高了管理及技术水平，可以有效地带动普通员工提高工作能力，这种从上向下的推动远比由普通员工从下向上推动要容易得多。具体来说，企业的高级经理是企业管理理念的传播者和管理方法的创新者。对于中层管理者和普通员工而言，他们更倾向于去适应自己上级的管理理念和管理方法。所以提高高层经理的管理水平对提高企业整体的管理水平具有决定性的影响。而技术培训的投资会使技术骨干们获得个人能力的成长，这是对技术骨干最有效的激励。加之技术骨干由于对技术非常精通，由他们将自己的所学向其他技术人员进行内部传播时，成功率较高。但是这种培训预算的不平均性，可能会导致普通员工的不满。因此在公布预算分配时，最好以部门或培训项目来分配，人均分配数额仅作为培训预算的一种计算方法。

（3）解决预算与计划的冲突。在企业的实际运营中，培训预算往往会与培训计划产生冲突，预算太少无法完成培训计划所涉及的培训项目，或者预算过多。后者并不会给项目负责人带来困扰，而前者的情况则往往会给培训项目负责人员带来麻烦。尤其当企业需要费用紧缩时，往往会首先想到削减培训预算。让企业培训负责人最头疼的事情可能就是要用削减后的培训预算去完成原定的培训计划。解决这个问题最有效的办法是加强企业内部培训，因为企业内训的费用与外训相比要少很多。而加强企业内训，关键是在企业中寻找到合适的兼职培训师，并对其稍加培训，使其掌握培训师的一些技能和技巧。另外，更可以在进行外派培训时，让受训人员及时将培训内容在企业内部传播，这样也可以节省大量的培训费用。

3. 培训师资

（1）培训师的角色。培训师是培训体系中最重要的组成部分，培训师的优劣在很大程度上决定了培训的效果。一个专业的培训师不仅要起到为学员传道、授业、解惑的作用，更要能够缔造学习气氛，同时，更要起到管理变革的作用。因此，一个优秀的培训师在培训中应该扮演好四个角色：

①教师。从培训师字面上理解，师者传道授业解惑也，培训师首先是老师，因此无论是教授学员如何成功的做人还是教授销售、管理或者财务技巧，都要具备老师一样的专业知识和授课技巧。这就要求培训师不仅自身知识丰富，更要具备课程的编写能力和课堂讲解能力。

培训师的课程应当是系统而明确的，并且每个课程都围绕着一个中心，说明一个问题。以财务课程举例来说，如果要做成学校式的教案，估计如同字典一般厚实，因此不可能在一天或几天的培训课中系统的讲解，因此作为培训师应当将课程重点集中在自己擅长的点上。例如，专讲财务报表分析的课程，专讲报税的课程等。最忌讳按照培训者主观逻辑拼凑的课程，既没明确主题也不能保证课程的完整。许多培训师大多不是教师出身，没有受过专业的课程讲解训练，但是如同教师一样的讲解能力却是培训师必不可缺的能力。讲解需要把一个观点一个问题深入浅出地剖析清楚，无论深奥或是浅显都能让学员明白培训师所要阐发的观点。

②演员。培训师的职责除了传授知识，更要让学员接受知识。传授与接受是两个截然不同的概念，传授只是一个教的过程，而接受才是学的过程，那么怎样才能让学员将自己传授的知识理解、记忆并掌握是对培训师的要求。

一个优秀的培训师可以像演技高超的演员一样始终吸引受训者的注意力。许多培训大师的课程，大多动作幅度较大，表情丰富甚至夸张。通过这种方式培训师可以始终引领学员的注意，让学员全身心地投入到对课程的理解和体会上来。

演员的另一层含义是指将课程用表演的方式演绎出来。同样的课程，一个优秀的培训师可以将其演绎得淋漓尽致，充分调动学员的热情，让学员在不知不觉当中投入，而同样的内容换成一个经验欠缺的培训师上课时，就无法引起学员的兴趣，甚至感觉内容枯燥，产生抵触情绪。这就是为什么很多大的企业集团虽然有许多顶尖的业务能手，但仍然需要借助专业的培训师的原因。因为同样的话从不同人的嘴里说出来，或者使用不同的表达方式，给别人的感觉都是不一样的。而专业的培训师就像给这些知识加上了华丽的包装，原本一些朴素的知识或道理由丑小鸭变成了白天鹅，通过培训师的演绎，这些知识让受训者感觉到是"如此重要"以至于在今后的实际工作中会牢牢地记住，这就达到了培训的目的。

③教练。培训师的教练角色体现在整个培训过程中对学员的培养和训练上，例如拓展训练，体验式教学、游戏教学是对学员能力的训练，需要培训师对学员进行辅助、引导，让学员身体力行的参与到培训项目中来。这就要求培训师不但能够像教练一样示范并且能够像教练一样给予耐心、细致的指导。

④咨询顾问。很多优秀的培训师也是企业的咨询顾问，可以根据企业状况提出培训课程及培训重点的建议。不同的培训师大多有自己擅长的领域，一个优秀培训师应该是自己专业领域的专家，不是简单地照搬而是对知识、技巧的灵活应用，授课时能旁征博引充分阐释，遇到学员的实际问题也能凭丰富经验与知识给予准确的解答。

（2）培训师应具备的素质。培训能否达到预期的效果很大程度上取决于培训师，一个卓越的培训师应具备以下素质：

①知识和经验。一个资深的培训师应该具有深厚的理论知识，过硬的教学经验和实战经验。在培训课堂上，师生关系不是一种单向传递的关系，而是双向沟通交流的关系。培训师要有能力回答被培训人员提出的各种各样的问题。所以要求培训师必须是一个学识渊博的人，而绝对不能是空洞的不着边际的泛泛之谈。培训师对企业的人事管理、市场管理、财务管理等各方面都要有一定深度的认知和独到的成功经验。只有这样才能把他们拥有的知识和成功的经验有效地传递给学员，才能获得学员的认可。

②建立关系的能力。培训师应该拥有广泛的人际交往和沟通的技能，企业培训师看起来应当是可接近的、友好的、值得信任的。培训师必须是乐于助人的、有办法的并且能充分地表达自己想法的。培训师必须愿意进行坦诚的交流，能够清楚地识别出不受欢迎的行为，而不要过于顾忌被培训者的反抗情绪或担心使他们难堪或不喜欢。培训的成功很大程度上取决于企业培训师和被培训者之间的关系是否融洽。

③激励他人的能力。培训师应能够意识到被培训者的发展需要并激励他们认同自己的情感和价值观，为获得和实现他们的最高目标而努力。成功的企业培训师能激发被培训者内在的动力而不是使用外在的压力。

④变通的能力。培训的课程虽然是有着进度安排的，但是不同的学员理解和接受能力不同，学习速度有快有慢，培训师应该具有根据学员表现灵活变通的能力，以适应学员的要求。

⑤诊断问题并找出解决方法的能力。一个成功的培训师能真正了解学员所询问问题的关键所在；能意识到什么是"错误"以及应该做什么；将理论运

用于实际环境的能力；创造性地提供新的观点和新的视角；独特的和新奇的解决问题的能力。

⑥人格魅力。培训师的人格魅力是其综合素质的集中体现。优秀的培训师一定会具有积极向上的人生态度和正确的价值观，具有幽默感和热情。培训师的道德行为规范、个人修养、兴趣、礼仪等，都会在学员面前表现得一览无余。因此，培训师的人格魅力无疑是影响培训效果的重要因素。

（3）培训师的选择与培养。培训师的来源无外乎两种：企业内部资深人士和外部聘请专业人员。在进行培训时培训师究竟是内选还是外聘应依据培训的实际需求来决定。

①选择外聘培训师。就目前国内企业的培训现状来看，企业培训师是一个新兴的职业，对个人综合素质和实战经验的资历要求极高，优秀的培训师还相当缺乏。那么，怎样才能外聘到优秀的培训师呢？

●高校。高校是人才最密集的地方，一些专业性的培训可以从高校中聘请理论和实践经验丰富的教授来进行授课。

●专业协会或培训咨询公司。可以说专业协会和培训咨询公司是培训师最集中的地方，因此可以通过这种途径找到需要的培训师。

●培训班。通过各种培训班可以与培训师直接接触，近距离地观察培训师的表现和风格，从中找寻最适合本企业需要的培训师。

进行外聘培训师的选择时，应该广开门路，要通过各种渠道获取相关的信息，信息越多，范围越广，选择到优秀培训师的机会就越多。但鉴于目前市场上培训师的水平参差不齐，因而要多方考察，慎重选择。在选择培训师时必须认真考察和评估其能力和素质。可以通过简历来进行初步的了解，再通过培训试讲，进一步观察其知识、经验、培训技能和个人魅力。另外，还可以通过面试问答了解培训师对企业培训相关方面的熟悉程度，从而判断培训师的实际水平。

②培养企业内部培训师。企业内部经常要有一些常规培训项目，如新进员工培训、企业历史及企业文化培训等，这就需要由企业内部的培训师来担当任务。从企业内部选拔聘用兼职培训师是一项具有创造力的工作，做好这项工作，将对人力资源的开发与培训具有巨大的推进作用。

建立内部培训师队伍并有效地利用，在企业人力资源的开发与培训中是必要的，同时也是可行的，一般可通过以下的程序来进行：

第一，寻找培训师候选人。首先，进行工作动员，这是建立内部培训师队伍的首要环节。因为这些培训师都是兼职的，本职工作是主要的，而培训工作是兼任的。做好这项工作，必须要在动员的基础上，争取其所在部门的支持，征得本人的同意。其次，各个部门上报有资格的培训师候选人名单，培训部门对候选人进行筛选。在这一环节中，应事先制订好兼职培训师的资格条件并公布，这样便于员工和部门领导的衡量和选择。在对候选人进行筛选时，可灵活采用多种方式，如试讲、面谈等，以考查其培训的基本功潜力，比如组织能力、表达能力、逻辑能力等，兼顾考查其他的素质和能力。最后，初步确定培训师队伍组成人员。按照资格条件进行考查后，以按照一个部门或一类部门1~2个名额的原则进行人员的确定，并上报至高层管理者予以确认。

第二，培养培训师。培训部门应负责对培训师队伍进行培训技能方面的培训。对所有培训师队伍的组成人员进行培训，是建立内部培训师队伍的最重要的环节。这关系着初步建立的培训师队伍能否有效地发挥应有的作用，以及人力资源开发和培训的效果。由于这些组成人员以前很少或没有接触过企业培训，因此对于培训的专业技巧方面掌握得很少，即使具备一些，也需要加以规范和强化。因此，培训的重点就是关于培训活动的策划组织技巧上，具体包括：培训师的职责和角色，培训师的基本技能，课堂组织技巧，培训效果的评估方法等。需要注意的是在相关的培训完成后，应再次进行测试，以确保组成人员被培训的效果，提高培训师队伍的整体素质。

第三，资格确认。企业高层管理机构或高层管理者对培训合格后的人员进行培训师的资格认定测试后，要对这些组成人员进行正式的资格确认。确认后，人力资源部将其培训师资格归档并录入个人人事资料，从而成为绩效考核、晋升、薪酬评定等方面的依据。这一最后环节标志着培训师队伍最终建立起来。

上述过程，不仅使选聘兼职培训师的工作做得扎实，而且使培训理念、公司发展、个人成长等公司文化深入人心，有利于企业的长期快速发展，从而取得一箭双雕的效果。

4. 培训效果评估

（1）培训效果评估的含义。所谓的培训效果评估，就是收集有关培训项目实施效果的反馈信息，根据这些信息对培训价值做出评价的过程，其目的是帮助企业在选择、调整各种培训活动以及判断其价值的时候做出更明智的决策。培训评估是一个完整的培训流程的最后环节，它既是对整个培训活动实施成效的评价和总

> **小思考**
>
> **如何才能使培训评估更有效？**
>
> 建立一个良好的培训评估流程是顺利有效进行培训评估活动的关键。可以按照以下步骤进行：
>
> - 确定评估目的，规划评估工作；
> - 选定评估对象，并评估培训前的准备；
> - 确定培训评估层次；
> - 选择评估衡量的方法；
> - 统计并分析原始评估资料；
> - 评估反馈。

结，同时评估结果又是以后培训活动的重要输入，为下一个培训活动培训需求的确定和培训项目的调整提供重要的依据。通过评估，可以确定培训项目是否实现了其目标，使培训管理资源得到更广泛地推广和共享，有利于改进和优化培训体系，并促进培训管理水平的提升。从传统意义上讲，培训评估是培训流程中的最后一个环节，所以只在培训结束后，对培训实施环节进行评估。但是，一个完整的、有效的培训评估不仅要有一个系统的规划，也应该是从培训需求分析、培训课程开发，以及培训活动的组织与实施多个环节同时进行的。

（2）培训评估的模型与方法。国内外许多学者开发了很多专门的培训评估系统模型，当前占主导地位的仍然是柯克帕特里克（Kirkpatrick）于 1959 年提出的培训效果评估的四层次模型，仍被全球职业经理人广泛采用。该模型认为评估必须回答四个方面的问题，从四个层次分别进行评估，即受训者的反应（受训者满意程度）、学习（知识、技能、态度、行为方式方面的收获）、行为（工作中行为的改进）、结果（受训者获得的经营业绩）对组织的影响。具体可参见表 5 – 5。

表 5 – 5　　　　　　　　　　柯克帕特里克的培训评估模型

评估层次	内容	可询问的问题	衡量方法
反应层	观察学员的反应	●学员喜欢该培训课程吗？ ●课程对自身有用吗？ ●对培训师及培训设施等有何意见？ ●课堂反应是否积极主动？	问卷、评估调查表填写、评估访谈
学习层	检查学员的学习结果	●学员在培训项目中学到了什么？ ●培训前后，学员知识、技能等方面有多大程度的提高？	评估调查表填写、笔试、绩效考试、案例研究
行为层	衡量培训前后的工作表现	●学员在学习基础上有无改变行为？ ●学员在工作中是否用到培训所学的知识、技能？	由上级、同事、客户、下属进行绩效考核、测试、观察和绩效记录
结果层	衡量公司经营业绩变化	●行为改变对组织的影响是否积极？ ●组织是否因培训而经营得更好？	考察事故率、生产率、流动率、士气

反应评估是指参与者对培训项目的评价，如培训材料、培训师、设备、方法等。受训者反应是培训设计需要考虑的重要因素。

学习评估是测量原理、事实、技术和技能获取程度。评估方法包括纸笔测试、技能练习与工作模拟等。

行为评估是测量在培训项目中所学习的技能和知识的转化程度，受训者的工作行为有没有得到改善。这方面的评估可以通过参与者的上级、下属、同事和参与者本人对接受培训前后的行为变化进行评价。

结果评估是在组织层面上绩效是否改善的评估，如节省成本、工作结果改变和质量改变。

对于这四个层次指标的评估，在方法上主要分为定性评估与定量评估。定性评估是建立在经验与逻辑的基础上，而定量评估法则是以数学、统计学为基础的，人力资源开发工作人员在评估培训效果时，应综合应用两类方法，以得出比较准确的评估效果。

①定性评估法。定性评估法在评估培训效果中运用得较为广泛，它是指评估者在调查研究、了解实际情况后，再结合自己的经验与标准，对培训的效果做出评价。使用定性方法进行评估值时只对培训项目的实施效果做出一个方向性的判断，也就是主要是"好"与"坏"的判断，由于不能得到数量化的结论，故不能对培训效果达到的程度做一个准确的表述。

该方法优点在于简单易行，所需数据少，可考虑因素很多、评估过程可以充分发挥自己的经验等；而缺点在于评估结果受主观因素、理论水平和实践经验影响较大，由于不同评估者由于工作岗位不同、工作经历不同、掌握的信息不同往往会对同一问题做出不同的判断。

具体的方法主要有：问卷调查法、笔试（测验）法、工作绩效考核法、工作态度调查表、工作标准评价法、跟踪观察法、比较法、目标评价法、面谈法等，其中应用最普遍的是问卷调查法，即在培训项目结束时，收集被培训者对于培训项目的效果和有用性的反应，被培训者的反应对于培训方案的重新设计或继续培训项目至关重要。当采用问卷调查法进行评估时，设计问卷是关键。评估者需要围绕培训课程设计问卷，问卷的内容往往包括培训内容的针对性、培训师水平、培训设施、自己从培训中得到的收益等问题。问卷调查既易于实施，也容易分析和总结。问卷调查的缺点是其数据是主观的，并且是建立在被培训者在测试时的意见和情感之上的。

②定量评估法。定量评估法在培训效果中评估运用得比较少。但因为用数据说话更有说服力，评估结果也更准确，因此人力资源开发工作人员又不得不重视定量评估法。常用的方法有成本—收益分析法、边际分析法、目标成本法、假设检验法等。其中运用得较为广泛的是成本—收益分析法，在利用这种方法时，可以通过计算培训收益或者投资回报率来分析，在此，我们只具体介绍计算培训收益的方法。

　　培训收益是指培训所获得的总效益减去总成本之后所得到的净收益，培训收益越高，培训效果就越好，反之越差。

　　直接收益评估法是对员工受培训后的效果进行观察，并加以评估。公式为：

$$TE = (E2 - E1) \times T \times N - C$$

其中：TE 为培训收益；$E1$ 为培训前每个受训者 1 年产生的效益；$E2$ 为培训后每个受训者 1 年产生的效益；N 为参与培训的人数；T 为培训效果可持续年数；C 为培训成本。

　　间接收益评估法通过对员工在职培训有关的指标的计算，来研究这种投资的效益，首先找出影响培训效益的因素，即把这种收益分解为一些具体指标，然后根据这些指标的相互关系进行计算。公式为：

$$TE = T \times S \times d \times N - C$$

其中：TE 为培训收益；N 为参与培训的人数；S 为未受培训者工作绩效的标准差（一般约等于年工资的40％）；d 为效用尺度，即接受培训者与未受培训者工作绩效的平均差值；T 为培训效果可持续年数；C 为培训成本。另外，d 可表示为：$d = (X1 - X2) / (S \times R^2)$，$X1$ 为受训者的平均工作效率；$X2$ 为未受训者的平均工作效率。

　　③总结与反馈。通过对培训评估收集到的信息的分析，人力资源开发部门就可以有针对性地调整培训项目。如有的部分需要改进、有的部分应该取消而有的部分则需加强。通过这些可以帮助企业在选择、调整各种培训活动的时候做出更明智的决策。

　　培训评估不仅是对整个培训活动实施成效的评价和总结，更重要的是为以后培训活动提供重要的信息输入，为下一个培训活动培训需求的确定和培训项目的调整提供重要的依据。因此，培训项目结果的沟通与反馈非常重要。在培训评估过程中，人们往往忽视对培训评估结果的沟通。尽管经过分析和解释后的评估数据将转给某个人，但是，当应该得到这些信息的人没有得到时，就会出现问题。一般来说，企业中有四种人是必须要得到培训评估结果的。第一种是最重要的一种人，即人力资源开发人员，他们需要这些信息来改进培训项目，只有在得到反馈意见的基础上精益求精，培训项目才能得到提高；第二种是管理层，他们当中有一些是决策人物，决定着培训项目的方向。第三种是受训人员，他们应该知道自己的培训效果怎么样，并且将自己的业绩表现与其他人的业绩表现进行比较。这种意见反馈有助于他们继续努力，也有助于将来参加该培训项目学习的人员不断努力。第四种是受训人员的直接主管，他们也有必要了解培训效果，以便于他们了解自己下属的表现和提高，为今后的工作安排提供参考。

5.3 职业发展

人类社会的发展与文明的进步为人们提供了越来越多的职业，而人们通过职业活动又推动了包括企业组织在内的社会发展。从微观角度来看，职业不仅是谋生的手段，也是个人在社会的存在意义和价值的证明。对个人而言，选择一个合适的职业、渡过一个成功的职业生涯，是每一个人一生的理想和追求；而对企业组织来说，组织的目标也要靠员工个人的职业活动来实现。因此，职业的选择和职业体系的设计作为一种人力资源的配置方案，既关乎个人又关乎企业，也是社会经济制度的重要组成部分之一。

5.3.1 职业的含义与特点

职业的概念由来已久，但由于研究目的的不同，学者们从不同的角度、不同的侧面对职业的内涵进行了不同的界定。概括起来看，主要是从社会学和经济学意义上进行的理解和界定。从社会学视角对"职业"的界定，以日本社会学家尾高邦雄的观点最具代表性，他认为职业是某种一定的社会分工或社会角色的持续的实现，因此职业包括工作、工作的场所和地位，并指出："职业是社会与个人，或整体与个体的结点；通过这一点的动态相关，形成了人类社会共同生活的基本结构；整体靠个体通过职业活动来实现，个体则通过职业活动对整体的存在和发展做出贡献。"[①] 而从经济学角度理解的"职业"，则与劳动的精细社会分工紧密相连。劳动者相对稳定地担当某项具体的社会劳动分工，或者较稳定地从事某类专门的社会工作，并从中取得收入，那么这种社会工作便是劳动者的职业。

综合社会学和经济学对"职业"的理解，所谓职业（occupation/vocation），一般是指人们在社会生活中所从事的、以获取报酬为目的的、相对稳定的劳动角色。对这一基本概念的理解可以从以下四个方面进行：

1. 职业是社会分工体系中劳动者所获得的一种劳动角色

职业根源于社会分工，在整个社会生产过程中有诸多工种或岗位，而"职业"是处于最底层、最具体、最精细、最专门的社会分工。不同的职业赋予劳动者不同的工作内容、不同的职责、不同的声誉和社会地位以及不同的劳动规

---

① 林忠，金延平. 人力资源管理（第三版）[M]. 大连：东北财经大学出版社，2012：149.

范和行为模式，于是劳动者便具有了特定的社会标记和专门的劳动角色，如教师、医生、企业家、公务员、编辑、工程师，等等。

2. 职业是一种社会性的活动

职业具有社会性，职业是劳动者所进行的社会生产活动或社会工作，其工作身份和内容应为他人所必需并为国家所允许和认可。因此，职业是社会的职业。

3. 职业具有连续性和稳定性

劳动者应该连续不间断地从事某种社会工作，或者相对稳定的从事某项工作，这种工作才能成为劳动者的职业。如果不能保持其工作的一定稳定性，朝秦暮楚，就无所谓职业。

4. 职业具有经济性

劳动者从事某项职业，必定要从中获取经济收入。换言之，劳动者就是为了不断取得个人收入才较为稳定地承担某项社会分工、从事该社会职业的。不能提供经济报酬的工作，如家庭主妇、志愿者，即使其劳动活动较为稳固、受社会认可，也非职业工作。

5.3.2　职业生涯及其规划的含义

1. 职业生涯

人的一生中，在工作岗位上度过的时光占据生命的大半，如何更好地利用这段时间让自己的人生目标得以实现是大多数人的梦想。为此，职业生涯及其管理理论出现并且试图在职业选择、职业规划、职业转换、职业成功等方面为每一个职场人士提供帮助。职业生涯（career）是指一个人一生在职业岗位上度过的、与工作活动相关的连续经历。职业生涯是一个动态过程，它一方面反映人们参加工作时间的长短，同时也涵盖了人们职业的发展、变更的历程和过程。尽管不同学者对职业生涯的内涵有不同认识，但是作为概念的基本内涵都包括了以下内容：职业生涯是个体的行为经历、与个体从事的职业相关、是一个动态变化的时间概念。

知识经济时代，掌握更多专业技能和拥有更多自我实现意识的员工也逐渐改变了对职业的传统认识，越来越多的人尝试在同一企业内的不同职位之间以及不同企业间进行职业转换，进而获取更多的成功机会或是丰富自己的职业经历。1976 年，Hall 提出了"易变性职业生涯（protean career）"概念，并于1996 年对易变性职业生涯适用群体加以修正后将其定义为：个人兴趣、价值观、能力的变化以及企业或组织环境的变化引发的个人职业不断变动的现象。Hall 的研究得到了职业生涯管理领域其他学者的支持和认可，而对这一现象更加广泛与系统的研究也就此展开。1994 年，Deillppi 和 Arthur 在 Hall 研究的基础上提出了"无边界职业生涯（boundaryless career）"的概念，即"超越某一单一雇佣范围设定的一系列工作机会"。与易变性职业生涯相比，无边界职业生涯概念侧重从组织的角度分析员工在不同组织之间的职业转换问题，而前者则强调从员工的视角对职业转换进行研究。尽管研究视角略有差异，但两者都认同的是：新的职业生涯模式正在逐渐取代传统的职业生涯模式，组织和个人都应为此做好准备并进行相应的调整。

2. 职业规划与管理

职业规划（career plan）是指对人们职业生涯的计划和安排，包括个人计划与组织计划两个层次。职业生涯管理（career management），又称职业管理，是对职业生涯的设计与开发的过程。它同样需要从个人和组织两个不同的角度进行。从个人角度讲，职业生涯管理就是一个人对自己所要从事的职业、要加入的工作组织、在职业发展上要达到的高度等做出规划和设计，并为实现自己的职业目标而积累知识、开发技能的过程。它一般通过选择职业、选择组织、选择工作岗位，通过在工作中技能得以提高、职位得到晋升、才干得到发挥等来实现。而从组织角度讲，则是指对员工所从事的职业所进行的一系列计划、组织、领导和控制的管理活动，以实现组织目标和个人发展的有机结合。

根据职业生涯管理的内涵与特点，其管理流程如图 5-2 所示。

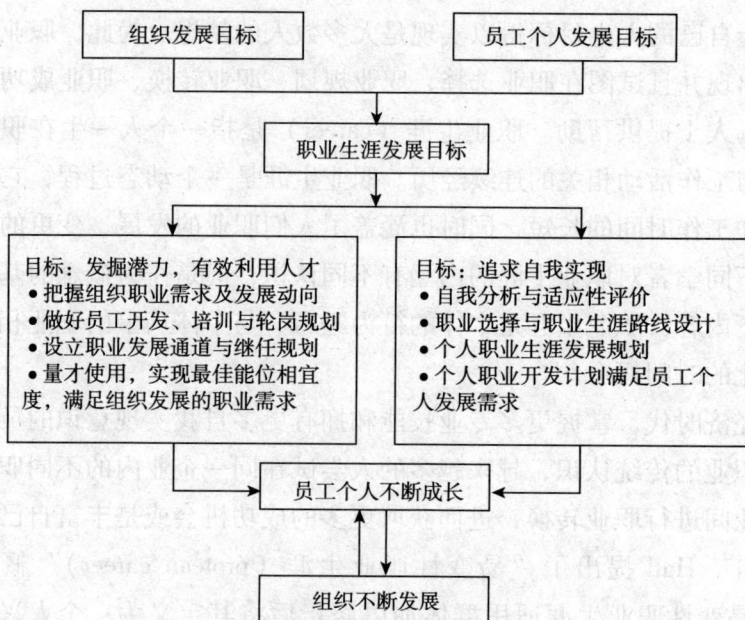

图 5-2　职业生涯管理流程图

资料来源：林忠，金延平. 人力资源管理（第三版）[M]. 大连：东北财经大学出版社，2012：153.

5.3.3　职业生涯管理基本理论

1. 职业选择理论

职业选择就是劳动者依照自己的职业期望和兴趣，凭借自身能力挑选职业，使自身能力素质与职业需求特征相符合的过程。职业选择是一项非常复杂的工作，会受到多种因素的影响，人们一般会从自己的职业期望和理想出发，根据个人的兴趣、能力、特点等自身素质，从社会现有的职业中选择适合自己的职业。鉴于职业选择对个人事业及生活的重要影响，许多心理学家和职业指导专家对职业选择问题进行了专门的研究，提出了自己的理论。

最初的人与职业相匹配的职业选择理论由美国波士顿大学的帕森斯教授提出。1909 年，帕森斯在其所著的《选择一个职业》一书中提出了人与职业的匹配是职业选择的焦点的观点。在帕森斯教授观点的基础上，美国约翰·霍普金斯大学心理学教授约翰·霍兰德（John Holland）于 1971 年提出了具有广泛社会影响的职业性向理论（career orientation）。他认为职业选择是个人人格的反映和延伸，职业选择取决于人格与职业的相互作用。

这一理论首先将职业归属为 6 种典型的"工作环境"中的一种，分别是现实性的、调查研究性的、艺术性的、社会性的、开拓性（企业性）的和常规性的。之后，霍兰德教授根据自己对职业性向测试（vocational preference test，VPT）的研究，认为职业性向（包括价值观、动机和需要等）是决定一个人选择何种职业的重要因素。进而提出了决定个人选择何种职业的六种基本的"人格性向"：现实型、调研型、艺术型、社会型、企业型、常规型。按照这一理论，最为理想的职业选择应是个人能够找到与其人格类型相重合的职业环境。在这样的环境中工作个人就容易感到内在的满足和舒适，最有可能发挥其才能。即职业性向与职业类型的相关系数越大，两者适应程度越高；二者相关系数越小，相互适应程度就越低。如表 5 - 6 所示。

表 5 - 6　　　　　　　　　　霍兰德人格性向与职业类型对应表

人格性向	人格特点	职业兴趣	代表性职业
现实型	真诚坦率、重视现实、讲求实际、有坚持性、实践性、稳定性	各类工程技术工作、农业工作，通常需要一定的体力，需要运用工具或操作机器	体力员工、机器操作者、农民、矿工、园艺工人、工程技术人员等

续表

人格性向	人格特点	职业兴趣	代表性职业
调研型	分析性、批判性、好奇心、理想的、内向的、有推理能力的	各项科学研究与科学实验工作	物理学家、化学家、生物学家、医学技术人员等自然科学与社会科学方面的研究与开发人员
艺术型	感情丰富的、理想主义的、富有想象力的、易冲动的、有主见的、直觉的、情绪性的	各类艺术创作工作	诗人、艺术家、文学家、音乐家、演员、画家、编辑、设计师等
社会型	富有合作精神的、友好的、肯帮助人的、和善的、爱社交和易了解的	各种直接为他人服务的工作，如医疗服务、教育服务、生活服务等	教师、行政人员、医护人员、社会工作人员、咨询师、精神健康工作者等
企业型	喜欢冒险的、有雄心壮志的、精神饱满的、乐观的、自信的、健谈的	那些组织与影响他人共同完成组织目标的工作	企业经理人、推销员、政府官员、律师、政治家等
常规型	谨慎的、有效的、无灵活性的、服从的、守秩序的、能自我控制的	各类与文件档案、图书资料、统计数据及报表等相关的行政工作	会计、出纳、银行职员、统计员、图书及档案管理员、邮递员、文秘等

2. 职业发展阶段理论

人的生命是有周期的，我们常常把人生分为幼年、少年、青年、壮年和老年几个阶段。而作为人生组成部分的职业生涯同样也要经历几个阶段，通常也将其称作职业周期。在职业周期的不同阶段，人的性格、兴趣、知识水平及职业偏好都有不同。美国著名的职业管理学家萨柏（Donald E. Super）将人的职业生涯分为五个主要阶段：

（1）成长阶段（growth stage）。大体上可以届定为0～14岁这一年龄段上。在这一阶段，个人通过对家庭成员、朋友、老师的认同以及与他们之间的相互作用，逐渐建立起了自我的概念。在这一时期，儿童将尝试各种不同的行为方式，这使得他们形成了人们如何对不同行为做出反应的印象，并帮助他们建立起一个独特的自我概念和个性。到这一阶段结束的时候，进入青春期的青少年经历了对职业的好奇、幻想到兴趣，开始对各种可选择的职业进行带有现实性的思考了。

（2）探索阶段（exploration stage）。大体上发生在15～24岁这一年龄段上。在这一时期，人们将认真地探索各种可能的职业选择。人们试图将自己的职业选择与他们对职业的了解以及通过学校教育、休闲活动和业余工作等途径所获得的个人兴趣和能力匹配起来。在这一阶段的初期，人们往往做出一些带有试验性质的较为宽泛的职业选择。但随着个人对所选择职业以及自我的进一步了解，他们的这种最初选择往往又会被重新界定。待这一阶段结束的时候，一个看上去比较恰当的职业就已经被选定，他们也已经做好了开始工作的准备。人们在这一阶段及以后阶段需要完成的最重要任务就是对自己的能力和天资形成一种现实性的评价，并根据各种职业信息做出相应的教育决策。

（3）确立阶段（establishment stage）。一般为 25～44 岁这一年龄段，这是大多数人职业生涯中的核心部分。人们一般希

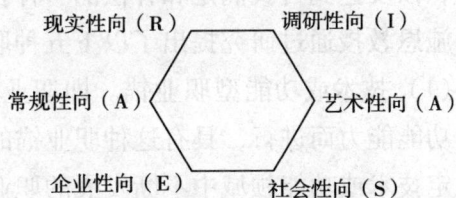

望在这一阶段尤其是在早期能够找到合适的职业，并随之全力以赴地投入到有助于自己在此职业中取得永久发展的各种活动中。然而，在大多数情况下，在这一阶段人们仍然在不断的尝试与自己最初的职业选择所不同的各种能力和理想。

（4）维持阶段（maintenance stage）。此阶段在 45～65 岁，这是职业的后期阶段。这一阶段的人们长时间在某一职业上工作，在该领域已具有一席之地，一般达到常言所说的"功成名就"，已不再考虑变换职业，只力求保住这一位置，维持已取得的成就和社会地位。重点是维持家庭和工作间的和谐关系，传承工作经验，寻求接替人选。

（5）衰退阶段（decline stage）。人达到 65 岁以上，临近退休时，其健康状况和工作能力逐步衰退，即将退出工作，结束职业生涯。因此，这一阶段要学会接受权力和责任的减少，学习接受一种新角色，适应退休后的生活，以减

轻身心的衰退，维持生命力。

萨柏以年龄为依据，对职业生涯阶段进行划分。在不同的人生阶段，人的生理特征、心理素质、智能水平、社会负担、主要任务等都不尽相同，这就决定了在不同阶段其职业发展的重点和内容也是不同的。但职业生涯是个持续的过程，各阶段的时间并没有明确的界限，其经历的时间长短常因个人条件的差异以及外在环境的不同而有所不同，有长有短、有快有慢，有时还有可能出现阶段性反复。

3. 职业锚理论

职业锚是由美国著名的职业指导专家埃德加·H·施恩（Edgar H. Schein）教授提出的。所谓职业锚（career anchor），就是指当一个人不得不做出选择的时候，他无论如何都不会放弃的职业中的那种至关重要的东西。正如其中"锚"字的含义一样，职业锚实际上就是人们选择和发展自己的职业时所围绕的中心。一个人对自己的天资和能力、动机和需要以及态度和价值观有了清楚的了解之后，就会意识到自己的职业锚到底是什么。具体而言，是个人进入职业生涯早期的工作情境后，由习得的实际工作经验所决定，并在经验中与自身的才干、动机、需要和价值观相结合，逐渐发展出的更加清晰、全面的职业自我观，以及达到自我满足和补偿的一种长期稳定的职业定位。

施恩教授通过研究提出了以下五种职业锚：

（1）技术或功能型职业锚。即职业发展围绕着自己所擅长的特别技术或特定功能能力而进行，具有这种职业锚的人总是倾向于选择那些能够保障自己在既定技术或功能领域中不断发展的职业。

（2）管理型职业锚。具有这种职业锚的人，会表现出成为管理人员的强烈动机，他们的职业发展路径是沿着组织的权力阶梯逐步攀升，承担较高责任的管理职位是他们的最终目标。

（3）创造型职业锚。这种人的职业发展都是围绕着创业性努力而组织的。这种创业性努力会使他们能创造出新的产品或服务，或是搞出创造发明，或是创办自己的企业。

（4）自主与独立型职业锚。具有这种职业锚的人总是愿意自己决定自己的命运，而不依赖于别人。愿意选择一些自己安排时间、自己决定生活方式和工作方式的职业，如教师、咨询、写作、经营小型企业等。

（5）安全型职业锚。具有这种职业锚的人极为重视长期的职业稳定和工作的保障性，他们愿意在一个熟悉的环境中维持一种稳定的、有保障的职业，倾向于让雇主来决定他们去从事何种职业，如政府公务员。

5.3.4　个人职业生涯管理

1. 个人职业生涯管理的影响因素

任何人的职业生涯都不可能是一帆风顺的，它要受到个人和环境两方面多种因素的影响。了解这些因素，无论对个人还是企业组织都具有非常重要的意义。

（1）影响职业生涯的个人因素。职业生涯是一个人一生的最佳年华，能否成功地开创和发展自己的职业生涯，首先与个人对自己的认知和剖析程度有很大关系。通过自我剖析，明确自己的职业性向、能力水平、职业偏好，这样才能做出切合实际的职业选择和发展路径。

①职业性向。霍兰德教授提出的职业性向模型，将人的性格与职业类型划分为：现实型、调研型、艺术型、社会型、企业型、常规型六种基本类型。通过对自我职业性向的判断，选择与其相对应或相关性较大的职业，将会感觉到舒适和愉悦，获取职业成功的可能性也会增加。

②能力水平。能力是员工职业发展的基础，与员工个体发展水平成正比，具体包括一个人的体能、心理素质、智能在内的全面综合能力。个人能力对个体职业发展有着重要的影响。第一，能力越强者，对自我价值实现、声望和尊重的要求越高，发展的欲望越强烈，对个体发展的促进也越大；同时，能力强者接受新事物、新知识快，其自我完善的速度快，能力与发展成良性循环，不断上升。第二，在其他条件一定的情况下，能力越强，贡献越大，收入相对越高。高收入一方面为个人发展提供了物质保证，另一方面能替代更多自我发展的时间。所以，能力既对员工个人发展提出了强烈需求，又为个体职业发展的实现提供了可能条件，它是个人职业发展的重要基础和影响因素。

③职业锚。正如前文所述，职业锚是人们选择和发展自己的职业时所围绕的中心。职业锚作为一个人自身的才干、动机和价值观的模式，在个人的职业生涯中以及组织的事业发展过程中都发挥着重要的作用。职业锚能准确地反映个人职业需要及其所追求的职业工作环境，反映个人的价值观与抱负。了解自己的职业锚类型，有助于增强个人的职业技能和经验，提高工作效率，进而实现职业成功。

④职业发展阶段。每个人的职业生涯都要经历许多阶段，只有了解不同阶段的特征、知识水平要求和各种职业偏好，才能更好地促进个人的职业生涯发展。萨柏教授的职业生涯阶段划分为个人判断自己所处的职业生涯阶段及分析所处阶段的特点和要求提供了很好的参照。

（2）影响职业生涯的环境因素。

①社会环境因素。

● 经济发展水平。一个地区的经济发展水平不同、企业规模和数量不同，个人职业选择的机会也不一样。一般来说，经济发展水平高的地区，企业尤其是优秀企业比较多，个人择业和发展的机会相对较多，就会有利于个人的职业发展。

● 社会文化环境。这具体包括教育水平、教育条件、社会文化设施等。一般来讲，在良好的社会文化氛围中，个人能受到良好的教育和熏陶，从而有利于个人职业的发展。

● 政治制度和氛围。政治和经济是相互影响的，它不仅影响到一国的经济体制，而且影响着企业的组织体制，从而直接影响到个人的职业发展。政治制度和氛围还会潜移默化地影响个人的追求，从而对职业生涯产生影响。

● 价值观念。一个人生活在社会环境中，必然会受到社会价值观念的影响。大多数人的价值取向，甚至都是为社会主体价值取向所左右的。一个人的思想发展、成熟的过程，其实就是认可、接受社会主体价值观念的过程。社会价值观念正是通过影响个人价值观而影响了个人的职业选择和发展。

②企业环境因素。

● 企业文化。企业文化决定了一个企业如何看待它的员工，即它对待员工的态度。所以，员工的职业生涯是受其企业文化所左右的。一个主张员工参与的企业显然比一个独裁的企业能为员工提供更多的发展机会；而渴望发展、追求挑战的员工也很难在论资排辈的企业中受到重用。

● 管理制度。员工的职业发展，归根到底要靠管理制度来保障，包括合理的培训制度、晋升制度、考核制度、奖惩制度等。企业的价值观、企业经营哲学也只有渗透到制度中，才能得到切实的贯彻执行。没有制度或制度定得不合理、不到位，员工的职业发展就难以实现，甚至可能流于空谈。

● 领导者素质和价值观。一个企业的员工职业发展是否能够顺利实施，在很大程度上取决于领导者的重视程度，而其是否重视又取决于领导者的素质和价值观。所有这些都会影响到员工的职业发展。

2. 个人职业生涯规划的基本步骤

对于员工职业发展的管理，企业组织应当承担重要责任。但对职业成功负有主要责任的还是员工自己。在这当中就个人而言，最重要的是制订适当的个人职业计划。职业计划设计是指员工对自己一生职业发展的总体计划和总轮廓的勾画。它为个人一生的职业发展指明了路径和方向。个人职业计划的设计实施一般包含以下步骤（见图5-4）。

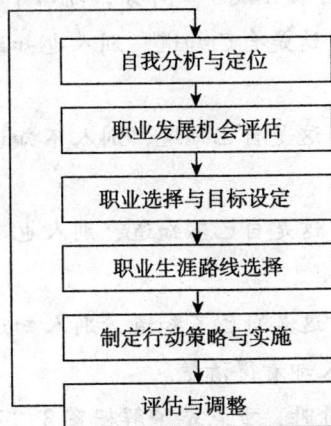

图 5－4 个人职业生涯规划流程图

（1）自我分析与定位。个人自我分析是对自己的各方面进行分析评价。员工只有充分认识自己之后，才能建立可实现的目标。自我评价要对包括人生观、价值观、受教育水平、职业锚、兴趣、特长、性格、技能、智商、情商、思维方式和方法等进行分析评价，达到全面认识自己，尤其是自己的长处和短处的目的。这样，才能选定适合自己的职业发展路线，增加事业成功的机会。

小资料

橱窗分析法

橱窗分析法是自我评价的重要方法之一。心理学家把对个人的了解比成一个橱窗。为了便于理解，可以把橱窗放在一个直角坐标系中加以分析。坐标的横轴正向表示别人知道，负向表示别人不知道；纵轴正向表示自己知道，负向表示自己不知道。坐标橱窗可用图 5－5 表示。

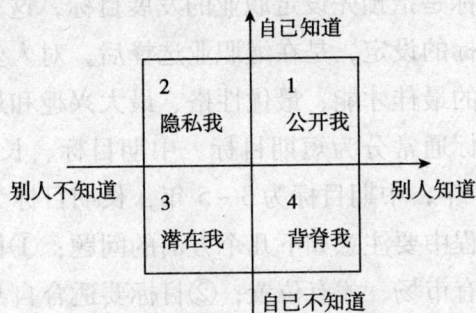

图 5－5 橱窗分析法坐标分析

171

坐标橱窗图明显地把自我分成了四部分，即四个橱窗。

橱窗 1 为"公开我"，这是自己知道、别人也知道的部分，属于个人展现在外、无所隐藏的部分。

橱窗 2 为"隐私我"，这是自己知道、别人不知道的部分，属于个人内在的隐私和秘密的部分。

橱窗 3 为"潜在我"，这是自己不知道、别人也不知道的部分，是有待进一步开发的部分。

橱窗 4 为"背脊我"，这是自己不知道、别人知道的部分，就像自己的背部一样，自己看不到、别人却看得清楚。

在进行自我剖析和评价时，重点是了解橱窗 3 "潜在我"和橱窗 4 "背脊我"。"潜在我"是影响一个人未来发展的重要因素，了解和认识潜在我有助于发掘个人的潜能。"背脊我"是准确对自己进行评价的重要方面，如果能够诚恳地对待他人的意见和看法，就不难了解"背脊我"。当然，这需要开阔的胸怀和正确的态度，否则就很难听到别人的真实评价。

（2）职业发展机会评估。职业发展机会评估，主要是评估各种环境因素对自己职业发展的影响。如前所述，环境因素包括经济发展、社会文化和政治制度等社会环境因素和企业环境因素。在设计个人职业计划时，应分析环境发展的变化情况、环境条件的特点、个人与环境的关系（包括自己在此环境中的地位、环境对自己提出的要求以及环境对自己有利的条件与不利的条件）等。只有充分了解和认识这些环境，才能做到在复杂多变的环境中趋利避害，设计出切实可行的、有实际意义的职业计划。

（3）选择职业与目标设定。职业选择的正确与否，直接关系到人生事业的成败，这是职业发展计划中很关键的一步。在选择职业时，要慎重考虑自己的职业性向、能力、职业锚、人生阶段等重要因素与职业的匹配。

设定职业生涯目标是指预先设定职业的发展目标，这是设计职业计划的核心步骤。职业生涯目标的设定，是在继职业选择后，对人生目标做出的又一次抉择。它是依据个人的最佳才能、最优性格、最大兴趣和最有利环境等信息所做出的。职业生涯目标通常分为短期目标、中期目标、长期目标和人生目标。短期目标一般为 1~2 年，中期目标为 3~5 年，长期目标为 5~10 年。

在确定目标的过程中要注意如下几个方面的问题：①目标要符合社会与组织的需要，有需要才有市场、才有位置；②目标要适合自身特点，并使其建立在自身的优势之上；③目标要高远但不能好高骛远，一个人追求的目标越高，其才能就发展得越快；④目标幅度不宜过宽，最好选择窄一点的领域并把全部身心投入进去，这样容易取得成功；⑤要注意长期目标与短期目标的结合，长期目标指明了发展的方向，短期目标是实现长期目标的保证，长短结合更有利于目标的实现；⑥目标要明确具体，同一时期的目标不要太多，目标越简明、越具体就越容易实现，越能促进个人的发展；⑦要注意职业目标与家庭目标以及个人生活与健康目标的协调与结合，家庭与健康是事业成功的基础和保障。

（4）职业生涯路线选择。在确定职业和发展目标后，就面临着职业生涯路线的选择。职业应当向哪条路线发展：是走行政管理路线，还是走专业技术路线；是先走技术路线再转向行政路线，等等。由于发展路线不同，对职业发展的要求也不一样。因此，在设计职业生涯时，必须做出抉择，以便为自己的学习、工作以及各种行动措施指明方向，使职业沿着预定的路径即预先设计的职业计划发展。

在进行职业生涯路线选择时可以从三个方面考虑：①个人希望向哪一条路线发展？主要考虑自己的价值观、理想、成就动机，确定自己的目标取向；②个人适合向哪一条路线发展？主要考虑自己的性格、特长、经历、学历等主观条件，确定自己的能力取向；③个人能够向哪一条路线发展？主要考虑自身所处的社会环境、政治与经济环境、组织环境等，确定自己的机会取向。职业生涯路线选择的重点是对职业生涯选择要素进行系统分析，在对上述三方面的要素综合分析的基础上确定自己的职业生涯路线。

（5）制定行动策略与措施。无论多么美好的理想与想法，最终都必须落实到行动上才有意义，否则只能是空谈。在确定了职业计划目标与职业生涯路线后，行动便成为关键的环节。这就是贯彻落实目标的具体措施，包括工作、训练、教育、轮岗等方面的措施。

（6）评估与调整。如前所述，影响职业计划设计的因素很多，其中环境变化是最为重要的一个因素。在现实社会生活中，要使职业计划设计行之有效，就必须不断地对职业计划进行评估与调整。比如职业的重新选择、职业生涯路线的选择、人生目标的修正以及实施措施与计划的变更等都是调整的主要内容。

📑 **小思考**

"我要走"还是"我要留"

孙筠是一家高科技公司 B 的人力资源总监，她为人谦逊好学、工作勤奋负责，特别受员工信任，人们遇到大事小情，总爱找她拿主意。三年来，眼看着 B 公司的业绩越来越好，还在去年年底拿到了新一轮风险投资。谁知，孙筠在此时突然提出了辞职。

　　我打电话给她，"祝贺呀，在这个好时机辞职，是不是拿到了更好的Offer?""嗨，别提了，我正烦心呢。"一向果断的孙筠正在犹豫，"你知道吗，在我提出辞职的两周内，六七位高管给我打电话、劝我留下，他们说我对公司多么重要，还特别肯定了我过去几年的付出，居然连总经理都请我下周吃饭。让我既感动又意外，我以前可没觉得自己有这么重要！""呵呵，被肯定、被欣赏是很棒的心理营养哟，一下子灌得太猛，你有点受不了了。那现在，你是留还是走呀？"

　　"感受到那么多人的情谊，似乎应该留下。尤其是面对总经理的挽留，我真没法儿拒绝。"孙筠感慨地说。我觉察到她的不舍，还掺杂着一丝内疚，于是，我轻轻地问："那你当初为什么要走？""没有足够的空间，我不算最初创业的嫡系人马。"我好奇地问："他们既然那么看重你，今后会有变化吗？""可能会有一点变化，但根本性的格局不会变，总是有嫡系的人占着主要的位置。"孙筠对于这一点还是很清晰的。我笑了，对她既欣赏又怜惜："你真是个好人，那么重感情。但你还是一个职业人，去和留不仅仅是感情因素，还要考虑其他的。说说吧，未来的Offer为什么吸引你？"

　　说到未来，孙筠马上有了不同的能量："这是一家新创业的公司，我见到几位合伙人，谈起来很投缘，我们都希望在投资过程中给予客户全面的专业支持。这样，我就不仅仅是一个HR，而是一位真正的商业伙伴了。""听起来，你蛮兴奋的，不仅找到了志同道合的创业伙伴，还能有更广的发展空间。真不错！"我由衷地为她开心，"那你去意已决了吗？""虽然有不少风险，但我还是倾向于走。只是，我不太好面对总经理，他那么真切地留我，下周二还约我一起吃晚饭……"孙筠还是有些为难。

　　"嘿，孙筠，你真是很为他人考虑。总经理除了希望你留下，还希望获得什么呢？""我对公司管理的一些看法？不知他能否听得进去。"孙筠半信半疑。"还有吗？你的不舍和歉疚说明了什么？"我缓缓地问道。"是对他的感激，对公司的感情……"孙筠忽然明白了，"我应该表达出这些感激和感动，我也会表达自己追寻的是什么，我会带着这份情谊离开。"

　　觉察时刻：

　　我们常常说：不要在有压力、有情绪的时候做抉择。但常常，我们面临着情绪的困扰、感情的不舍，难于做出冷静的选择。因为，选择的天平上会有不同的砝码：

　　物质上的：薪酬、福利、职位、工作环境

　　情感上的：认可、尊重、信任、关爱……

精神上的：价值感、成就感、独立、自由、激情……

　　在职业生涯中，当我们遇到不如意、不顺利、不公平时，不妨静下心来问问自己：

　　我内心真正想要的是什么？

　　我在这里坚守可以获得什么？

　　我离开这里是为了追寻什么？

　　资料来源：曹宇红．世界经理人（http://www.ceconline.com），2013 年 5 月 13 日。

5.3.5　组织职业生涯管理

1. 组织职业生涯管理的基本内容与方法[①]

从组织方面进行职业生涯管理，主要是对员工的职业发展进行正确引导，协调企业目标与员工目标，帮助员工制订职业计划，为员工提供职业发展的机会，帮助员工实现职业发展计划等目的。在职业发展计划的不同阶段，企业进行职业管理的重点也不尽相同。

（1）招聘时期的职业管理。员工的职业生涯管理是一个长期的动态过程，所以从招聘新员工时就应该开始。招聘的过程实际上是应聘者和组织相互了解的过程。企业组织在招聘时，应向应聘者提供较为现实的企业与未来工作的展望，向其传达企业组织的基本理念和文化观念，以使他们尽可能真实地了解企业组织。同时，企业组织还要尽可能全面地了解候选人，了解他们的能力倾向、个性特征、身体素质、受教育水平和工作经历等，以为空缺职位配备合适的人选，并为新员工未来的职业发展奠定一个好的开端。

（2）职业生涯早期的管理。职业生涯早期阶段是指一个人由学校进入组织并在组织内逐步"组织化"，并为组织所接纳的过程。这一阶段一般发生在 20～30 岁之间，是一个人由学校走向社会、由学生变为雇员、由单身生活变成家庭生活的过程，一系列角色和身份的变化，必然要求经历一个适应过程。在这一阶段，个人的组织化以及个人与组织的相互接纳是个人和组织共同面临的、重要的职业生涯管理任务。所以对企业组织来讲，其职业管理的主要任务是：

①协调企业目标与个人目标。

●树立人力资源开发思想。人力资源管理应坚持以人为本，强调企业不仅

[①]　林忠，金延平．人力资源管理（第三版）[M]．大连：东北财经大学出版社，2012：165.

要用人，更要培养人。职业管理正是培养人的重要途径，牢固树立人力资源开发思想是真正实施职业管理的前提。

• 了解员工的需要。员工的需要包括员工的职业兴趣、职业技能等。企业只有准确地把握员工的主导需求，才能把他们放到最合适的职业轨道上，做到有针对性地满足其需求。

• 使员工与企业结为利益共同体。企业在制订目标时，要使企业目标包含员工个人目标，并通过有效的沟通使员工了解企业目标，让他们看到实现企业目标给自己带来的利益。

②帮助员工制订职业计划。

• 对员工进行岗前培训，引导新员工。这主要是向新员工介绍组织的基本情况：历史和现状，宗旨、任务和目标，有关的制度、政策和规定，工作职责、劳动纪律和组织文化等，目的是引导员工熟悉环境，减少焦虑感，增加归属感和认同感。

• 设计职业计划表。职业计划表是一张工作类别结构表，即通过将企业中的各项工作进行分门别类的排列，而形成一个较系统反映企业人力资源配给状况的图表。借助该表，企业组织的普通员工、中低层管理人员以及专业技术人员就可以瞄准自己的目标，在经验人士、主管经理的指导下，正确选择自己的职业道路。

• 为员工提供职业指导。企业为员工提供职业指导有三种途径：一是通过管理人员进行。管理人员对员工提供职业指导是其应尽的职责和义务。管理人员与其下属共事，对下属的能力和专长有较深的了解，所以有可能在下属适合从事的工作方面给其提供有价值的建议，同时也可以帮助下属分析未来晋升及调动的可能性。二是通过外请专家进行。企业可以外请专家为员工进行职业发展咨询。三是向员工提供有关的自测工具。有很多职业测试工具都可以帮助员工进行能力及个人特质方面的测试，具体可以通过发测试手册或将这些测试工具放在内部网上，供员工自行测试使用。

• 分配给员工一项工作进行测试。这样做，对其工作表现和潜能进行考察和实际测试，并及时给予初期绩效反馈，使员工了解自己做得如何，以消除不确定带来的紧张和不安，帮助其学会并能适应该工作。

• 协助员工制订自己的职业计划。企业可以经常举办一些咨询会议，在会上员工和他们的主管人员将根据每一位员工的职业目标来评价他们的职业进步情况，同时确认他们应在哪些方面开展职业开发活动。企业应开展职业计划方面的培训，使员工意识到对自己的职业加以规划且改善职业决策的必要性。通过培训，学到职业计划的基本知识和方法。

（3）职业生涯中期的管理。个人职业生涯在经过了职业生涯早期阶段，完成了雇员与组织的相互接纳后，必然步入职业生涯中期阶段。职业生涯中期的开始，有两种表现形式：一是获得晋升，进入更高一层的领导或技术职位；二是薪资福利增加，在选定的职业岗位上成为稳定的贡献者。职业生涯中期阶段是一个时间周期长（年龄跨度一般是从 25～50 岁）、富于变化，既有可能获得职业生涯成功，又有可能出现职业生涯危机的一个很宽阔的职业生涯阶段。在这一时期的职业管理中，组织要保证员工合理的职位轮换和晋升，为员工设置合理畅通的职业发展道路。

①帮助员工自我实现。

• 对员工工作进行多样化、多层次的培训。培训与员工职业发展的关系最为直接，职业发展的基本条件是员工素质的提高，而且这种素质不一定要与目前的工作相关，这就有赖于持续不断的培训。企业应建立完善的培训体系，使员工在每次职业变化时都能得到相应的培训；同时也应鼓励和支持员工自行参加企业内外提供的各种培训，不仅在时间上还应在资金上给予支持和帮助。

• 提供阶段性的工作轮换。工作轮换对员工的职业发展具有重要意义。它一方面可以使员工在一次次的新尝试中了解自己的职业性向和职业锚，更准确地评价自己的长处和短处；另一方面可以使员工经受多方面的锻炼，拓宽视野，培养多方面的技能，满足各个方面和各个层次的需求，从而为将来承担更重要的工作打下基础。

小资料

"玻璃天花板"效应

吴彭是一家跨国公司中国公司的市场部经理，年近不惑，虽然作为一个部门的"掌门人"，但他并不感到多么风光，总有隐痛在心头。他知道：在这种国际化的大企业，如果到了 45 岁还不能做到高层，就意味着你在这个公司的升迁也就到此为止了。朋友劝他：以他的能力何不自己出来做？他不是没有动心过，但是他的忧虑是：办一个自己的公司，对外的身份变了，游戏规则也变了。现在他折腾得红红火火，是因为背着企业的牌子，一旦自己来做，客户能认可他的实力吗？跨国公司开拓市场惯用的手法是，大笔大笔的票子开路、强大的广告宣传先行，大造声势，这个路子小公司无法模仿。因此，他的感觉是，现在在外企的经验不是财富，他的创业没有资源可以利用。所以，明知道自己已经碰到了事业的天花板，但他还不得不犹豫观望一段时间。

"玻璃天花板"效应也被叫做职业生涯高原，是指员工已不大可能再得到职务晋升或承担更多责任，尽管发展通道和更高层次的职位是清晰可见的，但在职务晋升时似乎被一层玻璃挡着，可望而不可即。

• 以职业发展为导向的考核。考核目的主要不仅是评价员工的绩效、态度和能力或为分配、晋升提供依据，而且还应是保证组织目标的实现、激励员工进取以及促进人力资源的开发。考核不仅是总结过去，还应面对未来。以职业发展为导向的考核就是要着眼于帮助员工发现问题和不足，使之明确努力方向和改进方法、促进员工的成长和进步。为此，组织和管理者应该把考核和员工职业发展联系起来，定期与员工沟通，及时指出员工的问题和解决办法，为员工的职业发展指明方向。

●改善工作环境，预防职业生涯中期危机。工作环境和条件对雇员的发展有重要影响，组织的硬环境和条件，如机器设备、厂房、各种设施、照明等，会对雇员的身心健康产生直接的影响；组织软环境和条件，如组织文化、目标、价值观、具体规章制度、劳动关系、组织风气等，会对雇员的进取心、归属感和工作积极性产生重要影响。组织进行职业生涯管理的一个重要职责和措施，就是要不断改造上述工作环境和条件，促进雇员的职业生涯发展。

②进行晋升和调动管理。晋升与调动是员工职业发展的直接表现和主要途径。企业有必要建立合理的晋升和调动管理制度，保证员工能够得到公平竞争的机会。组织中的职业发展通道不应是单一的，而应是多重的，以便不同类型的员工都能寻找到适合自己的职业发展途径。职业生涯发展通道是组织为员工设计的自我认知、成长和晋升的管理方案。组织为员工建立科学合理的职业生涯发展阶梯，对调动其积极性与创造性，增加对组织的忠诚感，从而促进组织的持续发展，具有重要意义。

（4）职业生涯后期的管理。从年龄上看，职业生涯后期阶段的雇员一般处在50岁至退休年龄之间。由于职业性质及个体特征的不同，个人职业生涯后期阶段的开始与结束的时间也有明显的差别。到这一时期，员工的退休问题必然提到议事日程。大量事实表明，退休会对员工产生很大的冲击，也会对企业组织的工作尤其是在职员工产生影响。组织有责任帮助员工认识、接受这一客观事实，并帮助每一个即将退休的员工制订具体的退休计划，尽可能地把退休生活安排得丰富多彩，并且让其有机会继续发挥潜能和余热。

①退休计划的含义。退休计划是组织向处于职业生涯晚期的雇员提供的，用于帮助他们准备结束职业工作，适应退休生活的计划和活动。良好的退休计划可以使员工尽快适应退休生活，维持正常的退休秩序，最终达到稳定组织在职人员的心理、保持组织员工年龄结构的正常新陈代谢，提供更多的工作和晋升机会的目的。

②退休计划的管理。即将退休的员工会面临财务、住房、家庭等各方面的实际问题，同时又要应付结束工作开始休闲生活的角色转换和心理转换。因此，退休者需要同时面对社会和心理方面的调节，通过适当的退休计划和管理

措施满足退休人员情绪和发展方面的需要，是组织应当承担的一项重要工作。其具体做法和措施有以下几项供参考：

● 开展退休咨询，着手退休行动。退休咨询就是向即将和已经退休的人提供财务、住房、家庭和法律、再就业等方面的咨询和帮助。同时，组织开展的递减工作量、试退休等适应退休生活的退休行动，对雇员适应退休生活也具有重要帮助。

● 做好退休员工的职业工作衔接。员工退休而组织的工作却要正常运转，因此，企业组织要有计划地分期分批安排应当退休的人员，切不可因为退休影响工作正常进行。在退休计划中选好退休人员工作的接替人员，及早进行接替人员的培养工作。帮助退休者做好与其接替者的交接工作，保证工作顺利进行。

● 采取多种措施，做好员工退休后的生活安排。因人而异地为每一个即将退休的员工制订具体的退休计划，尽可能把退休后的生活安排得丰富多彩又有意义；可以通过组织座谈会的形式，增进退休员工与企业的互动；如果退休员工个人身体和家庭情况允许，组织尚可采取兼职、顾问或其他方式聘用他们，使其发挥余热。

2. 组织内部职业生涯发展通道

（1）组织内部职业生涯发展通道模型。员工个人的发展与组织的发展相辅相成，而出于成本等各个方面的考虑，员工寻求发展的目光将首先定位于组织内部存在的条件和机会，即组织内部的成长通道。所谓成长通道，也就是组织内部的职业生涯发展通道，即员工进入组织后，在其已有的专业知识和技能特点的基础上，配合组织发展目标进行有计划的学习、培训和锻炼，不仅在专业知识和技能方面，而且在职务和职位晋升方面可能获得进步与提高的一种组织机制。如果通道畅通，员工就能随着组织的发展而不断获得成长和进步；如果通道阻塞，员工就可能把寻求发展的目光投向组织外部，这样就可能意味着辞职跳槽。解决这个问题的关键就是如何使组织与员工的成长既同方向又同步伐。

美国学者提出的职业圆锥模型，全面地归纳并形象地描绘了员工在组织内部的三种发展途径：垂直的、水平的和向心的（如图 5-6 所示）。第一种发展途径是垂直运动，就是平常所说的晋升，即从下一层职位上升至上一层职位，这是最常见的职业发展类型。第二种发展途径是水平运动，即员工向同一级别的不同职位水平移动。此类型下，员工不是沿着组织管理层级向上攀爬，而是在组织内不同职能部门之间进行工作轮换。对员工而言，这种水平移动创造了丰富的学习机会，也为将来的长期发展打下基础。第三种发展途径是向心型的，即员工向同一级别的核心集团靠拢。这可能是三种类型中最令人陌生的，因为它往往并不一定伴随职位及头衔上的可见变化，而是在组织中影响力等无形方面的提升。

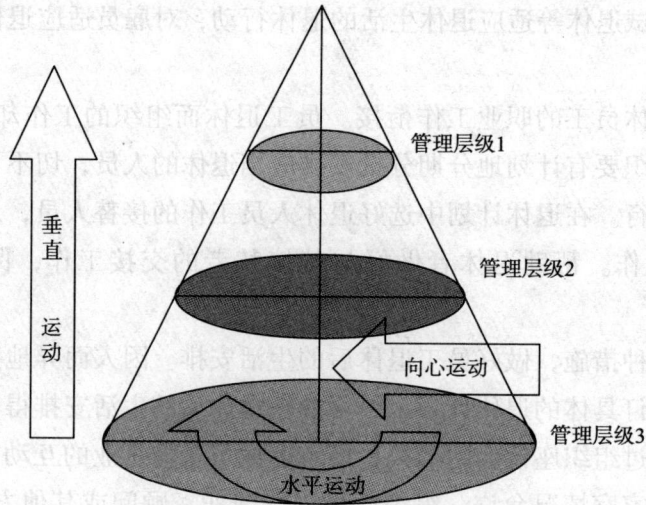

图5-6 职业发展通道的圆锥模型

（2）组织职业发展阶梯设计。职业发展阶梯是指员工在组织中流动所要经历的、所涉工种与技能大体相同的职位序列。组织为员工建立科学合理的职业发展阶梯，对调动他们的积极性与创造性、增加对组织的满意感与忠诚感，从而促进组织的持续发展，具有重要意义。目前的职业生涯阶梯模式主要有三类：单阶梯模式、双阶梯模式和多阶梯模式。

①单阶梯模式。传统组织的职业发展阶梯只有一种管理职位通道或技术职位通道（见图5-7），而且管理通道的长度远大于技术通道，这使得员工尤其是技术类员工的升迁机会十分有限。在这种情况下，很多技术人员不得不通过向管理职位的转换以争取职位和报酬方面的提升。这种模式目前使用的范围日益缩小，其对员工发展空间的限制对组织的高效运作和长期发展产生了不利影响。

②双阶梯模式。目前，组织中实行最多的是双阶梯模式，即组织为员工提供两种职业生涯阶梯：管理阶梯，沿着这条通道可以通达高级管理职位；技术阶梯，沿着这条通道可以通达高级技术职位。员工可以自由选择在哪个阶梯上发展以及在两个阶梯之间转换，两个阶梯同一等级的管理人员与技术人员在地位和薪酬方面是平等的，这样就给予技术人员更大的发展空间，如图5-8所示。

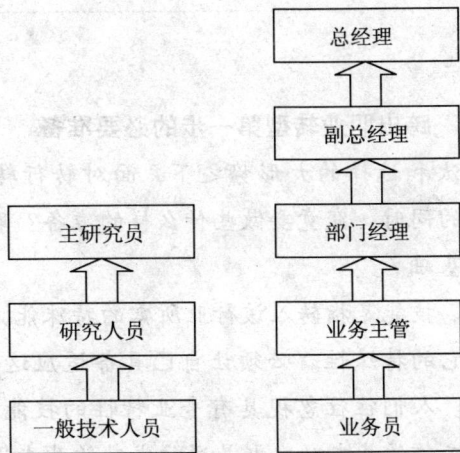

图 5 – 7 传统技术与管理人员职业发展的单阶梯模式

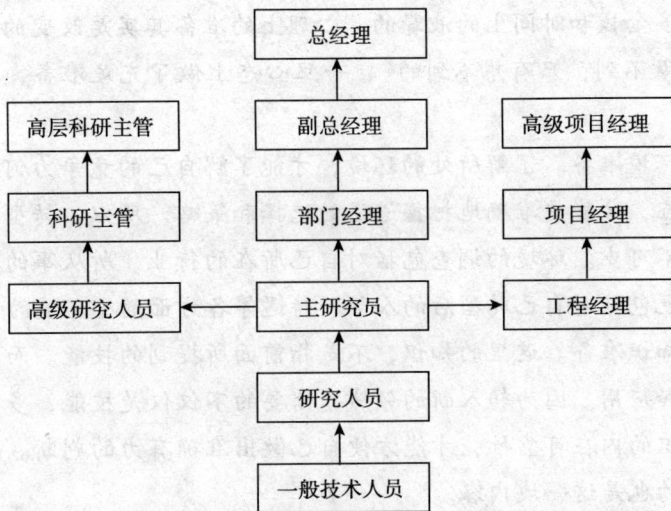

图 5 – 8 技术人员的双重职业发展阶梯

③多阶梯模式。由于双阶梯模式对专业技术人员职业生涯阶梯的定义较为狭窄,为此,如将一个技术阶梯分成多个技术轨道时,双阶梯模式也就变成了多阶梯模式,同时也为专业技术人员的职业发展提供了更大的空间。例如,美国一家化工厂将技术轨道分为三种:研究轨道、技术服务与开发轨道、工艺工程轨道。不同行业及企业的技术阶梯模式可结合自身特点加以确定,其阶梯数量及长度都没有确定的模式。但作为职业发展阶梯的支撑系统,对员工晋升及职位系列转换的监督与考核必须规范科学,从而使得组织的职业生涯管理工作真正发挥作用。

📑 **小资料**

跨出职业转型第一步的必要准备

相信在市场的淘汰和选择的大形势之下，面对转行转型困惑的人不在少数。跨出转型第一步的同时，究竟要做些什么样的准备？职业生涯规划专家认为，以下四大准备是基础。

第一，技能准备。技能是指转入该行业所需的特殊能力。转入任何一个新的领域，都势必面对它的特殊性。必须让自己具备适应这一领域特点的技能，才可能促使转型成功。人们往往忽视具有专业特性的技能培训，这是不对的。技能是从事某一领域工作的基本功，也是通往成功的基本因素，它会最直接地让你突破最初始的尴尬和障碍。

第二，心理准备。转入一个新的职业范畴，势必面临内界和外界双重的压力，如果没有充足的自信心和冷静的心态，是很容易误入歧途，或者绕很多弯路，造成很多金钱和时间上的浪费的。心理上的准备其实是改变的基础，很多事情"没有做不到，只有想不到的"，一旦心态上做了充足准备，其他的事情都好办了。

第三，环境准备。了解所处的环境，才能了解自己的竞争力何在，优势何在，弱点何在，才能更准确地把握进退的选择和策略。所以，转型之前，对环境的调查必不可少。环境的调查包括对自己所在的行业、所从事的职业的大形势的调查，也包括对自己转型后的人际、待遇等各方面的小环境的调查。

第四，知识准备。这里的知识，不是指前面所提到的技能。而更多的是对技能的交叉和应用。因为转入新的领域，需要的不仅仅是技能，多渠道的信息才能丰富知识的内在可靠性，才能方便自己做出准确有力的判断。所谓的综合能力，体现的也是这一块内容。

5.4 管理人员开发与接班人计划

5.4.1 管理人员开发

管理人才是企业人才队伍的核心部分，是企业经营成功与否的最重要因素和动力所在。传统观念中，许多人认为管理者的能力（尤其是高层管理者的能力，如洞察力）是与生俱来的，而现在，越来越多的人相信管理能力是可以学习和改变的，而这种能力的培养和提升就是管理人员的开发活动。

1. 管理人员开发的含义

管理人员开发，简称管理开发，是人力资源开发中最受重视的开发活动，也是开展的最广的开发活动。一项对《财富》"世界 500 强企业"的调查表明，识别和开发下一代管理者是它们所面临的最大人力资源挑战，而这种挑战正在加剧①。管理开发是一个包含广泛内容、广泛方式、广泛技术、广泛理念和广泛方法的领域，越是关注长远发展的企业就越重视管理开发。从管理者自身的角度来说，随着其工作职位的提升和工作领域的扩大，其自身能力的局限性也逐步暴露出来，如果没有管理能力的同步提高，管理者就将被晋升至一个他不能胜任的岗位，这就是我们熟知的彼得原理。为此，组织管理开发活动的实施，就是要让管理者不是在一种无引导的自我摸索状态中成长，而是通过有意识、有计划地开发活动使他们能够胜任更高层次的工作。

所谓管理人员开发，就是指为了提高员工与组织的绩效，确定和持续追踪高潜能员工，帮助组织内领导者或者管理者职业发展和能力提高的培训项目②。在开发过程中，组织自觉地为其管理者（或潜在的管理者）所提供的学习、成长和变化的机会，目的是让他们具备肩负有效的管理职能所需要的知识、技能、能力、态度和积极性。通过管理开发项目，企业不仅可以提升管理者的管理水平，还有助于管理者对企业未来的发展方向形成一致认识，进而支撑组织战略的形成和实现。一些学者甚至提出了战略管理开发的观点，认为其主要内容应包括以下七个方面：管理开发与组织计划和组织战略的关系；能在不同等级和职能之间进行交叉的无缝的管理开发项目；具有全球导向和跨文化特征的管理开发项目；以组织学习为基础的个人学习；管理开发项目对企业文化的认可，通过管理开发项目的配合和支持作用来创造组织期望的企业文化；在管理开发项目中贯穿对管理者的职业生涯开发；在实证研究基础上确认企业所需的胜任能力，并以管理开发项目来建设这种能力③。

2. 管理人员开发的类型及内容

按照管理者的层次进行管理开发的分类是最具有实践意义的分类方式，即将管理开发活动分为高层管理者开发、中层管理者开发与基层管理者开发三种基本类型。高层管理者开发（executive development）又称为领导开发（leadership development），包括 CEO 的开发、VP 的开发等，是管理开发中最重要、最具战略意义的部分。中层管理者的开发（manager development）是管理开发

---

① 杨新华，屠海群等.人力资源开发与管理［M］.北京：经济科学出版社，2009：153.
② 张雪飞，肖利哲等.人力资源开发与管理［M］.北京：科学出版社，2011：189.
③ Bruack, E. H., Hochwarter, W., and Mathys N. Y., "The new management development paradigm", Human Resource Planning, 21（1），1997，14 - 21.

中开展的最普遍的类型，也是最主要的组成部分。而基层管理者的开发（supervisor development）则常常被忽视，但事实上由于这部分管理者刚刚从技术或操作岗位上得到晋升，往往缺乏管理教育背景和管理经验，实际上应该成为最需要进行管理开发的对象。

管理开发的内容包括管理者素质的开发与培训和管理者能力的开发与培训两个方面。其中，素质开发指管理者的体能、心理、观念、思维、知识等方面的开发与培训；能力开发指管理者的决策能力、管理技能、人际关系技能等方面的开发与培训。管理工作是复杂的，管理者应掌握的技能也是多种多样的。目前人们普遍接受的是美国学者罗伯特·孔茨于20世纪70年代提出的管理技能模型（见图5-9）。该模型认为，管理技能分为概念性技能、人际关系技能和技术性技能三部分，其中，概念性技能包含能够提出新想法的能力、能够进行抽象思维的能力、整体性思维能力、决策能力、领导和控制能力等；人际关系技能是与其他人一起有效开展工作的能力，即能够以小组成员身份有效工作并能够在其领导的小组中建立起合作的能力；技术性技能则指能够运用特定的程序、方法、技巧处理和解决实际问题的能力，即对某一特殊活动的理解和熟练程度。每个管理者都应具备上述三种能力，而不同层次的管理者对这三种技能的掌握程度各有侧重，因此管理开发的内容重点也不相同。高层管理者的开发应侧重概念性技能，基层管理者的开发则侧重技术性技能，而人际关系技能是各个层次管理者都必须熟练掌握的，在各个管理开发层次都应注重。

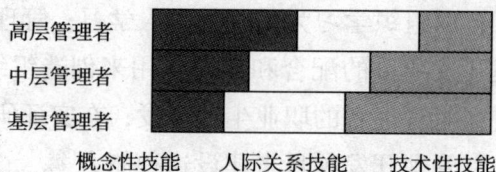

图5-9 不同层次管理者应具备的管理技能

3. 管理人员开发的方法

管理开发大致可以分三种形式进行，管理教育、管理培训和在职管理体验。在学校进行的管理教育和在工作岗位进行的管理培训属于脱产类型的管理人员开发方法，其具体形式和内容只是在一般脱产培训与开发方法上侧重管理素质和技能的修订和调整，而在工作场所进行的在职管理开发则是实践领域中管理开发活动的主体。因此，本部分重点介绍的是组织在工作场所对管理者进行实地培训与开发的主要方法。

（1）职务扩大化。职务扩大化（job enlargement）是对管理者的现有工作提出挑战并赋予其新的责任，从而达到开发目的的方法。它包括执行某些特殊任务、在团队进行角色轮换或者寻找为顾客提供新服务的方法等。例如，让某位工程师参与为技术人员设计新的职业生涯道路，进而使其获得关于职业生涯开发的相关经验及知识，了解组织的职业生涯系统，开发其组织和领导才能①。

（2）职务轮换。职务轮换（job rotation）是让管理者在公司的不同管理岗位上进行轮换，从而达到使他了解各个部门工作、提高管理者综合技能，帮助其树立整体观念和培养换位思考能力的目的。职务轮换有助于管理者综合了解公司战略，了解不同部门的职能，但同时必须匹配科学的职业生涯规划体系，避免造成轮换的短期化行为和资源损失。

（3）教练和导师计划。教练（coaching）一般是与管理者一起工作的其他管理者或者是上司，扮演鼓励管理者、帮助开发技能、观察并提供反馈的角色。导师关系（mentoring）则更为密切，常常由职位更高的、经验丰富的管理者担任，为管理者提供职业支持和心理帮助。通过教练和导师计划的实施，管理者将更好地适应组织和新的工作岗位，提升工作能力，而担任教练和导师的管理者也能从中获得自身价值的体现和自我完善。

（4）行动学习。行动学习（action learning）是指给一个管理团队或个人一个实际工作面临的问题，让他们通过合作分析问题并制订解决问题的行动方案，然后由他们去实施这一方案的开发方法。这种方法可以包括若干名管理者，还常常将顾客和供应商包括进来。该方法的实施有两种交替进行的活动：一是集中的专题讨论会，参与者在会上得到各种信息；二是实地活动，包括小组成员为了解决问题而去实地收集资料、实施研究，也包括辅助性的团队建设活动。利用行动学习方法可以发现和塑造领导者，同时也可以利用这一机会解决企业的战略和运营问题。

5.4.2 接班人计划

1. 接班人计划的含义及价值

企业接班人计划（succession planning），又称管理继承人计划，是指公司确定和持续追踪关键岗位的高潜能人才，并对这些高潜能人才进行开发的过程。高潜能人才是指那些公司相信他们具有胜任高层管理位置潜力的人。对于一个健康发展的企业而言，不应等到组织内部出现了职位空缺后才考虑应提升

---

① 雷蒙德·诺伊著，徐芳译. 雇员培训与开发［M］. 北京：中国人民大学出版社，2001：188.

谁，而应该有计划地建立接班人计划，确保高素质的人才能够及时补充到重要的岗位上。接班人计划就是通过内部提升的方式来系统有效地获取组织人力资源，它对公司的持续发展有至关重要的意义。

接班人计划对组织的作用主要可体现在以下五个方面：第一，可以确保在组织内有一批训练有素、经验丰富、善于自我激励的优秀人才接任未来的重要职位；第二，可以有效地调整组织的未来之需以及现有资源；第三，可以为组织的关键员工订立更高的目标，把他们留住以确保重要岗位都有称职的人可以继任；第四，可以帮助员工设定职业发展道路，有助于组织吸引和留住人才；第五，可以改进组织内部流程，优化产品和服务。

2. 接班人计划的实施步骤

第一步：明确企业愿景，确定核心能力。

企业所需具备的核心能力应与其经营战略紧密相连，也就是说，企业的经营战略如何决定了它所需具备的核心能力。而企业的核心能力只有转化为对内部各类岗位和岗位上的人员的要求，确保合适的人在合适的岗位上通过合适的能力做合适的事情，才能发挥积极作用（见图5-10）。因此，只有当一个企业清楚认识到自身的使命与愿景，并且对未来3~5年的战略方向、重点举措与目标有了清晰的规划后，才可能逐步思考以下一些问题：需要具备怎样的核心能力才能确保经营战略的实现？如何吸引和保留住那些具备岗位能力的"对路的人才"？所以，实施接班人计划的第一步就是明确企业的愿景，确定企业核心竞争优势和关键成功因素，找出与竞争对手的差异之处。

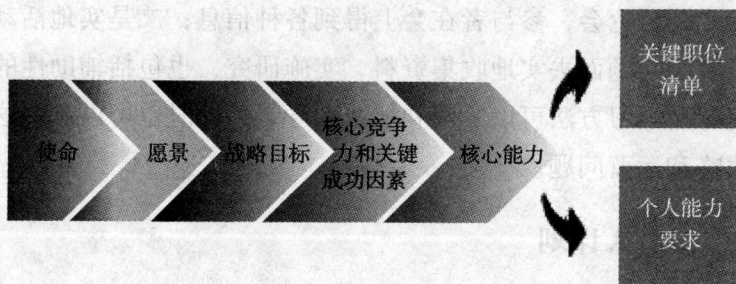

图5-10　企业战略与核心能力

第二步：找准继任职位，细化个人能力要求。

企业要仔细思考一下内部哪些职位是与企业的核心能力紧密相连，并对企业的未来发展与战略实现起着举足轻重的作用？这些职位通常就是企业要确定的"关键性部件"，也是需要制订继任计划的职位。一般而言，这些职位在企业内均属于中高管理层或专业技术岗位。当确定了关键职位清单后，企业就可以根据核心能力模型进一步明确每个职位的个人能力要求，包括管理能力、专业能力与价值观三个方面，进一步细化对在职人员行为指标的要求，以使他们清楚该如何应对本职工作（见图 5 - 11）。

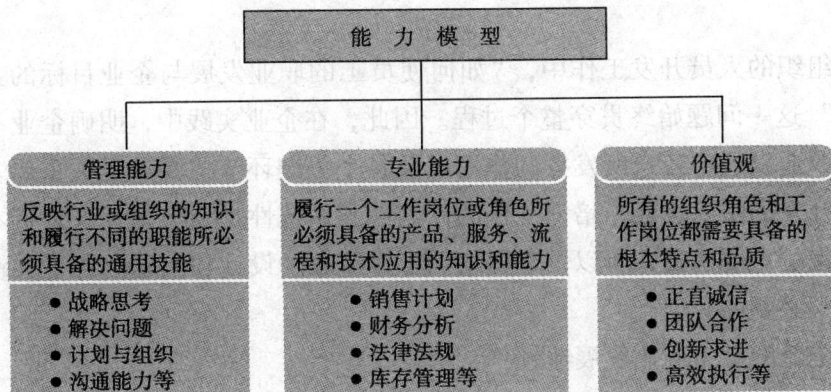

图 5 - 11　关键职位能力的构成

第三步：甄选接班候选人，建立人才储备库。

在确定关键职位清单及在职人员能力要求后，企业就可以根据这些在内部选才了。通常可以先要求内部中层管理层推荐其直属的高潜质员工，并结合对其绩效评估的结果，最终确定进入公司人才库的员工名单。而继任者备选对象就产生于这个人才库中。

在进一步甄选接班人备选对象时，应兼顾其原有岗位和职业背景，尽量选择具有相关经验的员工。在挑选过程中，人力资源部应与直属部门管理层进行深入讨论，征询多方意见，包括备选对象现直接上级、原上级、客户等，对备选人进行充分的评估，以清楚地了解他的能力、行为和业绩，明确其发展潜力。此外，在挑选继任者备选对象时，还应关注他们的行为是否符合公司整体文化的要求。根据以往的经验，通常继任者备选人数应是最终选定的继任者人数的 3 倍。

第四步：建立候选人档案，制订"有的放矢"的培养计划。

在明确继任候选人后，企业必须为他们建立相应的个人档案，以便有效跟踪和监控其业绩和能力的发展轨迹，并为他们指派导师（coach），通过这一帮一的制度，给予他们有的放矢的指导，通过与其交流思想、助其拓展能力、提供个人发展建议等方式，辅助他们成长。需要注意的是，在选取导师时，应避免指派继任候选人的上级，让他们的岗位职能尽量错开，这样才能开拓双方的思维，促进无障碍的沟通和交流。此外，针对一些关键的继任候选人（对企业运营起到关键性影响的职位），通过人才测评中心（assessment center）的方式对其进行评估、反馈和培训也是企业可以考虑的手段。

5.5 实践流程与要点

在组织的人员开发工作中，"如何使员工的职业发展与企业目标的方向保持一致"这一问题始终贯穿整个过程。因此，在企业实践中，明确企业和员工自身在职业发展中各自所发挥的作用以及各个关键环节的要点至关重要。而作为人员开发的主要途径，培训工作的计划性和系统性是确保企业人力资本投资获得回报的重要前提，所以，掌握培训工作流程的设计和实施的各个关键节点也是非常必要的。

系统化的员工职业发展流程：

```
员工自我分析 ⟹ 确立职业生涯目标 ⟹ 职业生涯发展计划 ⟹ 职业生涯实施管理
```

系统化的员工培训流程：

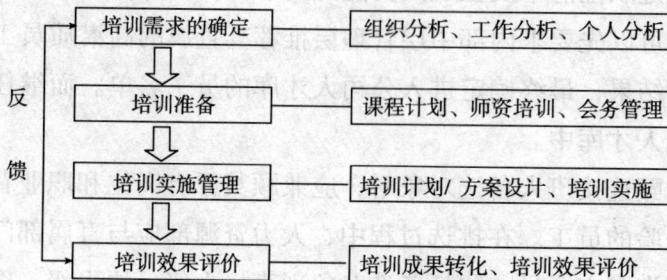

```
          培训需求的确定 ——→ 组织分析、工作分析、个人分析
               ↓
反      培训准备 ——→ 课程计划、师资培训、会务管理
               ↓
馈      培训实施管理 ——→ 培训计划/方案设计、培训实施
               ↓
          培训效果评价 ——→ 培训成果转化、培训效果评价
```

5.6 实操认知与思考

实操认知与思考一：康佳集团的新员工入职培训①

新员工培训，又称岗前培训、职前培训，它是指一个企业所录用的员工从局外人转变为企业人，从一个团体的成员融入到另一个团体的过程，同时，也是一个员工逐渐熟悉、适应组织环境，规划自己职业生涯、准确定位自己角色、充分发挥自己才能的过程。因此，可以说，成功的新员工培训可以强化员工的行为和精神的层面，使其成为企业与员工间群体互动行为的开始。

---

① 资料来源：北极星电力网（http://www.bjx.com.cn）。

康佳集团自成立之始，就相当重视新员工的入职培训，一直把它作为集团培训体系中的重点，给予了相当的关注，而且还专门成立康佳学院来统筹安排并规划新员工的入职培训。多年新员工入职培训的组织实践，使康佳学院针对企业用工的特点，摸索出了一套行之有效的新员工入职培训方案，最大限度地发挥了新员工培训的作用，使新入职的员工通过康佳学院的系统培训，能够迅速地转变成为具有康佳企业文化特色的企业人，敬业爱岗，为企业的发展做出了应有的贡献。

康佳集团新员工入职培训的最大特色是能够针对不同的新员工类型，规划出不同的新员工培训方案，而且，运用多种培训手段和培训方式来实施新员工培训。

比如，康佳集团针对新员工的学历、岗位及工作经验的不同，将新入职的员工分成一线员工入职培训、有经验的专业技术人员入职培训和应届毕业生入职培训三种类型，不同的类型培训内容和培训重点也各有不同，针对一线员工的入职培训，除了共同性的企业文化、人事福利制度、安全基本常识、环境与质量体系等内容以外，还规划了一线优秀员工座谈、生产岗位介绍、生产流程讲解、消防安全演练等课程，而且，还采用师带徒的方式，指定专人对新员工进行生活和工作方面的指导；对于有经验的专业技术人员的入职培训，除了共同性的必修内容外，更多的还增加了企业环境与生产线参观、企业历史实物陈列室讲解，集团未来发展规划、团队建设与组织理解演练、团队与沟通展能训练、销售与开发介绍及公司产品销售实践等课程；而对于应届毕业生的入职培训，除了一些共同的课程外，还针对其特点，安排校友座谈、公司各部门负责人讨论、极限挑战、野外郊外等活动，同时，还规划有三个月生产线各岗位轮流实习、专业岗位技术实习等内容，采取导师制的方式，派资深员工辅导新员工进行个人职业生涯规划设计，并对整个一年的工作实习期进行工作指导与考核，使其能尽快熟悉企业，成为真正的企业人。

另外，针对企业用工的特点，康佳还配合人力资源部，对不定期招聘的单个新员工采取报到教育的方式，每一个新招聘的员工，不管是从何时进入企业，在办理入司手续之前，必须经过康佳学院的报到教育，由康佳学院指派专人进行个别的单独培训，培训时间安排为 3 小时，培训内容安排有作为一个新入职的员工必须掌握的内容，如上、下班时间与规定、公司基本礼仪、办公室规定、公司基本组织架构等，只有等新员工人数达到康佳学院规定的培训人数后，才针对新员工的类型，组织实施新员工入职培训。

通过不同形式、不同内容的新员工入职培训方案的实施，有效地贯彻了集团公司选才、用才、留才的人力资源宗旨，并且通过培训，缩短了新入职人员在公司的实习过程，使部分有能力、有才干的人能够很快脱颖而出，成为公司的骨干，降低了招聘成本，规避了选才风险，成为公司人力资源管理中最为重要的一环。

附：康佳学院应届毕业生入职培训规划书

入职培训规划为六天，全部项目由三部分组成：

一、相见欢

（1）Ice Breaking（破冰术）："我的画像"

通过康佳学院精心设计的游戏，让新员工自我介绍、相互认识，使相互间有一个初步的了解。

（2）组织团队：建立高绩效团队的起步。把新员工分成若干个小组，每组人数3~7名（最好是5名），每个小组成员要求搭配合理（性别搭配、学校搭配、体能搭配、家庭背景搭配），每个小组民主选出1名组长，带领全组成员完成本小组团队建设的内容：组名、组徽、组口号、组歌及其他等。

（3）举行入司仪式：培养对公司的热爱。在中华人民共和国国歌和康佳集团歌的伴奏下，新员工代表带领大家向公司总裁庄严宣誓（宣誓词为公司晨读内容）。

二、培训内容展开

（1）人事福利制度介绍：由人力资源部负责人介绍公司在劳动用工合同、工资、奖金、福利、休假等人事方面的相关制度，使学员清楚的了解自己能享受的权利和应承担的义务。

（2）康佳发展历史、组织架构、发展规划等介绍。使学员对企业有一个较清晰的了解，帮助新员工发现企业的优势、特点，从而树立起对企业的崇敬之情，培养作为一名康佳人的自豪感。由企业文化中心、发展中心负责人讲授。

（3）通信及电视的开发管理课程。由通信与家电开发中心负责人带领新员工参观两个开发中心，并在参观中逐项介绍公司新产品在投产前产品开发的主要流程及各个阶段，使新员工初步了解新产品开发过程中各个流程的重要作用。

（4）营销管理课程。由营销公司负责人介绍公司产品的营销战略、市场定位、销售策略及竞争对手分析，使新员工能够迅速了解公司产品的营销方式和所面临的竞争压力。

（5）安全、健康、纪纲教育课程。由安全委员会负责讲授，主要介绍公司基本的规章制度和违规处罚标准。目的是培养新员工的安全意识，养成良好的生活与工作习惯，同时提醒学员在日后的工作中注意遵守，共同创造文明有序的工作环境。

（6）岗位礼仪及公司礼节、5S 教育课程。由康佳学院讲师讲授，主要涉及集团公司在问候、着装、汇报工作等方面商务礼仪的培训和个人办公中应注意的礼节问题，目的是创造公司内部文明的工作环境，维护公司对外文明的企业形象，推行企业 5S 观念。

（7）商场促销活动（实践课程）。由康佳学院、销售公司共同组织，安排学员到各个商场进行现场促销，亲身体验市场上各个家电厂商间的激烈竞争气氛，培养新学员居安思危的思想观念，同时活动结束，通过激烈的讨论，来深化新员工的认识能力。

（8）公司各部门及产品生产线参观。由康佳学院带领，参观公司的各个职能部门，由各个部门负责人介绍本部门的业务范围与业务重点，同时还参观公司产品生产线，了解产品的各个生产流程，进一步加深对公司的感性认识。

（9）角色转变课程，由康佳学院讲师讲授，主要包括以下几个课程：

①组织理解游戏。通过游戏，让学员认识到组织中不同的成员对目标理解存在的差异，并初步认识个体与组织间的关系。

②团队、沟通展能培训：通过科学设置的系列课程项目，体悟团队的作用，以增进对集团的参与意识，消除抱怨与负面冲突，同时，还可以培养自我授权的团队领导力。

③企业模拟挑战赛。运用相关软件，通过挑战赛形式来达到培养学员正确面对竞争的观念，培养学员既要勇于冒险，也有勇于承担责任的精神，同时还培养了小组成员的团队意识和团队成员间的合作能力。

三、室外活动（选择实施）

（1）极限能力（自我挑战）培训。通过一次长途拉练来锻炼学员的意志力和团队合作精神（如爬深圳梧桐山）。

（2）野外郊游：通常安排在深圳的大、小梅沙海滨。全部培训结束，学员们在宁静的大海边放松自己，体会生活的美好。同时，还对培训进行最后的总结，提交书面的培训总结报告，并评选出本次培训的各种奖项（如最有成就的小组、最富有合作精神的小组、康佳之歌唱得最好的小组、本次培训最潇洒先生、最靓小姐、最有前途的组长等），由康佳学院予以表彰。

思考问题：

1. 案例中的培训属于哪一种培训类型？

2. 案例中的培训都有哪些内容？采用了哪些方法和技术？

3. 你认为案例中的培训达到了哪些效果？请你给出一些有效的补充建议。

4. 结合本案例，并根据你所在的企业的实际情况，制定一个针对于你所在企业的新员工培训计划。

实操认知与思考二：李伟的职业探索

李伟毕业于一所知名大学的信息工程专业。由于毕业于名牌大学，且在学校各门学科的成绩都非常优秀，所以在大四下半学期，李伟就成功进入一家信息技术研究所实习，且毕业后留在了研究所。

李伟留在信息技术研究所工作，看似找到了一家工作稳定，薪酬也不错的事业单位，但是，在研究所干了一年之后，李伟发现，大学的同学中有的出国深造，有的进入了外企，还有的进入民营企业而且已成为公司的主管、经理。而自己只能在这里拿死工资，于是李伟毅然辞职。

李伟离开信息技术研究所后不久，就加入了一家日资电气企业，成为一名技术员。这家日资企业，采用的是日式的管理制度，组织结构分为部、课、室三级，严格地按照员工的资历来提拔员工。经过一年多的奋斗，李伟终于成为一名室长。他很兴奋，认为只要自己好好干，就一定会有更大的发展空间。可是过了一年，他发现课长已经换了三任，他们有的确实能力出众，而有的能力根本不如自己。李伟很是失落，他觉得自己在公司对的职业生涯已经走到了尽头，于是他做好了跳槽的准备。

李伟从日资企业出来后又到了一家国际旅行社。在随后不到三年的时间里，他又换了两家公司，不过他认为这些工作都不适合自己的职业发展方向，便先后辞职了。

接着，李伟来到了一家民营的房地产公司。由于李伟毕业于名牌大学，又有在外企工作的经验，所以公司老板对其非常器重，李伟被任命为销售部副经理，薪酬也比以前高了一些，李伟觉得比较满意。

两年后，李伟在一次同学聚会上，看到班上许多以前学习不如他的同学现在都已经开了公司，当上了老板，其受到了非常大的触动。

他认为自己学的是信息技术，在现在的公司自己的专业没有用武之地，况且自己还从事过技术、管理和销售等多种类型的工作，具有全面的工作经验。因此，一个想法在李伟的脑海中突然呈现，自己现在是不是该去创业呢！

可是，李伟琢磨了有半个月，还是拿不定主意，他想自己毕竟已经三十岁了，如果创业失败，以后该怎么办呢？

资料来源：李作学. 人力资源管理工作案例 ［M］. 北京：人民邮电出版社，2009.

思考问题：

什么样的职业才是适合自己的，请结合自身实际，做一份职业生涯规划书。

本章小结

1. 员工培训与开发是指组织根据发展和业务需要，采用各种方式对员工实施的有目的、有计划的系统培养和训练的学习行为，使员工不断更新知识、开拓技能、改进态度、提高工作绩效，确保员工能够按照预期的标准或水平完成本职工作或更高级别的工作，从而提高组织效率，实现组织目标。员工培训与开发是人力资源管理的重要组成部分，是提高组织运转绩效、使组织获取和增强竞争优势、维持组织有效运转的重要手段。

2. 员工的培训与开发有职前培训、在职培训、脱产培训三种类型。其选择受组织的规模、经营内容、项目经费、培训目的、参加培训的人等因素的影响。

3. 培训与开发系统流程大致可以分为培训需求的确认、培训目标的设定、培训方案的拟订、培训方案的实施、培训效果的评价几个部分。

4. 员工培训体系的构成要素主要有培训机构、培训对象、培训方式、培训时机、培训地点与环境、培训预算、培训师。

5. 通常一个完整的结构化培训体系通常包括：培训课程体系、培训管理体系、培训成果转化机制三部分。在构建培训体系时应以企业经营战略为方向、有针对性并保证培训管理体系的有效性以及培训投资回报。

6. 培训的方法和技术有很多，如讲座法、视听教学法、程序教学法、学徒培训法、案例分析、文件处理、敏感性训练、商业游戏、研讨法、头脑风暴法、行为模仿、角色扮演法、基于计算机的培训、远程培训和基于互联网的培训方法等。不同的方法有各自的特点和优势，选择运用时要具体问题具体分析，因地、因时制宜，根据企业的培训目标选择培训方法。

7. 培训方案是从组织的战略出发，在全面、客观的培训需求分析基础上做出的有关培训的总体的实施计划，它包括对培训时间、培训地点、培训者、培训对象、培训方式和培训内容等的预先系统设定。培训计划必须满足组织及员工两方面的需求，兼顾组织资源条件及员工素质基础，并充分考虑人才培养的超前性及培训结果的不确定性。从内容上看，一个完整的培训计划应包含培训目的、培训对象、培训课程、培训形式、培训内容、培训讲师、培训时间、培训地点、考评方式、培训预算以及培训出现问题时的调整方式等方面的内容。

8. 培训费用的预算是一个不可忽视的重要因素，它影响培训决策，并有助于对培训工作的有效管理和控制。

9. 培训师是培训体系中最重要的组成部分，培训师应扮演好教师、演员、教练、咨询顾问四个角色。培训师的优劣在很大程度上决定了培训的效果。培训师可以从内部培养，也可以从外部选聘。

10. 培训效果评估就是收集有关培训项目实施效果的反馈信息，根据这些信息对培训价值做出评价的过程，其目的是帮助企业在选择、调整各种培训活动以及判断其价值的时候做出更明智的决策。培训评估是一个完整的培训流程的最后环节，它既是对整个培训活动实施成效的评价和总结，同时评估结果又是以后培训活动的重要输入，为下一个培训活动培训需求的确定和培训项目的调整提供重要的依据。

11. 职业一般是指人们在社会生活中所从事的、以获取报酬为目的的、相对稳定的劳动角色。职业生涯是指一个人一生在职业岗位上度过的、与工作活动相关的连续经历。职业生涯管理是对职业生涯的设计与开发的过程，需要从个人和组织两个不同的角度进行。目前关于职业生涯及其管理的理论主要包括职业选择理论、职业发展阶段理论和职业锚理论。

12. 个人职业生涯管理受到个人因素及环境因素的双重影响，其职业计划的设计实施步骤包括：自我分析与定位、职业发展机会评估、职业选择与目标设定、职业生涯路线选择、制定行动策略与实施、评估与调整。

13. 组织职业生涯管理的内容和方法根据员工在招聘期、职业早期、职业中期及职业后期的不同特点而有所不同。对员工而言，组织内部职业生涯发展通道可分为垂直、水平和向心三种方向，而常见的职业生涯阶梯包括单阶梯、双阶梯和多阶梯三种模式。

14. 管理开发是指为了提高管理者的素质和能力、提高管理绩效而进行的，有计划、有组织的培养和训练活动。一般分为高层管理者开发、中层管理者开发与基层管理者开发三种基本类型，包括管理教育、管理培训和在职管理体验三种形式。接班人计划是指公司确定和持续追踪关键岗位的高潜能人才，并对这些高潜能人才进行开发的过程。其实施步骤可分为：明确企业愿景、确定核心竞争力；找准继任职位、细化个人能力要求；甄选接班候选人、建立人才储备库；建立候选人档案、制定培养计划。

第6章 员工绩效考核

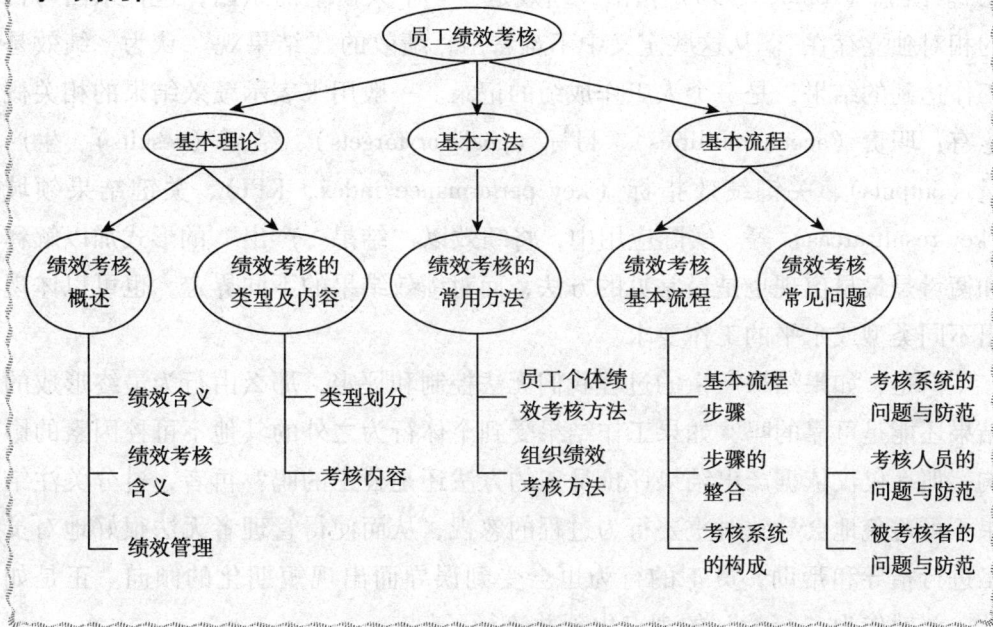

6.1 绩效考核概述

6.1.1 绩效的含义

绩效是什么？这一最简单的问题，却最难回答。《牛津现代高级英汉词典》对"绩效"的原词"performance"的释义为"执行、履行、表现、成绩"，这样的解释显然含糊不清，企业更是难以据此进行实际操作。社会化生产初期，生产率是衡量绩效水平的唯一标准，但随着管理实践深度和广度的不断增加，人们对其内涵和外延的认识也发生了变化。管理大师彼得·F·德鲁克认为："所有的组织都必须思考'绩效'为何物？这在以前简单明了，现在却不复如是。"因此，要想测量和管理绩效，首先必须明确其概念的内涵和外延。

就像贝茨和霍尔顿（Bates and Holton，1995）指出的那样，"绩效是一个多维建构，观察和测量的角度不同，其结果也会不同"。目前对绩效的界定主要有三种观点：一种观点认为绩效是结果；另一种观点认为绩效是行为；还有一种观点认为绩效是知识、技能等通过工作能转化为物质贡献的个人素质与绩效之间的关系。

1. 绩效的"结果观"

伯纳丁等（Bernadin et at.，1995）认为，"绩效应该定义为工作的结果，因为这些工作结果与组织的战略目标、顾客满意感及所投资金的关系最为密切"。凯恩（Kane，1996）指出，绩效是"一个人留下的东西，这种东西与目的相对独立存在"。从这些定义中不难看出，绩效的"结果观"认为，绩效是工作达到的结果，是一个人工作成绩的记录。一般用来表示绩效结果的相关概念有：职责（accountabilities）、目标（goals or targets）、结果（results）、生产量（outputs）、关键绩效指标（key performance index，KPI）、关键结果领域（key result areas）等。实际应用中，将绩效以"结果—产出"的形式加以解释和衡量是最早出现也是最常见的方法，而对绩效结果的不同界定，也可以体现出不同类型或水平的工作要求。

但是，如果结果产生的过程我们无法控制和评定，那么由行为最终形成的结果还能是可靠的吗？如果工作结果受到个体行为之外的其他不可控因素的影响，那么仅仅依据产出结果评价员工的方法还是公正的吗？再者，过分关注结果不可避免地会导致对重要行为过程的忽视，从而使得管理者无法很好地对员工进行指导和帮助，员工的行为也会受到误导而出现短期化的倾向。正是如此，绩效作为"行为"的观点出现并流行了起来。

2. 绩效的"行为观"

墨菲（Murphy，1990）将绩效的概念定义为"绩效是与一个人工作的组织或组织单元的目标有关的一组行为"。坎贝尔（Campell，1993）指出，"绩效不是行动的后果或结果，它本身就是行动……绩效由个体控制之下的与组织目标相关的行为组成，无论这些行为是认知的、生理的、心智活动的或人际的"。根据上述定义不难看出，绩效的"行为观"认为：绩效是行为，但并非所有的行为都是绩效，只有与组织目标相关的、与结果—产出相关的行为才算是绩效，而且这些行为应该是可以进行观察或衡量的。这种观点虽然很容易得到大家的理解和认可，但是在实际操作中如何界定和评价"行为"同样面临困境和质疑。特别值得思考问题是，那些不与结果/产出相关的行为是什么呢？

为此，伯曼和摩托瓦德罗（Borman and Motowidlo，1993）提出了绩效的二维模型，将绩效区分为任务绩效（task performance）与周边绩效（contextual performance），随之将个体的工作行为分为任务绩效行为与周边绩效行为。其中周边绩效行为指的是那些不与岗位职责、组织目标直接相关的，促进组织气氛、社会关系和心理环境的行为。这类行为同样对组织有益，间接地促进了工作任务与组织目标的实现。这一模型的提出使得人们对个体行为有了更为全面地认识，同时也对绩效的含义有了更为深刻地理解。

3. 绩效的"素质观"

随着知识经济的到来，从事脑力劳动的知识型员工成为员工队伍的主体，而他们的工作行为和工作结果与体力劳动者截然不同，因此对其绩效的衡量为组织的绩效管理带来了新的挑战，而对素质研究正是在这样的背景下出现的。1973 年，哈佛大学教授麦克里兰（McClelland）在美国《心理学杂志》上发表论文"Testing for Competency Rather Than Intelligence"，论证了行为品质和特征较之潜能测试（如智商测试）能够更有效地决定人们工作绩效的高低，而这些直接影响工作业绩的个人条件和行为特征被称为素质（competency）。

目前，越来越多的企业将以素质为基础的员工特性纳入绩效的范围中，更加重视素质与高绩效之间的关系，同时素质模型也为管理者指导、帮助员工以及为员工筛选、培训提供了可参照的依据。更重要的是，绩效的"素质观"突破了传统绩效观念仅仅"追溯过去"、"评估历史"的局限，将视角拓展至未来，从而更加符合知识型员工的特性以及绩效管理的真正目标——长远、持续的绩效提高。

综上所述，绩效的含义是非常广泛的，不同的时期、不同的发展阶段、不同的对象，绩效都有其不同的具体含义。不论是"结果观"、"行为观"或"素质观"，都代表了学者们从不同角度对绩效的理解，同时也都难免有所偏颇。其实这些观点之间并

📝 小资料

影响绩效因素的"木桶原理"

绩效受制于多种主、客观因素，因此，为了更好地评价和提高绩效水平，了解并控制影响绩效的因素至关重要。一般来说，影响工作绩效的关键因素有五个：工作者、工作本身、工作方法、工作环境和组织管理。这五种因素不同程度地影响员工绩效（见图 6 -1），正如"木桶效应"的基本原理，如果有一种因素起消极作用，就会降低员工绩效；反过来，提高员工绩效也应从这五个方面综合分析、系统改进。

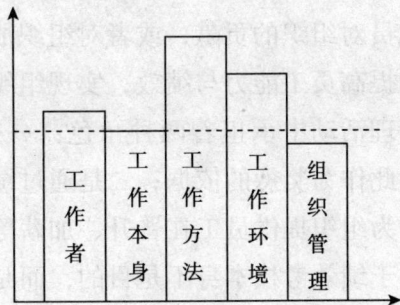

图 6 -1　影响绩效的主要因素

不矛盾，而是相辅相成共同构成了一个全面的绩效观。为此，本书采取一种综合的办法来定义绩效，试图兼顾工作结果、行为和员工素质：绩效是员工依据

其所具备的与工作相关的个人素质所做出的工作行为及工作结果，这些行为及结果对组织目标的实现具有积极或消极的作用。

6.1.2　绩效考核的含义与作用

1. 绩效考核的含义

绩效考核（performance appraisal），简称考核，又称绩效考评、绩效评价等。由于绩效具备多维性、多因性和动态性的特点，因此对绩效的考核也应是多角度、全方位和多层次的。从早期的观点看，关于绩效考核的含义有以下几种描述：

（1）对组织中成员的贡献进行排序。

（2）为客观判断员工的能力、工作状态和适应性，对员工的个性、资质、习惯和态度以及对组织的相对价值进行有组织的、客观的考评，它是考评程序、规范、方法的总和。

（3）对员工现任职务状况出色程度以及担任更高一级职务的潜力进行有组织的、定期的并且是尽可能多的客观考评。

（4）人事管理系统的组成部分，由考核者对被考核者的日常职务行为进行观察、记录，并在事实的基础上，按照一定的目的进行考评，达到培养、开发和利用组织成员能力的目的。

（5）定期考评和考察个人或工作团队业绩的一种正式制度。

（6）对员工的工作行为与工作结果全面地、系统地、科学地进行考察、分析、评估与传递的过程。

从过程的角度看，绩效考核是指考评主体对照工作目标或绩效标准，采用科学的考核方法，评定员工的工作任务完成情况、工作职责的履行程度和能力发展情况，并且将评定结果反馈给员工的过程[①]。绩效考核在本质上就是考核组织成员对组织的贡献，或者对组织成员的价值进行评价，它是管理者与员工之间为提高员工能力与绩效，实现组织战略目的的一种管理沟通活动。绩效考核在管理活动中承担着两种角色：一是通过绩效考核获得员工工作的真实信息，以此作为奖惩的依据；二是通过绩效考核，有针对性地开发员工的各种潜能，并为组织提供员工在晋升、加薪等方面做决策的全面信息。

由于绩效考核本身不是目的，而是手段，因此其概念的外延和内涵应该随经营管理的需要而变化。从内涵上说，绩效考核包括人与事的评价两层含义：一是对人及其工作状态进行评价；二是对人的工作结果即人在组织中的相对价

---

① 付亚和，许玉林．绩效管理［M］．上海：复旦大学出版社，2006.

值或贡献程度进行评价。从外延上看，绩效考核就是有目的、有组织地对日常工作中的人进行观察、记录、分析和评价。它包括以下三层含义：一是从企业经营目标出发对员工工作进行考评，并使考核结果与其他人力资源管理职能相结合，推动企业经营目标的实现；二是作为人力资源管理系统的组成部分，运用一套系统和一贯的制度性规范、程序和方法进行考评；三是对组织成员在日常工作中所表现的能力、态度和业绩，进行以事实为依据的评价。

2. 绩效考核在人力资源管理体系中的地位与作用

人力资源管理是企业获取竞争优势的有效工具，它由工作分析、招聘甄选、培训开发、绩效考核、薪酬福利、劳动关系、人力资源规划等职能任务构成。绩效考核在人力资源管理体系中占据着核心地位，并与其他模块相互衔接、彼此支撑。图6－2直观地表现了绩效考核的地位及其与其他模块的关系。

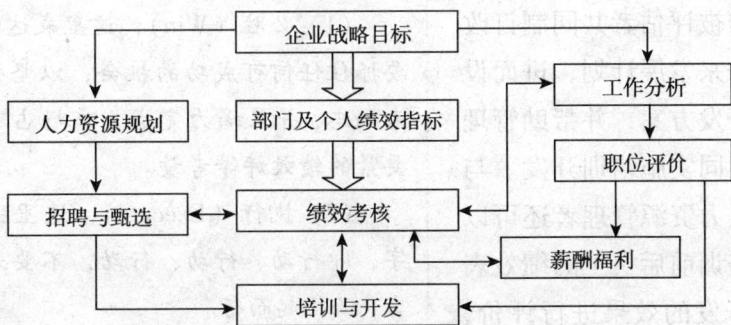

图6－2 绩效管理在人力资源管理体系中的地位

（1）与工作分析的关系。绩效考核的重要基础是工作分析。工作分析的目的就是要确定各个职位"应该做什么"及"由什么人来干"，即确定职位的工作职责以及它所提供的重要工作产出。工作分析的结果是确定绩效考核制度的依据，而绩效考核结果反过来也会对工作设计与分析产生影响。首先，绩效考核的内容必须与工作内容密切相关，也就是要做到"干什么考核什么"，以工作分析结果作为绩效考核的依据。同时，绩效考核结果也可能反映出工作设计与分析中的问题，是对工作设计是否合理的一种验证手段。如一位公认的优秀员工在绩效考核中长期只能得到较差的结果，在分析原因时就要考虑是否工作设计和分析存在问题。

（2）与招聘甄选的关系。在对人员进行招聘和甄选的过程中，通常采用各种人才测评手段，如心理测验、面试及评价中心等，这些方法主要侧重于考查应聘人员的价值观、态度、性格、能力倾向或行为特征等基本素质，进而推断其在真实的工作岗位能够做出的工作行为和结果。而绩效考核的记录与总结能够对高绩效与低绩效员工的能力、素质特征加以归纳，发现具有哪些特征的员工适合岗位和组织需要。这些真实的历史资料可以帮助企业实现有效的招聘与甄选。同时，绩效考核的结果也可能促使企业做出招聘活动的决定。当绩效不良的原因是员工能力和态度上有所欠缺时，如考虑到培训成本或培训效果难以保证，企业就要制订相应的招聘计划；如绩效不良的原因在于工作量超负荷、人手不足，那么新员工招聘也就势在必行了。

（3）与培训开发的关系。员工培训与开发的目标、内容与对象都与绩效考核的结果紧密相关。在绩效考核结果确定之后，管理人员往往根据被评估者的绩效现状，结合组织目标和个人发展愿望，与被评估者共同制订改进计划和未来发展计划，进而设计培训与开发方案，并帮助管理者与员工共同实施培训开发。与此同时，人力资源管理者还可以通过对比培训前后员工的绩效表现对培训开发的效果进行评价，不断对培训方案进行调整，进而提升培训效果。

（4）与薪酬福利的关系。绩效管理应该与薪酬体系挂钩，这是现代企业人力资源管理系统的基本要求。按照薪酬体系设计的基本原理——3P模型，薪酬设计应当依据职位价值（position）、绩效（performance）和任职者的胜任力（person）。也就是说，绩效是决定薪酬的重要因素，尤其是对变动薪酬部分影响较大。只有将绩效考核的结果与回报相联系，员工对所得回报的公平性和合理性才能认可，才能使绩效管理真正发挥作用。

> **📋 小案例**
>
> ### IBM 的员工绩效计划
>
> IBM 公司的员工绩效计划是建立在员工自己按下列三个领域设定的年度目标上的。
>
> （1）必胜（Win），这里表达的是成员要抓住任何可成功的机会，以坚强的意志来励志，并且竭力完成。市场占有率是最要紧的绩效评等考量。
>
> （2）执行（Execute），这里强调三个字，即行动、行动、行动，不要光是坐而言，必须起而行。
>
> （3）团队（Team），即各不同单位间，不许有冲突，绝不在顾客面前让顾客产生疑惑。
>
> 这种绩效考核对一般 IBM 成员具有重要意义，而对被赋予管人的责任的管理人员，则根据员工意见调查（Employee Opinion Survey），高阶主管面谈（Executive Interview），门户开放政策（Open Door Policy）的反馈，另加一个评等构面，并且占有整体评等一半的比重。
>
> 资料来源：http://www.chinahrd.net。

6.1.3 绩效管理与绩效考核

相对于绩效管理，绩效考核是企业实践领域中更为常见的一个概念，管理者和员工经常会把两者混淆和等同起来，或者是在实施的过程中将其割裂。正是由于这些错误的认识和做法大大影响了绩效考核和绩效管理的效果，使其成为"浪费时间"、"流于形式"的管理活动。与传统的绩效考核相比，绩效管理是一个更加完整、科学的概念，而绩效考核或绩效评估则是构成绩效管理流程中的环节之一。具体说来，两者的区别主要体现在几个方面如表 6 - 1 所示。

表 6 - 1　　　　　　　　　　绩效管理与绩效考核的区别

绩效管理	绩效考核
一个完整的管理过程	管理过程中的局部环节和手段
侧重于信息沟通与绩效提升	侧重于判断和评估
伴随管理活动的全过程	只出现在特定时期
具有前瞻性和过程性，注重事先的承诺和持续的沟通	具有阶段性和总结性，注重事后的评估

由此可见，从学术概念的角度看来，绩效管理与绩效考核无论在基本含义、操作内容、实施方式上都存在较大差异，划清两者的界限是保证其最终结果的前提。但同时，绩效管理与绩效考核又是相互依存、密切相关的。作为构成环节，绩效考核的成功与否不仅取决于考核评估，而且很大程度上取决于相关联的整个绩效管理过程；而成功的绩效管理也需要有效的绩效考核作为依据和支撑。将绩效考核与绩效管理割裂开来、孤立地看待绩效考核这一环节，甚至将其放大作为绩效管理的全部，这样的观点和做法是管理者和员工在实践中常犯的错误。

但是，从企业管理实践的角度来看，"绩效考核"这一术语已经深受广大员工和一般管理者的接受，在各种管理制度和管理活动中应用较广。因此，本书并不主张一定将实践领域中的"绩效考核"一词更改为"绩效管理"，而是建议将现有"绩效考核"的内涵和外延扩大，使其符合"绩效管理"的理论和实践要求。鉴于此，本书后文中所用的"绩效考核"实质上与"绩效管理"是等同的。

6.2 绩效考核的类型及内容

6.2.1 绩效考核的类型

绩效考核类别繁多，按考核时间可分为定期考核与不定期考核；按考核对象可分为一般员工考核、管理者考核与技术人员考核；按考核目的可分为晋升考核、加薪考核、职称评定考核等；按考核主体可分为上级考核、自我考核、同级评议、专家考核、下级考核等。下面着重介绍依据考核内容和考核对象层次而形成的不同绩效考核类型。

1. 按照绩效考核内容划分

（1）面向工作结果的考核。以考评员工的工作效果为主，着眼于"干了什么"，重点在于产出和贡献，而不是行为。考核标准易制订、易操作，适合于生产操作性的岗位，不适合对事务性人员的考核。

（2）面向工作行为的考核。以考核员工的工作行为为主，着眼于"干什么"、"如何去干"，重在工作过程而非工作结果。考核标准容易确定，操作性较强，适合那些绩效难以量化考评或需要以某种规范行为来完成工作任务的员工，如服务员、文秘人员、管理人员等。其难点在于开发出与工作相关的行为化衡量标准。

（3）面向素质技能的考核。以考核员工在工作中表现出来的品质（素质技能）为主，着眼于"这个人怎么样？"由于在考评中使用诸如忠诚、可靠、主动、有创造性、有自信、有协作精神等定性指标，所以很难掌握，操作性较差。

正如前文所述，绩效是多维的，因此绩效考核也应是全方位、多角度的。所以完整的绩效考核体系在指标选择上应包含以上三种类型的考核内容，并根据不同的考核对象和考核目的设计指标次序与权重。

2. 按照考核对象的层次划分

（1）组织整体绩效考核。组织整体绩效以组织整体作为考核对象，强调集体性绩效，通常包括产量、利润、成本等财务内容，同时也包括客户满意度、员工发展、内部流程效率等非财务内容。

（2）部门（团队）绩效考核。部门（团队）绩效以组织中的正式职能部门或项目团队作为考核对象，是介于组织整体绩效与员工个体绩效的中间层次，也是整体绩效与个体绩效的结合。特别是随着跨职能团队在组织中的频繁出现，如何结合其特征实施有效考核已成为实践及理论界研究的热点。

（3）员工个体绩效考核。员工个体绩效以员工个人作为考核对象，正如前文所述，个体绩效包括其工作结果、行为和能力素质。个体绩效的衡量和评价是绩效管理关注的主要内容，是人力资源管理的职能任务，但组织整体绩效和部门绩效同样不容忽视。

在一个组织内，这三个绩效层次所包含的内容及其评估和管理方法都不尽相同，同时三者之间又紧密相关。员工个体绩效是根基，部门（团队）绩效和组织整体绩效都建立于其上；反之，部门（团队）绩效是员工个体绩效的整合和放大，而组织整体绩效又是部门（团队）绩效的整合和放大；三者的协调与整合才是绩效考核与管理的任务所在（见图 6-3）。

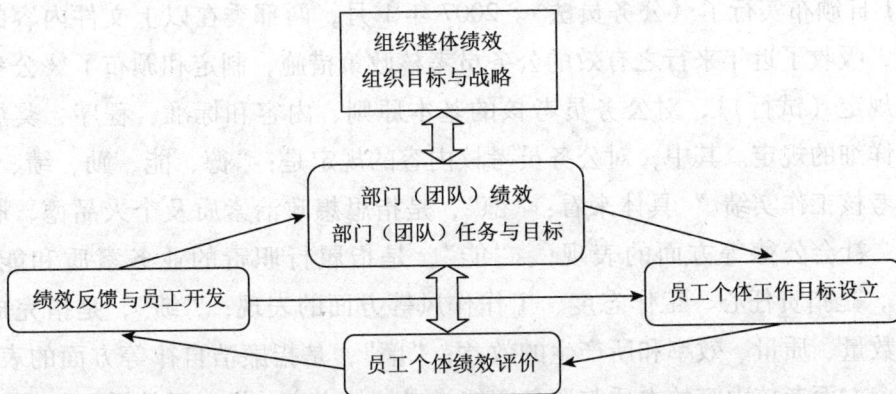

图 6-3 组织、部门（团队）、员工绩效整合模式

6.2.2 绩效考核的内容

1. 职务职能类考核内容

（1）工作考核内容。①工作成绩。绩效考核的出发点是员工的工作岗位，是对员工担当工作的结果或履行职务的工作结果的评价。而评价、考核工作成绩的项目或指标可从工作数量、工作质量、工作的速度、工作准确性等方面衡量。业绩考核针对的是工作的完成状态。②工作能力。工作能力在本质上是指一个人顺利完成某项工作所必备的并影响工作效率的稳定的个性特征，是指员工担当工作所必备的知识、经验与技能。能力考评，是指对员工在其岗位工作过程中显示和发挥出来的能力所做出的考评，包括员工的经验阅历、职务知识、职务技能等。③工作态度。工作态度是指员工在完成工作时所表现出来的心理倾向性，包括工作的认真度、责任度、努力程度等。由于这些因素较为抽象，因此通常只能通过主观性评价来考评。

（2）潜能开发内容。潜力相对于在工作中发挥出来的能力而言，是指没有在工作中发挥出来的能力。在企业中，人力资源部门除了要了解员工在现任职务上具有何种能力外，还要关注员工未来的发展空间，也就是说，员工是否具有担任高一级职务或其他类型职务的潜质。

（3）适应性评价内容。适应性是指员工所从事的工作与其天资禀赋、职业兴趣、个人志向等方面的符合程度。对员工适应性的评价通常涉及两方面的内容：一是人与工作之间，即员工的能力、性格与其工作要求是否相称；二是人与人之间，即员工与合作共事者之间在个性特征方面的差异是否会影响其工作能力的发挥。

2. 行政公务类考核内容

1994年中央组织部、人事部颁布了《国家公务员考核暂行规定》，2006年1月1日颁布实行了《公务员法》。2007年1月，两部委在以上文件内容的基础上，吸收了近年来行之有效的公务员考核政策措施，制定和颁布了《公务员考核规定（试行）》，对公务员考核的基本原则、内容和标准、程序、奖惩等做了详细的规定。其中，对公务员考核内容的规定是："德、能、勤、绩、廉，重点考核工作实绩。"具体来看："德"，是指思想政治素质及个人品德、职业道德、社会公德等方面的表现；"能"，是指履行职责的业务素质和能力；"勤"，是指责任心、工作态度、工作作风等方面的表现；"绩"，是指完成工作的数量、质量、效率和所产生的效益；"廉"，是指廉洁自律等方面的表现。这五个方面考核内容的本质与职务职能类考核的内容一样，虽然采用不同的表达方法，但关键在于其所选择的指标项目与标准水平。

3. 任务绩效与周边绩效

伯曼和摩托瓦德罗（1993）提出，工作绩效除了包括任务—作业绩效（task performance）外，还应该包括周边—关系绩效（contextual performance）。任务绩效是指任职者通过直接的生产活动、提供材料和服务对组织的技术核心所做的贡献，主要受经验、能力以及与工作有关的知识等因素的影响；周边绩效不是直接的生产和服务活动，而是构成组织的社会、心理背景的行为，包括自愿的行为、组织公民行为、亲组织行为、组织奉献精神以及与特定作业无关的绩效行为，如自愿承担额外的工作，帮助同事等，它能够促进组织内的沟通，对社会沟通起润滑作用，降低紧张的情绪反应，可以促进作业绩效，从而提高整个组织的有效性。该模型的提出，进一步丰富和拓展了绩效考核的内容，除了传统考核任务绩效之外，还应对岗位的周边绩效加以衡量。

6.3　绩效考核的常用方法

绩效考核方法的选择是绩效考核的重点与难点，对于公正、客观的评价结果来说，考核方法的选择是一个技术层面的保障。人力资源管理专业人员和该领域的专家设计和创造了一系列的绩效评价方法，这些方法各具特点。客观地讲，没有一种方法堪称完美或能够满足实践中的各种要求，这些方法往往是综合使用，以适应不同组织、不同岗位在不同发展阶段对绩效考核的不同需要，实现不同的绩效考核目的。因此，有必要了解各种绩效考核工具，熟识各种方法的优缺点，才能通过比较选择适当的工具。

6.3.1　员工个体绩效考核方法

1. 短文法

短文法是指通过一则简短的书面鉴定来进行考评的方法。书面鉴定通常谈及被考评者的成绩和长处、不足和缺点、潜在能力、改进意见和培养方法等方面。这种方法也是较为传统的考评方法之一，并且在很长一段时间里为我国很多企业所使用。

短文法属于主观判断型的定性考评方法。它只是从总体上进行考评，不考虑考评维度，也不设计具体的考评标准和量化指标。因此，这种方法操作起来灵活简便，考评者可以针对被考评者的特点进行考评，具有较强的针对性。但是，由于缺乏具体的考评标准，难以进行相互对比，并且考评人员的主观性所带来的偏差也比较大。所以，这种方法通常应与其他方法配合使用。

2. 关键事件法

关键事件法是以记录直接影响工作绩效优劣的关键性行为为基础的考评方法。所谓关键事件，是指员工在工作过程中做出的对其所在部门或企业有重大影响的行为，这种影响包括积极影响和消极影响。使用关键事件法对员工进行考评要求管理者将员工日常工作中非同寻常的好行为或非同寻常的坏行为认真记录下来，然后在一定的时期内，主管人员与下属见一次面，根据所做的记录来讨论员工的工作绩效。

关键事件法通常可以作为其他评价方法的很好的补充，因为它具有以下优点：首先，对关键事件的记录为考评者向被考评者解释绩效考评结果提供了一些确切的事实依据。其次，它可以确保在对员工进行考评时，所依据的是员工在整个考察周期内的工作表现，而不是员工在近期内的表现，也就是说可以减小近因效应所带来的考评偏差。最后，通过对关键事件的记录可以使管理人员获得一份关于员工通过何种途径消除不良绩效的实际记录。

但是，关键事件法在实施时也存在一定的不足之处。最明显的一点是，管理人员可能漏记关键事件。在很多情况下，管理人员都是一开始忠实地记录每一个关键事件，到后来失去兴趣或因为工作繁忙等原因而来不及及时记录，等到考评期限快结束时再去补充记录，这样，有可能会夸大近期效应的偏差，员工也可能会误认为管理人员编造事实来支持其观点。

📝 **小资料**

KPI 指标的测试

测试	问题
该指标是否可以理解？	是否可用通用业务语言定义？ 能否以简单明了的语言说明？ 是否有可能被误解？
该指标是否可控制？	对该指标的结果是否有直接的责任归属？ 绩效考核结果是否能够被基本控制？
该指标是否可实施？	是否可以用行动来改进该指标的结果？ 员工是否明白应采取何种行动对指标结果产生影响？ 该指标是否可信？
是否有稳定的数据来源来支持指标或数据构成？	数据能否被操纵以使绩效看起来比实际更好或更糟？ 数据处理是否引起绩效指标计算的不准确？
该指标是否可衡量？	指标可以量化吗？ 指标是否有可信的衡量标准？
该指标是否可低成本获取？	有关指标的数据是否可以直接从标准表上获得？ 获取成本是否高于其价值？ 该指标是否可以定期衡量？
该指标是否与整体战略目标一致？	该指标是否与某个特定的战略目标相联系？ 指标承担者是否清楚企业的战略目标？ 指标承担者是否清楚该指标如何支持战略目标的实现？
该指标是否与整体绩效指标一致？	该指标和组织中上一层的指标相联系吗？ 该指标和组织中下一层的指标相联系吗？

资料来源：朱飞. 绩效激励与薪酬激励［M］. 北京：企业管理出版社，2010.

---

3. 比较排序法

（1）排序法。排序法是依据某一考评维度，如工作质量，工作态度，或者依据员工的总体绩效，将被考评者从最好到最差依次进行排序。在实际操作中，可以进行简单排序也可以进行交替排序。简单排序是依据某一标准由最好到最差依次对被考评者进行排序；交替排序则是先将最好的和最差的列出，再挑出次好的和次差的，以此类推，直至排完（见表6－2）。

表6－2　　　　　　　　　　　　交替排序法的绩效评价等级

交替排序法的工作绩效评价等级	
评价所依据的要素：	
说明：　针对评价所依据的要素，将所有员工的姓名都列出来。将绩效评价最高的员工的姓名列在第一格中；将绩效评价最低的员工的姓名列在第10格中。然后将次最好的员工姓名排列在第2格中，将次最差的员工姓名排列在第9格中。依次交替进行，直到所有的员工都被列出。	
评价等级最高的员工	
1.	6.
2.	7.
3.	8.
4.	9.
5.	10.
	评价等级最低的员工

排序考评法最大的优点是简便易行，省时省力。但其不足之处：首先，由于没有具体的考评指标，只是被考评者之间进行对比排序，所以，在两个人业绩相近时，很难确定其先后顺序。其次，由于主要依靠考评者的主观判断进行排序，而不同考评者又具有不同的倾向性，因此会造成排序中的偏向。再次，由于缺乏具体标准，使用这种方法无法将同一组织中不同部门的员工进行比较。最后，被考评者仅仅知道自己的排序情况，不能明确自身优点和不足之所在。

排序考评法通常适用于小型组织的员工考评，而且被考评对象最好是从事同一性质的工作。

（2）配对比较法。配对比较法也称为两两比较法或对偶比较法，是较为细化和有效的一种排序方法。其具体做法是：将每一位被评价者按照所有评价要素，如工作质量、工作数量、工作态度等，与所有其他员工一一进行比较，优者记为"＋"或"1"，逊者记为"－"或"0"，然后计算每一个被考评者所得正负号的数量或具体得分，排出次序。例如，在如表6－3所示的比较中，员工乙的工作态度是最好的，而员工甲的创造性是最强的。

表6-3　　　　　　　　　使用配对比较法对员工工作绩效的评价

就"工作态度"这一评价要素所做的比较						就"创造性"这一评价要素所做的比较					
被评价者 比较对象	甲	乙	丙	丁	戊	被评价者 比较对象	甲	乙	丙	丁	戊
甲		+	+			甲		-	-	-	-
乙	-		-			乙	+		-	+	+
丙	-	+		+	-	丙	+	+		+	+
丁	-		-		+	丁	+	-	+		-
戊	+	+	+			戊					

　　配对比较法实质上是将全体被考评者看做一个有机系统，其准确度较简单的排序考评方法高得多。但是，该方法在操作时较为烦琐，因而其应用受到被考评者人数的局限。如果被考评者总数为n，按照——对比的规则，每一考评要素的对比次数就是 n（n-1）/2 次。也就是说，如果考评 10 个人，则针对每一考评要素进行对比的次数就是 45 次，如果有 6 个具体的考评要素，则一次完整的考评活动就需要进行 270 次对比。

4. 强制正态分布法

　　强制正态分布法也称为强制分布法，要求考评人员依据正态分布规律，即俗称"中间大、两头小"的分布规律，预先确定好评价等级以及各等级在总数中所占的百分比，然后按照被考评者绩效的优劣程度将其列入其中某一等级，图 6-4 所示。例如，把最好的 10% 的员工放在最高等级中，次之的 20% 的员工放在第二个等级中，再次之的 40% 放在倒数第三个等级中，较差的 20% 放在倒数第二个等级中，余下的 10% 则放在最后一个等级中。当然，具体的比例也可以有所不同，但无论采用何种比例，其分布都要符合正态分布的规律。

　　强制分布法适用于被考评人员数量较多的情况，操作起来也比较简便。由于遵从正态分布规律，可以在一定程度上减少由于考评人员的主观性所产生的偏差。此外，该方法也有利于管理控制，尤其是在引入员工淘汰机制的企业中，它能明确地筛选出被淘汰对象，由于员工担心因多次落入绩效最低区而遭淘汰，因而具有强制激励和鞭策功能。但是，由于该方法的核心是事先按正态分布规律确定各评价等级的比例，而在现实工作中，并非每一个部门的员工业绩情况都符合正态分布的规律。有可能存在这样的情况，即某一个部门的所有员工工作绩效都很好，这时，使用强制正态分布的方法进行绩效考评所得到的结果就难以令人信服。

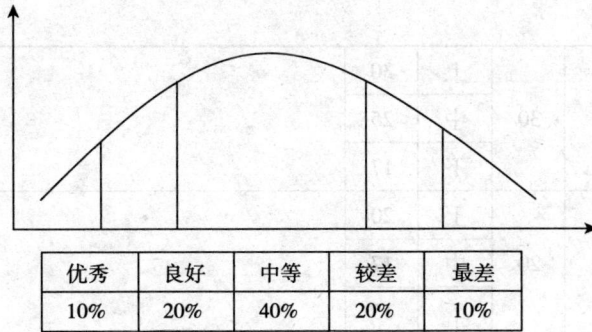

优秀	良好	中等	较差	最差
10%	20%	40%	20%	10%

图 6－4　正态分布

5. 因素考核法

因素考核法，是将一定的分数分配给各项考评项目，使每一项目都有一个评价尺度，然后根据被考评者的实际情况和表现对各项目评分，最后得出总分，即被考评者的考核结果。这种方法便于使用电子计算机进行数据处理，大大提高了考评的效率和质量。

使用因素评分法时应注意以下两个问题：第一，由于考评的目的不同，考评项目的赋分比重也应有所不同。如为了分配月度奖，绩效的分数应在总分中占较大比重；为了职务晋升，能力的分数应占较大比重。这样，既考核全面，又突出重点。第二，各考评项目对不同职务的重要度不同，因而要求其比重也有所不同。例如，对于指挥能力与技能，在考评经理（厂长）时，指挥能力的赋分比重应大一些，而技能的赋分比重则可小一些。而对于一线员工，技能的赋分比重应该大一些，而指挥能力的赋分则可小一些，甚至为零。

表 6－4　　　　　　　　　　员工因素考核表

部　门		姓名		职务		考核总分	
项　目		分　数		考　核　情　况　说　明			
出　勤	30	上	30				
		中	24				
		下	18				
能　力	20	上	20				
		中	17				
		下	14				

续表

成 绩	30	上	30		
		中	25		
		下	17		
思想作风	20	上	20		
		中	17		
		下	15		
班（组）长意见					
部门意见					
考核小组意见					
公司意见					

6. 图尺度评价法

图尺度评价法（graphic rating scale）是最简单和运用最普遍的员工考核技术之一。该方法的特征是：列出绩效评价的维度或考核要素，同时对绩效水平进行分级，从"优秀""良好""合格""有待改进"到"差"，对应的分数分别是"5分""4分""3分""2分""1分"，分数之间可以进行各种数学运算。该方法能够实现考核量化、简单易行，但是受考核者主观因素影响大，一般都结合其他方法共同使用（见表6－5）。

表6－5　　　　　　　　　　　　　图尺度评价表示例

绩效维度	评价尺度				
	优秀	良好	合格	有待改进	差
专业知识	5	4	3	2	1
沟通能力	5	4	3	2	1
判断能力	5	4	3	2	1
决策能力	5	4	3	2	1
创造性	5	4	3	2	1
……					

7. 360度绩效反馈

360度绩效反馈（360° feedback），又被称为"360度考核法""全方位全视角考核法""360度反馈评价法"。其基本原理是：员工的工作是多方面的，工作业绩也是多维度的，不同个体对同一工作会得出不同评价。因此，通过上级主管、同事、下属、客户和供应商等信息渠道来收集绩效信息，进行多方面、全方位地考核，更能全方位、准确地评价员工的工作业绩。同时，员工通过这种全方位的信息渠道了解各方面的意见，从而更能清楚自己的优点和不足（见图6-5）。这一方法有其不足之处，一是考核过程调查问卷过多；二是调查结果数值都偏高，数据价值不大。

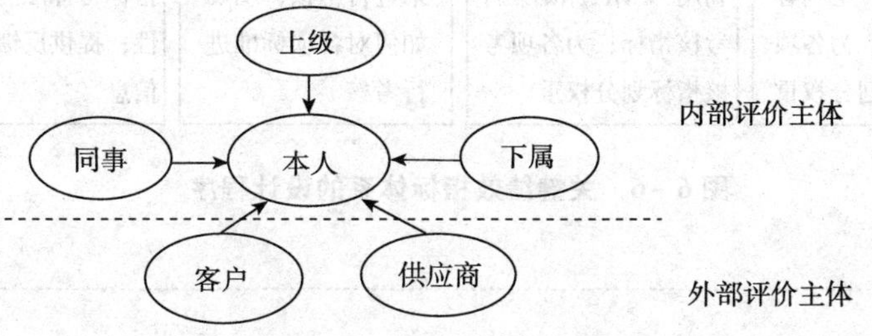

图6-5 360度绩效反馈模式

6.3.2 组织绩效考核方法

1. 关键绩效指标考核

关键绩效指标（KPI）是基于企业经营管理绩效的系统考核体系。其具体含义可从三个方面理解：一是用于考核和管理被考核者绩效的可量化的或可行为化的标准体系。二是体现对组织战略目标有增值作用的绩效指标。三是通过对关键绩效指标的认可，员工与管理人员就可以进行工作期望、工作表现和未来发展等方面的沟通。

（1）建立关键绩效指标体系的原则。建立关键绩效指标体系应遵循以下原则：第一，体现企业的发展战略与成功的关键要点；第二，强调市场标准与最终成果责任，对于使用关键指标体系的人而言应该有意义，并且可以对其进行测量与控制；第三，在责任明确的基础上，强调各部门的连带责任，促进各部门的协调，不迁就部门的可控性和权限；第四，主线明确，重点突出，简洁实用。

（2）关键绩效指标体系的构成。一般而言，公司关键绩效指标由以下几个层级构成：第一层，公司级关键绩效指标，是由公司的战略目标演化而来的。第二层，部门级关键绩效指标，是根据公司级关键绩效指标和部门职责来确定。第三层，岗位—个人层关键绩效指标，是指部门关键绩效指标落实到具体岗位（或子部门）的业绩衡量指标。

（3）关键绩效指标体系的设计程序。设计一个较为理想的关键绩效指标体系通常应遵循以下程序（见图6-6）。

图6-6 关键绩效指标体系的设计程序

小资料

战略目标的分解

运用关键绩效指标法来分解组织战略目标，首先需要分解企业战略目标，分析并建立各子目标与主要业务流程的联系。在本环节上需要完成以下工作：

第一，回顾企业高层所确立的公司的总体战略目标。

第二，由企业（中）高层将战略目标分解为主要的支持性子目标（可用鱼骨图的形式，如图6-7所示）。

第三，将企业的主要业务流程与支持性子目标之间建立关联（见图6-8和图6-9）。

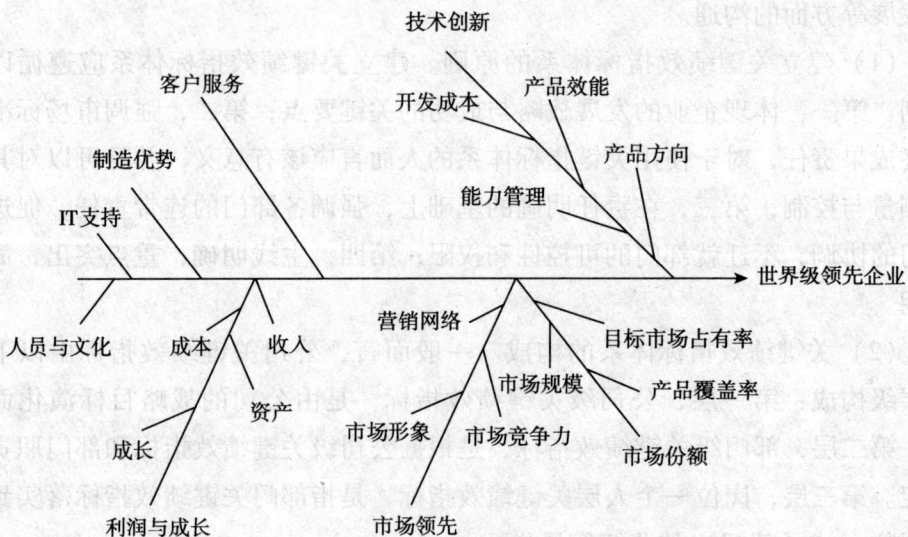

图6-7 将战略目标分解为支持性目标的鱼骨示意

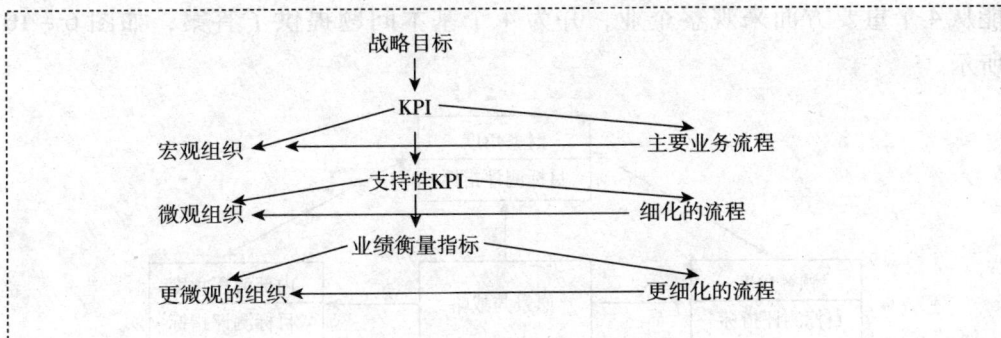

战略目标 → KPI

宏观组织 ← 主要业务流程

支持性KPI

微观组织 ← 细化的流程

业绩衡量指标

更微观的组织 ← 更细化的流程

图 6 - 8　建立目标与流程的关系

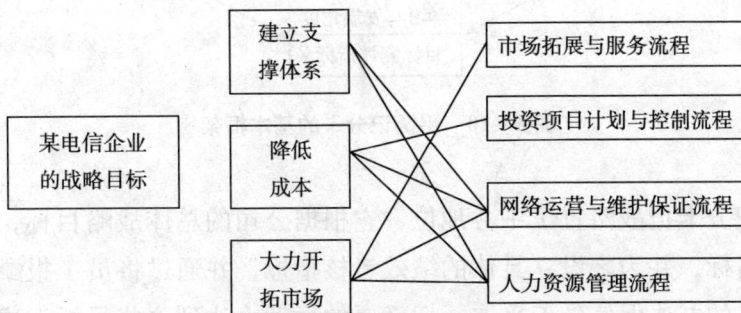

图 6 - 9　战略目标分解至流程示例

资料来源：刘美凤，方圆媛. 绩效改进［M］. 北京：北京大学出版社，2011.

2. 平衡记分卡

20 世纪 80 年代末 90 年代初，欧美很多学者和大公司发现，传统的、以财务为单一衡量指标考核企业经营绩效的方法是妨碍企业进步的主要原因之一。正是因为这样一些原因，西方很多学者以及实务界兴起对平衡财务与非财务指标的综合绩效考核方法的研究，其中较有代表性的是由卡普兰（Robert S. Kaplan）和诺顿（David P. Norton）共同开发的名为"平衡记分卡"的绩效考核方法。

（1）平衡记分卡的基本思想。我们可以将平衡记分卡看做是飞机座舱中的标度盘和指示器。为了操纵和驾驶飞机，驾驶员需要掌握关于飞机的众多方面的详细信息，诸如燃料、飞行速度、高度、方向、目的地，以及其他能说明当前和未来环境的指标。只依赖一种仪器，可能是致命的。同样道理，在今天，管理一个组织的复杂性，要求组织能同时从几个方面来考虑绩效。平衡记分卡在传统的财务考核指标的基础上，还兼顾了其他三个重要方面的绩效反映，即客户角度、内部流程角度、学习与发展角度。它使企业中的各层经理们

213

能从 4 个重要方面来观察企业，并为 4 个基本问题提供了答案，如图 6 – 10
所示。

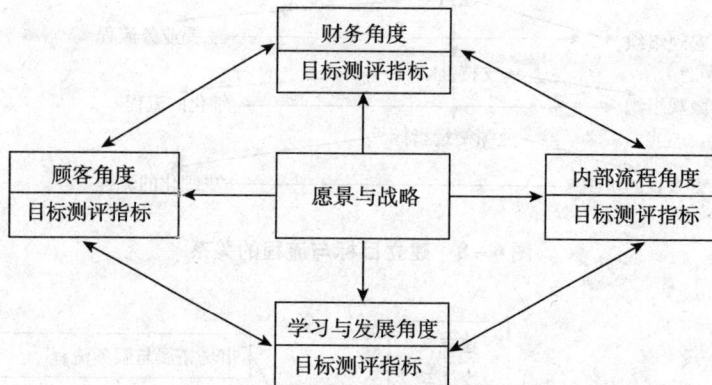

```
                    ┌──────────────┐
                    │   财务角度    │
                    ├──────────────┤
                    │  目标测评指标  │
                    └──────────────┘
                           ↕
┌──────────────┐    ┌──────────────┐    ┌──────────────┐
│   顾客角度    │←→ │  愿景与战略   │←→ │  内部流程角度  │
├──────────────┤    └──────────────┘    ├──────────────┤
│  目标测评指标  │                        │  目标测评指标  │
└──────────────┘                        └──────────────┘
                           ↕
                    ┌──────────────┐
                    │ 学习与发展角度 │
                    ├──────────────┤
                    │  目标测评指标  │
                    └──────────────┘
```

图 6 – 10　平衡记分卡的基本框架

平衡记分卡把战略置于中心地位，它根据公司的总体战略目标，将之分解
为不同的目标，并为之设立具体的绩效考核指标，并通过将员工报酬与测评指
标联系起来的办法促使员工采取一切必要的行动去达到这些目标。这就使得公
司把长期战略目标和短期行动有机地联系起来，同时它还有助于使公司各个单
位的战略与整个管理体系相吻合。因此可以这样说，平衡记分卡不仅仅是一种
测评体系，它还是一种有利于企业取得突破性竞争业绩的战略管理工具，并且
它可以进一步作为公司新的战略管理体系的基石。

（2）平衡记分卡的特点。平衡记分卡的典型特征主要体现在其关注或强
调以下几个"平衡"：

①财务与非财务的平衡。平衡记分卡通过财务、顾客、内部业务流程、成
长与学习等四个方面来实施战略管理，从而弥补了传统的绩效评价系统以财务
指标为主的缺陷。财务指标所衡量的是相对直观、短期的业绩，而非财务指标
是对能使企业获得未来增长潜力的、长远的业绩进行衡量。平衡记分卡中的目
标和评估指标来源于企业战略，它把企业的使命和战略转化为有形的目标和衡
量指标，能够综合地反映企业总的业绩，并与企业的主要目标直接联系，做到
了财务指标和非财务指标的有机结合。

②结果与动因的平衡。传统的绩效评价系统由于各指标之间并不存在相关
关系或因果关系，因此，测评结果并不能指出结果之所以好或坏的可能原因，
企业也不能对账面数字形成的差异准确地追究责任，这使得绩效评价系统的作
用受到了很大的限制。平衡记分卡将结果指标及其驱动因素联系起来，这种因
果关系为组织的行动提供了一个良好的反馈机制，组织可以通过因果分析确定

造成结果的原因，从而有针对性地制订行动方案。

③长期与短期的平衡。平衡记分卡是从企业的战略开始，也就是从企业的长期目标开始，逐步分解到企业的短期目标。在关注企业长期发展的同时，平衡记分卡也关注了企业近期目标的完成，使企业的战略规划和年度计划很好地结合起来，解决了企业的战略规划可操作性差的缺点。

④外部与内部的平衡。在平衡记分卡的四个维度中，股东与客户为外部群体，员工和内部业务流程是内部群体。相应地，在指标设置上，平衡记分卡既包括了外部评价指标，又包括了内部评价指标。所以，平衡记分卡体现了在有效实施战略的过程中平衡内外部群体间矛盾的重要性，从而通过相应的指标设置，实现外部与内部的平衡。

⑤客观与主观的平衡。在平衡记分卡中，既包括了客观评价指标，又包括了主观评价指标。如利润、投资报酬率、合格品率、雇员培训次数等指标均是依据数据计算出来的，是一种客观指标。而客户满意度、雇员满意度等指标则是主观判断的结果，是一种主观指标。这在一定程度上体现了主观与客观的平衡。

⑥有形资产与无形资产的平衡。平衡记分卡不但关注企业的有形资产，同时关注为企业带来超额利润的无形资产。这种无形资产包括企业的品牌、人力资源、企业的信息系统和企业的组织优势等。

⑦领先指标与滞后指标之间的平衡。财务、客户、内部流程、学习与成长这四个方面包含了领先指标和滞后指标。财务指标就是一个滞后指标，它只能反映公司上一年度发生的情况，不能告诉企业如何改善业绩。平衡记分卡对于领先指标（客户、内部流程、学习与成长）的关注，使企业更关注于过程，而不仅仅是事后的结果，从而达到了领先指标和滞后指标之间的平衡。

3. 标杆超越

（1）标杆超越的设计与实施。标杆超越法（Benchmark）在我国还有标杆法、水平对比法、基准考核法、标杆管理法、基准化等多种译名。Benchmark一词原意是测量学中的"水准基点"，在此引申为在某一方面的"行事最佳者"或"同业之最"，简单来说，Benchmark就是标杆、基准的意思，也就是企业所要学习和超越的榜样。而Benchmarking就是在组织中不断学习、变革与应用这种最佳标杆的过程。

具体而言，标杆超越可分解为以下内容：标杆超越中的标杆是指最佳实践或最优标准，其核心是向业内外的最优企业学习。标杆超越是在全行业甚至更广阔的全球视野上寻找基准。该方法是一种直接的、片断式的、渐进的管理方法，因为企业的业务、流程、环节都可以解剖、分解和细化。注重比较和衡量。

标杆超越的实质是以领先企业的业绩标准为参照，对因循守旧、抱残守缺、按部就班、不思进取等陋习的变革，它必然伴随着企业原有"秩序"的改变。标杆超越活动由"标杆"和"超越"两个基本阶段所构成。其具体步骤如图 6－11 所示：

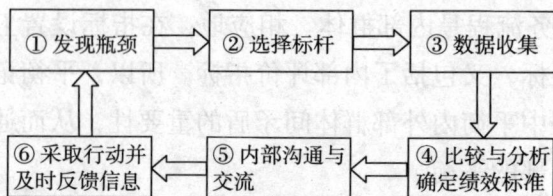

```
┌──────────┐      ┌──────────┐      ┌──────────┐
│ ① 发现瓶颈 │ ───→ │ ② 选择标杆 │ ───→ │ ③ 数据收集 │
└──────────┘      └──────────┘      └──────────┘
      ↑                                    │
      │                                    ↓
┌──────────┐      ┌──────────┐      ┌──────────────┐
│ ⑥ 采取行动并 │ ←── │ ⑤ 内部沟通与 │ ←── │ ④ 比较与分析   │
│ 及时反馈信息 │      │   交流    │      │ 确定绩效标准  │
└──────────┘      └──────────┘      └──────────────┘
```

图 6－11　以标杆超越为基础设计绩效考评体系

（2）标杆超越的主要类型。根据所选标杆的类型，通常可将标杆管理分为四类：

第一，内部标杆管理。即以企业内部操作为基准的标杆管理。它是最简单且较易操作的标杆管理方式之一。通过辨识内部绩效标杆的标准，确立内部标杆管理的主要目标，可以做到企业内信息共享。由于不涉及商业秘密的泄露和其他利益冲突等问题，容易取得标杆伙伴的配合，简单易行。另外，通过展开内部标杆管理，还可以促进内部沟通和培养学习气氛。但是，单独执行内部标杆管理的企业往往持有内向视野，容易产生封闭思维，不易找到最佳实践，很难实现创新性突破。因此在实践中，内部标杆管理应与外部标杆管理结合起来使用。

第二，竞争标杆管理。即以竞争对象为基准的标杆管理。竞争标杆管理的目标是与有着相同市场的企业在产品、服务和工作流程等方面的绩效与实践进行比较，直接面对竞争者。由于同行业竞争者之间的产品结构和产业流程相似，面临的市场机会相当，竞争对手的作业方式会直接影响企业的目标市场，因此，竞争对手的信息对于企业进行策略分析及市场定位有很大的帮助，收集的资料具有高度相关性和可比性。但正因为标杆伙伴是直接竞争对手，信息具有高度商业敏感性，难以取得竞争对手的积极配合，获得真正有用或是准确的资料，从而给这一类标杆管理的实施带来较大的困难。

第三，功能标杆管理。以行业领先者或某些企业的优秀职能操作为基准进行的标杆管理。这类标杆管理的合作者是不同行业但拥有相同或相似功能、流程的企业。其理论基础是任何行业均存在一些相同或相似的功能或流程，如物流、人力资源管理、营销手段等。跨行业选择标杆伙伴，双方没有直接的利害冲突，更加容易取得对方的配合；另外可以跳出具体行业的约束，视野开阔，随时掌握最新经营方式，成为强中之强。但是实施此类标杆管理的投入较大，信息相关性较差，最佳实践需要较为复杂的调整转换过程，实施起来难度较大。

第四，通用标杆管理。即以最佳工作流程为基准进行的标杆管理。标杆是类似的工作流程，而不是某项业务与操作职能或实践。标杆合作者是不同行业具有不同功能、流程的组织，即看起来完全不同的组织。其理论基础是：即使完全不同的行业、功能、流程也会存在相同或相似的核心思想和共通之处。这类标杆管理可以跨不同类组织进行。从完全不同的组织学习和借鉴会最大限度地开阔视野，突破创新，从而使企业绩效实现跳跃性的增长，大大提高企业的竞争力，这是最具创造性的学习。但其信息相关性更差，企业需要更加复杂的学习、调整和转换过程才能在本企业成功实施学到的最佳实践，因此实施的难度更大，通常要求企业对整个工作流程和操作有很详细的了解。

📑 **小资料**

标杆管理的五类缺陷

在标杆管理中主要存在以下五类缺陷。

（1）标杆主体选择缺陷。比较目标的选择要恰当。作为标杆的组织应在某一方面做得尤其出色，并因此形成竞争优势且实现持续增长。

（2）标杆瞄准的缺陷。系统地界定优秀的经营管理机制与制度、优秀的运作流程与程序以及卓越的经营管理实践的活动，被称为标杆瞄准。

（3）标杆瞄准执行成员选择的缺陷。参与标杆管理的团队成员应包括实际操作的人员，即业务流程的最直接参与者。

（4）过程调整的缺陷。良好的市场表现不是凭空得来的，而是通过一系列过程起作用的。对最佳实践的学习是一个渐进的过程，并不是一蹴而就的，需要谋求从高层领导到基层员工的各种支持。

（5）忽视创新性的缺陷。当前市场竞争的主题是创新速度，是如何确保自身的创新速度超过竞争对手。因此，大多数公司将标杆管理视为获取竞争优势的关键性管理工具，而标杆管理恰恰紧紧围绕这一主题。

标杆管理是真正意义上的"拿来主义"，企业实施标杆管理，必须抓住学习创新的关键环节，以适应企业自身特点并促进企业战略目标的实现为原则，既有组织，又有创新，才能真正发挥标杆管理的作用。

资料来源：方振邦，罗海元.战略性绩效管理(第三版)[M].北京：中国人民大学出版社，2010.

6.4 绩效考核的流程

6.4.1 绩效考核的基本流程步骤

绩效考核的基本流程包括的步骤为：绩效计划、绩效实施、绩效评价、绩效反馈与面谈以及绩效改进与应用（包括绩效改进与导入以及绩效结果在其他人力资源管理环节的应用）。这五个环节构成一个封闭的绩效管理循环，上下承接、紧密联系，只有各环节的有效整合才能保证绩效考核最终目的的实现（见图6-12）。

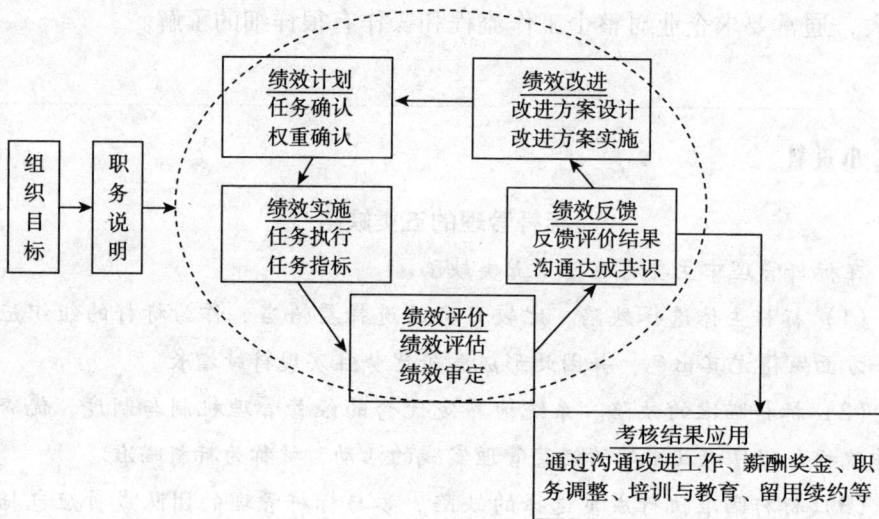

图6-12 绩效考核流程

1. 绩效计划

绩效考核的第一个环节是绩效计划，它是绩效管理过程的起点。企业战略要付诸实施，必须先将战略分解为具体的任务或目标，落实到各个岗位上。然后再对各个岗位进行相应的工作分析、人员资格条件分析以及职位说明。这些步骤完成之后，管理者就该与员工一起根据本岗位的工作目标和工作职责来讨论，搞清楚在绩效计划周期内员工应该做什么工作、做到什么程度，何时应做完以及员工权力大小和决策权限等。在这个阶段，管理者和员工的共同投入和参与是绩效管理的基础，如果是管理者单方面布置任务、员工单纯接受要求，就变成了传统的管理活动，失去了协作性的意义，绩效考核也就名不符实了。通常绩效计划都是一年一做，在年中可以修订。

2. 绩效实施

制订了绩效计划之后，员工就开始按照计划开始工作。在工作的过程中，管理者要对员工的工作进行指导和监督，对发现的问题及时予以解决，并随时根据实际情况对绩效计划进行调整。绩效计划不是在制订之后就一成不变的，随着工作的开展会不断调整。在整个绩效期间内，需要管理者不断地对员工进行指导和反馈，即进行持续的绩效沟通。这种沟通是一个双方追踪进展情况、找到影响绩效的障碍以及得到使双方成功所需信息的过程。持续的沟通能够保证管理者与员工共同努力，及时处理出现的问题，修订工作职责。

3. 绩效评价

绩效评价是一个按事先确定的工作目标及其衡量标准，考察员工实际完成的绩效的过程。绩效评价可以根据具体情况和实际需要进行月度、季度、半年度和年度考核评价。考核期开始时签订的绩效合同或协议一般都规定了绩效目标和绩效衡量标准。绩效合同是进行评价的依据，一般包括：工作目的的描述、员工认可的工作目标及其衡量标准等。在绩效实施过程中收集到的能够说明员工绩效表现的数据和事实，可以作为判断员工是否达到绩效指标标准的证据。

4. 绩效反馈

绩效考核的过程不是为员工打出一个绩效考核分数就结束了，管理人员还需要与员工进行一次甚至多次面对面的交谈，以达到反馈与沟通的目的。通过绩效反馈与面谈，使员工了解自己的绩效、了解上级对自己的期望，认识自己有待改进的方面；与此同时，员工也可以提出自己在完成绩效目标中遇到的困难，请求上级的指导和理解。

📑 **小思考**

亨利的离职

M 公司人力资源部收到了行政部门员工亨利的离职报告，原因是本季度的绩效考核成绩为 2 分，不合格。人力资源部在核对了亨利以往的工作表现后发现，在此之前亨利的工作绩效一直不错，那么为什么突然恶化以至于离职呢？在了解离职原因时得知：亨利离职前的最后一次绩效评估是亨利的新任主管做出的，事情就发生在各部门上报考评结果的前一天下午。当时亨利正在参加一个会议，被他的主管从会议室叫了出来，当场就做绩效面谈。在这次面谈中，亨利的主管列举了几个关键事件，都是不利于亨利的。亨利对此抱怨说："明显是给我找麻烦，而且我根本没有再申辩的机会，就给我打了 2 分。这样的主管根本不了解员工。"

人力资源部随后走访了亨利的行政主管，这位主管在上个季度末刚刚晋升到这个职位。他的解释是：前一周实际已经通知亨利要做绩效评估，但是由于工作繁忙一直没有做。当那天下午他突然记起是公司绩效评估的最后一天，就马上把亨利找来了。可亨利的态度却很不好，找到他时，他就说没时间准备。当提到亨利业绩完成得不好的几件事情时，亨利更是坚决反驳，说他在这一个季度里根本没做过那几件事情。可这些事情都是平时记录在案的，怎么可能没做？再对他讲了几句他平时的工作失误，更是激起了不愉快。当最后说给他打2分时，他还签了字。所以，他就不达标了，只好离开公司。平时亨利还是一个很认真的员工，可这次不知怎么，表现得很不让人满意。

为什么以往表现不错的亨利突然"变"了？亨利的新任主管对此是否有责任？什么责任？如何避免这样的问题再发生？

资料来源：严伟. 绩效管理[M]. 大连：东北财经大学出版社，2013.

5. 绩效改进

绩效改进是绩效管理过程的一个重要环节。传统绩效考核的目的是通过对员工的工作业绩进行评估，将评估结果作为确定员工薪酬、奖惩、晋升或降级的依据。而现代绩效管理的目的不限于此，员工能力的不断提高以及绩效的持续改进和发展才是其根本目的。所以，绩效改进工作的成功与否，是绩效管理过程是否发挥效果的关键。

6. 绩效结果应用

当绩效考核完成后，评估结果并不应该束之高阁，而是要与相应的其他人力资源管理环节相衔接。其结果主要可以用于以下方面：

（1）招聘和甄选：根据绩效考核结果的分析，可以确认采用何种评价指标和标准作为招聘和甄选员工的工具，以便提高绩效的预测效度，同时提高招聘的质量并降低招聘成本。

（2）薪酬及奖金的分配：员工薪酬中的变动薪酬部分是体现薪酬激励和约束的主要方式，员工绩效则是确定和发放变动薪酬的主要依据之一。一般来说，绩效评价结果越好，所得工资越多，这也是对员工努力付出的鼓励和肯定。

（3）职务调整：职务晋升、轮换、降职或解聘的决定，很大程度上是以绩效考核结果为依据的。一名经多次考核业绩始终不见改善的员工，如果确实是能力不足不能胜任，则管理者应考虑为其调整工作岗位；业绩保持优良且拥有一定发展潜力的员工，则可以通过晋升的方式更加充分地发挥其能力并激励其继续努力。

（4）培训与开发：绩效考核的结果可以用于指导员工工作业绩和工作技能的提高，通过发现员工在完成工作过程中遇到的困难和工作技能上的差距，制订有针对性的员工培训和发展计划。发现员工缺乏的技能和知识后，企业应该有针对性地安排一些培训项目，及时弥补员工能力的不足。这样既满足了工作的需要，又可以使员工自我提升的目标得以实现，对企业和员工都有利。

6.4.2　绩效考核流程步骤的整合

绩效管理是一个循环的动态系统，各个环节紧密联系、环环相扣，任何一环的脱节都将导致绩效管理的失败。所以在绩效管理过程中应重视每个环节的工作，并将各个环节有效地整合在一起。

绩效计划是管理人员与员工合作，对员工下一绩效周期应该履行的工作职责、各项任务的重要性等级和授权水平、绩效衡量、可获得的帮助、可能遇到的障碍及解决办法等一系列问题进行探讨并达成共识的过程。因此绩效计划在帮助员工找准路线、认清目标方面具有前瞻性，是整个绩效管理流程中最基本也是首要的环节。

绩效实施过程的核心就是持续的绩效沟通，也就是管理者与员工共同工作以分享信息的过程。这些信息包括工作进展情况、问题和困难、可能的解决措施以及管理者对员工的指导和帮助等。这种双向的交互式沟通必须贯穿于整个绩效管理过程，通过沟通让员工清楚考核制度的内容、目标的制定、工作中的问题、绩效与奖酬的关系等重要问题，同时聆听员工对绩效管理的期望和建议，从而确保绩效管理最终目的的实现。

绩效评价本身也是一个动态持续的过程，所以不能孤立地进行考核，而应将绩效考核放在绩效管理流程中考虑，重视考核前期与后期的相关工作。绩效计划和绩效实施过程中的沟通是绩效考核的基础，因为只要计划合理、执行认真并做好了沟通工作，考核结果就不会让考核双方大跌眼镜，最终产生分歧的可能性就会较小。而考核最终结果也要通过与员工的沟通反馈得到对方的认可，并提供工作改进的方案，再将结果应用到其他管理环节之中。

绩效诊断和改进作为一种有效的管理手段，其意义就在于为企业提供促进工作改进和业绩提高的信号。正确地进行绩效管理，关键不在于考核本身，而在于如何综合分析考核资料并将之作为绩效改进的切入点，而这正是绩效诊断和改进的内容。通过绩效诊断发现绩效低下或可以进一步提升的问题，然后找出原因。分析和解决的过程也是管理人员与员工沟通的过程，双方齐心协力将绩效水平推上一个新的平台。

一个循环结束后，绩效管理活动又回到起点：再计划阶段。此时，绩效管理的一轮工作基本完成，应在本轮工作的基础上进行总结，制定下一轮的绩效计划，使得企业的绩效管理活动在一个更高的平台上运行。这些环节的整合，使绩效管理流程成为一个完整的、封闭的循环，从而保证了绩效能够不断得以提升和改善。

6.4.3　绩效考核系统的构成与设计

既然绩效考核具有突出的战略地位，在人力资源管理体系中处于核心位置，那么通过科学的设计保证绩效管理的有效性和可靠性就显得特别重要。与管理控制系统、人力资源管理控制系统一样，绩效考核也是一个完整的系统、一个封闭的循环，无论是管理流程本身还是体系设计过程都头尾衔接，从而保证了连续不断地控制、反馈与提升（见图 6 – 13）。

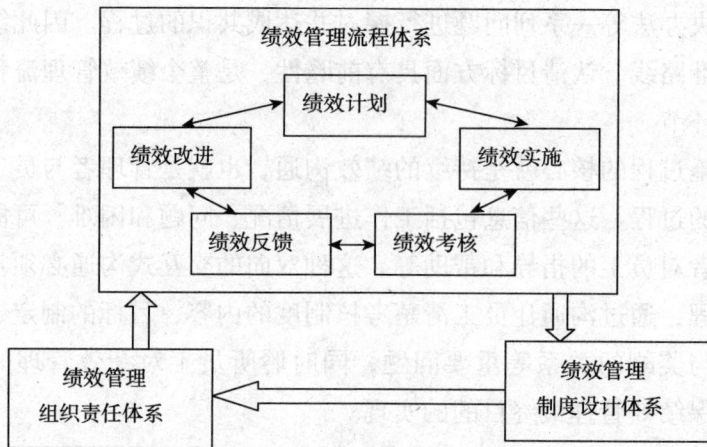

图 6 – 13　绩效考核体系框架

1. 绩效管理流程体系

绩效管理流程又称为绩效管理程序、绩效管理循环，它由绩效计划、绩效实施、绩效考核、绩效反馈和绩效改进五个环节组成。从管理过程角度来看，绩效目标的确定和绩效计划的设计以及绩效改进计划，属于前馈管理控制；绩效形成过程的督导和绩效改进指导属于过程管理控制；而绩效考核、绩效反馈与绩效改进计划制定属于反馈管理控制。其中，绩效改进计划的制订是前馈与反馈的联结点，而整个流程体系是一个封闭的管理循环。在下面的章节中将对该流程体系展开细致的分析与讲解。

2. 绩效管理制度设计体系

绩效管理流程的落实需要统一而完备的制度保障，通过管理制度引导和约束管理者和员工的行为，使对员工的评价更加规范、合理，确保部门和组织目标的达成。简单而言，绩效管理制度的设计就是要考虑谁（绩效管理主体）、通过什么方式（绩效管理方法）、在什么时间（绩效评价周期）、对谁（被评价对象）、对什么内容（绩效目标与指标）、用什么标准（绩效评价标准）进行管理。

3. 绩效管理组织责任体系

明确了管理流程和管理制度，接下来就要划分相关人员的责任及组织保障体系了。首先，绩效管理的实施需要得到高层领导的支持和参与，确定管理制度的推行方式、日程、责任落实等重大内容。其次，各个部门的直线经理、员工都要参与到绩效管理过程中来，尤其是直线经理们承担着绩效管理的责任主体，扮演着指导者、考评者、反馈者、激励者等多重角色，而员工则承担着目标设定、主动报告和自我评估的责任。再次，人力资源部承担政策制定、技术支持、督促实施、公平监督的职责，协助直线经理开展绩效管理工作，解决过程中的问题并对管理全过程进行跟踪、总结、汇报、改进。只有各个层级、各个部门、所有员工都参与到绩效管理过程和体系中来，才能保证其作用的发挥和目标的实现。

6.5 绩效考核的常见问题

绩效考核是企业人力资源管理活动中的一项系统工作，因此在具体实施过程中会受到各方面因素的影响，从而使考评面临诸多问题，这些问题不可避免地会对绩效考评的准确性与合理性产生影响。所以，对这些问题及其防范措施进行研究将有利于企业绩效考评工作的顺利展开。

6.5.1 考核系统的问题与防范

绩效考核系统本身在以下几个方面存在的问题会对考评结果有直接影响：

1. 绩效考评标准的问题

绩效考评所遵循的标准直接决定着考评结果。因此，考评标准的信度和效度至关重要。

所谓绩效考评标准的信度指的是考评同一职位工作绩效的标准在一定时期内应保持一致性，同时，不同的考评人员对同一职位上的员工的考评标准要保持一致。绩效考评标准的高信度能保证考评结果的公平性。通常，考评标准的设定应以所考评职位的职位说明书和职位规范为依据。在职位规范和职位说明书的内容没有改变的情况下，不能因考评时间、考评人员的变化而随意改变考评标准。当然，随着企业经营状况的变化，对某些职位的任务要求也会发生相应的改变，此时需要对职位说明书和职位规范作相应的修改与调整，但这种调整应该得到员工的认可，或者说这种改变应该在主管与员工协商一致的情况下做出，与此同时，也要注意对工作条件做相应的改变。这样才能保证绩效考评标准的前后衔接一致。

绩效考评标准的效度指的是考评标准的制定要正确、合理和有效。高效度的考评标准能保证考评结果的准确性。要使绩效考评标准具有较高的效度，在设定具体考评项目时就要使其与所考评职位的特点相适应，在各项目权重的设置上也要考虑该职位主要职责和次要职责的关系，例如，在对管理人员进行考评时，组织协调能力的权重要大于具体操作能力的权重，而对一线工人的考评则具体操作能力的权重要大于组织协调能力的权重。这样才能使考评结果较为准确地反映员工的绩效。此外，还要注意对某一职位绩效考评项目及各项目权重的设立要与类似职位的考评项目和权重的设立相平衡。

2. 考核方法的选择问题

绩效考评的方法有很多种，每种方法都有一定的适用范围与优缺点。因此，企业在考评工作中如果对考评方法选择不当，也会使考评结果产生偏差。此外，由于缺少经验、专业性不够强等原因，企业自行设计的各种考评表有时会出现考评项目含混不清、互相覆盖、缺乏具体尺度等问题，这些问题同样会使考评结果失真。

为了避免这些问题对考评结果的负面影响，企业在进行绩效考评时，要根据考评目的、考评内容等合理地选择考评方法，对于自行设计的各种考评表格要从多个角度进行检查与论证，必要时可以借助专业人员的力量。

3. 考核结果的反馈问题

现代人力资源管理中的绩效考评应该是一个开放的系统，这种开放性意味着整个考评过程应该是上下级之间双向交流的互动过程。而绩效考评的最终目的并不仅仅是为了制定各项人事决策，更为重要的是要肯定员工的优点，激发员工向上的精神，帮助员工找到不足，以明确其今后自我改进的方向。因此，如果考评结果不能以适当的方式反馈给被考评者本人，那么绩效考评本身就失去了意义，更谈不上考评目的的实现。并且，久而久之，员工对于考评也会失去兴趣，将其视为流于形式的一项活动。

所以，企业在设计绩效考评制度时，要将反馈制度的建立作为一个重点，以真正建立起上下沟通的通道。

6.5.2　考核人员的问题与防范

考核人员是绩效考评制度的具体执行者，是考核工作的具体实施者，因此，其主观方面的原因也会对考评结果产生影响。具体有以下几个方面：

1. 晕轮效应

绩效考核中的晕轮效应是指考评者以对被考评者某一方面的印象来涵盖整个考评结果。也就是说，如果考评者对被考评者某一考评项目的评价较高或较低，则可能对此人所有的评价项目评价也比较高或比较低。例如，对于一个不太友好的考评对象，考评者通常会认为其"与其他人相处的能力"较差，而且也极有可能认为该员工在其他方面的表现也较差。这种情况显然会影响考评的客观性。要避免晕轮效应，首先要使考评人员对其产生有正确的认识，从而在实施考评时，有意识地加以避免，尽量客观地对被考评者做出评价。

2. 居中趋势

也称为居中误差，是指考评者对一组考评对象的评价相差不多，或者考评结果都集中在考评尺度的中心附近，致使被考评者的成绩难以拉开距离。造成这种误差的原因有：考评者信奉"枣核理论"——即认为企业中大部分员工的表现都一般化，表现得好的员工和表现得差的员工都属极少数；考评者对被考评者不太了解，所以做出一般评价；考评要素不完整或方法不明确。居中趋势导致的误差可以通过以下方法加以避免：加强对考评者的培训，扭转其观念；明确各考评要素的等级定义；如若考评者与被考评者接触时间太短以至对其不了解时，可以考虑延期考评。

3. 首因效应

首因效应也称为优先效应，是指考评者通常会根据所获得的关于被考评者的最初信息来评价其工作绩效的好坏，之后与最初判断相吻合的信息就容易被接纳，而相反的信息往往容易被忽略不计。例如，考评者与被考评者初次见面时，后者给前者留下了极好的印象，在考评过程中，即使发现被考评者有错误或缺点，也会找出理由为其开脱；相反，如果被考评者给考评者留下的是不好的印象，那么在考评中，后者就容易发现前者的缺点，而忽略其优点。

4. 近因效应

近因效应也称为近期效应误差。一般来说，人们对于最近发生的事情印象会比较深刻，而对于远期发生的事情印象会较为淡薄。因此，在具体的考评工作开始之前的较短时期内，员工的表现会对考评结果有较大影响。尤其对于那些在考评前一周到两周表现较为出色的员工，评价往往较高，而对于那些过去一直表现较好但在近期内犯了较为严重错误的员工，评价往往较低。解决这一问题较为有效的方法是：加强对被考评者平时工作中关键事件的观察和记录，必要时可建立员工的个人档案，这种方法虽然较为费事，但却能保证被考评者在考评周期内较为重要的表现能够在最后的考评中被关注，从而增强了绩效考评的公正性。

5. 相似性错误

相似性错误的发生是由于考评者倾向于将自己作为被考评者的"榜样"，将自己的性格、能力、工作作风等与被考评者相比，对于那些与自己较为相似的员工不由自主地会做出较高评价；反之，则评价较低。例如，一位在各方面都要求非常严格的考评者可能会认为那些做事情一丝不苟的员工各方面表现都很出色，而对那些不拘小节的员工则在各个方面评价都较低。这种相似性错误的发生通常不是考评人员有意识的，但却不可避免地影响了考评的公正性。要解决此问题，需要对考评人员进行相应的培训，使其形成正确的人才观。

6. 对比效应

对比效应是由于考评者对某一员工的评价受到之前考评对象的考评结果影响而产生的。通常情况下，如果考评人员前面所考评的几个员工表现较差的话，那么表现一般的员工就会显得比较突出；相反，如果之前考评的员工表现优秀，那么一般水平的员工就会显得表现极差。这一问题的解决，首先要注重对考评人员的培训，同时也可以考虑采取考评结束后再从整体上进行考察和平衡的方式。

7. 感情效应

人与人之间的感情有好有坏，在考评过程中，考评人员也容易受到感情因素的影响。通常，考评人员倾向于根据被考评者与自己感情的好坏程度，自觉不自觉地过高或过低地评价员工。因此，在对考评人员进行培训时，要使其对感情效应有充分的认识，从而在考评中有意识地站在尽量客观的立场上评价员工。

8. 偏见误差

偏见误差的产生是由于考评者对被考评者存有某种偏见从而影响到对其工作绩效的评估。例如，有研究表明，在工作绩效考评中存在这样一种稳定趋势，即老年员工（60岁以上者）在"工作完成能力"和"工作潜力"等方面所得到的评价一般都低于年轻员工。此外，由于种族和性别而导致的偏见也会对考评结果有影响。如另一项研究所示，高绩效的男性员工所得到的评价显著地高于高绩效女性员工所得到的评价。员工过去的绩效状况也有可能会影响其当前所得到的评价。例如，考评人员可能会高估一位低绩效员工的绩效改善程度；相反，也可能将一位高绩效员工的业绩下滑程度看得过于严重。因此，在考评过程中，要消除或至少是尽量减少偏见对考评结果的影响。

9. 暗示效应

暗示效应通常来自考评人员的上级或有关权威人士的影响。所谓暗示，是指通过语言、行为或某种事物提示别人，使其接受或照办而引起的迅速的心理反应。在考评过程中，某些员工的"上层路线"可能会使考评人员受到上级的暗示，迫于压力而不得不改变自己原来的看法，这种由于"暗示"而造成的考评误差就是暗示效应误差。要消除暗示效应误差，最重要的是企业各级管理者要树立起正确的考评观念，为绩效考评的进行营造一个公开公平的环境。

综上所述，与考评人员相关的误差多数来自于主观方面。总体而言，要减少这类误差对考评结果的影响，至少可以从以下三个方面努力：首先，加强对考评人员的培训，培训内容除了要包含有关评价方法和评价技术的正确使用以外，还要使其对考评中可能出现的主观性误差有充分的认识；其次，要选择正确的绩效考评工具，这就要求对各种考评工具的优缺点及适用范围有充分的把握；最后，向考评人员介绍避免如晕轮效应、首因效应等主观性误差的方法，以减少上述问题的出现。

6.5.3　被考核者的问题与防范

现代企业人力资源管理中的绩效考核是企业与员工之间双向互动的过程，被考评者即员工的合作程度与绩效考评目的的实现程度密切相关。在考核过程中，来自员工方面的问题主要表现在以下方面：

1. 员工对考评工作认识的偏差

要想使绩效考评工作取得成功，仅仅依靠执行考评工作的管理者的努力是不够的。重要的是，要尽可能地使被考评者了解并认同企业的考评系统。如果员工对本企业的考评系统缺乏了解或者认同，就极容易对考评工作产生误解。这种误解通常表现在两个方面：一是员工对考评工作态度淡漠，认为考评是管理人员的事情，与普通员工关系不大，因而以一种旁观者的姿态面对考评；二是员工对考评工作抱有抵制情绪，认为考评就是为了"报复"或者"整人"，从而以一种不合作的态度对待考评。另外，一部分安于现状、不思进取的员工往往不希望在考评中显示出差别，因此也会给考评工作制造一些阻力。

2. 员工主观方面的原因

来自被考评者主观上的一些问题也会影响考评结果。例如，有的员工比较谦虚，在自我评估时不愿过高地评价自己的业绩；相反，有一些员工则喜欢夸耀自己，在评估时往往过高地评价自己。这些因素都会影响绩效考评的结果。

综上所述，要减少绩效考评工作中由于被考评者的问题而产生的偏差，就要注意对员工进行与考评有关的培训，通过培训使员工认识到考评工作对于企业和员工的重要意义。此外，要尽可能地保证企业考评制度、考评过程的公开与公正，使员工对企业的绩效考评工作建立信任，并认同企业的考评系统。只有通过考评者和被考评者双方的合作和努力，绩效考核的根本目标才能最终得以实现。

6.6 实践流程与要点

绩效考评是企业人力资源管理实践的重点和难点之一。有效的绩效考评能够调动员工的积极性，使其产生使命感，进而发挥创造力，增强企业发展运营的活力，使强者得其位，弱者有压力并形成向上的动力，最终使企业的目标得到顺利实现。

绩效考核无论对员工还是企业，只要运用得宜，都可以产生巨大的正面效果。但是，无论对于推行全面绩效管理的企业，还是对于仅仅实施绩效考评的企业，要使考评系统"有效"，就必须明确考评系统的构成要素和考评实施过程中的关键节点。

绩效考评系统的要素：

评价主体 → 评价目标 → 评价客体 → 评价指标 评价标准 评价方法 → 评价报告

反馈

绩效考评流程中的关键节点：

制定考评计划 → 确定绩效考评指标和标准 → 实施考核评价 → 考评结果的反馈与运用

- 绩效考评的目标
- 绩效考评工作计划
- 绩效考评行动方案（包括具体日程安排）

- 企业目标分解
- 绩效考评的内容及重点
- 基准点的位置
- 指标标准等级差距

- 考评者的选择
- 考评信息来源确定
- 考评方法的选择

- 绩效考评面谈
- 报酬分配和调整的依据
- 职位变动的依据
- 员工培训与发展的依据
- 制定绩效改进计划

6.7　实操认知与思考

万科的平衡记分卡实践[①]

万科曾经率先在被认为是暴利行业的房地产开发业提出"超出 25% 的利润不做"，郁亮则说，做事情一定要赚钱，但是为了客户利益，万科有时宁可"少赚一点点"。少赚一点点，对于一些只追求眼前利益最大化的企业来说，简直是不可思议的。利润是企业生存的重要目标和强劲动力，但也可能是企业成长过程中的魔鬼。涸泽而渔，焚林而猎，宰杀生金蛋的鹅，只要财务报表上的当期利润一栏在闪闪发光，蠢行也会被奉为智举。

然而从平衡记分卡的平衡发展理念出发，万科有意识地与利润之魔保持一定距离，为企业的可持续发展留有余地。为什么被哈佛商学院誉为"80 年来最具影响力的战略管理工具"的平衡记分卡，在许多中国企业的推行效果并不理想，而在万科却得到有效的实施呢？

原因首先在于企业的制度基础。中国大多数企业尚未建立完善的现代企业制度，基础管理水平薄弱，而平衡记分卡的实施，需要企业有完善的战略管理体系、人力资源管理体系以及全面的质量管理体系。在这方面，很早就投入大量精力进行企业制度建设的万科具有一定的优势。

另一个重要的原因在于，平衡记分卡作为一种管理工具，必须与企业本身的价值与理念互相契合，才能够被平稳嵌入。平衡记分卡在强调可持续性发展方面，确实非常迎合万科的心思。实际上，它体现的正是万科在前 20 年发展历程中所总结的"均好"的特质。用 CHO 解冻的话来说："万科在感受到自身业务和管理上的发展遇到瓶颈之时接触到了平衡记分卡。而平衡记分卡所倡导的管理思想与我们当时的想法比较吻合，所以我们才会对平衡记分卡如此倾心。"

平衡记分卡改变了以往只关注利润的做法，它从财务、客户、内部流程、可持续发展四个维度来进行考核，从财务说话到四个维度的考核，这种考核的导向变得更为复杂，管理的难度也大大提高。尤其是对平衡记分卡里的客户维度，长期以来就没有真正弄明白客户维度该如何去衡量和管理，更无法把握客户维度与其他维度的内在联系。并且，这四种维度之间也有相互矛盾、相互制

---

① 李燕萍，李锡元．人力资源管理（第二版）[M]．武汉：武汉大学出版社，2012．

约的地方，如财务维度和可持续发展的维度，肯定会有一定程度的冲突。正是基于这种冲突，连曾经负责集团财务的总经理郁亮也对平衡记分卡的推行持保留态度。

由于一线经理和老总们的惯性，也由于当时的万科对平衡记分卡的理解其实并不透彻，平衡记分卡的效果大打折扣，其推广应用一度陷入困境。万科总结道："一言以蔽之，当时的万科并没有做好准备。"

于是，人力资源部决定把推行平衡记分卡的脚步放缓，逐年推动，循序渐进。从2001年开始，每一年老总的述职中必须包括平衡记分卡的推进情况，一线经理们在这个过程中开始意识到平衡记分卡的好处。2002年平衡记分卡初具规模。2003年，平衡记分卡在万科基本上扎下了根，这一年万科用平衡记分卡考核集团下16家一线公司，考核结果直接和一线公司的老总的奖金挂钩，同时一线公司将平衡记分卡指标体系分解到自己的部门，最后在一些关键部门里将一些部门指标分解到关键的具体员工。在客户维度这个难题上，万科选择了与经验丰富的盖洛普进行合作。

也是从这一年的述职会议开始，万科采取了"公布期末考试成绩排名"的做法。一进会场，老总们便发现会议厅的四面墙壁上，贴满了去年的各项指标，按照排名进行排列，一览无遗。这种做法让老总们倍感压力，有些老总开完会整整一天都不说话。"非常刺激"，有人用四个字来形容这种场面，脸上带着开心的笑容。除了"公布成绩"，万科还要搞"点名批评"，集团内员工满意度最低的两个公司的老总受到了通报批评，并且，两个人均被撤换。

2001~2010年万科的经营财务报表显示，平衡记分卡在万科的绩效管理中的应用，保证了万科管理团队的出色绩效，平衡计分卡的考核体系让万科与利润之间保持了一定距离。即便在2007年和2010年房地产市场动荡的大环境下，万科也成功避开了风险，依然交出了漂亮的年度报告。

思考问题：

1. 对万科提出的"超出25%的利润不做"的举措，你持什么看法？
2. 平衡记分卡实施时，企业应当具备什么条件？
3. 你对万科继续实施平衡记分卡有什么建议？

本章小结

1. 绩效是员工依据其所具备的与工作相关的个人素质所做出的工作行为及工作结果，这些行为及结果对组织目标的实现具有积极或消极的作用。从过程的角度看，绩效考核是指考评主体对照工作目标或绩效标准，采用科学的考核方法，评定员工的工作任务完成情况、工作职责的履行程度和能力发展情况，并且将评定结果反馈给员工的过程。绩效考核在人力资源管理体系中占据着核心地位，并与其他模块相互衔接、彼此支撑。

2. 根据绩效考核的内容，可将考核分为面向工作结果的考核、面向工作行为的考核以及面向素质技能的考核；按照考核对象的层次，可将考核分为组织整体绩效考核、部门/团队绩效考核及员工个体绩效考核。从职务职能的角度看，绩效考核的内容包括工作考核内容、潜能开发内容和适应性评价。

3. 常见的绩效考核方法包括面向员工个体的短文法、关键事件法、比较排序法、强制正态分布法、因素考核法、图尺度评价法和 360 度绩效反馈；面向组织整体的关键绩效指标法、平衡记分卡和标杆超越。只有充分了解各种绩效考核工具，熟识各种方法的优缺点，才能通过比较选择适当的工具。

4. 绩效考核的基本流程包括以下几个步骤：绩效计划、绩效实施、绩效评价、绩效反馈与面谈以及绩效改进与应用（包括绩效改进与导入以及绩效结果在其他人力资源管理环节的应用）。在绩效管理过程中应重视每个环节的工作，并将各个环节有效地整合在一起。与此同时，绩效考核也是一个完整的系统，由绩效管理流程体系、绩效管理制度设计体系与绩效管理组织责任体系构成。

5. 绩效考核系统、绩效考评主体及绩效考核对象方面的缺陷与问题都会影响绩效考核的结果和最终效果，因此，只有通过精心的制度设计、通过考评者和被考评者双方的合作和努力，绩效考核的根本目标才能最终得以实现。

第7章 薪酬管理

学习索引

```
                              薪酬管理
            ┌─────────────────┼─────────────────┐
            ▼                 ▼                 ▼
          概述            直接经济报酬        间接经济报酬
                 ┌─────────┬─────────┬─────────┐
                 ▼         ▼         ▼         ▼
              基于职位    基于能力   基于绩效     福利

      ├ 含义
      ├ 管理内容      岗位薪酬    技能薪酬    绩效薪酬    强制性福利
      └ 体系设计      职务薪酬    能力薪酬    激励薪酬    自愿性福利
```

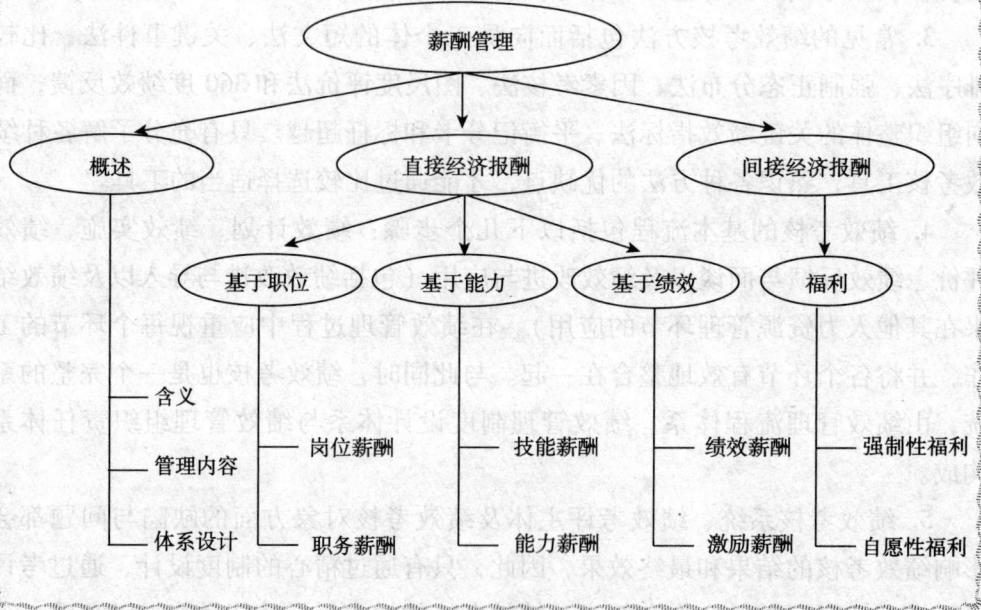

7.1 薪酬管理概述

7.1.1 薪酬的含义及构成

1. 薪酬的含义及内容

薪酬是员工因向其所在单位提供劳动或劳务而获得的各种货币与实物报酬的总和。狭义的薪酬包括直接经济报酬和间接经济报酬两个方面。直接经济报酬包括以工资、奖金和利润分成等形式表示的个人所获得的显性货币化收入；间接经济报酬就是福利，包括转为住房、医疗和退休养老保障等各种隐性货币化收入。广义的薪酬还包括企业提供的工作内容本身的挑战性、趣味性和成就感，良好的工作环境，合理的政策和机制，高素质的人力资源结构和良好的同事关系，弹性工作时间以及一定的社会地位等许多非经济报酬内容。通常，薪酬的内容包括：

（1）工资。工资分为基本工资和绩效工资。基本工资是企业为已完成的工作而支付的基本现金薪酬。它反映了工作和技能的价值，但往往忽视员工之间实际表现的差异，一般情况下，企业会按周期进行固定发放。绩效工资是对过去工作行为和已取得成就的认可。作为基本工资之外的报酬，绩效工资往往随员工的业绩变化而调整，反映了不同员工或不同群体之间的绩效水平差异。

（2）奖金。奖金是企业在达成或超出企业目标时或因为一些特殊事项（如技术创新、工艺革新等）而向员工支付的激励性报酬。它可以是长期的，也可以是短期的；可以与员工的个人业绩挂钩，也可以与团队或公司业绩挂钩，还可以与个人、团队、公司混合为一体的业绩挂钩。奖金往往是属于额外或不定期的，主要包括年终奖金、利润分享（激励性奖金）、收益分享和特别奖金等。各企业的奖金形式会有所不同，但奖金的激励实质是一样的。奖金与绩效工资不同，虽然两者对员工的业绩都有影响，但奖金主要影响员工未来的行为；而绩效工资则侧重于对过去突出业绩的认可。

（3）津贴。津贴是指为补偿员工特殊或额外的劳动消耗或因其他特殊原因而支付给员工的一种工资形式，包括补偿员工特殊或额外劳动消耗的津贴、保健津贴、技术津贴、年功津贴及其他津贴。津贴具有如下特点：首先，津贴体现的是员工劳动所处的环境和条件的差别，是调整地区、行业和工种之间的工资关系的方式；其次，津贴具有单一性，它是根据某一特定条件、为某一特定目的而制定的；此外，津贴具有较大的灵活性，可以随工作环境、劳动条件的变化而变化。

（4）股权。股权主要包括员工持股计划和股票期权计划。员工持股计划主要针对企业中的中基层员工，而股票期权则主要针对中高层管理人员、核心业务和技术人才。股权激励是对员工的中长期激励薪酬方式。其中，员工持股计划不仅是针对员工的一种长期激励方式，而且是将员工的个人利益与组织的整体利益相结合，优化企业治理结构的重要方式。

（5）福利。福利是社会和企业保障的一部分，指企业支付给员工的除工资、奖金之外的附加报酬，主要包括国家法定福利和企业自定福利两部分。国家法定福利是指国家规定的企业应当向员工提供的福利，包括养老金、医疗保险、失业保险等。企业自定福利是指企业根据自身情况和员工需求，自定不同的福利项目，如提供必要的安全培训教育、良好工作条件、子女教育补助等。

2. 薪酬的功能

薪酬的功能主要体现在对员工、企业和社会三个方面。

（1）员工角度。一是维持和保障的功能。劳动是员工脑力和体力的支出，员工作为单位劳动力要素的提供者，单位只有给予其足够的补偿才能使其不断投入新的劳动力。因此，薪酬首先需要保证员工能维持基本的生活水平，购买各种必要的生活资料以维持劳动力的正常再生产；其次，薪酬应包括员工支付学习、培训或进修等方面的费用；此外，薪酬还应包括员工一定的生活享乐和工作便利等支出。薪酬结构中的岗位工资或基本工资是员工的基本收入，维持其基本生活水平；津贴和福利是为员工提供保障和方便的收入。二是激励功能。激励功能是以公司整体业绩、员工个人业绩为导向，充分发挥薪酬在企业管理中的作用，将员工所得薪酬与个人的职位价值、个人的业绩、所在部门的业绩、企业的整体业绩挂钩，引导全体员工充分发挥自己的主观能动性，促进企业整体绩效的全面提升。对员工的激励包括物质激励和精神激励（员工自我价值的实现），企业若要在激烈的人才竞争中吸引或留住人才，必须在物质和精神两方面激励员工，提高员工的满意度和工作积极性。

（2）企业角度。从经济学角度看，薪酬对企业具有保值增值功能，表现在薪酬能够为企业和投资者带来预期收益的资本。从管理学角度看，合理的薪酬设计和科学的薪酬管理能够控制经营成本，改善经营绩效，塑造和强化企业文化，培养员工对组织的归属感，激励员工努力工作，为企业创造更多价值，促进企业的可持续发展，从而支持了企业战略的实施。

（3）社会角度。薪酬对社会劳动力资源具有再配置功能，市场薪酬信息时刻反映着劳动力的供求和流向等情况，并能自动调节薪酬的高低，使劳动力供求和流向也逐步趋向平衡。劳动力市场通过薪酬的调节，可以实现劳动力资源的优化配置，并能调节人们择业的愿望和就业的流向。

7.1.2 薪酬管理的内容及地位

薪酬管理，是指在企业经营实践过程中，在特定组织宏观战略指导下，为了吸引、激励员工，达成组织目标，而对本企业薪酬支付标准、薪酬水平、薪酬结构等进行设计，调整和确定的动态管理过程。传统的薪酬管理侧重员工的外在收益，注重员工的物质报酬，而现代薪酬管理更多体现的是人本主义理念，尊重人，关心人，运用多层次动力系统激励员工，强调人力资本投资，提高员工的工作能力、知识水平和业务技能，并最终服务于组织目标。企业经营首先要树立目标，企业目标的实现有赖于对员工的激励，现代薪酬管理将物质报酬的管理过程与员工激励过程紧密结合起来，使之成为一个有机的整体。

薪酬管理的主要内容包括三个方面：一是确定企业的薪酬战略，需要考虑的因素有公司战略、竞争战略、成功关键因素分析、公司文化/核心价值观、薪酬哲学及薪酬定位等；二是设计企业的薪酬结构，包括根据企业员工人数、所属行业、发展阶段以及组织文化确定薪酬等级，再根据企业市场定位确定薪酬等级的中值及幅度；三是全面实施薪酬管理，包括根据市场数据、岗位价值、员工资质进行薪酬核定以及在业绩考核的基础上调整薪酬的增长幅度。薪酬管理必须以公司战略为出发点，以"激励"的特征引导、塑造员工行为，在一定的薪酬预算范围内，做到吸引、激励和保留公司关键人才。许多企业现象可以反映出企业的薪酬管理是否有效，比如对企业业绩影响巨大的关键员工是否认同该体系，全体人员有没有积极主动的工作态度，有没有看到薪酬变革带来的结果，等等。

薪酬管理与人力资源规划、岗位管理、绩效管理、招聘、培训等各职能一样，都是人力资源管理体系的有机组成部分。它不但与其他职能有逻辑的关联关系，更重要的是与其他职能之间具有相互依存、相互联动的关系，不能把薪酬管理单独割裂开来，因此，必须清晰认识薪酬管理与其他职能模块的关系，在薪酬设计时才能进行系统思考并考虑相互之间的匹配性。

> **小思考**
>
> 年底通常是各企业人员频繁流动的时间，人力资源经理如何做到"以薪留人"，避免企业人员的频繁流失？
>
> 分析：人才激励是一项系统性工作，企业应建立一套科学有效的薪酬体系，让员工的薪酬调整成为人力资源管理的正常机制。公司在加薪方面做到了主动，在留人方面也就占据了主动。薪酬的调整要及时、主动，主管应对员工的表现定期回顾，对员工的出色表现应该给予及时奖励，不一定非要等到年底。同时，还要体现薪酬的内部公平和外部公平，基本工资实行同工同酬，奖金按业绩浮动，并且参照同行业的情况及时进行相应的调整。

7.1.3 薪酬体系的设计

1. 薪酬体系的分类

企业薪酬模式的设计一般建立在价值评价的基础上，通过科学合理地评价员工为企业所创造价值来进行价值分配。按照 3P 理论模型，存在着岗位、个人能力、业绩三种不同的衡量方式，因而也就产生了三种不同的薪酬模式，即以职位（岗位）为基础的薪酬模式、以能力为基础的薪酬模式和以业绩（绩效）为基础的薪酬模式。三种薪酬模式的比较如表 7-1 所示。

（1）以职位为基础的薪酬模式。以职位为基础的薪酬模式是通过员工的职位来确定员工为企业创造的价值，进而确定其薪酬的多少。其基本思想在于：不同岗位对知识、技能有不同的要求，承担职责的大小也不一样，所以不同岗位对企业的价值贡献不同。这种基于职位的薪酬体系目前被中国企业广泛应用。

表 7－1 三种不同薪酬模式的比较

项目	职位薪酬体系	技能薪酬体系	能力薪酬体系
薪酬结构	以市场和所完成的工作为基础	以经过认证的技能以及市场为基础	以能力的开发和市场为依据
价值评价对象	报酬因素（记点法）	技能模块	能力
薪酬提升	晋升	技能获得	能力开发
管理者关注重点	员工与工作的匹配；晋升与配置；通过工作、薪酬和预算控制成本	有效利用技能；提供培训；通过培训、技能认证以及工作安排来控制成本	确保能力可以带来价值增值；提供能力开发的机会；通过能力认证和工作安排控制成本
员工关注焦点	通过晋升以提高薪酬	寻求技能的提升	寻求能力的提升

资料来源：林忠,金延平. 人力资源管理(第三版)[M]. 大连：东北财经大学出版社，2012。

（2）以能力为基础的薪酬模式。以能力为基础的薪酬模式是通过对员工的技能或能力即员工所具备的与工作相关的知识、技能、经验等因素进行评价，来确定其为企业所创造的价值并进行付酬。基于能力的薪酬体系的特点是关注和尊重员工个人能力的发展，鼓励员工通过不断提高自身的任职能力和工作业绩，实现薪酬水平的不断提高，这种基于能力的薪酬体系特别适合高新技术和知识型企业，符合企业建立学习型组织的要求。

（3）以业绩为基础的薪酬模式。以业绩为基础的薪酬模式是通过对员工工作业绩进行评价，即员工的任务完成情况、工作行为、态度等一系列绩效指标的评价来确定其薪酬。基于绩效的薪酬体系在企业被普遍使用，尤其是市场化程度比较高、竞争比较激烈的行业，这种薪酬模式更为适用。

2. 薪酬体系的设计目标

在进行薪酬设计时，不同的企业会有不同的企业目标导向，从薪酬管理的系统性方面考虑，薪酬设计不仅仅要围绕目标导向，更重要的是要着眼于提升企业的整体人力资源管理水平和内部管理水平。

（1）战略导向目标。"战略导向"一词已被广泛应用于企业战略管理领域中。薪酬设计上的战略导向原则是指将企业的薪酬体系构建与企业发展战略有机结合起来，使企业的薪酬体系成为实现企业发展战略的重要杠杆之一。企业在发展的不同生命周期阶段，因为外部市场环境的变化，竞争程度的不同和企业自身优劣势的转变，都会迫使企业制定不同的发展战略。企业战略的调整必然导致薪酬体系的重建或调整。依据战略导向原则，企业应该对"核心人力资源"在政策上予以倾斜，设计相对较高的薪酬水平，如特殊津贴、长期福利等，或者为他们设计单独的薪酬序列，实行不同的薪酬政策。

对正经历高速变化的公司而言，战略导向原则的意义体现得比一般企业更为深刻。在快速成长过程中需要把握方向，及时提供支持发展的资源。简而言之，薪酬设计的战略导向原则对企业成长的意义在于：从薪酬角度前瞻性地为企业在激烈的市场竞争环境中完成自我成长提供内部导向。

（2）竞争目标。竞争目标给员工传递的信息是"适者生存"和"竞争是发展的原动力"，这与公司所处的外部的竞争环境相协调。它鞭策员工时刻处于积极向上的精神状态，从容应对一切变化。

企业要想吸引和留住优秀的人才，就必须制定出一整套对人才有吸引力并在同行业中处于较优水平的薪酬政策，并较好地发挥薪酬的激励作用。这应该根据企业的实际情况和所需要的人才类型而定。例如，一个在市场中处于领先地位的企业或成长期的企业，可能会将本企业的薪酬水平设定在市场的较高水平；当企业急需人才时，企业可能会设定（执行）较高的年薪水平以吸引优秀的专业人才，而处于市场追随地位的企业，其薪酬水平可能会等于或低于市场平均水平。

（3）激励目标。激励是薪酬的最基本的功能，薪酬设计的激励目标包括两个层面的含义：一是要求企业尽可能满足员工的实际需要。不同的员工需求各异，同样的激励在不同的时期和不同的环境中对同一员工起到的激励作用可能也不同。二是薪酬系统在各岗位或职位的标准上要设定合理的差距，要与员工的能力、绩效、岗位的责任标准等结合起来。

由于员工之间存在着个人能力、职位（岗位）职能之间的差别，在设计薪酬系统时要考虑不同员工群体之间的差异而采用不同的薪酬模式。例如，中高层管理人员多采用年薪制，基层员工多采用计件工资制、计时工资制，专业技术人员多采用技能工资制，销售人员多采用底薪加奖金提成的模式。

（4）经济性目标。企业为了满足激励性和竞争性原则而提高薪酬标准，但过高的薪酬标准会带来负面效应，这一方面可能提高企业的人工成本，另一方面，根据边际收益递减性，当企业的薪酬标准达到一定程度后，增加的薪酬为员工所带来的边际效用和为企业带来的收益也都在递减。这时，企业的管理者就不仅要考虑薪酬系统的吸引力和激励性了，还要考虑经济性原则即企业承受能力的大小、利润的合理积累等问题。企业要合理配置劳动力资源，劳动力资源数量过剩会导致企业薪酬成本增加，劳动力资源缺乏，会导致企业效益下降。企业的分配制度就是在有限的资源和资金内寻求一种最有效的薪酬和福利组合，以确保在最低的薪酬成本下保持企业在人才市场的竞争力和员工的满意度。

（5）透明性目标。透明性包括三方面的含义：薪酬政策的透明、薪酬管理操作的透明以及相关信息传递的透明。从经济学角度来讲，信息的对称性与最大化，是个体选择利益最优决策的前提；从管理心理学的角度来讲，员工了解目标的期望值和效价性，才能产生更强的激励力量。自我意识较强、文化素质较高的知识员工通常更重视透明性。另外，薪酬制度的透明化是保证薪酬分配内部公平和员工个人公平的有力支柱，它向员工表明：组织的薪酬制度是建立在公平、公正、公开基础之上的，薪酬的高低有其科学依据和合理性，鼓励所有员工监督其公正性，并对组织的薪酬分配提出申诉或建议。

当然，一些企业制定了科学合理的薪酬制度后，为了消除薪酬水平差距太大而引发的员工心理上的不公平感，在政策透明、操作透明的前提下，对员工个人工资水平方面的信息还要实行保密制度。

📋 **小案例**

同工不同酬的苦恼

深圳某光电企业人力资源部孙阁最近特别苦恼。企业目前正处于快速发展时期，面对人才的极度匮乏，公司决定采取"不惜代价、广招人才"的政策。这给公司的薪酬管理带来了很大难题。一段时间后，由于保密工作做得不好，这一弊端显露无遗：同级同职的员工在薪酬上居然相差 2000～3000 元不等，研发部门经理与主管之间却只相差不到 1000 元。

如此混乱的薪酬现状让一些没拿到高薪的核心员工感觉自己吃亏，导致整体员工士气低落，工作效率极低。"如果我把一些偏高的员工的薪酬降下来，肯定会导致部分员工想不通而辞职。"孙阁对此非常焦虑，"我也不能搞全员涨薪，这样人力成本太高了。我该怎么办？"

分析提示：（1）建立研发人员任职资格体系。在职位分析的基础上，将具有相同或相近专业资质要求的职位归并成一类，每一类具有其独特的胜任能力结构组合和描述。具体做法是将研发人员分为若干级别，提出每个级别的职业技能标准并进行内部认证，直接与薪酬挂钩，这样会解决研发部门薪酬结构问题。

（2）统一薪酬标准，统一调薪。这里分两步：第一"应升则升"；第二对那些高薪低能的人员在招聘替代人才的前提下果断降薪。

（3）调整公司人力资源策略。要彻底解决薪酬公平性问题必须将人力资源招聘重点放在初级研发人员甚至应届毕业生上，重点培养，规避公司对外部高端人才的依赖。

资料来源：严伟.薪酬管理[M].大连：东北财经大学出版社，2011.

（6）公平性目标。公平是薪酬设计中最基本和最重要的目标，它解决的是企业薪酬中的内部一致性、外部一致性、纵向一致性和横向一致性的问题，考虑的是员工的投入产出比。公平目标有三种表现形式：外部公平、内部公平和员工个人公平。外部公平性，强调的是本企业薪酬水平同竞争对手的薪酬水平的相对高低以及由此产生的企业在劳动力市场上竞争能力的大小。内部公平强调的是根据各种工作对组织整体目标实现的相对贡献大小来支付报酬。内部公平性问题主要是通过职位分析、职位描述、职位评价建立职位等级结构来实现的。员工个人之间的公平性则是要求组织中的每个员工得到的薪酬与他们各自对组织的贡献相互匹配。

（7）合法性目标。近年来，在一些企业特别是民营企业频繁发生拖欠工资的劳动纠纷，国家和地方相继出台了许多法规法令。《中华人民共和国劳动法》中就有许多是有关付酬方面的规定，如国家关于最低工资、工资支付、养老保险、禁止使用童工、保障妇女和残疾人的权益等。这是任何一个企业在设计薪酬系统时都必须严格遵守和执行的。

📝 小资料

薪酬体系的设计不能仅仅由企业高层管理者或人力资源部门单方面来制定，而是通常应成立薪酬指导委员会和薪酬设计小组。薪酬设计小组的成员应包括：薪酬专家、业务专家、员工代表、部门主管、财务人员等，这些来自不同部门的人组成 5~7 人的工作团队开展工作。薪酬设计小组的规模取决于准备采用薪酬体系的每一类职位或者工作的数量。在通常情况下，某一种职位或工作中的员工数量越多，则这种类型的员工在薪酬设计小组中的人员数量也越多。这两个团体的组成和分工是不同的，他们互相配合，共同完成组织薪酬体系的建立和实施工作。薪酬指导委员会的职责包括：（1）确保薪酬体系的设计与组织总体的薪酬管理战略以及长期经营战略保持一致。（2）制订薪酬计划设计小组的章程并且批准计划。（3）对设计小组的工作进行监督。（4）对设计小组的工作提供指导。（5）审查和批准最终的薪酬计划设计方案。（6）批准和支持薪酬计划的沟通计划。

此外，还有必要挑选一部分员工作为"主题专家"。这些专家可以包括员工、员工的上级、人力资源管理部门的代表、组织开发和薪酬方面的专家以及一些相关专业知识的人。他们在薪酬设计小组遇到各种技术问题时提供建议与协助。

7.2 职位薪酬

职位薪酬是以岗位或职务作为发放工资的唯一或主要标准的一种工资支付形式。具体是指以员工担任工作的岗位或职务所要求的劳动强度、劳动条件等评价要素所确定的岗位或职务系数为支付工资报酬的根据①。

职位是指由一个人完成的各种职责和任务的集合，有时又被称为岗位。职位薪酬是指以职位为基础确定基本工资的薪酬系统。它的基本原理是首先对本组织不同职位本身的价值（在本组织中的相对价值）做出客观评价，再根据不同职位的评估价值赋予相应的薪酬水平，最终谁担任什么职位或从事什么岗位的工作就获得什么水平的基本工资，以及与基本工资相关的其他形式的薪酬。

7.2.1 职位薪酬的特点及适用范围

1. 职位薪酬的特点

作为一种常见的薪酬支付形式，职位薪酬具有的优势有：第一，分配相对公平。职位薪酬主要建立在岗位价值评价的基础上，反映了岗位之间的相对价值，基本做到了内部公平；同时，在确定企业薪酬水平时，一般情况下会参考同行业、同区域的社会薪酬水平，基本能够做到外部公平。第二，比较直观、易懂。职位薪酬比较直观，容易向广大员工进行说明和解释。因此，无论是薪酬的设计还是执行都比较方便，同时管理的成本也比较低。第三，薪酬和工作目标结合比较紧密。职位薪酬主要应考虑职位内容和职位价值，而职位内容和工作内容与工作目标又紧密相连，因此，这样的薪酬与工作目标结合是比较紧密的。第四，与职位结合紧密。薪酬与职位紧密结合，便于企业内人力资源的一体化管理。

同样，职位薪酬也存在着局限：第一，是对于能力强而又无法晋升的员工的激励性不够。企业内往往存在这样一少部分员工，即他们的能力很强，但由于所处职位的原因，薪酬待遇的相对水平却不高，激励性不够。第二，是稳定性强，而灵活性不足。由于职位一般是相对稳定的，职位薪酬也相对稳定，这样的薪酬不会由于环境的变化而产生较大的增加或较大的减少，这样也就没有薪酬较大增加或较大减少带来的对员工的正激励或负激励。因此，职位薪酬有其特定的适用范围，应具备一定的条件。

---

① 马建新等. 人力资源管理理论与方法 [M]. 上海：格致出版社，2011.

2. 职位薪酬的适用条件

（1）岗位描述是否清晰、规范。职位薪酬是在岗位价值评价的基础上建立的，因此，企业必须做到岗位描述清晰规范。首先，企业要根据工作内容的不同，明确划分出所有职位：职位的工作内容必须明确、具体；各职位工作内容之间不能有重复和交叉；各职位的权力需要明确、具体；各职位需要的知识、能力和经验需要明确、具体。也就是说，这些职位需要具备工作分析的条件。其次，在各职位明确的基础上，需要建立系统的、清晰的职位体系。

（2）职位的工作内容是否稳定。每个职位的工作内容必须是相对稳定的，不能是经常变化的。如果工作内容经常发生变化，工作的难度也会经常发生变化，对员工的知识、能力和经验的要求也会经常发生变化，岗位相对价值也就发生了变化，这样就会影响职位薪酬的公平性和合理性。

（3）职位和员工的能力是否匹配。职位薪酬要求职位所需的能力和员工的能力应当基本匹配，否则就会发生不公平的现象，给企业带来很多的问题。如果员工的能力低于职位要求的能力，员工就会不合理地多获得一部分薪酬，正常的工作也无法按时、保质完成；如果员工的能力高于职位要求的能力，员工就会不安于现状，工作积极性降低，导致人力资源浪费。

企业根据工作的性质划分，其职位可以分为管理类、销售类、研发类、生产类等职类，以上的职类性质有的是能力导向，有的是过程导向，有的是结果导向。职位薪酬主要应用于过程导向的岗位，这类岗位的典型特点是对能力和业绩不容易区分和界定，如管理岗位、行政工勤岗位、部分专业管理岗位、部分生产技术管理岗位等。职位薪酬主要有岗位薪酬和职务薪酬两种表现形式。

7.2.2 岗位薪酬

岗位薪酬是根据工作职务或岗位对任职人员在知识、技能和体力等方面的要求及劳动环境因素来确定员工的工作报酬[①]。其主要特点是对岗不对人。在具体实施过程中，从各职位关系的表示方法上划分，岗位薪酬可以分为岗位等级薪酬和岗位薪点薪酬，其岗位薪酬的比重都占总体薪酬的60%以上。

1. 岗位等级薪酬

岗位等级薪酬是等级工资的一种形式，它是按照员工在生产过程中工作岗位的重要程度进行排序分类和划分等级，以此确定工资等级和工资标准。员工工资与岗位要求直接挂钩，其适用范围较广。岗位等级薪酬的特点：一是以岗定薪。按照员工的工作岗位等级规定工资等级和工资标准，具体是按照各工作

---

① 葛玉辉. 薪酬管理实务［M］. 北京：清华大学出版社，2011.

岗位的技术复杂程度、劳动强度、劳动条例、责任大小等规定工资标准，员工在哪个岗位工作，就执行哪个岗位的工资标准。在这种情况下，同一岗位上的员工，尽管能力与资历可能有所差别，但执行的都是同一工资标准。二是岗升薪升。员工要提高工资等级，只能到高一级岗位工作。岗位等级薪酬不存在升级间距，员工只有变动工作岗位，即只有到高一等级的岗位上，才能提高工资等级。

岗位等级薪酬制的具体表现形式有：

（1）一岗一薪。一岗一薪，即一个岗位只有唯一的工资标准，凡是同一岗位上的员工都执行同一工资标准。岗位工资标准由低到高排列，形成一个统一的岗位工资标准体系。员工只要达到岗位要求，就可以取得标准工资；岗位变动，则工资随之变动。新员工上岗采取"试用期"或"熟练期"的办法，期满经考核合格正式上岗，即可执行岗位工资标准。

一岗一薪强调在同一岗位上的人员执行同一工资标准，简化了工资构成，操作简便灵活。但其也有缺陷，主要是不能体现同岗位员工之间由于经验、技术熟练程度不同而产生的劳动差别以及新老员工之间的差别，因此同样岗位或工种内部缺乏激励。一岗一薪比较适用于专业化、自动化程度较高，流水作业、工作技术比较单一和工作等级比较固定的行业及工种。

（2）一岗数薪。一岗数薪即在一个岗位内设置好几个工资标准，以反映岗位内部不同员工之间的劳动差别。岗位内级别是根据岗位内不同工作的技术复杂程度、劳动强度、责任大小等因素确定的，薪酬的确定同样是依据岗位要求而定。实行一岗数薪的员工在本岗位内可以小步考核升级，直至达到本岗最高工资标准。

由于一岗数薪融合了技术等级工资制和岗位工资制的优点，可以反映生产岗位之间存在的劳动差异和岗位内部不同员工之间的劳动熟练程度的差异，使劳动报酬更为合理；增加了员工薪酬增长的渠道和机会，不晋升、不变换工作岗位也可以增加薪酬；在企业处于困难时期需要缩减人工成本的情况下，员工的薪酬增长速度和水平又可以灵活控制。一岗数薪适合岗位划分较粗、同时岗位内部技术要求有些差异的工种。

2. 岗位薪点薪酬

岗位薪点薪酬，是在岗位评价（包括岗位责任、岗位技能、工作强度、工作条件）的基础上，根据岗位评价的结果确定每个岗位的薪点数，以点数和点值来确定员工薪酬。例如，某公司根据岗位评价的结果，最终确定前台的薪点为550，行政主管的薪点为1000，人力资源招聘主管的薪点为1500，如果每个点是2元，那么前台工资为1100元，行政主管工资为2000元，招聘主管工资为 3000 元。员工的点数通过一系列量化考核指标来确定,点值与企业和专业厂、部门效益实绩挂钩。

岗位薪点薪酬的工资标准不是以金额表示,而是以薪点数表示;且其点值取决于经济效益,因而适合于岗位比较固定、以重复性劳动为主的岗位。

7.2.3 职务薪酬

职务薪酬与岗位薪酬的性质相同,区别在于我国主要将岗位薪酬应用于企业工人,而将职务薪酬应用于行政管理人员和专业技术人员[①]。职务薪酬是根据员工在组织中担任的职务而确定的计酬方式,具体来说是根据各种职务的重要性、责任大小、技术复杂程度等因素,按照职务高低规定统一的工资标准;在同一职务内又划分为若干个等级,各职务之间都在其职务所规定的薪酬等级范围内评定薪酬这种薪酬在以前国有企业中比较常见,适用于政府机关、企事业单位的行政人员和专业技术职务的人员。

职务薪酬是在每个职务内再划分若干等级,规定不同的薪酬标准,又称为职务等级薪酬。按照职务对应薪酬标准的多少来划分,职务等级薪酬可以分为一职一薪和一职数薪。按照员工工资是否主要由职务工资决定,职务等级薪酬制可以分为以下两种形式:

1. 单一职务薪酬

单一职务薪酬是指只按职务等级设置工资标准,职务等级工资几乎占到全部薪酬的 80%~90%。然而在具体实施过程中,职务工资也包含了年龄或工龄因素,如"一级数薪"制,在同一职能等级内,个人的工资级别或档次主要由工龄长短来决定,工龄是与个人的资历和能力相关的。

2. 多元化职务薪酬

多元化职务薪酬是指按职务设置的职务工资,与年龄要素或以基本生活费用确定的生活工资或基础工资并列存在,如在全部工资中,职务工资占 25%,生活工资占 65%,其他工资占 10%。一般来说,对新进人员,生活工资占较大比重,职务工资的比重较小,随着工龄的增加,生活工资的比重逐渐下降,职务工资的比重逐渐提高,直到职务工资占绝大部分。

7.3 技能薪酬与能力薪酬

在当今迅速变化的经济环境中,组织必须提高适应环境变化的能力,工作

---

① 葛玉辉. 薪酬管理实务 [M]. 北京:清华大学出版社,2011.

内容不再是相对稳定的，员工需要迅速学会新的技能以适应新的工作要求，再加上组织结构日益扁平化的趋势，都给以职位为基础的组织带来了特殊的挑战。这要求组织的人力资源管理理念发生根本转变，从基于职位的人力资源管理转向基于员工的人力资源管理。

基于员工的薪酬体系强调以人付酬的理念，它不是根据职位价值的大小来确定员工的报酬，而是根据员工具备的与工作有关的知识、技能和能力的高低来确定其报酬水平。它不仅仅关注职位，而更加关注员工；它不再强调职位说明书规定的工作内容，而关注如何提高员工完成某项工作所需的技能与能力。根据薪酬所反映的因素的不同，基于员工的薪酬又可细分为技能薪酬和能力薪酬。

7.3.1 技能薪酬

1. 技能的含义与内容

技能是能力概念的一种延伸，它包含了一种绩效标准在里面。对技能的理解，还应从其包含的维度①②来看：

（1）深度技能。深度技能是指员工掌握了与完成同一种工作有关的更多深层次的知识和技能。员工除了需要胜任一些体力活动外，还需要从事一些较为复杂的如推理、数学以及语言等脑力活动方面的工作内容。这些都属于这个岗位所要求的深度技能。例如，对于人力资源部门中负责薪酬的主管来说，要想成为一名薪酬专家，除了要了解薪酬的基本内容、构成和作用等基本知识外，还需要掌握有一定深度的技能，如薪酬调查、激励工资设计以及如何合理设计薪酬才能实现最大化的激励作用等。掌握的有关薪酬的操作技巧越多，薪酬的技能越有深度。

（2）广度技能。广度技能指任职者在掌握本职位技能之外还掌握了其他相关职位所需的技能。以需要掌握同级职位所需的多种技能为例，零售商店的办公室职员需要学习完成几种工作，如记录员工出勤率、安排轮岗和监督办公用品的使用。这些工作虽然是商店经营的不同方面，但这三项工作都是以员工档案记录的基本知识为基础的。

（3）垂直技能。垂直技能指员工能进行自我管理，掌握与工作有关的计划、领导、团队合作等技能。垂直技能要求员工能够具有时间规划、领导、群

①　刘昕．薪酬管理［M］．北京：中国人民大学出版社，2013.
②　约瑟夫·J·马尔托奇奥．战略薪酬管理（第五版）［M］．北京：中国人民大学出版社，2010.

体性问题解决、培训及与其他工作群体或员工团体之间的协调等技能。为自我管理团队设计的技能薪酬计划通常强调此类管理技能，因为这类工作团队的成员经常需要学习如何互相管理。

2. 技能薪酬的内涵及应用

区别于以往以职位或工作为依据的职位薪酬支付方式，技能薪酬是一种基于员工个人技能和知识的薪酬支付形式，是相对于职位薪酬而言的。它不是根据个人的职称或职位，而是根据不同岗位和职务对技能要求的深度和广度以及员工实际所具备的工作水平来确定薪酬等级。这种薪酬决定制度的一个共同特征是，员工所获得的薪酬是与一种或多种技能而不是职位联系在一起的。

当组织从传统的职位薪酬向技能薪酬过渡时，有必要对原有工作流程进行重新审视和再造。技能薪酬带来的并不仅仅是薪酬决定方式的改变，它同时伴随着组织中工作流程再造的过程。传统的职位薪酬强调每个员工做好自己分内的工作，不必关注其他人的工作。而在实行技能薪酬的组织中，企业不再强调每个员工只完成自己职位说明书中界定的工作内容，而是要求员工拥有完成多项不同工作的技能。与技能薪酬相适应的工作方式鼓励员工不断学习新的技能，引导员工从工作流程的角度看待自己所从事的工作。它适应了工作丰富化和工作扩大化的要求。

就生产方式而言，技能薪酬较适于应用的行业包括：运用连续流程生产技术的行业、运用大规模生产技术的行业、运用单位生产或小批量生产技术的行业以及服务行业。就职位而言，要求员工同时掌握不同种类、不同复杂程度的技能或进行自我管理的那些职位使用技能薪酬的效果较好。同时，技能薪酬往往很难适用于整个组织，大多被应用于部分部门和独立的生产、设计团队。

7.3.2　能力薪酬

相比技能薪酬，能力薪酬近年来刚刚兴起，其应用尚未完全成熟。近年来，越来越多的知识型员工迫使更多的组织采用基于能力的薪酬方案。在能力薪酬中，支付个人薪酬的依据是员工的能力，薪酬增长取决于他们能力的提高和每一种新能力的获得。

1. 能力的含义

我们这里所谓的"能力"严格来说实际上是一种绩效行为能力，即达成某种特定绩效或者是表现出某种有利于绩效达成的行为的能力，而不是一般意义上的能力。绩效行为能力又被称为素质、胜任能力等，这里，我们简单地以能力来代替绩效行为能力的概念。我们这里的能力实际上是指那些能够增加价值以及预测未来成功的要素。

为了更好地理解绩效行为能力，我们回顾一下 Hay Group 所提出的关于能力的冰山模型。这一模型认为，一个人的绩效行为能力由知识、技能、自我认知、人格特征和动机五大要素构成的。其中，知识（knowledge）是指一个人在某一既定领域中所掌握的各种信息。比如，知道如何运用办公软件处理文件，了解公司的政策以及公司制订年度经营计划的程序等。技能（skill）则是指通过重复学习获得的在某一活动中的熟练程度。比如，在打字、推销产品或者平衡预算方面的技能。自我认知（self-concept）是一个人所形成的关于自己的身份、人格以及个人价值的概念，它是一种内在的自我。比如，自己到底是领导者、激励者，还仅仅是一颗螺丝钉？当自我认知被作为一种可观察的行为表达出来的时候，才会成为一个绩效问题。人格特征（trait）是指一个人的行为中某些相对稳定的特点以及以某种既定方式行事的总体性格倾向。比如，是不是一个好的聆听者、是否容易产生紧迫感等。动机（motive）是指推动、指导个人行为的那些关于成就、归属或者权力的思想。比如，一个人希望达成个人成就并且希望影响他人的绩效的想法。人格特征和动机也只有在可被观察时才会成为一个与绩效有关，从而与薪酬有关的问题。在冰山模型中，知识和技能犹如是位于海面上的可见冰山部分，而自我认知、人格特征以及动机是位于海面以下的隐性冰山部分。

在人力资源开发与管理当中，能力多指一种胜任力或胜任特征，即员工所具备的能够达成某种特定绩效或者是表现出某种有利于绩效达成的行为的能力。能力薪酬是依据这种能力支付的薪酬，因此，能力薪酬中的"能力"应当包含以下三个要素[1][2]：

（1）核心能力：核心能力是指为了确保组织目标实现，员工所必须具备的技能和素质。核心能力通常是从企业的使命或宗旨陈述中抽象出来的。

（2）能力群：能力群着眼于将核心能力转换为可观察的行为的要素集合。对每一项核心能力都可以用能力群来观察。只有具有可测量的、可以鉴定的能力才能使能力薪酬设计成为可能。

（3）能力指标：能力指标是指可以用来表示每一能力群中可以观察和测量的行为。在一定程度上，它反映出来的是工作复杂程度不同的职位所需特定

① 林忠，金延平．人力资源管理（第三版）［M］．大连：东北财经大学出版社，2012.
② 李育英，行金玲．薪酬设计与管理［M］．西安：西安交通大学出版社，2011.

能力在程度上的差异。通过能力指标，管理者可以比较直观地界定出特定职位所需的行为密度、行为强度、行为复杂程度及需要付出的努力程度。

核心能力、能力群和能力指标的关系如图 7-1 所示。

图 7-1　核心能力、能力群和能力指标的关系

2. 能力薪酬的内涵

能力薪酬指的是依据个体对能力的获得、开发和有效使用，为专业人员、管理人员发展与高绩效有关的综合能力而支付的报酬。在能力薪酬中，决定薪酬的因素是实现高绩效所需的绩效行为能力，它不仅包括知识和技能，还包括行为方式、个性特征、动机等因素。这些对实现高绩效至关重要的能力构成了薪酬支付的基础。能力薪酬是建立在素质模型基础上的。素质模型包括通用素质模型和专用素质模型。通用素质模型是企业所有员工都应具备的一系列素质组合；专用素质模型是某职类员工应当具备的一系列素质组合。

在能力薪酬体系中，支付个人薪酬的依据是员工所掌握的能力，薪酬增长取决于他们能力的提高和每一种新能力的获得。该薪酬方案假定：如果企业对管理人员和专业人员进行薪酬激励，其他员工就会仿效这些"表现最好者"，努力提高自身的能力，从而改善企业整体业绩。与已经较为成熟的技能薪酬相比，能力薪酬方案的关键问题是能力是什么、如何界定、如何评价以及如何将能力与薪酬联系起来等。

3. 能力薪酬的适用范围

能力薪酬的基本特征与技能薪酬有类似之处，它也是确定基本工资的方法，也需要相当大的设计和试运行投入、组织稳定和员工的积极参与。技能更多与具体的作业任务相联系，而能力更综合，更多指向未来岗位要求的综合能力。但在设计方法和适用对象上有不同之处。能力薪酬的设计主要是通过高绩效员工与一般绩效员工的比较，通过笔试、面试、观察和评级来发现能力上的差异，并把用胜任力要求和薪酬系统捆绑在一起。

尽管基于能力的薪酬方案跨越较大的行业范围，但并非所有的企业和部门都适于采用该方案。事实上，能力薪酬体系适用于那些把企业员工的能力作为企业成功竞争关键的行业和部门，如科学研究、计算机软件开发和管理咨询等。在这些行业和部门中，通常知识工作者和职业人员占大多数、组织设计扁平化且具有灵活性、宽泛性薪酬结构以及支持员工持久发展。

4. 能力薪酬的特点

能力薪酬有其自身的优势：第一，员工获得了更多的发展机会，而组织则获得了一支具有灵活性的劳动力队伍。员工不会被特定的工作描述所束缚，能方便地从一个职位流动到另一个职位，这样就提高了组织内部员工的流动性。能做更多事情的员工对一个组织具有更大的价值。第二，支持扁平型组织结构。高能力的员工队伍要求较少的监督，因此可以削减管理层级。工作的设计可以强调员工在较大范围内的参与，而不仅仅考虑在狭窄的、确定的工作范围内的个人贡献。第三，鼓励员工对自身发展负责，使员工对自己的职业生涯有更多的控制力，为在组织内推行员工自我管理奠定了基础。同时增强了员工控制自己报酬的能力，因为他们知道要想获得工资增长（获得新的能力）需要做些什么。第四，对组织学习具有支持作用。组织学习的基础是个人学习，能力薪酬方案可以引导员工不断地、自主地学习，使人力资源政策与组织学习匹配起来，使得企业不断投资于员工学习能力的提高，为促进员工和组织的共同成长做出贡献，并最终建立起学习型组织。

当然，能力薪酬也存在着局限性，表现在：第一，能力评价的难度大。由于目前对能力的内涵和外延的说法不一，由此界定哪种能力评价方法最佳具有较大的模糊性。能力评价的客观合理是基于能力的薪酬体系达到外部一致性和内部公平性的关键，因此，做出满足一定信度、效度的能力评价体系是摆在采用该体系的企业薪酬管理人员面前的主要任务，也是当前该体系设计研究的重点之一。第二，企业成本上升。据调查，采用基于能力的薪酬体系的企业，工资成本平均上升了15%，培训成本上升了25%。由于企业支付能力的限制和成本的上升对企业竞争优势的负效应，使得一些企业最终放弃了这一薪酬方案。第三，为与能力薪酬方案配套，需要为员工提供充足的培训机会，这可能导致培训费用大量增加，而生产率的增长和成本的节约无法弥补这一增长。第四，除非员工有机会使用他们获得的所有能力，否则这些能力将变得毫无价值，因此，能力薪酬方案高度依赖基于能力的组织文化、人力资源管理的支持。

为了避免成本增长、不公平的感觉和高度复杂的系统，管理者必须仔细将能力薪酬方案与整体人力资源战略和组织战略相匹配。

5. 常见的几种能力薪酬形式

能力薪酬的常见形式主要有技术等级工资、职能等级工资、职能工资、能力资格工资以及年龄工资。

（1）技术等级工资。技术等级工资是工人等级工资的一种形式，其主要作用是区分技术工种内部的劳动差别和工资差别。技术等级工资是按照工人所达到的技术等级标准确定工资等级，并按照确定的等级工资标准计付劳动报酬。这种工资适用于技术复杂程度比较高、工人劳动差别较大、分工较粗及工作物不固定的工种。技术等级工资由工资标准、工资等级标准和技术等级标准三个基本因素组成。通过对这三个组成要素的分析和量化，给具有不同技术水平或从事不同工作的员工规定适当的工资等级。

（2）职能等级工资。职能等级工资是按照职工所具备的与完成某种一定职位等级工作所相应要求的工作能力等级确定的工资制度[①]。与岗位等级工资相比较，其主要特点包括：

第一，决定个人工资等级的最主要因素是个人工作能力。即使不从事某一职位等级的工作，但经考核评定其具备担任某一职位等级工作的能力，仍可执行与其能力等级相应的工资等级，而不致因职位的调整而使工资受损，也不致因某等级的职数有限而影响工资等级的晋升。

第二，职能等级及与其相对应的工资等级数目较少。对上下相邻不同的职位等级来说，各职位等级所需要的知识和技能的差别不大。因此，可以把相邻职位等级按照职位对工作能力的要求归为同一职能等级。这样制定出来的职能等级一般只有职位等级的一半或更少一些。

第三，需要严格的考核制度。要制定一套客观、科学而完整的职位等级标准和职能等级标准，并按照标准对个人进行客观、准确的考核与评定。同时，还应建立经常性的考核制度，对职工的职能等级定期考核与评定。

第四，人员调整弹性较大，适应性强。由于职能工资等级不随职工职位等级的变动而变动，因而有利于人员的变动和调整，能够适应企业内部组织机构随市场变化而做相应调整的要求。

按照每一职能等级内是否再细化档次，职能等级工资制可分为一级一薪制、一级数薪制两种形式。按照职工工资是否主要由职能工资决定，职能等级工资制可以分为单一型职能工资制和并存型职能工资制两种形式。

（3）职能工资。职能工资是一种基于能力的薪酬形式。企业应当根据员工的能力差异作为向其支付报酬的基础。根据能力支付报酬，首先要区分能力的差异，这就需要建立一套对能力进行分类、分级的体系。在职能工资制中，这个体系是任职资格体系，即员工在工作中所需的知识、技能、经验和行为标准等，还需要配套的考核和培训。

成功实施职能工资制的关键在于：第一，制定科学的任职资格体系，即在所有职位根据性质分类的基础上，对每一类职位建立各自的能力级别和标准。

① 张雪飞等．人力资源开发与管理［M］．北京：科学出版社，2011.

第二，有配套的培训体系，根据任职资格体系的内容和标准，针对不同的职种，以及同一职种的不同任职资格等级，开发出具有针对性的课程，帮助员工提高自己的能力。第三，建立具有弹性的组织结构，合理调配员工，提高他们学习的兴趣和信心，使员工所学的新知识、新技能得以运用。第四，操作起来要简单易行。

（4）能力资格工资。能力资格工资是一种基于能力的薪酬，它是一种以员工自身的条件，包括技术资格、体质、智力和文化程度等因素为主来反映劳动差别的薪酬。它是通过对员工综合能力的评价来确定员工的薪酬等级和薪酬标准，而不管员工的这种能力是否得到发挥，是否为企业创造了效益。这一点在职位（岗位）薪酬中是不存在的。

在能力资格薪酬制度下，如果一个初级工拿到高级工的资格证书，即使他还在初级工的岗位上，企业也应该给予该员工高级工的待遇。这样，从表面上看，员工从事的岗位或工作没有变，而企业支付的薪酬总量却增加了，似乎得不偿失；但事实上，从长期来看，企业实际上是在进行一种人力资源的投资，使企业员工的整体素质提高了，企业的劳动生产率和产品质量也会随之得到提高，企业用较小的人力成本即获得了较大的收益。因此，能力资格工资特别适用于生产设备技术含量很高，对员工基本素质要求较高的高新技术企业。

能力资格的优势也恰恰是它的缺陷所在，因为在员工能力资格的科学和公正认定上存在较大的困难，如果对此把关不严，直接后果就是其他岗位的员工怨声载道，企业分配制度失去了公平和效率。因此，纯粹的能力资格在现实中的应用是比较少的。

（5）年龄工资。年龄工资也称工龄工资，是一种特殊的基于能力的薪酬形式。应用年龄工资最普遍的国家是日本，在日本这个特定的国家和人文环境下，年龄工资得到了充分的应用和发挥。

实行年龄工资的依据是：员工的年龄越长，熟练程度越高，工作能力越强，对企业的忠诚度就越高，做出的贡献也越大。所以这种工资不是依据员工的工作职位和工作种类，而是依据员工所具备的广泛的完成任务的能力。其工资标准不是按行业或产业的因素决定，而是由企业决定，基本工资按年龄、企业工龄和学历等因素决定。总的来看，在年龄工资中，工资与劳动的质量和数量是一种间接关系。其特点是：起薪低，工资差别大，随着工龄的增长，每年定期增薪。

在实际应用中，年龄工资一般由两方面构成：由员工的年龄、连续工龄、学历等个人属性决定的工资和根据职务或职务执行能力等因素决定的工资。在实际应用中，纯粹只考虑员工的年龄、连续工龄、学历等个人因素的年龄工资是比较少的，大部分都或多或少考虑一些职务、能力的影响。

7.4　绩效薪酬与激励薪酬

7.4.1　绩效薪酬

绩效薪酬是根据员工的工作绩效而支付的薪酬，薪酬支付的唯一依据或主要依据是员工的工作绩效和劳动生产率，但在实践中由于绩效的量化标准不易确定，因此，除了计件绩效薪酬和佣金绩效外，更多的是指依据员工绩效而增发的奖励性工资。绩效薪酬是主要根据员工实际的、最终的劳动成果来确定员工工资的薪酬。绩效薪酬主要适用于：劳动成果、工作业绩在一定时期内比较容易客观量化并易于计量和考核的职类。一般的企业中，工人生产出来质量合格的产品数量比较容易量化；销售人员的销售量、销售额比较容易量化。所以，这两类岗位的工资是典型的绩效薪酬。绩效薪酬有多种形式，常见的如计件绩效薪酬、佣金绩效薪酬和提成薪酬三种形式。

1. 计件绩效薪酬

计件绩效薪酬是根据劳动者生产的合格产品的数量和完成的作业量，按预先规定的计件单价支付给劳动者劳动报酬的一种工资形式，包括直接计件薪酬制、泰勒的差额计件绩效薪酬制、梅克里多计件绩效薪酬制等。计件绩效薪酬主要是针对生产工人而言的，他们工作的一个明显特点就是其结果（即产量）较容易度量。

（1）直接计件薪酬制。直接计件薪酬是最古老的激励形式，也是使用最广泛的形式。它是通过确定每件产品的计件工资率，将工人的收入和产量直接挂钩。按照直接计件薪酬制，每生产一个单位的产品就会得到事先规定好数目的工资，工资随产量函数变动。大多数计件薪酬都有一定数量的产量基数，即劳动定额。而且大多数工资中都规定有一个必须保证的工资最低保障线。

直接计件薪酬也是应用最广泛的方法。它简单易行，且员工容易理解，激励效果明显。但最大的不足在于难以确定合理的标准，也难以反映优质产品、原材料节约和安全生产等方面的超额劳动。

（2）泰勒的差额计件绩效薪酬制。泰勒提出了工作定额管理（或科学管理）的原则，即科学地（只按一流工人的水平）确定工作定额（或标准工作量），然后让工作人员去完成这一定额。根据工人工作定额的完成情况，有差别地给予计件工资。

（3）梅克里多计件绩效薪酬制。梅克里多计件绩效薪酬是指根据员工的工作绩效，将员工分为三个等级，随着等级的变化，绩效工资递增10%。表现中等的员工将得到标准报酬，表现优秀的员工将得到额外的报酬，表现劣等的员工将得到低于标准的报酬。

表7-2 梅克里多计件绩效薪酬计算示例

类　别	判　定	获得额定工资的比率
表现劣等的员工	在标准产量的83%以下	$0.9 \times r$
表现中等的员工	在标准产量的83%~100%	$1.0 \times r$
表现优秀的员工	在标准产量的100%以上	$1.1 \times r$

资料来源：李成彦等.组织薪酬管理［M］.大连：东北财经大学出版社，2008。

2. 佣金绩效薪酬

佣金绩效薪酬是一种直接按照销售额的一定比例来确定销售人员的薪酬形式，其主要适用于销售人员的薪酬计算和支付。由于报酬与绩效直接挂钩，会激励销售人员努力扩大销售额，以得到更多的工资报酬；另外，佣金绩效薪酬简单易行，易为销售人员理解，使管理与监督的成本降低。但其缺陷也很明显，即往往会引致销售人员只注重扩大销售额，而忽视企业长期顾客的培养，并且不愿推销难以出售的产品。

3. 提成薪酬

提成薪酬是企业实际销售收入减去成本开支和应缴纳的各种税费以后，剩余部分在企业和职工之间按不同比例分成。它有创值提成、除本分成、"保本开支，见利分成"等形式。在饮食服务、电信话费销售等领域采用。实行此种形式薪酬的三要

> **小思考**
>
> C公司是一家大型设备制造企业，因行业竞争激烈和原材料上涨等问题，企业业绩较上一年出现了大幅下滑，年初承诺将给部门经理年终发放15万元，但这15万元的发放是做"加法"还是"减法"让HR经理苦恼不已：A加法——8万元年薪（固定工资）+绩效奖金（奖金按照业绩情况而定，若完成业绩指标，则发放8万元绩效奖金）；B减法——15万元年薪（100%完成业绩指标，薪酬总和为15万元，不达标则按比例扣除）。就C公司目前的情况，部门经理年薪的发放适合采取加法还是减法？
>
> **分析**：薪资的发放应因岗位而异。越是高层，越应实行年薪制以及中长期激励。最适合减法的是一般职能管理以及质量管理等岗位，不出纰漏即可拿到目标薪资；销售等岗位适合提成等绩效奖励方法；研发等周期长见效慢的适合"高工资+成果一次性奖励"办法。企业要强调整体薪酬的概念，薪酬体系的设计要合理，适当参考同行业的做法。

素：一是确定适当的提成指标。参考员工上一年的营业额利润及预测营业情况，从而确定部门员工的提成指标。二是确定恰当的提成方式。主要有全额提成和超额提成两种形式。全额提成即职工全部工资都随营业额浮动，而不再有基本工资；超额提成是指保留基本工资并相应规定需完成的营业额，超额完成的部分再按一定的比例提取工资。三是确定合理的提成比例。有固定提成比例和分档累进或累退的提成比例两种方式。

7.4.2 激励薪酬

除了基本薪酬之外，薪酬还包括一些辅助性的薪酬，如以短期激励形式出现的奖金和以长期激励形式出现的员工持股与股票期权等利润分享薪酬支付形式。

1. 奖金

（1）一次性奖金。一次性奖金也称绩效奖金，这是一种主要而又普遍的绩效奖励方式，也是根据员工的绩效情况进行奖励，但一般不以员工的基本薪酬作为计奖基数，也不会将这部分奖金累加到基本薪酬中去。

一次性奖金从严格意义上讲，针对的对象并不限于个人，也可用于部门和团队。一次性奖金具有单一性、灵活性、针对性、及时性和荣誉性等特点，它能够多样而又灵活地反映实际劳动的差别，可以弥补计时、计件工资的不足，特别是对员工在生产过程中提高产品质量、节约材料和经费、进行技术革新等方面所做的贡献，用奖金作为补充就显得尤为重要。一次性奖金有多种表现形式，如节约奖、安全奖、超产奖、质量奖、发明创造奖、出勤奖等。

（2）哈尔西 50/50 奖金制。哈尔西 50/50 奖金制是把通过时间研究确定完成一项任务的标准时间限额，作为标准时间工时。如果员工能以低于限额的时间完成任务，使得人工成本得到节省，这部分省下来的成本就按 50/50 的比例在员工和企业之间分摊，从而使员工获得了由于自身生产率的提高而获得的奖励。

（3）罗恩奖金制。罗恩奖金制类似于哈尔西 50/50 奖金制，也是提倡企业与员工之间分享由于工作时间缩减而带来的成本节约，不同的是它在分享成本节余时，在分享比例上有一定的差别安排，而不是简单地对半开。例如，完成一项任务的标准时间是 8 小时，某员工 7 小时就完成了工作，则此人得到 20%的成本节约奖励，如果他能在 6 小时内完成，则可得到 30%的成本节约奖励。

根据这种方法计算出的奖金，其比例可以随着节约时间的增加而提高，但平均每超额完成一个标准工时的奖金会递减，即节省工时越多，员工的奖金水平越低于工作超额的幅度，这一方面避免了过度高奖金的发放从而影响企业利润，而且也使低效率员工的收入得到保障。

2. 员工持股与股票期权

（1）员工持股。员工持股是公司提供给员工普通股股票的整体奖励方法，具体包括股票购买计划和股票奖励计划两部分。其可以引导员工重视企业长期利益，稳定股东队伍，防止公司被他人恶意购买，也是员工合理避税的途径之一。

（2）股票期权。股票期权是指企业给予员工一种权利，该员工有权在未来一定时间内以一个固定的价格购买该企业一定数量的股票。期权被授予时的价格称为"施权价"，这个价格可以是股票市场价格，也可以是另行排定的价格。对于计划受益者来说，当然希望股票价格不断上涨，这样他们可以以较低的施权价购买股票，再以较高的价格出售，从中获益，因此股票期权计划具有长期激励的特点，能引导管理层将公司经营的目标定位于中长期，这是它优于其他报酬激励机制的地方。

在实施股票期权计划过程中，应着重关注四个基本要素：股票期权的受益人、有效期、施权价和数量。受益人也就是需要激励的对象，一般为公司"核心层"的高级主管，偶尔也扩大到少数有特殊贡献的其他员工；有效期也称"施权期"，需视企业的实际情况加以掌握制定；施权价通常采用期权授予时的股票市场价格，当然在实际操作中也要视情况加以调整；股票期权的数量则需要考虑到这样两个问题：数量太小难以起到激励作用，数量太大又会损害所有者的利益。因此，实行股票期权制的企业不仅要使员工理解股票期权的巨大增值潜力，也要同时让其了解股票期权的巨大风险所在。

7.5　员工福利

7.5.1　福利的定义及功能

1. 福利的定义

福利是指用人单位为满足员工生活的需要而向其提供的以非货币工资和延期支付形式为主的补充性报酬与服务。员工福利是社会福利的重要组成部分，本质上属于员工激励机制范畴，是员工总报酬的重要组成部分，它按照员工的需要和可能、均沾和共享的原则进行分配，大多表现为非现金收入并通常采取间接支付的形式发放。

2. 福利的特点

与基本薪酬相比，员工福利有其自身的特点：

（1）补充性。基本薪酬是劳动的直接回报，为员工提供基本生活保障，而福利是劳动的间接回报，是员工基本收入的有效补充。福利具有满足员工多方面、多层次需要的作用，除了满足员工经济与生活需要外，还可满足员工安全需要、休闲需要、学习与发展的需要，等等。

（2）间接性。基本薪酬往往采取货币支付的方式，而福利通常采用各种保障计划、休假、服务以及实物支付和延期支付的方式。例如，公司可能每年花费 2 万元为全体员工支付健康保险金，员工并没有直接得到金钱，但确实获得了健康保险的福利。

（3）均等性。福利作为一种普惠制式的报酬形式，具有一定程度的机会均等和利益均沾的特点，它的享受对象通常是企业的所有员工，而且员工之间的差别并不是很大。

3. 福利的功能

相对于工资、奖金等直接报酬而言，福利属于间接报酬，在整个薪酬体系中发挥着与直接报酬不同的功能，主要表现在：

（1）传递企业的文化和价值观。福利能体现企业的管理特色，传递企业对员工的关怀，有利于创造形成一个大家庭式的工作氛围和组织环境。

（2）吸引和保留人才。员工本身存在着对福利的内在需求，很多求职者在进行工作选择时，同样也将福利作为一个重要的因素来考虑。因此，能否向员工提供有吸引力且能够切实地为员工带来效用的福利计划，是吸引和保留人才的重要因素。

（3）税收减免。福利是企业以非现金的形式为员工提供的各种保障、服务和实物，因此，员工可以在得到与现金等价报酬的同时获得税收的减免。

7.5.2　员工福利的构成

员工福利通常可分为强制性福利和自愿性福利。前者是企业根据政府的政策法规要求必须向员工提供的福利，如"五险一金"，及政府明文规定的福利制度；后者是企业根据自身的管理特色、支付能力和员工的内在需求有目的、有针对性地设置符合企业实际情况的福利。

1. 强制性福利

强制性福利是作为企业对员工的回报，根据政府的政策法规要求，由国家以法律形式强制要求所有在国内注册的企业都必须为员工提供的福利，包括社会保险和各类休假制度，如养老保险、医疗保险、失业保险、公积金、病假、产假、丧假、婚假、探亲假等政府明文规定的福利制度，还有安全保障福利、独生子女奖励等。

2. 自愿性福利

企业自愿性福利是指用人单位为了吸引人才或稳定员工，根据自身特点有目的、有针对性地设置的一些符合企业实际情况的福利。其采取的福利措施、根据企业自身情况而支付的福利项目，具有个性化和激励性的特点，根据其采取的措施可分为个人福利和生活福利。个人福利具体包括企业年金计划、病假事假、年底双薪、培训、奖励旅游等；生活福利具体包括咨询服务、收入保障计划、家庭援助计划、健康保障计划等。

7.5.3 员工福利计划

员工福利计划，是指企业为实施员工福利所做的规划和安排。福利是保健因素，福利计划实施得不好，员工会觉得不满意。为了满足员工对高质量生活水准的追求，现代企业福利在整个薪酬体系中所占的比重会越来越大，因此福利计划的设计与操作已经成为薪酬设计的重要环节。员工福利计划的制订可以从以下几个方面着手：

1. 将福利计划与企业整体的薪资计划相结合

企业工资总额确定以后，就要全面考虑薪资和福利各自所占的比重，既要避免取消福利，即在其薪酬体系中不考虑福利的倾向，又要避免福利无限膨胀的倾向。据有关资料显示，美国企业的福利在员工薪酬中的比例日益增大，美国企业1961年该比例为25.5%，到1995年上升到了41%，而且有不断上升的趋势，大大地加重了企业的负担。而我国部分企业则出现了另一种情形，为了改变过去那种企业"办社会"的局面，出现了一种员工福利全面工资化的倾向，这同样是要避免的，因为福利的许多积极作用是货币性工资无法实现的。因此在设计薪酬体系时，要注意保持福利的合理比重，这个比重对不同地区、不同经济性质的企业有不同的要求，需要企业根据实际情况加以确定。

2. 强化个性化的福利观念与加强团队合作相结合

过去我们企业的福利很少考虑个性化的员工需求，千篇一律，没有变化。这样导致企业花了钱、员工却不买好的不良现象，比如，对于年轻的员工，对个人能力提升和晋升等机会性福利需求较明显，而对实物性福利可能更淡化一些，那么如果企业一视同仁，对所有员工都实施实物性福利，就必然导致一部分年轻员工的不满。而这正是我们一些传统型企业容易犯的毛病，因此在实施福利计划时一定要强化个性化的福利观念，以满足不同员工不同的福利需求。为此一些企业提出了"自助餐式"的福利计划，即把企业每一个员工的年福利总额设定在一个范围内，由员工根据需要自己决定享受何种形式的福利。比如微软公司有一种"自助餐厅"式的福利方案，它付给每一个雇员一定金额的福利。一个雇员可以假设各种情况，以设计不同的模式，决定这些美元（额度）怎么分配——选择医疗、牙科、视力保健、人寿保险和残疾保险、健康俱乐部会员资格、法律服务。如果某项福利组合的费用超过了公司支付的金额，员工还能安排从薪水中扣除所超过的部分。个性化的福利计划给了员工选择的自由，在一定程度上会冲击员工的团队合作精神，这也是我们需要避免的。

3. 处理好实现企业福利目标和引导员工享受福利的关系

企业制定福利政策是有一定目标的，员工的福利需求大多数情况下也是有目标的，那么这两个目标能否达成一致是企业能否实现企业福利目标的关键。因此企业在实施福利计划时要有意识地加以引导，将员工的福利需求引导到企业的福利目标上来。这就需要人力资源部门做好员工职业生涯规划的指导工作，并指导他们进行适合自身成长需要的福利选择。

4. 企业在设计福利制度时要考虑到福利的成本问题

福利需要相应的经费支出，为了降低福利成本，企业不必向所有的员工都提供一样的福利，而是根据具体情况，区别对待。企业可以考虑在有以下一些情况时区别对待，向不同员工提供不同的福利标准。

（1）以工作时间为标准。全日工享受的福利，半日工、临时工则不能全部享受。根据美国商会的一个调查，美国企业只有22%向半日工和临时工提供医疗保险，31%向其提供退休福利，33%允许其带薪休假。而全日工则几乎普遍享受这些福利。

（2）以在职和不在职为标准。在职员工享受的有些福利，如托幼、业余教育、带薪休假等，退休员工或因为经济不景气而临时解雇的员工，则不必享受。

（3）以工龄为标准。员工福利待遇与工龄挂钩，随工龄增加而增加。可以要求员工在向企业提供一定年限的劳动之后，才能开始享受某些福利。

（4）以员工对企业的重要性及对企业的贡献为标准。对企业贡献大的员工，享受较高的福利待遇。在现实的实施过程中，可以认为，贡献大的员工企业付给他的工资也应该相应高一些，所以只要把福利与工资挂钩就可以了。当然，在实行这项措施时，要注意福利差别和工资差别一样，会引起待遇比较低的员工的不满，影响他们的劳动积极性。在强调员工上下一心、以团队精神共同努力办好企业的地方，不宜使福利待遇差别过大。

7.6　实践流程与要点

战略性薪酬管理是以企业发展战略为依据，根据企业某一阶段的内部、外部总体情况，正确选择薪酬策略、系统设计薪酬体系并实施动态管理，使之促进企业战略目标实现的活动。明确实施战略薪酬管理的流程及关键节点至关重要。

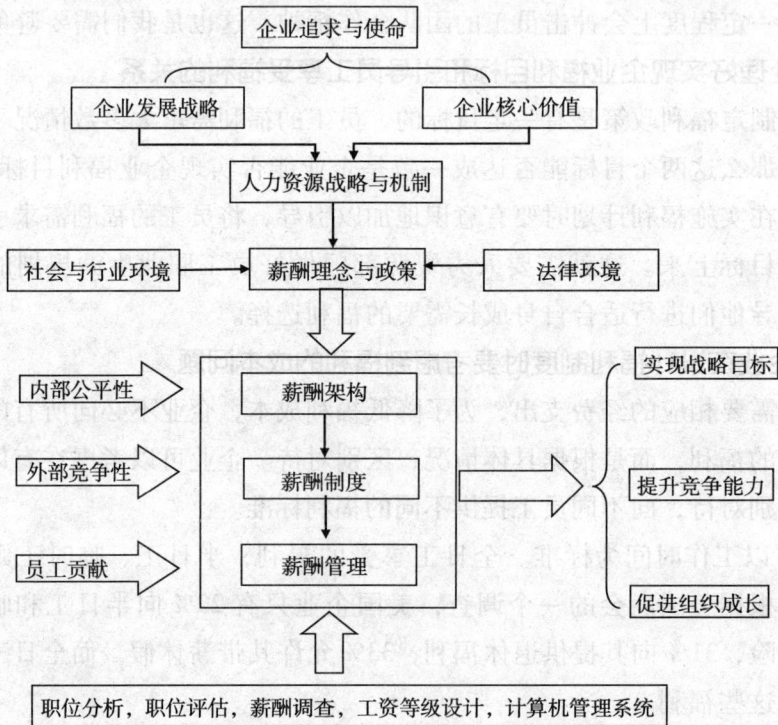

7.7 实操认知与思考

泰斗网络公司三种岗位薪酬体系[①]

泰斗网络公司是一家网络服务商，成立于 1988 年，现有员工 200 多人，许多人都是在某一领域富有专长的专家，80% 的技术人员都具有博士学位，公司新产品年更新率达到 30%。是什么样的利益回报有如此巨大的吸引力，致使大批优秀人才对泰斗网络公司投入如此大的热情呢？答案就是泰斗网络公司的薪酬水平和薪酬构成。

在泰斗网络公司有三个重要的职位：项目管理、研究开发和系统工程。

这三种职位总体薪酬水平都比较高，年度平均总薪酬都超过 10 万元。公

---

① 刘银花. 薪酬管理［M］. 大连：东北财经大学出版社，2011.

司高利润在这三种从业人员的薪酬水平上得到充分体现（见表 7-3）。

表 7-3　　　　　　　　　各职位年薪酬总额

职位名称	薪酬范围 / 年
研究开发经理	23 万 ~29 万元
系统工程经理	15 万 ~20 万元
项目管理经理	11 万 ~14 万元

从表 7-3 中可以看出，在薪酬整体水平较高的基础上，对于不用性质的职位，薪酬水平也存在一些差距。项目管理人员平均薪酬水平最低，系统工程人员收入相对较高，研发人员的薪酬最高。这也从侧面反映了泰斗网络公司对不同职位人员的重视程度的差异。这种薪酬差异是由该公司系统集成业的行业特点决定的。

泰斗公司主要依靠技术服务和提供解决方案获利，因此对职位技术水平要求的高低对薪酬有直接影响。对于研发人员，他们对企业的贡献在于通过技术研发和技术实践为公司积累技术资本，是保持企业长期、稳定发展的基础，是增强企业市场竞争力的前提。对于系统工程人员，主要通过具体的工程实施和技术支持保证工程项目的顺利进行，但往往使用成熟的技术工具，在技术上没有太多的研究突破。至于项目管理人员，工作中已经包含部分行政管理成分，技术含量最低，因此薪酬水平低于研发人员和系统工程人员。表 7-4 揭示了上述三种职位薪酬构成的成分及其比重。

表 7-4　　　　　　　　　各职位薪酬构成及其比重

职位名称	基本现金总额（%）	补贴总额（%）	变动收入总额（%）	福利总额（%）
系统工程经理	71	2	18	9
研究开发经理	81	2	6	11
项目管理经理	80	2	10	8

从薪酬构成比例来看，不同性质的职位差异明显。最突出的特点是系统工程人员的固定现金收入比例明显低于项目管理人员和研究开发人员，而变动收入比例却最高。这是由各个职位所承担的工作任务的不同性质决定的。

系统工程人员的工作任务是完成整个工程的实施，工程周期可能是几周、几个月，甚至跨年。在实施过程中可能会出现种种问题，从而导致企业受到损失，企业的通常做法是减少系统工程人员的固定收入比例，加大具有奖励作用的变动收入比例，用来激励员工通过努力保证工程项目的实施，有效降低项目执行的风险性。相反，对于研究开发人员和项目管理人员，工作的失败风险性较小，因此通过增加固定收入的方法起到留住员工的作用。

思考问题：

1. 该公司是如何对各种职位进行评价的？

2. 这种评价方式有问题吗？如果有，应该如何改进？

本章小结

1. 薪酬是员工因向其所在单位提供劳动或劳务而获得的各种货币与实物报酬的总和。狭义的薪酬包括直接经济报酬和间接经济报酬两个方面。直接经济报酬包括以工资、奖金和利润分成等形式表示的个人所获得的显性货币化收入；间接经济报酬就是福利，包括转为住房、医疗和退休养老保障等各种隐性货币化收入。因此，薪酬一般由基本工资、绩效工资、奖金、津贴、股权、福利五部分构成。

2. 薪酬管理的内容主要包括三个方面：一是确定企业的薪酬战略；二是设计企业的薪酬结构；三是全面实施薪酬管理。薪酬管理必须以公司战略为出发点，以"激励"的特征引导、塑造员工行为，在一定的薪酬预算范围内，做到吸引、激励和留住公司关键人才。

3. 薪酬体系的设计应围绕企业的价值评价进行，企业价值评价一般来自三个方面：岗位价值、个人价值和业绩贡献价值。因而薪酬体系的设计可以分为三类：基于职位的薪酬体系，包括岗位薪酬、职务薪酬；基于能力的薪酬体系，包括技能薪酬、能力薪酬；基于绩效的薪酬体系，包括绩效薪酬、激励薪酬。

4. 福利作为一种间接经济报酬，是员工总报酬的重要组成部分，它按照员工的需要和可能、均沾和共享的原则进行分配，大多表现为非现金收入并通常采取间接支付的形式发放，它作为直接经济报酬的补充形式，可以起到为企业保留人才、传递企业文化和减免税收的作用。

第8章　员工流动管理

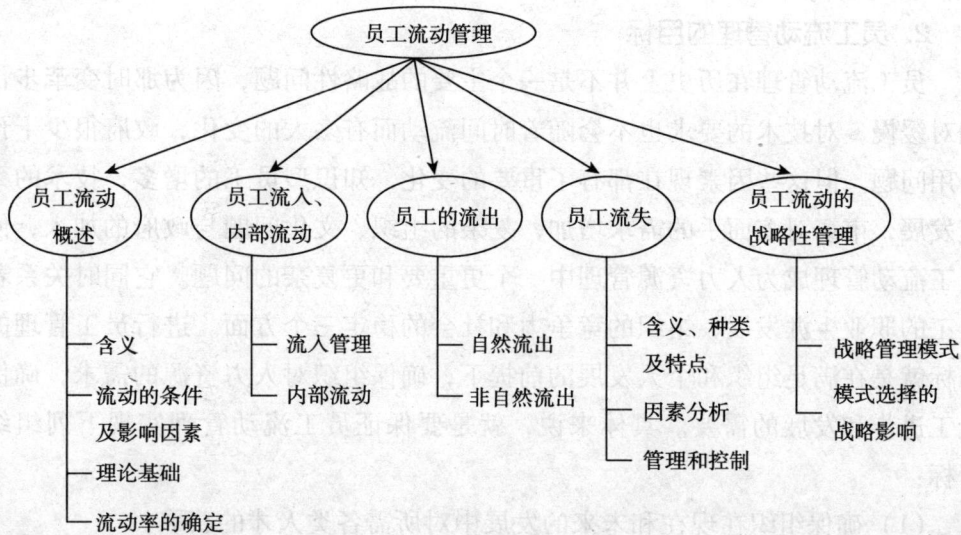

8.1　员工流动概述

8.1.1　员工流动管理的含义

1. 员工流动管理的内涵

员工流动是指员工的流出、流入和在组织内流动所发生的人力资源的变动，它影响到一个组织人力资源的有效配置。组织以人力资源的流动来维持员工队伍的新陈代谢，保持组织的效率与活力。

员工流动管理是指从社会资本的角度出发，对人力资源的流入、内部流动和流出进行计划、组织、协调和控制，以确保组织人力资源的可获得性，满足组织现在和未来的人力需要和员工的职业生涯需要。员工流动可以分为流入、内部流动和流出三种形式，如图8-1所示。

```
         ┌ 流入（外部招聘、临时雇用、租赁等）
         │ 内部流动（平级调动、晋升、降级、岗位轮换等）
员工流动 ┤        ┌ 自愿流出（辞职、第二职业、主动型在职失业等）
         │ 流出 ┤ 非自愿流出（解雇、提前退休、被动型在职失业等）
         └        └ 自然流出（退休、伤残、死亡等）
```

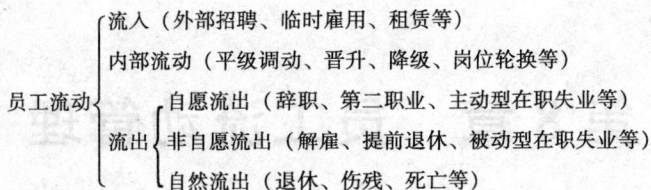

图 8 – 1　企业员工流动分类[①]

2. 员工流动管理的目标

员工流动管理在历史上并不是一个主要的战略性问题，因为那时变革步伐相对缓慢，对技术的要求也不会随着时间流动而有多大的变化，政府很少干预雇用问题。但这些因素现在都有了重要的变化，知识型员工的增多，技术的飞速发展，市场对多面手的需求增加，复杂的组织、文化问题与政府的加入，使员工流动管理成为人力资源管理中一个更重要和更复杂的问题。它同时关系着员工的职业生涯发展、组织的竞争力和社会的稳定三个方面。进行员工管理的目标就是在满足组织和个人发展的前提下，确保组织对人力资源的需求，确保员工进步和发展的需要。具体来说，就是要保证员工流动管理实现下列组织目标：

（1）确保组织在现在和未来的发展中对所需各类人才的获取。

（2）为企业的未来发展储备符合要求的员工。

（3）员工能体会到的进步和发展机会与其自身需要的进步和发展机会相一致。

（4）员工可以感觉到不会因为自身的不可控因素而被解雇。

（5）员工认为选人、安置、晋升和解雇都是公平的。

8.1.2　员工流动的前提条件及影响因素

1. 员工流动的前提条件[②]

员工流动需要具备一系列的保证条件，没有这些条件的支持，实现员工在企业内部和企业之间的流动是不可能的。

（1）劳动力具有个人所有权。劳动者对自身的劳动力有自由支配的权力，可以在使用与不使用或转让的时间、地点等方面进行选择，而不受非经济因素的制约。在我国，长期以来，户籍制度、计划式的劳动人事制度等都对劳动力的个人所有权构成了很大的限制，这是长期以来我国劳动力流动率低于世界水

---

①② 林忠，金延平. 人力资源管理（第三版）［M］. 大连：东北财经大学出版社，2012.

平的重要因素。

（2）劳动力存在就业压力。当社会不向劳动者提供就业保障时，运用劳动力市场上的竞争机制，劳动力就会存在就业的压力，劳动力市场借用这种压力实现人力资源的合理配置，促成人员流动。

（3）职业之间存在各种各样的差异。在职业之间存在着就业机会、工作条件、经济收入、职业声望和社会地位等方面的差异，这些差异会使劳动者根据自身的条件去选择对其来说个人效用最大化的工作岗位。

（4）劳动能力专业化和劳动力市场需求专业化。劳动者自身所具备的技能和专业知识对劳动者流动决策起着重要的作用。也就是说，不是劳动者想从事什么样的工作就能从事什么样的工作，社会对劳动者的专业知识和技能的要求是劳动者实现有序流动的条件。

上述四个条件是员工流动的社会条件，如果缺少其中的一个或者几个条件，流动的程度就会相应地降低。但是在四个条件同时存在的情况下，员工对流动的个人偏好、具备的专业特长、从事的专业和工作技能的实用性以及对该专业的需求状况等也都间接地影响着员工流动。另外，政府的管制、劳动力市场信息系统的不完善和信息的不对称更使得现实中不存在一个完善的劳动力市场。员工流动管理理论就是在上述条件下形成的。

2. 员工流动的影响因素①

影响员工流动的因素有很多，我们可以从社会经济发展、组织管理、工作特性、个人因素四个不同角度分析引起员工流动的原因。

（1）社会发展对员工流动的影响。员工流动从根本上讲，大多数与经济因素有关。组织和员工都存在于社会中，社会环境影响每一个方面。就员工流动的客观因素来讲，由于经济发展水平较高的地区能够提供优厚的物质生活条件和良好的工作环境，所以他们对员工具有较大的吸引力。经济发展水平较高的地区拥有容纳较多数量人力资源的客观条件，而经济发展水平较低的地区能够容纳较少的人力资源。所以，在排除其他因素的影响下，人力资源总是从生产力发展水平较低的地区流向生产力发展水平较高同时也是经济发展水平较高的地区。

（2）组织管理对员工流动的影响。组织变更会对员工流动产生影响。组织的改组会产生很多连锁反应，其中就包括员工的离职。同行业之间的合并可以成功地降低离职率。组织的行业归属地也会对员工流动产生影响。不同行业的离职率存在较大差异。组织在行业中所处地位越高，员工安全感越强，也就

---

① 温志强. 人力资源开发与管理 [M]. 北京：清华大学出版社，2011.

越不易离职。此外，行业特性也是影响员工流动的重要因素。调查结果表明，知识密集型行业、资本密集型行业、新兴高新技术行业的离职率明显高于传统行业、劳动密集型行业。在新兴行业内部，由于存在较高的风险以及对知识更新提出了更高的要求，离职率比较高。

组织规模对员工流动也具有影响。一般来说，组织规模越大，员工的安全感越强，员工一般不愿离职。组织内的每一个员工都有充当组织内符合其身份的某一特定角色的愿望，规模越大，内部机会就越多。而较好的内部流动性可以提高员工的工作满意度，减少离职行为。与此同时，也不能忽略组织规模增大后的负面影响：内部沟通容易堵塞；信息流通失真；非人性化和制度化的约束增多。一旦组织受到挫折会产生联动效应，使一大批员工被迫离职或主动另寻出路，这些都会极大影响员工的工作满意度和对组织的忠诚度。

（3）工作特性对员工流动的影响。工作本身的特性会带给员工不同的工作压力和工作紧张程度。如销售工作本身的特点造成收入不稳定性，对销售人员的离职具有显著影响。还有，工作种类的不同，其相应的工作环境、报酬待遇等方面都会有差别，这就造成不同行业员工的离职率、离职原因不尽相同。

（4）个人因素对员工流动的影响。对员工流动产生影响的个人因素主要有年龄和任期。已有研究证实，年龄和任期与离职呈负相关，即在同一组织中，年龄越大，任期越长的员工其离职率越低。而组织中新成员的离职率往往较高。员工的个人教育背景、早期生活经历、榜样作用等都会对员工流动产生影响。

总之，现实中的员工流动是各种因素综合影响的结果，具体到单个组织员工的流动更取决于组织和员工自身的影响。

8.1.3　员工流动的理论基础

为了实现企业员工队伍的整体优化，不断改善员工结构和人员素质，实行员工的合理流动是完全必要的，对人才尤其如此。关于员工流动的必要性，国外学者做了不少研究工作，其主要学说有四种。

1. 勒温的场论

美国著名的心理学家勒温（Lewin）认为，个人能力和个人条件与他所处的环境直接影响个人的工作绩效，个人绩效与个人能力、条件、环境之间存在着一种类似物理学中的场强函数关系。由此他提出了如下的个人与环境关系的公式：

$$B = f(p, e)$$

式中，B：个人的绩效；p：个人的能力和条件；e：所处环境。

该函数式表示，一个人所能创造的绩效不仅与他的能力和素质有关，而且与其所处的环境（也就是他的"场"）有密切关系。如果一个人处于一个不利的环境之中（如专业不对口、人际关系恶劣、心情不舒畅、工资待遇不公平、领导作风专断、不尊重知识和人才等），则很难发挥其聪明才智，也很难取得应有的成绩。一般而言，个人对环境往往无能为力，改变的方法是离开这个环境，转到一个更适宜的环境去工作，这就是员工流动。

2. 卡兹的组织寿命学说

美国学者卡兹从保持企业活力的角度提出了企业组织寿命学说。他是在对科研组织寿命的研究中，发现组织寿命的长短与组织内信息沟通情况有关，与获得成果的情况有关。他通过大量调查统计出了一条组织寿命曲线，即卡兹曲线，如图 8-2 所示。

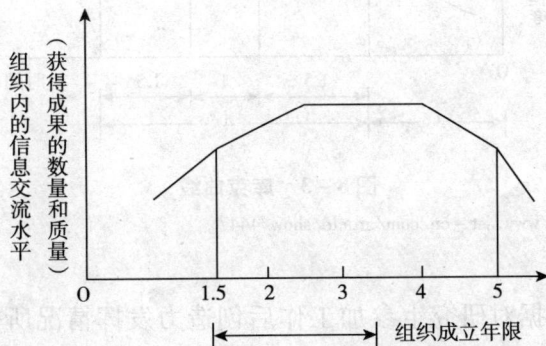

图 8-2　组织寿命曲线

资料来源：http：//www.jst-cn.com。

该曲线表明，在一起工作的科研人员，在 1.5～5 年这个期间里，信息沟通水平最高，获得成果也最多。而在不到一年半或超过五年的时间段，成员信息沟通水平不高，获得成果也不多。这是因为相处不到一年半，组织的成员之间不熟悉，尚难敞开心扉；而相处超过五年，大家已经成为老相识，相互间失去了新鲜感，可供交流的信息减少。由于大家过于了解和熟悉，在思维上已经形成定式，会导致反应迟钝和认识趋同化，这时组织会呈现出老化和丧失活力，这也就是其成员应该流动的时候了。

卡兹曲线告诉我们：一个科研组织也和人一样也有成长、成熟、衰退的过程，组织的最佳年龄区为 1.5～5 年，超过 5 年，就会出现沟通减少、反应迟钝，即组织老化，解决的方法是通过员工流动对组织进行改组。卡兹的组织寿命学说从组织活力的角度证明了员工流动的必要性，同时也指出员工流动不宜过快，流动间隔应大于2年，这是适应组织环境和完成一个项目所需的下限时间。一般而言，人的一生流动7~8次是可以的，流动次数过多反而会降低效益。值得指出的是，这一理论是针对科研组织提出来的，对企业不能生搬套用。

3. 库克曲线

美国学者库克提出了另外一条曲线，从如何更好地发挥人的创造力的角度，论证了员工流动的必要性，如图8-3所示。

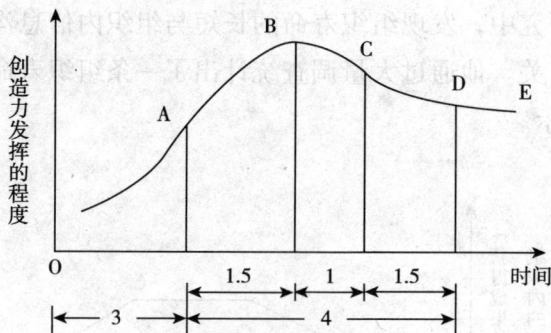

图8-3 库克曲线

资料来源：http://www.jst-cn.com/article/show/4447。

库克曲线是根据对研究生参加工作后创造力发挥情况所作的统计绘出的。曲线OA表示研究生在3年的学习期间创造力增长情况；AB表示研究生毕业后参加工作初期（1.5年），第一次承担任务的挑战性、新鲜感以及新环境的激励，促其创造力加速增长；BC为创造力发挥峰值区，这一峰值水平大约可以保持1年，是出成果的黄金时期，随后进入CD即初衰期，创造力开始下降，持续时间为0.5~1.5年；最后进入衰减稳定期即DE期，创造力继续下降并稳定在一个固定值，如不改变环境和工作内容，创造力将在低水平上徘徊不前。为激发研究人员的创造力，应该及时变换工作部门和研究课题，即进行研究人员的流动。如图9-3所示，创造力较强的时期大约有4年（AD）。人的一生就是在不断开辟新的工作领域的实践中，来激发和保持自己的创造力的，即走完一个S形的曲线，再走下一个S形曲线。

4. 中松义郎的目标一致理论

日本学者中松义郎在《人际关系方程式》一书中提出，处于群体中的个人，只有在个体方向与群体方向相一致的时候，个体的才能才会得到充分的发挥，群体的整体功能水平也才会最大化。如果个体在缺乏外界条件或者心情抑郁的状态下，就很难在工作中充分展现才华，发挥潜能。个体的发展途径也不会得到群体的认可和激励，特别是在个人方向与群体方向不一致的时候，整体工作效率必然要蒙受损失，群体功能水平势必下降。个人潜能的发挥与个人和群体方向是否一致之间，存在着一种可以量化的函数关系，据此他提出了"目标一致理论"，如图 8－4 所示 。

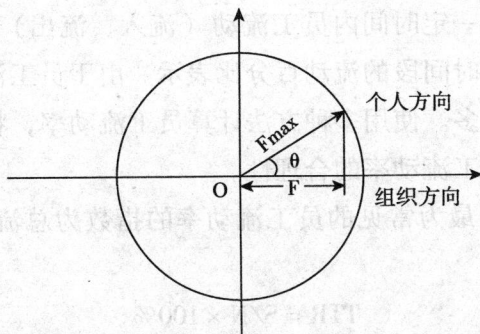

图 8－4　个人潜在能力的发挥同个人方向与群体方向夹角的关系

资料来源：http：//www．jst－cn．com/4494－show－article．html。

图 9－4 中 F 表示一个人实际发挥出的能力，Fmax 表示一个人潜在的最大能力，θ 表示个人目标与组织之间的夹角。三者之间的关系可以表示为：

$$F = Fmax \cdot \cos \theta \ (0° \leqslant \theta \leqslant 90°)$$

显然，当个人目标与组织目标完全一致时，$\theta = 0°$，$\cos\theta = 1$，$F = Fmax$，潜能得到充分发挥；当二者不一致时，$\theta \geqslant 0°$，$\cos\theta < 1$，$F < Fmax$，个人的潜能受到抑制。解决这一问题有两个途径：

（1）个人目标主动向组织靠拢，或者组织向个人目标方向靠近。个人要从实际出发，自觉限制或改变自己的行为方向，引导自己的志向和兴趣向组织和群体方向转移，并努力趋于一致。而企业一方则积极对个人进行生活和心理方面的关心，了解员工的需要，进行业务方面的指导与支持，使个体向群体方向转化。不过，这样的转化往往是相当困难的，如价值观上的差异（对知识的尊重、对金钱的追求、对事业的忠诚）难以弥合；人际关系上的矛盾（任人唯亲、排除异己、忌才妒能）难以克服；业务努力方向上难以一致等（如专业不对口，一改专业就有可能丧失业务上的优势），总之，个人目标与组织目标之间的差距难以在短期内解决，因此这条路的可取性不高。

（2）进行员工流动，使员工流动到与个人目标比较一致的新单位去。如果不进行员工流动，企业会认为员工不尽力，员工会感觉到企业不容人，这时员工就应该尽快实现流动，否则，对员工和企业都没有好处。当个人能够流动到一个个人的努力方向与组织的期望比较一致的企业的时候，员工就会如鱼得水，个人的积极性、创造性得到充分发挥，个人的行为容易受到组织的认同和肯定，从而形成良性循环。

8.1.4 员工流动率的确定

1. 员工流动率的计算方法

员工流动比率为一定时间内员工流动（流入、流出）与员工总数的比率，流动率一般使用某一时间段的流动百分比表示。由于员工流动受多种因素的影响，其计算方法有很多。使用多种方法计算员工流动率，将有利于人力资源管理者从多角度确定员工流动率的合理性。

（1）总流动率。最为常见的员工流动率的指数为总流动率（TTR），计算公式为：

$$TTR = S/N \times 100\%$$

其中，TTR 为总流动率；S 为某一时期内（如一年或一个月）员工流动总数；N 为被研究的企业某一时期在工资册上的员工平均数（可以是一日或一周内工资册上员工的平均数，也可以是某一时期起始时工资册上员工的总数），与这时期末工资册上员工总数之和，再除以2。

这一计算公式主要的缺点在于，它不能反映出员工流动的具体原因。因此，按员工流动的原因将员工流动分为不同的类型是有实际意义的，如将员工流动分为自愿流动、非自愿流动（由于某些原因而被解雇、辞退、死亡等）。计算员工流动率可将分母保持不变，分子则根据流动原因的不同有所改变。按照流动原因及类型计算的流动率，通常有如下几种：

①员工流出比率：VQR（voluntary quit rate，VQR）表示自愿辞职率，其计算公式如下：

$$VQR = Q/N \times 100\%$$

其中，Q 为某一时期内自愿辞职者的数量；N 为在所研究的某一时期内工资册上的员工平均数。

DR（discharge for cause rate，DR）表示由于某种原因（如玩忽职守等）导致的解雇率，其计算公式如下：

$$DR = D/N \times 100\%$$

其中，D 为被解雇者的数量；N 为在所研究的某一时期内工资册上的员工平均数。

LR（layoff rate，LR）表示辞退率，其计算公式如下：

$$LR = L/N \times 100\%$$

其中，L 为永久性辞退者的数量；N 为在所研究的某一时期内工资册上的雇员平均数。

②新进率。员工的新进率是由新进人员的数量除以在册平均人数然后再乘以 100%。

公式：新进人数 = 新进人数/在册平均人数 × 100%

新进人员是指录用进入试用期或已完成试用期转正的员工。

③净流动率。补充人数除以在册平均人数就是净流动率。

公式是：净流动率 = 补充人数/在册平均人数 × 100%

补充人数是指补充离职人员所新招的人数。

（2）员工留存率及损耗率。由于统计资料含义的模糊，总流动率有时无法计算或计算的结果很难令人满意。正如一些学者所指出的，百分之百的员工年流动率给人的直观印象可以是一年中总员工都流动了一次，或者有一半的员工一年中流动了两次，或者 1/4 的员工一年中流动了四次等，究竟是哪一种情形却无从辨别。再者，不同时期内员工流动的原因不同，各种流动率在不同时期的特点也不一样，在计算不同种类的流动率时很难把握这一问题。

为了克服员工流动率计算的这些缺陷，企业应该用员工留存率及损耗率对各类流动作跟踪研究，作为对流动率的补充。

CWR（cohoet wastage rate，CWR）表示同批员工损失率，其计算公式如下：

$$CWR = Li/N \times 100\%$$

其中，Li 为在 i 服务期内，某批员工的流动数量；N 为初始时该批员工数量。

SR（survival rate，SR）表示员工留存率，其计算公式如下：SR = Si/N × 100%

其中，Si 为在 i 服务期内某批留下的员工数量；N 为初始时该批员工数量。

员工留存率 = 1 − 累计员工损失率

2. 确定合理的员工流动率应把握的准则

（1）合理的员工流动率应有利于员工满意程度的提高和增加员工投入感。如果组织内部向上的提升变得更快速的话，员工对其职业生涯发展的满意程度会增加。平级的调动似乎也能产生相似的效果。

（2）合理的员工流动率应有利于提高员工的能力。在流动率和员工能力发展之间可能存在着一条曲线。缓慢的员工内部流动（平级或垂直流动）可能产生的结果是员工获得发展技能和能力的机会太少，他们成为通才的机会也太少。另一方面，快速增长的组织会带来非常迅速的员工内部流动，这样可能产生的结果是员工个人获得了比较快的晋升，但是他们的技能和能力并没有获得相应的增长，这样就可能是个人的失败（非常著名的彼得原理）和由此产生的组织投资的损失。

彼得原理

管理学家劳伦斯·彼得（Laurence J. Peter），1917 年生于加拿大的范库弗，1957 年获美国华盛顿州立大学学士学位，6 年后获得该校教育哲学博士学位，他阅历丰富，博学多才，著述颇丰，他的名字还被收入了《美国名人榜》、《美国科学界名人录》和《国际名人传记辞典》等辞书中。

彼得原理（The Peter Principle）正是彼得根据千百个有关组织中不能胜任的失败实例的分析而归纳出来的。其具体内容是："在一个等级制度中，每个职工趋向于上升到他所不能胜任的地位"。彼得指出，每一个职工由于在原有职位上工作成绩表现好（胜任），就将被提升到更高一级职位；其后，如果继续胜任则将进一步被提升，直至到达他所不能胜任的职位。由此导出的彼得推论是，"每一个职位最终都将被一个不能胜任其工作的职工所占据。层级组织的工作任务多半是由尚未达到不胜任阶层的员工完成的。"每一个职工最终都将达到彼得高地，在该处他的提升商数（PQ）为零。至于如何加速提升到这个高地，有两种方法。其一，是上面的"拉动"，即依靠裙带关系和熟人等从上面拉；其二，是自我的"推动"，即自我训练和进步等，而前者是被普遍采用的。

资料来源：http://baike. baidu. com/view/39071. html。

（3）合理的员工流动率应有利于促进员工的工作动力。在同一个职位工作时间过长，就会使一个人对精通了的这项工作逐步丧失动力，因为工作对他已不具备挑战性。另一方面，如果员工在某一职位工作时间较短，对某项工作还不够熟悉，不但会使员工发展的必要基础技能和能力，还会妨碍个人能力的发展和持续发展的愿望。

（4）合理的员工流动率应在把握组织效率的基础上兼顾公平性和一致性。缓慢地上升会使员工对组织中决策过程的公平性产生怀疑。而高的速率可能如此紧迫，以致家庭质量受损，尤其是家庭中的关系。在高速成长的高科技企业，员工个人的压力和较高的离婚率并非罕见。

实际上，确定员工流动率还应该在遵照上述四项原则的基础上充分考虑成本的因素。一名员工在职时间不长的话，他的效率比较低，员工的培训和调动成本比较高；而老员工又存在动力不足的问题。因此，在制定流动政策时应该有成本观念。总之，不论是过高的流动率还是过低的流动率都不利于企业的效率提高。

8.2 员工流入、内部流动

8.2.1 员工的流入管理

员工流入工作是由征召、筛选和录用过程构成的，也就是前面所讲的员工招聘。而在这里，我们需要了解的是，从员工流动管理的角度企业将应该如何看待员工流入。

现在的企业越来越多地认识到，确定正确的员工流入管理理念对于塑造企业文化和实现企业战略目标是非常重要的。企业要想搞好员工招聘工作，就必须学会站到高于传统招聘的角度来看待员工的流入问题，形成正确指导员工流入管理的思想和理念。从这个角度上看，企业在做员工流动管理工作时就应该充分认识到下面几点：

（1）将企业文化作为招聘的标准。与企业文化不能够融合的员工，即使是有能力和技能的人也是会对企业的发展不利的。因此，企业就应该通过对企业内部文化的理解，确定在企业特定的文化中要获得成功需要具备的特征。列举出这些特征，在招聘时将它们作为招聘的标准。

（2）建立流畅的招聘工作流程。如果招聘不是按照一个很有条理的程序进行，或者招聘流程本身有不协调的地方，招聘就会丢失好的应聘者，招聘完成后还会形成较高的员工流失率。招聘工作不一定是复杂的过程，但必须有很明确的方向，有一致的招聘标准。

（3）考核招聘人员，使之具备相应的知识。在筛选候选人和对招聘进行决策时，相关人员必须了解职务分析、筛选过程以及对招聘过程的管理和时间安排等知识。而实际情况常常是很多高层管理人员对招聘过程比较陌生，他们又必须在招聘过程中扮演重要的角色，因此，花费时间让每一个涉及招聘过程的人对这一重要过程有所了解是必要的。

（4）关注招聘成本。对于替补一个离开组织的员工，哪怕是最普通的员工，只要是认真计算，所花费的成本都是很令人吃惊的。在计算过招聘和员工流失成本之后，可以使人们意识到进行招聘必须要仔细。招聘成本一方面反映在招聘本身的直接和间接成本上，另一方面反映在替补流失员工的成本上。

（5）持续关心征召渠道。企业应该不断地寻找新的征召渠道，跳出传统的渠道，用敏锐、快速的反应适应市场和企业发展的需要。例如，一些企业在教育机构附近选择办公地点，与大学建立长期的持续的联系，招聘学生假期工作，甚至像微软、摩托罗拉公司一样发展自己的教育机构等措施，来获得人才。

（6）适当考虑应聘者的多面性。在实际招聘过程中，一般都是针对一个特定的职位进行招聘标准的制定。但最后选拔上来的人在企业中从事的并不一定是这个职位。这就提出了一个问题，即应聘者是否应该具有多面性，也就是说他是否需要具备更容易接受新的任务和挑战的能力。

（7）研究竞争对手的招聘技术和招聘战略。在激烈的市场竞争中，企业不仅要在资金市场、产品市场上与竞争对手竞争，在人力资源方面，尤其是人才方面更要竞争。因而，企业应该时刻关注核心竞争对手的招聘技术和招聘战略。通过与曾经在竞争对手的企业中工作过的企业员工交谈，研究竞争对手在专业和行业年会上的发言等方式来学习对手的优点，为己所用。

（8）确立招聘者与应聘者共同的利益关系。因事择人实际上是一个企业和员工建立就业契约的过程。如果当代的人力资源管理的招聘工作仅仅达到了建立"聘任合同"的目的，就不是真正的人力资源管理，而仅仅是传统的人事管理水平。就业契约的目的是使应聘者和企业双方的需求和愿望有机地融合为一个整体。企业要求员工能圆满完成任务，员工要求能充分发挥自己的才能，获得相应的报酬。这就要求人力资源管理部门在招聘过程和其后的人力资源管理活动中，积极消除那些不利于建立良好就业契约的障碍，把企业的要求与员工的要求结合起来，使双方同时感到满意。

（9）树立企业在劳动力市场的良好形象。企业在本地是否建立起很好地对待员工的名声，企业员工在社会中是否是一种成功人士的形象，对于能否吸引到更多的潜在求职者有很大的影响。立体式、全方位、多角度地宣传企业，努力使自己的员工感到在本企业工作是一件值得骄傲的事情，会使流入渠道更加畅通。

8.2.2 员工的内部流动

员工一旦进入组织，他们就可能要在组织内部的流动（调动、岗位轮换、晋升和降职），以适应组织的需要和满足自己的职业抱负。

1. 平级调动

它是员工在组织中的横向流动，在不改变薪酬和职位等级的情况下变换工作。一般说来，这样的流动并不意味员工的晋升和降职，但却与员工的职业生涯发展密切相关。如平调可能是为了使员工获得进一步晋升所需的经验而做的特别安排，也可能是对员工的一种变相的降职处理。

值得注意的是，组织应对调动有明确的管理规定。这样规定应包括：在组织要求调动时，应该给员工多长的时间准备，组织支付调动费用的条件以及支付方式和支付金额；在员工提出调动的情况下，员工应该提前多长时间通知组织，组织应该在什么时间范围内批复员工的调动请求。这样，组织和员工就可以将调动造成的损失降低到最小，并且可以使组织避免由于调动可能带来的法律诉讼。

2. 岗位轮换

岗位轮换是德国克虏伯工厂的一名工人首先提出来的。它是指根据工作要求安排新员工或具有潜力的管理人员在不同的工作部门工作一段时间，时间通常为一到两年，以丰富新员工或管理人员的工作经验。岗位轮换的优点：能丰富员工的工作经历，也能较好地识别员工的长处和短处，还能增强员工对各部门管理工作的了解并增进各部门之间的合作。其不足：由于员工在每一工作岗位上停留的时间较短，因而容易缺乏强烈的岗位意识和高度的责任感；由于员工的水平不高，容易影响整个部门或小组工作效率或工作效果；由于员工的表现还会影响其身边的其他员工，容易在多个部门造成更坏的影响。

企业为提高岗位轮换的有效性应着重注意以下几点：首先，在为新员工安排岗位轮换时，选择与其相适应的工作；其次，岗位轮换时间长短取决于员工的学习能力及学习效果，而不是机械地规定某一时间；最后，岗位轮换所在的部门经理应受过专门的培训，具有较强的沟通、指导和督促能力。

3. 晋升

晋升是指企业员工由于工作业绩出色和组织工作的需要，沿着组织等级由较低职位等级上升至较高等级。对员工来说，晋升是一种成就，使他们具有更高的职业工作地位并承担更重的责任，同时也为他们带来了更高的薪资福利。一般来说，合理的晋升可以对员工起到良好的激励作用，有利于避免员工的流失，尤其是有利于避免企业有价值人才的流失，从而维持企业人力资源的稳定。因为如果晋升渠道不畅通，人才就会外流到其他有畅通渠道的企业。另外，合理晋升制度的制定和执行，可以激励员工为达到明确可靠的晋升目标而不断进取，致力于提高自身能力和素质，改进工作绩效，从而促进企业效益的提高。

尽管晋升有许多的好处，但是晋升也有其不利的一面。这主要是由于不当的晋升常常会成为企业管理层与员工之间矛盾的根源。一方面管理层要满足员工的晋升需要，同时又必须保证被晋升的员工有相当高的效率。另一方面员工渴望能够在晋升决策中参与意见，尤其是对他们的直接上级的选择，因为这些人选直接关系到他们的发展前途。

因此，有效的晋升管理应遵循一下三项原则：一是晋升过程正规、平等和透明；二是晋升选拔注重能力；三是对能力的评价要注重对员工技能、绩效、经验、适应性以及素质等因素的综合考察。

4. 降职

降职是员工在组织中由原有职位向更低职位的移动。这里的更低是指由于这样的调动员工承担的工作责任降低了，收入也相应地降低了。它与晋升正好相反，晋升是在组织的社会阶梯上的向上流动，而降职是在组织的社会阶梯上的向下流动。

降职通常使一个人情绪激动，感到失去了同事的尊敬而处于尴尬、愤怒、失望的状态，生产效率可能会进一步降低。因而在采取降职措施时应该征求本人的意见，努力维护当事人的自尊心，强调当事人对组织的价值，使其保持一种积极的心态。

8.3 员工的流出

从定义上看，它是指一个从企业领取货币性报酬的人中断作为企业成员关系的过程。从流出的形式看，员工的流出有改变工作单位而不改变职业的流动，有跨行业的流动。再从员工流出企业的意愿来看，又有自然流出、自愿流出和非自愿流出之分。本节将按照流动者意愿的划分标准来讨论企业员工流动过程的管理问题。

8.3.1 员工的自然流出

员工的自然流出可能是由于员工伤残、死亡和年老等原因造成的。伤残和死亡属于自然或意外因素所致，其影响因素具有偶然性，因而无须赘述。这里只介绍自然流出的一种主要形式——退休。

退休是指员工在达到一定的年龄并为组织服务了一定的年限的基础上，根据企业以及当地政府的一些规定享有退休金的一种自然流出方式。退休对于员工来说是工作生活经历的一件重要的事情。一方面，退休意味着他们已经达到了其职业生涯的顶点。另一方面，退休又常常会变成一种痛苦，尤其是对那些对工作有需要的人，无所事事似乎是更难接受的生活状态。退休者面对"没有生产率"的生活会感觉失去了组织的归属感，丧失自我价值。因而如何从心理上、生理上和生活上克服这种消极状态已经成为退休者面临的最重要的任务。

在最近美国进行的一项调查显示，大约30%的企业已经制订了正式的退休准备计划，最常见的退休计划的基本做法包括：说明各项社会保障福利、休闲咨询、财务与投资咨询、健康咨询、生活安排、心理咨询、公司外第二职业咨询、公司内第二职业咨询等。另外，企业允许退休的员工进行兼职工作也成为一种趋势，以此作为正式退休的一种变通方法，在员工的职业生涯管理中可以予以考虑。

8.3.2　非自然流出

顾名思义，非自愿流出就是由于各种原因，由企业一方先提出让员工离开，而并非员工自己主动提出流出企业的情况。非自愿流出包括解雇和人员精简、提前退休。

1. 解雇

尽管企业通过人力资源规划对企业人力资源的现状和未来进行了尽可能详尽地了解和预测，通过人员招聘与甄选对员工的素质进行了大量的鉴别工作，并在后来的工作过程中通过绩效评价和培训与开发等活动对改进员工的技能、素质以及绩效进行了大量的努力，但还是会由于市场变化的偶然性或者一些员工无法达到要求的绩效水平而需要进行裁员，也就是解雇一些员工。所谓解雇就是依照法律规定的条件，解除与组织员工劳动合同关系的行为。实质上，解雇是对企业员工的一种惩罚，是员工的非自愿流出，因而是一件非常困难的事情，并可能带来经济甚至人身上的危险。企业在进行解雇管理时要格外小心，遵循一定的原则和规定，以尽量避免不良后果的发生。首先要遵守公平原则；其次要建立必要的制度，规范解聘员工的工作和行为；最后一旦员工被解聘，企业尽可能地提供一些再就业的咨询，等等，以此来减轻因解聘员工带来的不良后果。

📋 **小案例**

裁员伊始，恐吓迭出……

杨武，男，38 岁某制造业工厂人事主管。

出口销量屡屡下挫、厂里的日子一天不如一天，无奈之下，领导班子决定停止生产两项销量差的过气产品，裁减掉这些流水线上的员工们。决议一出，杨武所在的人事部门就开始不分昼夜地忙碌，为了实现"软着陆"，事前并无大规模裁员经验的人事部决定先实施"曲线裁员"，给这两条线上的一百多名工人先停产，低薪休假，等他们给出了具体裁员方案后再彻底实施。

　　"本以为增添了低薪休假这环就万无一失，没想到却出了大岔子。"一大早，杨武匆匆赶到厂里，看到一位老伯身背炸药包，坐在关闭的生产线门口喃喃自语：你们别逼我，再逼我就炸了你们……围观的工人们挤得水泄不通，"老伯五十出头，年轻时也是厂里的技术能手，得过不少荣誉，但是，除了那条被裁减的产品线上的技能，他其余的也没法做了，所以他也在被裁之列。"杨武叹息道，老伯所会的技能出了厂子确实难以再就业，又这把年纪了，家里上有老年痴呆的母亲，下有因车祸瘫痪无法成家的儿子，一家人就靠老伯一个人的收入，"按说是应该对他照顾照顾的，但是这次裁员是按照生产线统一裁减的，不能搞特殊啊！"杨武很无奈。

　　一边疏散员工，一边准备好好和老伯谈谈时，耳边却响起了"咔嚓咔嚓"的快门声——市里各路记者闻讯赶到了，尴尬的厂领导回头瞪了杨武一眼，仿佛在说："裁几个人都处理不好，你怎么做的人事？"杨武的头"嗡"的就大了……

专家把脉：裁员前充分准备

　　专业的 HR 在执行每次裁员计划之前，都必须做足"功课"，不仅包括考核具体的裁员对象、制定相应离职待遇，还需要提前了解被裁团体中那些情绪不稳定的"危险人物"，要防止"个人极端事件"变成一个"群体突发事件"，使得个人或者集体的利益或者名誉受损，甚至影响企业在员工中的信任感。对这类"危险人物"，必须一对一地进行裁员面谈，要在与对方面谈时将出现的一切情绪和应激反应做一个预估，做好相关的处理准备。

　　资料来源：http：//www.chinahrd.net。

2. 人员精简

　　人员精简是一个包括人事裁减、招聘冻结、组织重组和兼并的术语，是企业为降低成本而采取的一系列行为。通常，人员精简主要是裁减企业的劳动规模。

3. 提前退休

　　提前退休是指员工在没有达到国家或企业规定的年龄或服务期限之前就退休。提前退休常常是由企业提出来的，以提高企业的运营效率。一般提前退休会使提前退休者的退休金根据提前时间的长短而逐年减少。这是当今许多企业在面临市场激烈的竞争时，使自身重现活力而采取的用于管理流出的一种很流行的选择。

　　对组织而言，提前退休可以在企业面临大量裁员抉择时缓解裁员压力，并且提前退休可以为年轻员工的晋升打开通道。但是，对于这种做法也有一些反对意见：一些学者认为，提前退休是对传统退休制度的破坏，它剥夺了国民工作权利和自由意志，退休年龄的特别提前使大量有用的劳动力脱离劳动力市场，不但浪费了大量有用的人力，而且使国家经济遭受损失。在人的寿命普遍增加的当今，一个员工身强力壮、学识积累日益增长的时候，被强迫退休无疑是"化有用者为无用者"，增加政府的负担。

在员工流出中还有一种形式就是自愿流出。对于企业来说，

> **📖 小思考**
>
> 合理的员工流动会给企业带来什么样的好处？
>
> 合理的员工流动带来的好处应体现在以下几个方面：
>
> （1）合理的员工流动应有利于员工满意程度的提高和员工投入感的增强。
>
> （2）合理的员工流动应有利于提高员工的能力。
>
> （3）合理的员工流动应成为促进员工发展和提高的动力。
>
> （4）合理的员工流动应在把握组织效率的基础上兼顾公平性和一致性。

企业员工的自愿流出是一种损失，因此它又被称为企业员工的流失。这将在下一节中做具体介绍。

8.4　员工流失

8.4.1　员工流失的内涵、种类以及流失员工的特点

1. 员工流失的内涵和种类

员工的自愿流出是员工个人动机或行为的具体表现，这种流出方式对于企业来讲是被动的。作为企业愿意看到的自愿流出，当然对员工和企业是一种双赢，没有必要再多述。本书只讨论企业不希望出现的员工流出，这样的流出往往给企业带来特殊的损失，因而又称之为员工流失。

按照员工与企业之间的隶属关系来划分，一种流失是员工与企业彻底脱离工资关系或者说员工与企业脱离任何法律承认的契约关系的过程，如辞职、自动离职；另一种流失是指员工虽然未与企业解除契约关系，但客观上已经构成离开企业的事实的行为过程，如主动型在职失业。主动型在职失业是指员工个人在保持在职的条件下对失业不太在意的一种情况。主动在职失业这种做法在国有企业员工中出现的较多，这些员工一般都在积极从事着第二职业，并不在意失去这份工作带来的收入减少。

2. 流失员工的特点

（1）流失的员工多是一些已经或将来能够为企业带来竞争优势的企业人才。从总体上看，他们往往能够创造、发展企业的核心技术，建立和推动企业的技术和管理升级，扩大企业的市场占有率和提高企业的经济效益，并且他们是一群务实、积极和具有献身精神的员工。

（2）流失的员工的工作更多的是依赖知识而不是外在条件或工具。他们能够在各种复杂多变和不完全确定的环境下，进行创造性的工作。

（3）流失的员工会使企业面临巨大的损失。员工的流失可能意味着大量行业信息和科技成果的流失，或者一个产品、许多用户、甚至一片市场被带走。又或者使原来的生产和研发计划不能实施、商业秘密的泄露、其他员工积极性的挫败等。每项的发生都会为企业带来无法估量的损失。

（4）流失的员工是市场争夺的对象。随着国外企业的涌入，对人才的争夺愈加激烈，这些掌握一定资源的员工为了能够充分利用自身的优势而加快了流动的步伐。一旦发现当前的环境不再适合自己的发展或待遇不公就会另谋高就。

📑 **小案例**

薪酬成为离职最大门槛

张灵是北京一家 IT 公司的人力资源部经理，最近她时常被老板叫过去谈话，原因是公司员工流动性过高。众所周知，IT 公司的员工流动性本身就很高，IT 员工也非常好找工作，另外，由于公司本身的稳定性不强，更加剧了员工离职率的上升。

经过思考，张灵决定对本公司员工离职原因进行分析，通过分析来解决员工离职问题，同时进一步完善企业的人力资源管理系统。

员工离职的主要原因到底是什么？中国人力资源开发网近期的一项网络调查显示，参加调查的 1181 位 HR 中，有 42.23% 的人认为员工因不满薪酬待遇而离职，有 24.59% 的认为员工是因缺乏发展上升空间而离职。

有 42.23% 的 HR 认为本公司员工离职最主要的原因是不满公司薪酬待遇。每个人都说兴趣最重要，这个观点没有错，但是如果在福利待遇上没有一定的保障，自身生活都无法正常进行下去，说再多的理论都不实际。也许，物质并不能说明人生的价值，但是，在这个物欲横流的新时代里，物价不断上升，买房成了中国老百姓目前一道无法跨越的坎。

资料来源：http://www.chinahrd.net。

8.4.2　员工流失因素分析

员工的流失是由多种因素综合产生的结果，一般可以分为外部宏观因素、企业因素和个人因素三种。只强调其中的任何一种因素都会导致对员工流失偏颇的了解。因此，这里我们将从这三个方面来分析员工流失的原因：

1. 宏观因素

由于通讯和信息交流越来越便利，同一行业的其他企业和其他行业的相同或不相同的职位的信息，通过报纸、广播、电子信箱、互联网和各种各样的招聘广告唾手可得。员工对和自己做同样工作的人的收入、工作条件、职业生涯机会的认识更容易了。因此，也就有了更多的比较。比较的结果就可能产生对现实的不满，而不满的后果就可能是离开自己所服务的企业。因此科技的发展使得人员的流动变得更频繁和便利。

2. 企业因素

（1）工资水平。可以说工资水平是决定员工流失的所有因素中最重要的影响因素。工资的稳定增长有助于稳定员工，但是有时工资的下降也会在一定意义上稳定员工队伍，如在比较特殊的时期发生的工资的轻微下滑，往往被员工认为是经济周期的萧条阶段到来的标志，从而会使员工完成从追求较为满意的工资待遇向期望稳定工作的重大转变。

大多数的自愿流出者是为了谋求比原来薪水更高的新工作，但对工资水平的研究不能仅停留在总量上，这不能揭示企业中可能存在的工资分配上的不公平性。因而要看到工资和员工投入之间的关系，以确定工资水平是否公平。

（2）职位的工作内容。职位设计已经不容忽视，较好的职位设计可以给员工更大的工作满足感。这包括工作任务的多样性、挑战性、工作时间的灵活性、职位的自主权和责任等。

（3）企业管理模式。普莱斯研究发现，如果员工愿意参与企业的决策活动，并且愿意参加到企业的群体中去获得信息，那么企业的集权化程度越高就会导致员工流失水平越高；企业内成员之间的相互融合程度及信息交流的畅通程度越高，则可能存在较低的员工流失水平。

（4）企业对员工流失的态度。一个企业可以把自己企业中员工划分为两种：一种是可以被储备起来的员工，或者说应该被储备起来的员工；另一种是可以流动的员工。那种充分利用被储备的员工进行经营活动的企业则可以被称为"储备型经营企业"；而那些利用员工流动进行经营的企业则可以被称为"流动型经营企业"。在后一种企业中，企业所需要的员工大多数是由短期劳动力市场提供的，以对员工采用"租赁经营"的形式来雇用，流动率是相当高的。

3. 与工作相关的个人因素

（1）职位满足程度。满足是由个人期望与现实实际提供之间的差距程度决定的。包括个人在价值观上的差异和个人对企业因素的感觉。在职位满足程度和员工流动之间存在着负相关关系，员工的不满足将会构成退出的动机。但值得注意的是，许多研究显示职位满足与员工流动的负相关系数不超过0.4，这表明单独用整体的职位满足感不能说明问题，员工对职位的满足还需更细致地划分，充分考虑员工对工资的满足、对晋升的满足、对职位内容的满足、对工作中的合作者的满足、对上司的满足和对工作条件的满足六个相关的因素。此外，仅仅考虑与职位相关的满足还是不够的，还应该看到员工感觉到的企业外的职位机会。

（2）职业生涯抱负和预期。员工对某一职位能否实现自己的职业生涯抱负也影响着他的退出决策或行为。例如，一个部门总经理现在对其职位的工资、上司、同事和晋升机会都很满意，但是现在的职位却不能实现他的梦想——高层主管，因此他也许流出企业。相反，一个接受了管理培训的人，也许对这一职位所能够提供的工作安排、工作内容等都不满意，但是，由于他看到了更长远的改善机会和将来职业生涯机会，而没有选择流出。

（3）对企业的效忠。对企业的效忠是指员工对一个特殊的企业的参与和认同的程度。员工对企业的效忠至少有三个特征：①很坚定地相信并接受企业的价值和目标；②自觉地为了企业的利益而付出努力；③具有着强烈保持员工身份的愿望。它与员工流失之间存在着正相关关系。

（4）压力。美国学者舒勒在他著名的关于工作压力的文章中把压力定义为一种动态的条件。在这种条件下，个人面临着一种机会、一种限制或者一种要求，他必须进行他希望进行的工作，但是他不知道进行这一工作或解决这一问题的方法，而他又知道这无论如何都将导致重要的结果。工作压力可以产生积极的影响，也可以导致消极的后果。也就是说，压力可能带来员工的流失，企业可通过这方面来把握员工的行为。

（5）对寻找其他职位的预期。不同的员工对于企业外面的机会的感觉是不同的，有的员工能够比较充分地获得各种各样的信息，有的员工则缺乏这方面的才能。员工对寻找其他职位机会的预期会直接影响他寻找这些职位的愿望，企业可以在这方面来控制和管理员工，有意识地对他们施加影响。

（6）员工所属的劳动力市场。如果一个人的工作属于全国性的劳动力市场，那么他就可能在比较远的地方寻找工作机会。通过全国性的报纸职业广告、各地招聘会、就业机构等途径都可能使员工离开工作岗位。如果一个人属于地方性劳动力市场，他就很难在其他地区寻找到更好的工作。

应该说明的是，上述这些因素并不能显示某个具体员工是否可能流出和为什么流出，而是在说明它们在总量上存在着这样的关系，只可以运用于把企业看作一个整体的分析上，针对每一个员工这样的推断是不可取的。

8.4.3 对员工流失的管理和控制①

由于有效地控制员工流失涉及企业人力资源管理的每一个环节，要减少员工流失，实际上需要从其中每一个环节进行有效的管理。员工流失是企业人力资源管理质量的最直接反映。企业发生高流失率是员工不满的客观反映，是企业缺乏稳定性的表现。由于这个问题的复杂性与多样性，并没有什么实质性的解决方法，在这里只能简单介绍有关控制员工流失的方式及原则以供参考。

1. 管理和控制员工流失的方式

（1）对员工流动进行立法管理。立法管理就是利用政府制订的相关法律法规对员工流动进行有效的调控。市场经济是法律的经济，劳动法、合同法、经济法等一系列法律法规的建立以及进一步完善，使得企业可以借助法律来保护和规范自己，使不合理的流动受到强制性约束。

（2）对员工流失的规章管理。要减少员工的流动倾向，除了要为员工的发展创造良好的环境，不断增加自身的吸引力外，还必须采取一定的措施加强对员工流动的规章制度管理。制定的规章可以包括：企业要与员工签订劳动用工合同，在合同期内企业不能无故辞退员工，员工也不能擅自离开企业，一方违约必须向另一方交纳违约赔偿金；员工离开企业必须向企业交纳教育培训费。企业对员工的教育培训进行投入——产出分析，据此计算出由此给企业带来的损失；员工离开企业不再享受企业为员工提供的福利和待遇等。

（3）建立完善的人力资源管理体系。如果说法律和规章制度是员工流失管理的硬环境，那么良好的人力资源管理体系就是员工流失管理的软环境。良好的人力资源管理体系是企业在人本主义思想的指导下，通过对招聘、筛选、在融入管理、职位内容、薪酬福利支付、职业生涯管理，还有企业文化建设等诸多方面的努力和不断地探索修改逐步形成的。想要控制员工的流失首先需要对企业的人力资源管理的各个环节进行仔细的诊断，然后找出自己管理中存在的相关问题，从而判断员工流失的原因和后果，以采取相应的措施。

2. 管理和控制员工流失的原则

（1）差别性控制原则。在企业对于不断高涨的员工流失率感到有控制必

① 林忠，金延平.人力资源管理（第三版）[M].大连：东北财经大学出版社，2012.

要的时候，常常可能采取实行无差别政策。这是由于企业对员工流失的原因和影响缺乏充分或正确的了解和掌握，因而对员工流失采取不恰当的、无效的甚至是可能产生负效应的政策和决定。如企业为了减少员工的流失而采取对全体员工加薪，采取"隔离"管理人员之间关系的密切程度或盲目规定一定比例的员工更替率等不切实际的一刀切政策。这些无差别政策一方面会严重抑制了高效劳动者的积极性，使他们感到企业对他们的不公平而可能决定流出；另一方面还会使企业各项工作缺乏灵活性，造成为了保持一定比例的流失率而对本该解雇的员工采取迁就的态度，或者为了实现某流出率，把本来工作很有成效的员工解雇的现象。差别性控制原则就是，从根本上找出问题的缘由，对症下药，才能避免上述现象的发生和建立正常的秩序。

（2）效率原则。效率主要取决于边际生产率（每增加一个单位资源的投入所带来的产出的增量）。当企业的劳动生产率降低时，企业人员应该流出去，当企业的劳动生产率增大时，企业人员应该流入。另一方面的效率是指员工流动过程中的效率。员工应该尽量减少在流动环节中的停留，不要被阻滞或积压在流动过程中，也就是说流动应该高速，争取在最短的时间内流动到位，这样对员工个人、对企业、对社会来说都有好处。

（3）适度原则。适度的员工流动是保持企业员工系统新陈代谢、提高系统功能的重要方式。过高的员工流失率不仅会增加企业的培训与开发费用，而且干扰生产的进度和秩序，严重时影响员工的士气和情绪，不同的企业对什么是适度的员工流失率会有不同的答案。因此各个企业应根据自己的具体情况确定适度的流失率的阈值。企业应该以此水平为警戒线，设置预警系统，一旦企业的员工流动率超过了该阈值水平，企业就应该及时采取措施进行诊断和处理。

（4）保密原则。在激烈竞争的市场中，每个企业都有自己的产品优势、技术优势和市场优势，在生产工艺、技术、原料配方、设备、工艺装备、操作规程、检验方法、物耗、产值产量、成本利润、资金势力、发展规划等多方面都存在自己的机密。企业的高层人员、关键岗位的员工往往掌握着许多相关的机密，这些员工的流失，常常意味着企业机密有泄露的危险。这对处于市场竞争中的企业来说是一种巨大的损失。尤其是有的时候，企业的竞争对手正式处于恶意而利用"猎头公司"挖走企业的技术人才或管理人才，通过让对手的技术骨干流失来使对手不能继续技术开发或者丧失市场，严重的时候，甚至会危害到企业的生存。我国改革开放以来，由于员工流失而带来的技术泄密案件越来越多，涉及的案值也越来越大。因此，企业必须加强这方面的保密意识，并采取切实的措施。一方面，企业对于能够接触到企业机密的人员应该视机密效益期的长短在当事人流失前设置必要的隔离期，即在这些员工流出企业的一定时间内禁止从事与可能泄露企业机密相关的各种活动。另一方面，企业应该加强员工的内部流动，以减少员工接触机密的机会。企业还必须防止员工借企业的名义进行个人活动。

小资料

　　人才的流失，是一笔"昂贵"资源的损失。如果不幸人才又投奔到"敌营"（竞争对手）去效劳，奉献所长，然后回过头来挖"东家"的银根，那就真的"赔了夫人又折兵"。所以，员工离职之后，原企业应继续与离职员工保持友谊，把离职员工看待为我们企业外部的一颗"活棋"。

　　学校历届毕业生都有"校友会"的组织。企业对于"离职生"也可创立"厂友会"，利用设立"离职员工网站"，与"离职生"经常保持沟通的管道，将一些最新企业"欣欣向荣"的业务成长实绩、未来发展计划、专利产品取得成果，与这些早年离职的"叛徒"分享；或每年定期邀请他们参加企业大型的庆祝活动（例如，周年庆、游园会、运动会、聚餐，等等）。这种坚持与离职员工"终生交往"的做法，就是企业在社会上的"活广告"。一旦这样的"离职服务"感动他们，这些离职员工可能会推荐优秀人才来给"母公司"所用，也不至于故意来"点名挖角"，一举多得，何乐不为。

　　Bain & Co 国际顾问公司执行董事汤姆·蒂尔尼曾说："人员流失并非坏事。我们吸引了最优秀和最聪明的人，而这些人往往是最难留住的。我们的工作是创造有价值的事业，使他们多停留一天、一个月或一年。但如果你认为你能永远困住人才，那却是愚蠢的。你应该在他们离职之后，继续与他们保持联系，把他们变成拥护者、客户或者商业伙伴"。

　　资料来源：http://www.chinahrd.net。

8.5　员工流动的战略性管理

　　组织中员工流入、内部流动和流出的模式影响着每一个员工的就业稳定性和他们的职业发展，也影响着员工的能力水平和综合才能，影响着作为一个社会的福利。因而在决定组织的流动模式时，应该将员工、组织和社会三者都考虑进去，从这种意义上说，我们说人力资源流动是一个战略性管理的领域。

8.5.1　员工流动战略管理模式①

在一个组织中，可能存在三种基本的人力资源流动模式，第四种是前三种的混合。这些模式中的每一种对员工的福利、组织的有效性以及组织在社会中的角色都有不同的影响。四种流动模式类型分别是：

1. 终身雇用模式

在这种流动模式中，员工从组织的底层进入组织，之后他将不再流出组织，整个职业生涯都将和该组织联系在一起。对不同的员工群体，底层的定义是不同的。蓝领员工进入组织中最下层的职位，而 MBA 毕业生被雇用则是直接进入空缺职位。没有人会因为经济周期的原因而被解雇，但是可能会因为其绩效不佳而被要求离开，这就要依组织的不同而不同，也会因国家的不同而不同。日本的一些大公司在使用这种制度时，一般不会因为员工绩效不佳而被解雇，而是被安置到相对不重要的职位上去。在惠普、IBM 和其他一些高科技公司也有终生雇用制，但是其绩效不佳的员工就会在分别处理的基础上被解雇。在欧洲，由于在法律规定下的解雇成本已经高到公司无法接受，尤其是解雇年老的员工，使得公司被迫在这种模式下运营。

2. 或上或出模式

在这种模式中，员工从公司的底层进入公司，按预定的轨道在组织中晋升，直到他们达到上层，此时他们会被给予组织的完全合伙人的地位，通常这有一定的时效。如果在此上升道路的任何级别上不能被提升，或者不能到达最高级别，通常意味着此人必须离开。该体系在其底层有较高的离职率，在上层则相对稳定。发达国家许多大的会计师公司、法律公司、管理咨询公司以及大学企业是该类型的例子。

3. 不稳定的进出模式

在这种模式中，员工可能会在组织中的任何一个层次进入，这依赖于组织的需要。并且，在其职业生涯中，因为经济周期、绩效不佳或是与新的管理层不配合等原因，可能在任何层次和时间被要求离开。有时，雇用合同在一定期限内有效，以保证员工在这段时间内有一定的稳定性。虽然这种类型的体系不限制在某一产业中，但是它还是多见于业绩被认为是个人的函数（而非群体的），以及高度可变（通常由个人不能控制的外部原因引起）的产业中。如娱乐业（体育队伍和网络电视）和零售组织。在这种流动模式中，组织经济的不好会容易引发解雇，而较好的经济又会带来雇用。

---

① 林忠，金延平．人力资源管理（第三版）[M]．大连：东北财经大学出版社，2012.

4. 综合模式

只有很少的组织是完全依照上述模式之一的，而是将它们结合起来运用。如日本的大公司只对其核心的员工实施终身雇用模式，而对临时工和妇女采用进出模式。有的公司对最高管理层采用终身雇用制，对中层和低层的管理人员则采用进出模式。

在许多情况下，组织对模式的选择与其说反映了一系列相关联的管理层的态度和价值观，不如说反映了组织在其中运营的经济环境。如果对公司产品的需求正遭受严重的经济波动的影响，公司就更可能采用进出的流动模式，当恶劣的经济条件弥漫开时，就解雇其员工。反之，在快速增长的产业中，公司可能采取终身雇用模式，这只是因为它从来没有面对过严重的经济滑坡。如果劳动力市场就公司所需的技能有充足的供应，进出的模式就会被发展出来，因为该模式允许公司相对便宜地更新其员工。流动模式也可能由公司创立者的哲学所塑造。比如詹姆斯·林肯相信员工不应该由于管理层的错误而经受苦难，他的这种信念导致他在林肯电气中采纳了众所周知的终身雇用模式。

8.5.2 流动模式选择的战略影响

工作中的一些具体因素塑造着有关雇用、晋升和解雇员工的一连串管理决策，同时也在塑造着企业经营的理念。随着时间的推移，一个人力资源流动模式就被组织化地固定下来。为了让企业在选择人力资源流动模式时更有战略性，企业总经理应该在其人力资源专家的支持下仔细地衡量这些决策对广泛的关键的战略后果的影响，这包括员工的忠诚和能力、组织的适应性和组织文化的影响以及对组织在其中生存的社会关系的影响。

1. 对员工忠诚的影响

每一次组织对员工的解雇都塑造着在职员工对组织忠诚度的改变。那些知道自己在经济衰退时会被随时解雇，与那些知道自己直到退休都会有工作的员工对自己和组织的关系的看法，是很不相同的。具有不安全感的员工可能对自己和组织的关系斤斤计较，只有当其职业生涯的需求被迅速地满足时才决定留下来。而相信自己直到退休都和组织在一起的员工则可能在与组织的关系上有一种更长远的目光。在其职业抱负中，他们可能愿意接受较慢的提升或是临时的降级，而不降低其忠诚程度。人员流动采用或上或出模式的企业在从较年轻的、正寻求提升的员工那里获得高水平的激励上是很成功的。在个人和组织之间，不同的流动模式创造出了非常不同的"心理契约"。

当然，并不是流动模式本身就可以创造出员工对组织的高度忠诚。一些流动模式（尤其是不稳定的进出模式和或上或出模式）使员工难以对组织长期忠诚，即使员工对工作、工资和工作条件都感到满意，如果他们感觉不到在本企业就业的稳定性，他们也不会轻易表现出对组织的忠诚。终身雇用制为创造忠诚提供了一个基础，当然除此之外，管理层还必须能在报酬、工作条件和绩效评估等多方面开发出有效的政策以提高员工的忠诚度。

2. 对员工能力的影响

组织流动模式影响着经理如何考虑管理的一般任务。不稳定的进出模式使管理者强调对员工的选择而非强调对员工的开发。如果在雇用和解雇上并没有限制和值得注意的成本，经理们就会在选择上更仔细，并且在开发上投资更大。这种开发不但能增加员工的能力，还能改变员工和组织之间的关系。想让自己有发展机会的员工通常会对组织有更强的忠诚感。

3. 对组织适应性的影响

流动模式也会影响组织的适应能力。定期的劳动力削减迫使组织解雇那些效率低下者，使新一代员工有机会重塑组织，这是管理变化的一种方法。在采用不稳定的进出流动模式的组织中员工可能会更富有多样性，而多样性一般来说是有利于创新的。由于新来的员工还未被组织同化，他们能够用新的方式来看待老问题，并提出不同的解决方案。这使许多人认为，日本企业没有美国企业那么有创新性，就是因为他们采用的是终身雇用制。但是我们应该看到，如果这些企业系统地招聘具备不同背景和特质的人才的话，多样性也是可以在终身雇用制的企业中建立起来的。另外，进出模式和或上或出模式也能受到适应性的影响，因为从低层快速晋升上来的人往往没有权力或关系网来发动一个大的变革，又或是冒不起这么大的风险。

4. 对文化的影响

每一个组织都有自己的文化，即一系列指导员工行为的共享信念和价值观。然而，不同组织的文化影响力是有差异的。

文化的力量要受到流动模式的影响。因为流动模式决定着员工和组织在一起的时间，从而决定着学习和传播一系列企业信念的可能性。如在不稳定的进出模式中，人员流出率很高，以致员工未被充分地同化就已经离开组织，而且在这样的组织中也没有足够多的长期员工来传播文化。而在终身雇用制的组织中，发展强有力的文化相对就会容易一些。因为员工更有可能认同组织，并且希望被同化。稳定的高级员工群体也能够帮助新成员被同化。或上或出模式也是可能发展出强有力文化的，只是保持文化的重担要落在相对数量较少的高级员工肩上。

5. 对组织在社会中的角色的影响

不同的流动模式对组织在社会中的角色的认识是不同的。不稳定的进出模式认为员工存在的目的是帮助组织来盈利，而终身雇用制认为，组织存在的目的是提供稳定的就业和保障员工的生活。

上面所述表明，人力资源流动模式能在雇主与员工关系的几个重要方面造成影响。然而，在许多组织中，流动模式是依据当时的形势做出的反应性变动。这就要求组织应该依据基本原理以及它对上述影响因素的后果来仔细审查已有的流动模式，从而创新性地做出有利于组织战略的流动决策。

8.6 实践流程与要点

对员工流动的管理贯穿于企业的日常管理活动中，与人力资源管理的各个模块相互联系、相互渗透。但从本质上来看，人员流动需要与企业的发展战略相匹配，即需要支持企业战略的实施，确保企业战略目标的实现。因此，有必要明确如何基于企业战略对员工流动率进行监控和管理。

基于企业战略的员工流动率管控：

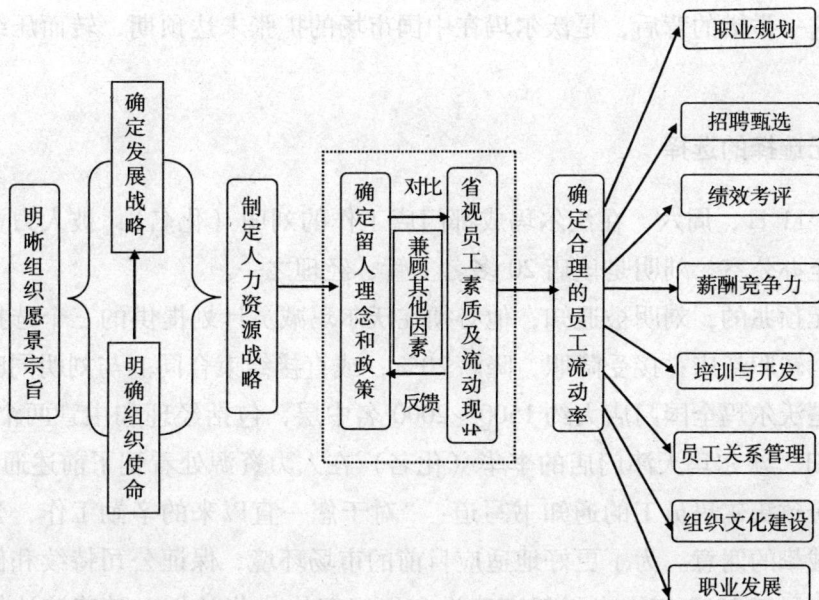

8.7　实操认知与思考

员工是公司的最大财富[①]

"员工是公司最大的财富，公司管理层诚恳地邀请您参与该计划。"一封沃尔玛新鲜出炉的通知书中这样写道。

接到通知的沃尔玛中国门店众多中层，被"诚恳地邀请"参与一项减员计划，而减员对象正是他们自己。

对于他们中的很多人来说，2009 年 4 月 15 日，将是在沃尔玛的最后一个工作日。4 月 14 日晚，在深圳，员工与沃尔玛谈判失败后，一位门店运营经理被告知，工资结算单已被打印出来，15 日会发到他手中。

就记者采访获悉，这个涉及约 1500～2000 名沃尔玛中层的"初步名单"，可能仅是大减员的开端，后续减员或将涉及近万员工。

而这一举措的背后，是沃尔玛在中国市场的扩张未达预期，转而压缩人力成本。

别无选择的选择

4 月 11 日，周六，在沃尔玛成都门店工作的刘明（化名），被人力资源负责人叫至办公室，刘明是该店 20 多名主管、经理之一。

毫无预兆的，刘明被通知，他必须在沃尔玛减员计划提供的三个选择中做出选择：转职新店；接受降职，降薪 20%；或直接结束合同。与刘明同时得到消息的是沃尔玛全国门店大约 1500～2000 名中层，包括经理和主管两个级别。4 月 13 日，沃尔玛天津门店的李华（化名）在人力资源处看到了前述通知书。

这份致沃尔玛员工的通知书写道："对于您一直以来的辛勤工作，公司在此表示诚挚的谢意。为了更好地适应目前的市场环境，保证公司持续和健康的发展，公司于 2009 年推出了新店建设和组织架构优化计划。随着该计划的推出，我们有信心创建更加高效和优化的组织架构，确保公司的业务发展，并为您以及其他同事提供更为广阔的发展空间。"

沃尔玛在通知中称，"将根据员工的个人意愿，在与员工协商一致的基础上对其岗位做出一定的调整。"通知书上，提供给沃尔玛员工的选择包括：一、

---

① 资料来源：http：//shehui. daqi. com/bbs/00/2544113. html。

愿意转职新店（如未能转职成功，则"在本店降职、降薪"或"与公司协商解除劳动合同"）；二、不接受转职，接受在本店的岗位和薪酬调整；三、与公司协商解除劳动合同；四、其他。

但李华可能的选择，比通知书提供的更少。面临"转职"的李华被告知，沃尔玛今年新开的30多家门店，可供其选择。

但"转职"，在他们看来几乎是不可能的选择。"新店根本没有同级位置了，还让你报名去新店"，"他们让我去另一家新店，但这家店2009年8月前根本没法投入运营！"

"说去新店，其实就是逼你走，比如你在江西，把你调到黑龙江，可能去吗？去了之后，一个月才1000多的工资，吃饭、住房都不够，到最后就是逼你自动辞职，连一分钱也没有"。一位江西沃尔玛的主管说。

被抽空的中层

此次的减员计划，直指沃尔玛中国门店的"全部运营经理"和"部分主管"。

事实上，2009年春节刚过，李华已被告知，"运营经理"岗位将被取消。2月，沃尔玛刚刚完成了对门店管理人员的年度评估。

李华告诉记者，沃尔玛内部一份共享邮件称，沃尔玛中国门店原有5层级，将被从中间抽空。目前，每家门店大致配备1个店长（总经理）、2个常务副总、5个副总、若干运营经理、若干主管。按减员计划，每家门店将"分流"一个常务副总、一个副总、全部运营经理以及1/3的主管，剩余4层。

但焦虑不已的员工，已在纷纷猜测。在接受本报记者采访时，多位沃尔玛门店经理和主管，以同一种方式进行了测算：以每家门店减员14人估算，涉及门店超过100家，则减员人数约1500～2000人。另外几位门店经理则坚信，此轮减员人数将包括900个部门经理、1000多名主管。

庞大的后续计划

更令李华们担心的是，前述"内部共享邮件"还披露了更庞大的后续减员计划。

以李华所在的这家天津门店为例，该店目前员工总数为365人，此次减员12人后，后续还将裁员51人。李华表示，裁员63人，是对"所有运营了一定时间的门店"的硬性要求。沃尔玛对门店员工的年度评估，也即将开始。

李华称，沃尔玛每个门店的裁员比例不会超过7%，因为，根据"批量裁员报告制度"，企业一次性裁员20人以上或10%以上，须上报劳动和社会保障部门备案。天津这家门店此次裁员的比例为3.3%。

若以每家门店裁员63人计算，沃尔玛中国140多家店，即使考虑到部分新开门店不裁员，整个减员计划也将波及约8000名员工。当然，沃尔玛的策略也不是"只出不进"。

据多位接受本报记者采访的沃尔玛中层透露，近期，沃尔玛天津、长春等地的门店，分别来了10多个来自好又多（沃尔玛收购的零售品牌）培训学院的年轻学员实习，他们被告知，实习结束后可"就地升职"。

"这不是做好准备，用廉价劳动力顶替我们吗?"沃尔玛长春门店的一位主管这样对记者感慨道。

陈耀昌的指标

"沃尔玛赚的钱都用在开新店上了。在减员的同时沃尔玛还在继续开新店，这是很矛盾的做法。"李华对"减员计划"很难理解。

"我们门店，2008年的销售额有20%以上的增长，利润增长估计也有10%～15%。这次减员肯定不是因为业绩。"成都沃尔玛的一个主管说。

4月14日，沃尔玛中国一位高层人士对本报记者透露，减员计划，与沃尔玛中国区总裁陈耀昌的业绩考核指标相关。

据这位人士透露，2006年11月，陈耀昌空降至沃尔玛中国，任期3年，沃尔玛对他的业绩考核大致分为三个方面：一是新开门店数；二是销售业绩；三是费用节省。

在陈耀昌任期内，2007年，预定新开30家店，实际开店29家；2008年预定新开门店50家，但因为金融危机和雪灾、地震等影响，实际开店仅19家；2009年，预定新开80家门店，但"这个预期肯定是达不到了"。李华透露，沃尔玛内部称，今年计划新开30多家门店。

新增门店数不够，总体销售额增长自然无从谈起。最后，"陈耀昌必须在成本节省和提高单店盈利上做文章"。

沃尔玛中国的门店管理层高达5层，美国门店仅有店长、副总经理和部门经理3个层级。而国内的其他同行，比如家乐福则是4层。"沃尔玛早年进入中国时，为了大举开店，人才储备做得比较多，这一方面支撑了它开店，但也导致了后来的人员冗余问题。"

具体来说，沃尔玛一个近2万平方米的店，几年前是500多个营运人员，之后通过一些措施降到450人左右。但相比竞争对手仍然太多，家乐福的门店运营人员一般维持在300～400人。

而这被视为陈耀昌在人力成本上"拧毛巾举措的空间"。在这位人士看来，沃尔玛的高管层面也有压缩空间，从总裁、副总、高级总监、总监、区域经理到店长的管理链条，还是过长，不符合现今扁平化管理的趋势。

据其透露，沃尔玛目前在中国的员工总数超过 5 万人，此次的目标是减员 20%。

思考问题：

1. 沃尔玛此次裁员事件会对本企业带来怎样的影响？
2. 结合本案例谈谈企业在裁员时应注意的问题。
3. 此次裁员是否能够造成本企业的员工流失？为什么？
4. 结合本案例，谈谈影响员工流失的个人因素。

本章小结

员工流动分为流入、内部流动和流出三种形式。员工流动管理是指从社会资本的角度出发，对人力资源的流入，内部流动和流出进行计划、组织、协调和控制的过程。员工管理的目标就是在满足组织和个人发展的前提下，确保组织对人力资源的需求，确保员工进步和发展的需要。

有关员工流动管理的理论包括：勒温的场论、卡兹的组织寿命学说、库克曲线和中松义郎的目标一致理论。这四种理论主要是从员工成长和创造力激发的角度论证了员工流动的必要性。员工流动率一般使用某一时间的流动百分比表示，其计算方法有很多。使用多种方法计算员工流动率，将有利于人力资源管理者从多角度确定员工流动率的合理性。

对于员工流动的形式，则着重于员工的内部流动和员工流出，员工内部流动的形式包括平级调动、岗位轮换、晋升和降职等方式，而员工流出分主要为自然流出和非自愿流出。本章还对员工流失的特点和原因进行了分析，在此基础上提出管理和控制员工流失的原则及方式，并给出了员工流动的战略性管理模式，另外还强调对管理模式的选择应根据实际情况考虑员工和组织的特点。

第 9 章 劳动关系管理

```
                        劳动关系管理

         概述            劳动合同           劳动争议

      ─ 定义           ─ 含义            ─ 定义与特征
      ─ 主体与类型      ─ 订立            ─ 原因
      ─ 劳动关系与事实  ─ 变更            ─ 处理原则
        劳动关系        ─ 解除            ─ 预防
      ─ 劳动关系与劳务  ─ 终止
        关系
```

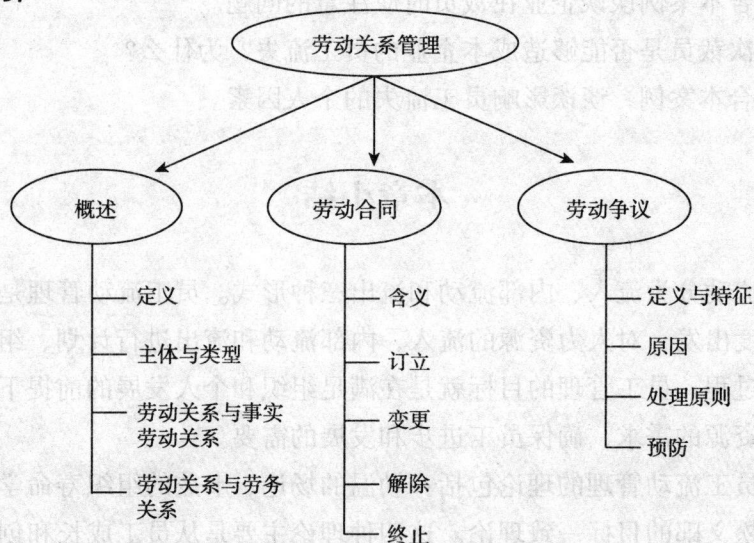

9.1 劳动关系概述

劳资关系是有关劳动过程中劳动者和劳动力使用者（资方）的关系，随着各国工业形式的不断变化，这一描述劳动者和劳动力使用者相互关系的概念也在发生着变化。在不同的国家或不同的体制下，现代劳动关系又被称为"劳资关系"、"劳雇关系"、"雇用关系"、"员工关系"、"产业关系"等。这些不同的称谓是从不同的角度对于特定劳动关系性质和特点的把握和表述，在某种程度上也反映了不同国家或不同体制下的劳动关系的性质和特点。从中国现在的情况来看，由于劳动力使用一方具有部分国家性质，所以使用"劳动关系"的表述，既可以避免因所有制不同而引起的概念差别，而且可以避免从某种政治态度和立场出发而引起的概念差异。

9.1.1 劳动关系的定义及特点

劳动关系是指劳动力所有者（劳动者）与劳动力使用者（用人单位，包括各类企业、个体工商户、事业单位等）之间，在实现劳动过程中建立的社会经济关系。劳动关系是维系人类社会得以存在和发展的最基本的社会关系，具体是指在实现劳动过程中劳动者与劳动力使用者所结成的社会经济关系。从微观上讲，劳动关系贯穿于企业生产、经营、分配的各个环节；从宏观上看，它是现代社会中最主要的一种社会经济关系。在市场经济国家中，劳动关系是企业竞争力和国家经济发展与社会稳定的重要因素，市场经济国家的政府对劳动关系相当重视，它们以各种方式不同程度地介入劳动关系事务，从而使劳动关系问题超出了劳方与资方的范围。

在中国目前市场经济条件下，劳动关系具体是指劳动者与劳动力使用者（单位）之间在劳动过程中建立或结成的关系。更狭义地讲，是指企业所有者、经营者、普通职工及其工会组织之间在企业的生产经营活动中形成的各种责、权、利关系。其主要包括：所有者与全体职工（包括经营管理人员）的关系；经营管理者与普通职工的关系；经营管理者与工会的关系；工会与职工的关系。

在现代市场经济中，劳动关系的特点主要表现在以下几个方面：

第一，劳动关系主体双方具有平等性[1]。劳动关系的平等性体现在劳动关系双方当事人是平等的，一方不能强迫另一方。这种平等性具体体现在劳资双方关系的建立、变更、解除和终止应该符合法律的相关规定条件或双方必须平等协商一致。

第二，劳动关系主体双方具有隶属性[2]。虽然劳动关系是建立在平等自愿、协商一致的基础上，但是劳动关系一旦建立，员工就成为企业的一员，企业就要对员工进行管理。在劳动关系存续期间，员工必须遵守企业的内部规章制度，接受企业的管理，这个具体的管理过程也就体现为劳动权利义务的履行过程。因此，双方当事人之间具有鲜明的隶属性。

第三，劳动关系的双方当事人，一方是劳动者，另一方是提供生产资料的用人单位。作为劳动关系当事人一方的劳动者并非同自有的或直接支配的生产资料相结合，而是与用人单位提供的生产资料相结合。

第四，劳动关系是在实现劳动过程中所发生的关系，与劳动有着直接的联系。所谓实现劳动过程，是指劳动者参加用人单位某种劳动的过程，包括物质生产性的劳动过程和非物质生产性的过程。

第五，劳动关系是基于职业的、有偿的劳动而发生的[3]。劳动者参加用人

[1][2]　唐鑛.劳动关系管理概论［M］.北京：中国人民大学出版社，2012：3-4.
[3]　肖传亮等.劳动关系管理（第二版）［M］.大连：东北财经大学出版社，2012：2.

单位的某种劳动，用人单位必须按照劳动者的劳动数量或质量给付劳动报酬，提供工作条件，并不断改进劳动者的物质文化生活。

9.1.2 劳动关系的主体与类型

1. 劳动关系的主体

从狭义上讲，劳动关系的主体包括两方面：一方面是员工及以工会为主要表现形式的员工团体；另一方面是管理方以及雇主协会组织。二者构成了劳动关系的主体，也是我们的主要研究对象。从广义上讲，劳动关系的主体还包括政府。在劳动关系的发展过程中，政府通过立法介入和影响劳动关系，发挥其调整、监督和干预作用，因而政府也是广义的劳动关系主体。另外，在经济全球化的背景下，一个国家的劳动关系质量，也会影响到这个国家的国际形象、对外经济贸易关系等，因此，劳动关系问题又有可能超越国界，进入国际政治和经贸关系领域，因此，相关国际组织，如国际劳工组织、国际雇主协会组织等，对一个国家劳动关系的影响越来越大。当代劳动关系管理，应将这类组织也列入研究范围，给予足够关注。[①]

劳动关系的主体包括：

（1）员工。员工是指用人单位中本身不具有基本经营决策权并且从属于这种决策权的工作者。员工不包括自由职业者和农民。

（2）员工团体。员工团体是指因共同利益、兴趣和目标而组成的员工组织，如工会、员工协会和职业协会。

（3）管理方。管理方是指享有法律所赋予的对组织的所有权且在用人单位中具有主要经营决策权力的人或团体。管理方是等级制的，决策权力逐级递减。

（4）雇主协会。雇主协会是管理方团体的主要形式，不直接介入员工与管理方的关系，而是通过集体谈判、劳动争议或政治选举、立法活动间接影响劳动关系。

（5）政府。政府通过立法介入和影响劳动关系；政府又是公共利益维护者，通过监督、干预等手段促进劳动关系的协调；政府还可以成为公共部门的雇主，直接参与劳动关系。

（6）国际劳工组织、国际雇主组织与国际经贸组织[②]。受经济全球化的影响，我国劳动关系的存在和调整已经不仅仅是一个国家的内部事务，直接受到

---

①② 于桂兰，于楠．劳动关系管理［M］．北京：清华大学出版社，北京交通大学出版社，2011：3，4．

第 9 章 劳动关系管理

国际经贸规则和国际劳工标准的制约，因此，在研究我国劳动关系的同时，必须将国际劳工组织等国际组织列入研究范围。

2. 劳动关系的类型

劳动关系依据不同的标准可进行多种分类：

（1）以生产资料所有制为标准进行分类。劳动关系可以划分为全民企业劳动关系、集体企业劳动关系、私营企业劳动关系以及外商企业劳动关系四种。

（2）以管理方与员工之间在利益方面的相互关系进行分类。劳动关系可以划分为一致型劳动关系、利益协调型劳动关系以及利益冲突型劳动关系。

（3）以劳动关系主体中各方力量的对比进行分类。劳动关系可以划分为均衡型劳动关系、不均衡型劳动关系和政府主导型劳动关系。

9.1.3 劳动关系与事实劳动关系

现实生活中大量存在着未签订书面劳动合同（我国《劳动合同法》第十条规定，"建立劳动关系应当订立劳动合同"）但又实际存在着劳动关系的情况，对社会的稳定、和谐和社会的经济发展带来严重阻碍，从而导致社会劳动关系处于非常态的环境之中。

在我国，事实劳动关系是指用人单位与劳动者之间既无劳动合同又存在着劳动关系的一种状态。产生事实劳动关系的主要原因在于：用人单位与劳动者确立劳动关系时，未按国家有关规定签订劳动合同；合同期满后当事人既未续订劳动合同，又没有终止原先的劳动合同。

劳动法律关系与事实劳动关系的区别在于：

（1）劳动法律关系符合法定模式，受到劳动法律法规的调整；事实劳动关系则完全或部分不符合法定模式，尤其是缺乏劳动法律关系赖以确立的法律事实的有效要件，如未签订书面劳动合同。

（2）劳动法律关系的内容即权利义务，是双方当事人所预期和设定的；事实劳动关系的双方当事人之间虽然存在一定的权利义务，但这一般不是双方当事人所预期的，更不是由双方当事人所设定的。

（3）劳动法律关系由法律保障其存续，事实劳动关系如果不能依法转化为劳动法律关系，就应当强制其终止。

2008 年 1 月 1 日起实施的《中华人民共和国劳动合同法》（以下简称《劳动合同法》）第十条规定："建立劳动关系，应当订立书面劳动合同。已建立劳动关系，未同时订立书面劳动合同的，应当自用工之日起一个月内订立书面劳动合同。用人单位与劳动者在用工前订立劳动合同的，劳动关系自用工之日起建立。"也就是说，引起劳动关系产生的基本法律事实是用工，而不是订立劳动合同，其目的是保护事实劳动关系中劳动者的权益，并不是肯定用人单位不与劳动者订立劳动合同的行为。

用人单位和劳动者虽然没有签订书面劳动合同，但劳动者已经成为用人单位的一员，身份上具有从属关系，双方确已形成了劳动权利义务关系的，可以综合下列情况认定为事实劳动关系：劳动者已实际付出劳动并从用人单位取得劳动报酬；用人单位对劳动者实施了管理、指挥、监督的职能；劳动者必须接受用人单位劳动纪律和规章制度的约束。

用人单位与劳动者发生劳动争议不论是否订立劳动合同，只要存在事实劳动关系，符合劳动法适用范围及劳动争议受案范围，仲裁机构均应处理。

📝 小案例

否认事实劳动关系，企业应担责任

重庆某食品厂职工患尘肺病离职，经过一年多的维权后终于得到法律的保护。其老板因恶意作伪证，被罚款 1 万元。

2011 年 2 月，张某因患严重尘肺病从该厂离职后，为确认与食品厂的事实劳动关系，争取相关职业病待遇，经历了一年多的艰难维权历程。维权之路之所以说艰难，原因在于企业全盘否定其劳动关系，企业为证明张某与企业不存在劳动关系，甚至刻意伪造了工资手册。

用人单位与打工者的劳动关系以事实劳动关系为准，即使瞒天过海，也抹杀不了事实的存在。这家企业虽然费尽心机，也难以洗清自己的责任，最终，企业不但需要承担工人职业病的责任，还要为干扰正常的执法而付出被罚款和名誉损伤的代价。

分析：为什么企业不承认事实劳动关系？

分析提示：企业不敢承认事实劳动关系，不与劳动者签订劳动合同，原因就在于想逃避其所应负的法律责任。法律规定用人单位不签订劳动合同并不能逃避其应有的责任。如果双方发生争议，经仲裁委员会认定，并界定为事实用工，那么，用人单位除补缴劳动者工作期间的社会保险外，还要支付 2 倍工资，还要按规定给予经济补偿金。

资料来源：肖传亮等. 劳动关系管理（第二版）[M]. 大连：东北财经大学出版社，2012：3 - 4.

9.1.4　劳动关系与劳务关系

劳务关系是指提供劳务的一方为需要的一方以劳动形式提供劳务活动，而需要方应支付约定的报酬，是由两个或两个以上的平等主体，通过劳务合同建立的一种民事权利义务关系。劳务合同与劳动合同不同，没有固定的格式，必备的条款。其形式可以是书面形式，也可以是口头形式和其他形，由当事人根据具体情况自主随机选择条款，具体由双方当事人约定。

劳动关系与劳务关系都是当事人一方提供劳动力给他方使用，由他方给付劳动报酬。即当事人之间因提供劳务和接受劳务而发生的民事关系。劳动关系与劳务关系的区别主要在于：

1. 主体不同

劳动关系的主体是确定的，一方是符合法定条件的用人单位，另一方必然是劳动者，而且必须是符合劳动年龄条件（必须是年满 16 周岁的公民），且具有与履行劳动合同义务相适应的能力的自然人。劳动者必须加入用人单位，成为其中一员，并且遵守单位的规章制度，双方存在领导与被领导的关系，反映的是劳动力与生产资料相结合的关系。而劳务关系的主体类型较多，劳务关系当事人一方或双方既可以是法人，也可以是其他组织，还可以是自然人，劳务提供者无须加入另一方，双方不存在领导与被领导的关系。

2. 劳动风险责任承担不同

用人单位作为劳动关系的一方组织劳动，享有劳动支配权，有义务承担劳动风险责任，必须按照法律法规和地方规章等为职工承担社会保险义务，且用人单位承担其职工的社会保险义务是法律的确定性规范。劳务提供者作为劳动关系的一方自行安排劳动，自己承担劳动风险责任。

3. 劳动报酬的性质、支付方式不同

基于劳动关系发生的劳动报酬是工资，且有按劳分配的性质，其支付方式特定化为一种持续的、定期的支付；基于劳务关系发生的劳动报酬是劳务费，且有劳务市场属性，其支付方式为一次性劳务价格支付。

4. 适用法律不同

劳动关系适用《中华人民共和国劳动法》和《中华人民共和国劳动合同法》，并由二者进行规范和调整。而劳务关系由《中华人民共和国合同法》和《中华人民共和国民法通则》进行规范和调整。

5. 合同的法定形式不同

劳动关系用劳动合同来确定，其法定形式必须是书面的；而劳务关系用劳务合同来确定，其法定形式可以是书面的，也可以是口头的或其他形式。

9.2　劳动合同管理

9.2.1　劳动合同

1. 劳动合同的概念

劳动合同亦称劳动契约，是劳动者与用人单位确立劳动关系、明确双方权利和义务的协议。依法订立的劳动合同受国家法律保护，对订立合同的双方当事人产生约束力，是处理劳动争议的直接证据和依据。

按照我国法律规定，订立劳动合同应采取书面形式。劳动合同的条款分为法定条款和协商条款。法定条款是指法律、法规规定必须协商约定的条款；协商条款是根据工种岗位的不同特点以及合同双方当事人各自的具体情况，由双方选择约定的具体条款。协商条款也应在法律、法规、政策的指导下商定。另外，除合同文本以外，通常双方还需要制定附件，附件中明确双方的权利、义务的具体内容，如通过附件岗位协议明确具体的岗位责任，通过附件厂规、厂纪明确职工应遵守的具体劳动纪律等。

2. 劳动合同的法律性质

从法律的性质来看，劳动合同作为一种确立劳动者与用人单位劳动关系的法律手段，具有《合同法》规定的性质：

（1）劳动合同主体地位平等。劳动合同的当事人双方享有独立的法律人格，在劳动合同的订立、履行、解除等法律关系中互不隶属，地位平等，各自能独立表达自己的意志。

（2）劳动合同是双方当事人自愿协商，达到意思表达一致的法律行为，而不是单方面的法律行为。劳动合同和一般合同一样，只有经过主体双方协商一致，且在履行、变更、终止或解除劳动合同中，也必须遵守国家的法律法规。

3. 劳动合同的特征

劳动合同是合同的一种，它具有合同的一般特征，即合同是双方的法律行为，而不是单方的法律行为；合同是当事人之间的协议，只有当事人在平等自愿、协商一致的基础上达成一致时，合同才成立；合同是合法行为，不是违法行为，合同一经签订，就具有法律约束力。劳动合同除具有上述一般特征外，还有其特性：

（1）劳动合同是确立劳动关系的法律凭证。用人单位与劳动者之间建立劳动关系，必须订立劳动合同，劳动合同一经订立，就成为规范双方当事人劳动权利和义务的法律依据。

（2）劳动合同的主体是特定的。必须一方是用人单位，另一方是具有劳动权利能力和劳动行为能力的劳动者。

（3）劳动合同是确立劳动关系的普遍法律形式。劳动合同的内容是明确当事人双方的权利和义务，而这些内容又必须通过一定的形式表现出来才能成立和实现。

（4）劳动合同的内容主要以劳动法律、法规为依据。劳动法律、法规中规定了最低的劳动条件和劳动标准，要求用人单位必须遵守、用人单位只能在法律规定的最低劳动条件和劳动标准之上使用劳动者，而不能由劳动关系双方当事人自由协商降低国家规定的劳动条件和劳动标准。

（5）在特定条件下，劳动合同还可能涉及第三人的物质利益，即劳动合同内容往往不仅限于当事人的权利和义务，有时还需涉及劳动者的直系亲属在一定条件下享受的物质帮助权，如劳动者死后遗属的待遇等。

4. 劳动合同的种类

劳动合同可依不同标准或从不同角度做多种划分，常见的有下述几种：

（1）以合同主体为标准的分类。不同主体的劳动合同在法律依据和法定内容方面都有所不同。从我国现行劳动立法和劳动合同实践来看，劳动合同有必要划分为工人劳动合同、管理人员劳动合同、技术人员劳动合同、学徒工劳动合同和临时工劳动合同。从用人单位的角度分类，各国通行的做法，是按照用人单位所属产业不同，将劳动合同划分为工业、商业、矿业、农业、海运、家事等劳动合同；在我国现阶段，还有必要按照用人单位的所有制性质不同对劳动合同进行分类，劳动合同可分为全民所有制单位劳动合同、集体所有制单位劳动合同、个体单位劳动合同、私营企业劳动合同和外商投资企业劳动合同等。

（2）以合同期限为标准的分类。按照法律对劳动合同有效期限的要求不同，将劳动合同划分为定期劳动合同、不定期劳动合同和以完成一定工作（工程）为期限的劳动合同，这是大多数国家劳动立法的通例。定期劳动合同，又称有固定期限劳动合同，是明确规定了合同有效期限并可依法延长期限的劳动合同。劳动关系只在合同有效期限内存续，期限届满则劳动关系终止。不定期劳动合同，又称无固定期限劳动合同，它没有明确规定合同有效期限，劳动关系可以在劳动者的法定劳动年龄范围内和企业的存在期限内持续存在，只有在符合法定或约定条件和情况下，劳动关系才可终止。以完成一项工作（工程）为期限的劳动合同，是把完成某项工作（工程）规定为合同终止条件的劳动合同。这实际上是一种特殊的定期劳动合同，但不存在合同延期的问题。定期劳动合同和不定期劳动合同相比较，从就业保障的角度看，不定期劳动合同对劳动者更有利，尤其是就防止用人单位在使用完劳动者"黄金年龄段"后不再使用劳动者而言。

（3）以合同目的为标准的分类①。劳动合同的内容和法律适用，在一定程度上取决于订立劳动合同的具体目的，在我国，依此标准可将劳动合同划分为下述几种：

录用合同，是指以职工录用（雇用）为目的，由用人单位在招收社会劳动力为新职工时与被录用者依法签订的，缔结劳动关系并给定劳动权利和劳动义务的合同。它具有普遍适用性，是劳动合同的基本类型。

聘用合同，是指以招聘或聘请在职或非在职劳动者中有特定技术、业务专长者为专职或兼职的技术专业人员或管理人员为目的，由用人单位与被聘用者依法签订的，缔结劳动关系并约定聘用期间劳动权利和劳动义务的合同。

借调合同，又称借用合同，是指为了将某用人单位职工借调到另一用人单位从事短期性工作，而由借调单位、被借调单位和被借调职工三方当事人依法签订的，约定借调期间三方当事人之间权利和义务的合同。

劳动组合合同，又称上岗合同，是指以实现劳动组织合理化为目的，由企业与参加劳动组合的职工依法签订的，约定职工在其劳动关系存续期间的某段时间在特定岗位上工作及其劳动权利和劳动义务的合同。它以录用或聘用职工时所确立的劳动关系为前提和基础，是既存劳动关系内容的具体化，当其内容与录用（聘用）合同内容有所不同时，则引起录用（聘用）合同内容的变更。

停薪留职合同，是指为了使特定职工有期限地离岗停薪并保留劳动关系，而由用人单位与该职工依法签订的，约定停薪留职期间和此期间双方权利义务的合同。

学徒培训合同，是指以招收学徒并将其培训成合格职工为目的，由招徒单位与学徒依法签订的，约定学徒期间及此期间双方权利义务的合同。由于学徒经培训后考核合格可转为正式职工，故该合同所确立的是预备劳动关系，可视为一种附条件（经考核合格）的录用合同。

5. 劳动合同的内容

劳动合同通常应具备的主要条款有：

（1）劳动合同的期限。主要分为有固定期限、无固定期限和以完成一定的工作为期限几种。除此之外，初次订立的劳动合同还可根据期限的长短，设定最长不超过6个月的试用期。

---

① 张倜. 劳动关系管理［M］. 北京：电子工业出版社，2006：22.

劳动合同期限是指劳动合同起始至终止之间的时间，或者说是劳动合同具有法律约束力的时段。劳动合同具有法律约束力的生效时间一般为劳动合同双方的签字时间，其终止时间为合同期届满或当事人双方约定的终止条件出现的时间。

根据《劳动合同法》的规定，劳动合同期限具有如下特征：首先，劳动合同期限属确定性规范，其确定性指劳动合同中必须有此项内容，且以书面条款形式做出明确具体的表示；其次，劳动合同期限必须是经过当事人双方协商一致的意思表示；再次，劳动合同期限和当事人的权利义务密切相关，在劳动合同期限内，用人单位和劳动者必须按法律及劳动合同的约定履行义务、行使权利。

（2）工作内容。主要包括劳动者的工种和岗位，以及该岗位应完成的生产（工作）任务、工作地点。工作内容是劳动法律关系所指向的对象，即劳动者具体从事什么种类或什么内容的劳动。劳动合同中的工作内容条款，可以说是劳动合同的核心条款之一，它是用人单位使用劳动者的目的，也是劳动者通过自己的劳动取得劳动报酬的原因，因此是必不可少的。劳动合同的工作内容条款一般要求规定得明确、具体，便于遵照执行。

（3）劳动保护和劳动条件。劳动条件是指用人单位对劳动者从事某项劳动提供的必要条件，包括劳动保护条件和其他劳动条件。劳动保护条件是指用人单位为了防止劳动过程中的事故，减少职业危害，保障劳动者的生命安全和健康而采取的各种措施。其他劳动条件是指用人单位为使劳动者顺利完成劳动合同约定的工作任务，为劳动者提供的必要的物质和技术条件。这一方面主要包括用人单位应根据国家规定，为劳动者提供各项劳动安全和卫生方面的保护措施及基本设施，如对女职工和未成年工的劳动保护等。

（4）劳动报酬。应明确劳动者的工资、奖金和津贴的数额或计发办法。劳动力市场就是劳动和货币的交换，由此引起的争议也最多。

现在根据最高人民法院关于审理劳动争议案件适用法律若干问题的解释规定，用人单位未按照劳动合同约定支付劳动报酬或者提供劳动条件的，克扣或者无故拖欠劳动者工资的，拒不支付劳动者延长工作时间工资报酬的，低于当地最低工资标准支付劳动者工资的，若具有这些情形之一，迫使劳动者提出解除劳动合同的，用人单位应当支付劳动者的劳动报酬和经济补偿，并可支付赔偿金。

（5）劳动纪律。是劳动者在共同劳动过程中所必须遵守的劳动规则和秩序。它是每个劳动者按照规定的时间、质量、程序和方法完成自己所承担的生产任务的行为规则。主要包括用人单位的规章制度或员工守则等内容及其执行程序等。

（6）劳动合同的终止条件。所谓劳动合同终止的条件，就是劳动合同法律关系终结和撤销的条件。劳动合同终止的条件，可分为法定终止条件和约定终止条件。

（7）违反劳动合同的责任。所谓违反劳动合同的责任，是指违反劳动合同约定的各项义务所应承担的责任。为了保证劳动合同的履行，必须在劳动合同中约定有关违反劳动合同的责任条款，包括一方当事人不履行或不完全履行劳动合同以及违反法定或约定条件解除劳动合同所应当承担的法律责任。

除上述七条必备条款以外，还存在特殊必备条款，是指法律规定的某类劳动合同所必须具备的条款。这些特殊的合同中，由于双方当事人权利义务的特征，只规定一般的合同条款尚不足以对双方当事人权利义务做出有效的约定，法律就规定这些合同还应具备什么条款。如我国的《中外合资经营企业劳动管理规定》和《私营企业劳动管理规定》中规定了中外合资企业劳动合同和私营企业劳动合同应包括工时和休假条款。

除上述劳动合同的主要条款外，劳动合同还可以有约定或称可备条款，它是指法律不做强行规定，由当事人自己在合同中任意约定的条款。通常情况下，劳动合同的可备条款主要集中在以下几个方面：试用期条款；保守商业秘密条款；补充保险和福利待遇条款；竞业禁止条款等。劳动合同缺乏可备条款不影响其效力。

劳动合同的双方当事人可以

> **小资料**
>
> 在制定劳动合同文本时，用人单位应重点注意的问题有：工作内容可以规定劳动者从事某一项或者某几项具体的工作，也可以是某一类或者某几类工作，但都要求明确而具体；用人单位不得将劳动合同的法定解除条件列为约定解除条件，借以逃避用人单位在解除劳动合同时应当承担的经济补偿义务；如果劳动者家庭驻地离工作单位特别远，在合同中还可以有食宿的解决方案；由于国务院目前尚未对企业职工带薪年休假制度做出具体规定，对于企业来说，最好在劳动合同中明确年休假问题；同时用人单位和劳动者必须依据法律参加社会保险，这并不是合同所能约定和双方所能协商解决的，但双方可以就医疗、养老和人身意外伤害等补充商业保险订立相应的条款。

在国家立法规定的范围内通过协商订立约定条款，如对用人单位出资招收录用、出资培训、住房分配、劳动者保守用人单位商业秘密等事项，约定双方的权利和义务，包括服务期限、保密期限、违约赔偿等。有些条款不便全部写入，可以用员工工资享受本单位工资序列标准、员工应遵守本单位规章制度或员工守则、完成岗位定额以及单位应提供符合国家规定的岗位劳动安全卫生条件和必要的劳动用品等相应条款来表达，但单位必须在签订劳动合同之前将本单位的工资序列标准、本岗位定额标准、所有相关的规章制度或员工守则全部告知劳动者，这些材料可作为劳动合同的附件。

📝 小资料

试用期条款，即约定用人单位对新录用职工实行试用期的合同条款。试用期，是指包括在劳动合同期限内的，劳动关系还处于非正式状态，用人单位对劳动者是否合格进行考核，劳动者对用人单位是否适合自己要求进行了解的期限。试用期满，被试用者即成为正式职工。

根据《劳动合同法》的规定，试用期条款属于法定可备条款。我国现行立法对此规定的要点有：

1. 劳动合同期限 3 个月以上不满 1 年的，试用期不得超过 1 个月；劳动合同期限 1 年以上不满 3 年的，试用期不得超过 2 个月；3 年以上固定期限和无固定期限的劳动合同，试用期不得超过 6 个月。

2. 同一用人单位与同一劳动者只能约定一次试用期。以完成一定工作任务为期限的劳动合同或者劳动合同期限不满 3 个月的，不得约定试用期。

3. 试用期包含在劳动合同期限内。劳动合同仅约定试用期的，试用期不成立，该期限为劳动合同期限。

---

6. 劳动合同的形式和格式

劳动合同形式包括主件和附件。主件一般是指在确立劳动关系时所订立的书面劳动合同。附件一般是指法定或约定作为劳动合同主件之补充而明确当事人双方相互权利义务的书面文件。在我国，法定的劳动合同附件主要有用人单位内部劳动规则和专项劳动协议。

用人单位内部劳动规则，即用人单位劳动规章制度。《劳动合同法》规定，用人单位应当建立和完善劳动规章制度。专项劳动协议，即已确立劳动关系的劳动者与其用人单位就某项事项所签订的专项协议。劳动部规定，生产经营发生重大变化的企业应当与劳动者签订劳动合同，但劳动合同中有关工作岗位、劳动报酬等内容，可以在协商一致的基础上通过签订专项协议来规定；用人单位应当与本单位的待岗或放长假人员就劳动合同的有关内容协商签订专项协议。

书面劳动合同的格式一般包括五个部分：

（1）约首条款。它包括当事人双方的名称（用人单位和劳动者分别简称为甲方和乙方）、地址、身份以及签订劳动合同的宗旨和法律依据等。

（2）必备内容。可根据实际情况选定以下内容：合同期限和试用期限，工作岗位和工种，工作时间和休假，工资待遇，劳动保护方面的特殊要求，社会保险和福利，劳动纪律，合同的变更、解除与终止，违约责任及其他。

（3）补充条款。除了必备条款外，合同双方认为需要约定的其他事项，可以附加条款的地方填写。

（4）结束条款。它包括合同生效日期、合同份数、双方当事人签名、盖章及日期，签证机关盖章及签证日期。

（5）合同附件。它是指需要附加的说明文本或其他文件。

9.2.2 劳动合同的订立

1. 劳动合同订立的原则

劳动合同的订立，是指劳动者与用人单位之间建立劳动关系，依法就双方的权利义务协商一致，设立劳动合同关系的法律行为。《劳动合同法》第三条规定："订立劳动合同，应当遵循合法、公平、平等自愿、协商一致、诚实信用的原则。"按照这一规定，订立劳动合同必须遵循合法原则、公平原则、平等自愿原则、协商一致原则、诚实信用原则。

（1）合法原则。它是指劳动合同订立不得违反法律法规的规定。这一原则包括两部分内容，一为实质合法，二为程序合法。实质合法即劳动合同的内容合法。当事人不得订立内容违法或对社会公共利益有害的劳动合同。程序合法的内容主要有：形式合法，即劳动合同必须采用书面形式，不得采用书面形式以外的其他形式；主体合法，是指主体符合法律规定的条件，如劳动者必须具备法定年龄和其他条件。

（2）公平原则。公平原则是指劳动合同的内容订立应当公平、合理，就是在符合法律规定的前提下，劳动合同双方公正、合理地确定双方的权利和义务。有些合同内容，相关法规只规定了最低标准，在此基础上双方达成的协议就是合法的，但是合法未必公平、合理。例如，同一个岗位，资历和能力相当的两个人，工资收入差别很大，特别是能力强的人比能力差的还低，这就是不公平。用人单位不能滥用优势，迫使劳动者签订不公平的劳动合同。

（3）平等自愿原则。平等是指在订立劳动合同过程中，双方当事人的法律地位平等，都是以劳动关系主体资格出现的，不存在命令与服从的关系。自愿是指劳动合同的订立完全是出于当事人自己的意志，是其真实意思的表示，任何一方不得将自己的意志强加于对方，也不允许他人非法干预。

（4）协商一致原则。协商一致是指双方当事人对劳动合同的内容进行讨论协商，在取得完全一致的意思表示后签订劳动合同。一方不能凌驾于另一方之上，不得把自己的意志强加给对方，也不得命令、胁迫对方签订合同。

（5）诚实信用原则。诚实信用就是在订立劳动合同时要诚实，讲信用。双方在订立劳动合同的过程中不能有欺诈、隐瞒行为。例如，用人单位必须如实告知劳动者工作内容、职业危害、安全生产状况等；劳动者也应如实告知自身的真实情况，尤其是有关学历资质方面的情况，不得作假。

2. 劳动合同订立的条件

劳动合同的订立要求签订劳动合同的双方当事人必须具备合同的主体资格，即用人单位一方必须是依法建立的、具有合法经营资格的用人单位或能独立承担民事责任的经济组织或个人，而劳动者一方必须是年满 16 周岁，具有劳动权力能力和劳动行为能力的公民。

3. 劳动合同订立的程序①

劳动者和用人单位在签订劳动合同时，应遵循一定的程序和步骤。根据《劳动合同法》的有关规定以及订立劳动合同的实践，签订劳动合同的程序一般为：

（1）提议。在签订劳动合同前，劳动者或用人单位提出签订劳动合同的建议，称为要约，如用人方通过招工简章、广告、电台等渠道提出招聘要求，另一方接受建议并表示完全同意，称为承诺。一般由用人方提出和起草合同草案，提供协商的文本。

（2）协商。双方对签订劳动合同的内容进行认真磋商，包括工作任务、劳动报酬、劳动条件、内部规章、合同期限、保险福利待遇等。协商的内容必须做到明确、清楚、具体、可行，充分表达双方的意愿和要求，经过讨论、研究，相互让步，最后达成一致意见。要约方的要约经过双方反复提出不同意见，最后在新要约的基础上表示新的承诺。在双方协商一致后，协商即告结束。

（3）签约。在认真审阅合同文书，确认没有分歧后，用人单位的法定代表人或者其书面委托的代理人代表用人单位与劳动者签订劳动合同。劳动合同由双方分别签字或者盖章，并加盖用人单位印章。订立劳动合同可以约定生效时间。没有约定的，以当事人签字或盖章的时间为生效时间。当事人签字或盖章时间不一致的，以最后一方签字或盖章的时间为准。

---

① 肖传亮等．劳动关系管理（第二版）［M］．大连：东北财经大学出版社，2012：20.

4. 劳动合同订立的注意事项

（1）订立前的知情权。劳动者在订立劳动合同前，有权了解用人单位相关的规章制度、劳动条件、劳动报酬等情况，用人单位应当如实说明。

用人单位在招用劳动者时，有权了解劳动者的健康状况、知识技能和工作经历等情况，劳动者应当如实说明。

（2）劳动合同的文本与文字。劳动合同文本可以由用人单位提供，也可以由用人单位与劳动者共同拟订。由用人单位提供的合同文本，应当按照公平原则，不得损害劳动者的合法权益。

劳动合同应当用中文书写，也可以同时用外文书写，双方当事人另有约定的，从其约定。同时用中、外文书写的劳动合同文本，内容不一致的，以中文劳动合同文本为准。劳动合同一式两份，当事人各执一份。

（3）劳动合同的主要条款。劳动合同应当具备以下条款：劳动合同期限、工作内容、劳动保护和劳动条件、劳动报酬、劳动纪律、劳动合同终止的条件、违反劳动合同的责任。

劳动合同除前款规定的必备条款外，当事人可以协商约定其他内容。劳动合同必备条款不全，但不影响主要权利义务履行的，劳动合同成立。劳动合同当事人可以按国家和本市的有关规定，在劳动合同中约定参加社会保险的具体事项。

劳动合同当事人在劳动合同中约定终止条件的，应当经双方当事人协商一致，并不得违反法律、法规和规章的规定。

（4）劳动合同的期限。劳动合同的期限分为固定期限、无固定期限和以完成一定的工作为期限。劳动合同期限由用人单位和劳动者协商确定。

（5）劳动合同的生效日期。劳动合同自双方当事人签字之日起生效，当事人对生效的期限或者条件有约定的，从其约定。

（6）劳动合同的服务期。劳动合同当事人可以对由用人单位出资招用、培训或者提供其他的特殊待遇的劳动者的服务期做出约定。

约定的服务期限长于劳动合同期限，劳动合同期满由用人单位终止合同的，不得追索劳动者服务期的赔偿责任。劳动合同期满用人单位要求劳动者继续履行服务期的，双方当事人应当续订劳动合同，对服务期的履行方式双方有约定的，遵从其约定。劳动者违反服务期约定的，应当承担违约责任。

（7）商业秘密保护。劳动合同当事人可以在劳动合同中约定保密条款或者单独签订保密协议。商业秘密进入公知状态后，保密条款、保密协议约定的内容自行失效。

对负有保守用人单位商业秘密义务的劳动者，劳动合同当事人可以就劳动者要求解除劳动合同的提前通知期在劳动合同或者保密协议中做出约定，但提前通知期不得超过 6 个月。在此期间，用人单位可以采取相应的保密措施。

（8）竞业限制。对负有保守用人单位商业秘密义务的劳动者，劳动合同当事人可以在劳动合同或者保密协议中约定竞业限制条款，并约定在终止或者解除劳动合同后，给予劳动者经济补偿。竞业限制的范围仅限于劳动者在离开用人单位一定期限内不得自营或者为他人经营与原用人单位有竞争的业务。竞业限制的期限由劳动合同当事人约定，最长不得超过 2 年，但法律、行政法规另有规定的除外。

劳动合同双方当事人约定竞业限制的，不得再约定解除劳动合同的提前通知期。竞业限制的约定不得违反法律、法规的规定。双方当事人可以在劳动合同或保密协议中约定劳动者在一定的期限内不得到有竞业限制的用人单位任职，劳动者违反竞业限制约定的，应当按约定的违约金承担违约责任。

（9）劳动合同的违约金额。劳动合同对劳动者的违约行为设定违约金的，仅限于下列情形：违反期限约定及违反保守商业秘密约定。违约金数额应当按照公平、合理的原则约定。

违约金数额、承担责任和支付办法应由双方当事人按照公平、合理的原则在劳动合同中约定。劳动者违反约定的，应当承担违约责任。

双方当事人约定的违约金数额高于因劳动者违约给用人单位造成实际损失的，劳动者应当按双方约定承担违约金；约定的违约金数额低于实际损失，用人单位请示赔偿的，劳动者应按实际损失赔偿。

约定的违约金数额太高，当事人可以要求适当减少。双方当事人因违约金发生争议的，可以按劳动争议处理程序解决。

（10）劳动条件和劳动报酬标准。劳动合同约定的劳动条件和劳动报酬标准，不得低于集体合同的规定；低于集体合同规定的，遵从集体合同的规定。

集体合同按照有关法律、法规的规定签订。

（11）劳动合同的续订。劳动合同期满，经当事人协商一致，可以续订劳动合同。续订劳动合同不得约定试用期。

（12）劳动合同的无效。有下列情形之一的，劳动合同无效或者部分无效：以欺诈、胁迫手段或者乘人之危，使对方在违背真实意思的情况下订立或者变更劳动合同的；用人单位免除自己的法定责任、排除劳动者权利的；违反法律、行政法规强制性规定的。无效的劳动合同，自订立的时候起，就没有法律约束力。确认劳动合同部分无效的，如果不影响其他部分的效力，其他部分仍然有效。对劳动合同的无效或者部分无效有争议的，由劳动争议仲裁委员会或者人民法院确认。

（13）用工登记。用人单位与劳动者建立劳动合同关系，应当向劳动保障行政部门指定的经办机构办理用工登记手续。

9.2.3 劳动合同的变更

1. 劳动合同变更的定义

劳动合同的变更是指当事人双方对尚未履行或尚未完全履行的劳动合同，依照法律规定的条件和程序，对原劳动合同进行修改或增删的法律行为。劳动合同变更应遵循平等自愿、协商一致的原则，不得违反法律、行政法规的规定，应依法变更。任何一方不得擅自变更，否则要承担相应的法律责任。劳动合同的变更只限于劳动合同内容的变更，不包括当事人的变更。

一般来说，合同一经订立，就有强制性，要严格遵守，而不应该随意变更。但是，合同履行过程中难免有各种不同的人为或自然的原因，使合同履行条件发生变化，从而使合同变更成为必要。当然，劳动合同变更后，变更合同的效力只给予经过变更的合同条款，未变更的合同内容仍然有效，仍应依法全部履行。同时，变更合同也要履行一定的手续。变更劳动合同应当由双方协商，达成一致意见后，签订一份书面劳动合同变更协议，在变更协议中指明对哪些条款变更、变更的内容以及变更后的合同生效日期，等等。

2. 劳动合同变更的原因

劳动合同依法订立后，当事人双方必须全面履行合同规定的义务，任何一方不得擅自变更劳动合同。但是，在履行合同过程中，由于主、客观情况发生变化，也可以变更劳动合同。根据劳动法律、法规的有关规定和劳动合同的实践，引起变更劳动合同的原因有：

（1）用人单位方面的原因。例如，企业经有关部门批准或根据市场变化决定转产、调整生产任务；企业严重亏损或发生自然灾害，确实无法履行劳动合同规定的义务。

（2）劳动者方面的原因。例如，劳动者身体状况发生变化、因故部分丧失劳动能力需要变更劳动合同。

（3）客观方面的原因。例如，订立劳动合同时所依据的法律、法规已经修改或废止，必须修改有关条款；劳动合同订立时所依据的客观情况发生重大变化，致使劳动合同无法履行。

3. 劳动合同变更的注意事项

当事人双方在变更劳动合同时，应注意以下四个问题：

（1）变更劳动合同应采用书面形式。《劳动合同法》规定，劳动合同应当以书面形式订立。劳动者与用人单位双方变更劳动合同的行为，实际上是原劳动合同的当事人在原合同的基础上，根据变化了的条件重新订立新合同的行为，应采用书面形式。同时，采用书面形式可以用于确认和证明劳动合同法律关系发生变更的事实。

（2）变更劳动合同的程序，原则上与订立合同的程序相同。一般有三个步骤：提出变更合同的要约，即当事人一方向对方提出变更合同的理由、内容、条件；双方就变更的内容及条件进行协商；双方就合同的变更达成一致意见，签订书面协议。

（3）若原劳动合同中约定"合同需经过鉴证后生效"，变更后的劳动合同也要经过鉴证。

（4）劳动合同变更时，如在协商过程中因双方当事人达不成一致意见而引发劳动争议，可以向当地劳动争议仲裁委员会申请仲裁。

9.2.4 劳动合同的解除

1. 劳动合同解除的含义

劳动合同的解除，是指当事人双方提前终止劳动合同的法律效力，解除双方的权利义务关系。它是因发生一定的法律事实，导致有效的劳动合同在期限届满之前终止。

劳动合同解除分为法定解除和协商解除两种。法定解除，是指因发生法律、法规或劳动合同规定的情况，提前终止劳动合同的法律效力。协商解除，是指当事人双方因某种原因，协商同意提前终止劳动合同的法律效力。

劳动合同解除与劳动合同的订立或变更不同。订立或变更劳动合同是当事人双方的法律行为，必须经双方协商一致才能成立。劳动合同解除可以是双方的法律行为，也可是单方的法律行为，即可以由当事人双方协商一致解除劳动合同，也可以由当事人一方提出解除劳动合同。

2. 劳动合同解除的条件

（1）双方协商解除的条件。《劳动合同法》第三十六条规定："用人单位与劳动者协商一致，可以解除劳动合同。"即双方当事人在合意的前提下，可以做出与原来合同内容不同的约定，这种约定可以是变更合同相关内容，也可以是解除劳动合同关系。双方当事人一旦就劳动合同的解除协商达成一致，并签订书面解除合同协议，就产生了双方劳动合同关系完结的法律效力。

双方协商解除劳动合同，应由当事人双方按照要约、承诺的程序达成解除劳动合同的书面协议。当事人双方协商解除劳动合同必须符合下列条件：一是双方自愿；二是平等协商；三是不得损害一方利益。

（2）用人单位解除劳动合同的条件。《劳动合同法》中对用人单位单方解除劳动合同的问题，做了比较明确的规定。因劳动者出现过错而导致企业可以解除劳动合同的法定情形为：劳动者在试用期间被证明不符合录用条件的；劳动者严重违反用人单位的规章制度的；劳动者严重失职、营私舞弊，给用人单位造成重大损害的；劳动者同时与其他用人单位建立劳动关系，对完成本单位的工作任务造成严重影响，或者经用人单位提出，拒不改正的；劳动合同是在欺诈、胁迫或者乘人之危，违背当事人真实意思的情况下订立而无效的；被依法追究刑事责任的。

上述几种解除劳动合同的情况，均是因劳动者的过错造成的，所以，用人单位在解除劳动合同时，不需提前通知，也无须向劳动者支付解除劳动合同的补偿金。

《劳动合同法》还规定，对于下面的几种情况，劳动者虽然没有任何主观过错，但法律也允许用人单位解除劳动合同：劳动者患病或非因工负伤，在规定的医疗期满后，不能从事原工作也不能从事由用人单位另行安排的工作的；劳动者不能胜任工作，经过培训或者调整工作岗位仍不能胜任工作的；劳动合同订立时所依据的客观情况发生重大变化，致使劳动合同无法履行，经用人单位与劳动者协商，未能就变更劳动合同达成协议的；用人单位濒临破产进行法定整顿期间或者生产经营状况发生严重困难，确需裁减人员的。

> **📑 小资料**
>
> 《劳动合同法》除了规定用人单位可以解除劳动合同的情况外，还专门规定用人单位不得解除劳动合同的情况。《劳动合同法》第四十二条规定："劳动者有下列情形之一的，用人单位不得依照本法第四十条、第四十一条的规定解除劳动合同：从事接触职业病危害作业的劳动者未进行离岗前职业健康检查，或者疑似职业病的病人在诊断或者医学观察期间的；在本单位患职业病或者因工负伤并被确认丧失或者部分丧失劳动能力的；患病或者非因工负伤，在规定的医疗期内的；女职工在孕期、产期、哺乳期的；在本单位连续工作满15年，且距法定退休年龄不足5年的；法律、行政法规规定的其他情形。"劳动者有上述情形之一的，即使劳动合同期限届满，劳动者仍有权依照原劳动合同的规定享受社会保险待遇。

需要提醒用人单位注意的是，劳动者出现上述几种情形，用人单位决定单方解除劳动合同时，应按《劳动合同法》的规定提前30日通知劳动者，并支付解除劳动合同的经济补偿金。

（3）劳动者解除劳动合同的条件。我国《劳动合同法》赋予劳动者辞职权，劳动者有权单方提出要求解除劳动合同。劳动者与用人单位解除劳动合同，可分为两种情况：一是由于劳动者自身的主观原因，想要提前解除劳动合同；二是由于单位的过错，而使劳动者不得不与之解除劳动合同的情况。在第一种情况下，劳动者解除劳动合同，应当提前 30 日以书面形式通知用人单位。这既是劳动者解除劳动合同的程序，也是劳动者解除劳动合同的条件。在第二种情况下，劳动者解除劳动合同，由于是用人单位过错引起的，所以劳动者不需提前 30 日通知用人单位。这种情况适用于《劳动合同法》第三十八条的规定，即有下列情形之一的，劳动者可以随时通知用人单位解除劳动合同：未按照劳动合同约定提供劳动保护或者劳动条件的；未及时足额支付劳动报酬的；未依法为劳动者缴纳社会保险费的；用人单位的规章制度违反法律、法规的规定，损害劳动者权益的；劳动合同是在欺诈、胁迫或者乘人之危，违背当事人真实意思的情况下订立而无效的；法律、行政法规规定劳动者可以解除劳动合同的其他情形。用人单位以暴力、威胁或者非法限制人身自由的手段强迫劳动的，或者用人单位违章指挥、强令冒险作业危及劳动者人身安全的，劳动者可以立即解除劳动合同，不需事先告知用人单位。

（4）劳动合同自行解除的条件。劳动合同自行解除，是指因法律规定的特殊情况发生而导致劳动合同自行提前终止法律效力。它只适用法律规定的特殊情况，并且无须履行解除劳动合同的手续。根据我国有关劳动法规的规定，劳动者被除名、开除、劳动教养以及被判刑的，劳动合同自行解除。

> **小思考**
>
> 劳动者解除劳动合同无须征得用人单位同意，是否会损害用人单位的利益呢？劳动者是否会任意提出解除劳动合同呢？
>
> 分析：为了防止劳动者任意提出解除劳动合同而可能损害用人单位利益，《劳动合同法》做了如下规定：第一，提前通知用人单位解除劳动合同。劳动者解除劳动合同，应当提前 30 日以书面形式通知用人单位。用人单位可提早补充其所需要的劳动者，以保证生产经营和工作的正常进行。第二，承担因违反规定解除劳动合同而给用人单位造成经济损失的赔偿责任。《劳动合同法》第九十条规定，劳动者违反本法规定解除劳动合同，或者违反劳动合同中约定的保密义务或者竞业限制，给用人单位造成损失的，应当承担赔偿责任。这就促使劳动者必须严肃、慎重地依法行使解除劳动合同的权利，并能维护用人单位的利益。

3. 劳动合同解除的程序

根据《劳动法》的规定，劳动合同解除的程序是：

（1）提前通知对方。劳动合同任何一方当事人提出解除劳动合同，除法律有特别规定外，应当提前1个月以书面形式通知对方。提前通知对方，一方面可以使对方有较充裕的时间考虑解除劳动合同是否符合法律、行政法规的规定，以便采取相应的态度和措施；另一方面可以让对方在通知期内重新选择用人单位或招聘职工。

（2）征求工会意见。工会是职工自愿结合的工人阶级的群众组织，依法组织职工参加本单位的民主管理和民主监督，维护职工的合法权益。用人单位解除劳动合同，必须征求本单位工会的意见。工会认为不适当的，有权提出意见。

4. 解除劳动合同的经济补偿

（1）用人单位因与劳动者解除劳动合同应给予劳动者经济补偿的情形有：

①劳动者依照《劳动合同法》第三十八条规定解除劳动合同的，即未按照劳动合同约定提供劳动保护或者劳动条件的；未及时足额支付劳动报酬的；未依法为劳动者缴纳社会保险费的；用人单位的规章制度违反法律、法规的规定，损害劳动者权益的；劳动合同是在欺诈、胁迫或者乘人之危，违背当事人真实意思的情况下订立而无效的；法律、行政法规规定劳动者可以解除劳动合同的其他情形。用人单位以暴力、威胁或者非法限制人身自由的手段强迫劳动的，或者用人单位违章指挥、强令冒险作业危及劳动者人身安全的。

②用人单位依照《劳动合同法》第三十六条规定解除劳动合同的，即用人单位与劳动者协商一致，可以解除劳动合同。

③用人单位依照《劳动合同法》第四十条规定解除劳动合同的，即劳动者患病或者非因工负伤，在规定的医疗期满后不能从事原工作，也不能从事由用人单位另行安排的工作的；劳动者不能胜任工作，经过培训或者调整工作岗位，仍不能胜任工作的；劳动合同订立时所依据的客观情况发生重大变化，致使劳动合同无法履行，经用人单位与劳动者协商，未能就变更劳动合同内容达成协议的。

④用人单位依照《劳动合同法》第四十一条第一款规定解除劳动合同的，即依照企业破产法规定进行重整的。

⑤除用人单位维持或者提高劳动合同约定条件续订劳动合同，劳动者不同意续订的情形外，依照《劳动合同法》第四十四条第一项规定终止固定期限劳动合同的，即劳动合同期满的。

⑥依照《劳动合同法》第四十四条第四项、第五项规定终止劳动合同的，

即用人单位被依法宣告破产的；用人单位被吊销营业执照、责令关闭、撤销或者用人单位决定提前解散的。

⑦法律、行政法规规定的其他情形。经济补偿按劳动者在本单位工作的年限，每满 1 年支付 1 个月工资的标准向劳动者支付。6 个月以上不满 1 年的，按 1 年计算；不满 6 个月的，向劳动者支付半个月工资的经济补偿。这里所指的月工资是指劳动者在劳动合同解除或者终止前 12 个月的平均工资。

劳动者月工资高于用人单位所在直辖市、设区的市级人民政府公布的本地区上年度职工月平均工资 3 倍的，向其支付经济补偿的标准按职工月平均工资 3 倍的数额支付，向其支付经济补偿的年限最高不超过 12 年。

（2）劳动者解除劳动合同的经济补偿和经济赔偿。劳动者违反法律规定解除劳动合同或者违反劳动合同中约定的保密事项，对用人单位造成损失的应当依法承担赔偿责任。赔偿的范围包括：用人单位招收录用其所支付的费用；用人单位为其支付的培训费用，双方另有约定的按约定办理；对生产、经营和工作造成的直接经济损失；劳动合同约定的其他赔偿费用。劳动者违反劳动合同中约定的保密事项，对用人单位造成经济损失的，按《不正当竞争法》的规定向用人单位支付赔偿费用。

用人单位招用尚未解除劳动合同的劳动者，给原用人单位造成经济损失的，该用人单位应当与劳动者承担连带赔偿责任。

9.2.5 劳动合同的终止

1. 劳动合同终止的含义

劳动合同的终止，是指劳动合同期满或双方当事人约定的劳动合同终止的条件出现，以及劳动合同一方当事人因某种原因无法继续履行劳动合同时终结劳动关系的法律行为。劳动合同终止的条件，主要体现在《劳动合同法》第四十四条。

劳动合同终止后，双方当事人之间相对于该劳动合同而形成的责任、权利和义务应随之消灭。在这种情况下，如果一方要求续订劳动合同，必须征得对方的同意，否则，不可能产生新的劳动权利义务法律关系。用人单位需要注意的是，劳动合同期限届满后，用人单位应当及时与劳动合同相关方终止劳动合同关系（《劳动合同法》没有规定终止合同是否需要提前通知，但一般，终止合同应在合同期满日提出，而不是期满后一段时间才提出），办理相应的终止手续。如果需要续订劳动合同的，必须在双方完全同意的前提下，不得违反法律规定及时续订，不续订劳动合同时，应及时按法律规定办理劳动合同终止手续。

2. 劳动合同终止的条件

符合下列条件之一，劳动合同即行终止：

（1）劳动合同期满的。

（2）劳动者开始依法享受基本养老保险待遇的。

（3）劳动者死亡，或者被人民法院宣告死亡或者宣告失踪的。

（4）用人单位被依法宣告破产的。

（5）用人单位被吊销营业执照、责令关闭、撤销或者用人单位决定提前解散的。

（6）法律、行政法规规定的其他情形。

其中，需要特别注意的是，劳动合同约定的终止条件已经出现，但是有下列情形之一，劳动者提出延缓终止劳动合同的，劳动合同不能立即终止，应当续延至相应的情形消失时才能终止，具体的情形包括：从事接触职业病危害作业的劳动者未进行离岗前职业健康检查，或者疑似职业病的病人在诊断或者医学观察期间的；患病或者非因工负伤，在规定的医疗期内的；女职工在孕期、产期、哺乳期的；在本单位连续工作满15年，且距法定退休年龄不足5年的；法律、行政法规规定的其他情形。另外，在本单位患职业病或者因工负伤并被确认丧失或者部分丧失劳动能力的劳动者的，其劳动合同的终止，按照国家有关工伤保险的规定执行。

9.3　劳动争议的处理

9.3.1　劳动争议的定义及特征

1. 劳动争议的定义

劳动争议也称劳动纠纷，是指劳动关系双方当事人在执行劳动法律、法规或履行劳动合同、集体合同过程中因劳动的权利、义务发生分歧而引起的争议[①]。随着社会的不断发展和劳动法制的逐步健全，劳动争议处理已经成为一项法律制度，在劳动法律制度中占有重要地位，并且在调整劳动关系中发挥着至关重要的作用。

根据《中华人民共和国劳动争议调解仲裁法》（以下简称《劳动争议调解仲裁法》）的有关规定，劳动争议主要包括以下几种：因确认劳动关系发生的

---

① 林忠，金延平. 人力资源管理（第三版）［M］. 大连：东北财经大学出版社，2012：282.

争议；因订立、履行、变更、解除和终止劳动合同发生的争议；因除名、辞退和辞职、离职发生的争议；因工作时间、休息休假、社会保险、福利、培训以及劳动保护发生的争议；因劳动报酬、工伤医疗费、经济补偿或者赔偿金等发生的争议；法律、法规规定的其他劳动争议。

2. 劳动争议的特征

劳动争议一般是指用人单位与劳动者在劳动立法的范围内，因适用法律规范和履行、变更、解除及终止劳动合同以及其他与劳动关系直接相联系的问题而引起的纠纷。劳动争议之所以能与其他类型的争议相区别，作为一种独立的争议形式存在，关键在于它具有的一些本质特征。

（1）劳动争议有特定的当事人。劳动争议的主体限于劳动关系双方当事人。劳动争议是劳动法律关系主体之间的争议，只有发生在企业劳动关系双方主体之间的争议，才是劳动争议。如果争议不是发生在有劳动关系的当事人之间，而是发生在职工与职工之间、企业行政领导之间、企业与企业之间、企业与国家机关或与社会团体之间，即使劳动争议的内容涉及劳动问题，也不能构成劳动争议。例如，企业之间因劳动力流动而发生的争议，劳动者或企业与劳动行政部门在劳动行政管理过程中发生的争议等。

小思考

实践中如何界定争议的性质，怎样将劳动争议与一般民事纠纷、经济纠纷相区分？

分析：1. 纠纷的当事人和内容不同。民事争议是发生在公民之间、法人之间以及他们相互之间的财产权益、人身权益的争执，它的内容大多是财产关系问题。2. 解决纠纷适用的法律不同。民事争议由民法来调整，经济纠纷由经济法调整，劳动争议由劳动法调整。3. 主体的权利能力和行为能力不同。根据我国劳动法律规定，公民的劳动权利能力和劳动行为能力从 16 周岁开始，这与民事法律关系主体的民事权力能力和民事行为能力不同。劳动权利能力和劳动行为能力是统一的，同时产生，同时终止。而公民的民事权力能力和民事行为能力时间上却不完全一致。公民的民事行为能力一般则从 18 周岁开始。

（2）劳动争议的范围是限定的。我国劳动争议的范围限定在法律规定的范围之内。只要属于法律规定范围内的劳动争议，当事人均可向当地劳动争议仲裁委员会申诉。只有关于劳动权利和劳动义务的争议，才是劳动争议。如企业因财务问题、营销问题以及职工的股份分红问题而发生的争议就不属于劳动争议。此外，劳动争议一般发生在劳动过程和生产过程之中。

（3）劳动争议的社会影响大①。由于劳动权利义务与劳动者的生活乃至生存有直接联系，特别是集体劳动争议和集体合同争议涉及人员多，如处理不当或不及时，容易激化矛盾，影响社会治安。

9.3.2 引起劳动争议的原因

产生劳动争议的原因可以从劳动关系的主体出发进行分析②：

1. 用人单位方面的原因

（1）随着《劳动合同法》的颁布以及劳动力市场的日益成熟，所谓的正式工和临时工已不复存在，用人单位中各类职工的权利是一样的。以往一个较长时期相对于正式工而言的临时工，如今和正式工一样已成为历史名词。但是在相当一部分用人单位的领导和管理人员主观意识上没有完成这个观念的转变或者说根本不了解这个用工政策上的巨大变化，他们不了解、不熟悉《劳动合同法》及现行的有关劳动保障方面的法规、政策，不按法律办事，还是按传统的办法管理员工，这是造成劳动争议的主要原因。

（2）用人单位内部规章制度是用人单位自行制定，用于经营、管理单位及规范员工行为的规范性文件。它是用人单位处理违纪员工的"操作手册"，是用人单位内部的"法律"。实践中，因为用人单位内部规章存在问题而引发的劳动纠纷也不少，如有的用人单位规章制度不健全，出现了许多漏洞和不该发生的违规行为。

（3）目前，仍有一部分用人单位不按规定与职工签订劳动合同，由此引发的劳动争议层出不穷。《劳动合同法》明确规定，建立劳动关系应当订立劳动合同，明确双方的权利和义务。

（4）劳动用工日常管理不规范。引发劳动争议的原因很多，包括社会保险缴纳、劳动报酬支付、辞退、解除和终止劳动合同等诸多问题。例如，有的用人单位虽为职工缴纳了社会保险，但是为了单位自身的利益，压低缴费基数，侵害职工利益；有的用人单位虽然和职工订立了劳动合同，但是合同条款不规范，不约定岗位、工资，且随意变更职工的岗位，降低工资，从而引发劳动争议；某些用人单位解除、终止劳动合同条款不明晰，不了解解除和终止劳动合同之间的区别，从而引发经济补偿金争议；有的用人单位的领导和管理者

---

① 于桂兰，于楠．劳动关系管理［M］．北京：清华大学出版社，北京交通大学出版社，2011：386.

② 肖传亮等．劳动关系管理（第二版）［M］．大连：东北财经大学出版社，2012：91.

不了解国家的工时制度，任意延长工作时间，无节制地安排职工加班，不按规定支付加班工资等，从而引发劳动争议。

2. 劳动者方面的原因

（1）当前，由于社会的进步、法制大环境的影响，劳动者的法制意识、维权意识不断增强，当自身的利益受到侵害后能勇敢地拿起法律武器维护自己的合法权益。

（2）个别劳动者恶意用法，违反用人单位的劳动纪律或侵害用人单位的利益，给用人单位造成严重损失。

9.3.3 劳动争议的处理原则及程序

1. 劳动争议的处理原则

《劳动争议调解仲裁法》第三条规定："解决劳动争议，应当根据事实，遵循合法、公正、及时、着重调解的原则，依法保护当事人的合法权益。"因此，处理劳动争议要在查清事实的基础上，遵循法律规定的原则进行。

（1）合法原则。合法原则是指劳动争议处理机构在处理劳动争议案件的过程中应当坚持以事实为依据，以法律为准绳，依法处理劳动争议。合法原则要求劳动争议处理机构要查清案件事实，并在此基础上正确使用法律。此外，贯彻合法原则还要求，劳动争议的处理程序、处理方法、处理结果要合法，对当事人双方在适用法律上要一律平等，不得损害社会公众利益和他人的合法利益。

（2）公正原则。公正原则是指劳动争议处理机构在处理劳动争议时，要秉公执法，不徇私情，客观、公平、合理地处理劳动争议，不偏袒任何一方，保证双方当事人处于平等的法律地位，具有平等的权利和义务。公正原则还体现在任何一方当事人都不存在超越另一方当事人的特权，任何一方在申请调解、仲裁和提起诉讼时，在参加调解、仲裁和诉讼活动中，都享有同等权利，承担的义务也相同。

（3）及时处理原则。及时处理原则是指劳动争议案件处理中，当事人要及时申请调解或仲裁，超过法定期限将不予受理。劳动争议处理机构，在处理劳动争议案件时，要在规定的时间内完成，否则要承担相应的责任。

（4）调解原则。调解是指在第三方的主持下，依法劝说争议双方当事人进行协商，在互谅互让的基础上达成协议，从而解决争议的一种方法。劳动争议经过说服教育和协商对话有可能得到及时化解。

2. 劳动争议的处理程序

用人单位与劳动者之间发生争议，作为争议双方当事人应当采取合法的途径和程序处理彼此之间的争议。按照国家的规定，有权负责受理劳动争议案件的专门机构有设在企业的基层调解委员会、地方的各级劳动争议仲裁委员会、同级人民法院。《劳动争议调解仲裁法》第四条规定："发生劳动争议，劳动者可以与用人单位协商，也可以请工会或者第三方共同与用人单位协商，达成和解协议。"同时第五条规定："发生劳动争议，当事人不愿协商、协商不成或者达成和解协议后不履行的，可以向调解组织申请调解；不愿调解、调解不成或者达成调解协议后不履行的，可以向劳动争议仲裁委员会申请仲裁；对仲裁裁决不服的，除本法另有规定的外，可以向人民法院提起诉讼。"

由此可知[①]：发生劳动争议，当事人的基本解决方法是申请调解、仲裁和提起诉讼，劳动争议双方也可以自行协商解决。协商和调解不是劳动争议处理的必经程序，而仲裁是劳动争议处理的必要程序；同时，只有不服仲裁裁决的，才可以向人民法院提起诉讼，不能一发生劳动争议就向人民法院提起诉讼。

（1）调解。调解通常是处理劳动争议的第一个程序，但必须属于：由国家法律规定的劳动争议；发生在本企业范围内的劳动争议；双方当事人自愿申请调解的劳动争议。

关于劳动争议调解的组织形式，《劳动争议调解仲裁法》第十条规定："发生劳动争议，当事人可以到下列调解组织申请调解：企业劳动争议调解委员会；依法设立的基层人民调解组织；在乡镇、街道设立的具有劳动争议调解职能的组织。企业劳动争议调解委员会由职工代表和企业代表组成。职工代表由工会成员担任或者由全体职工推举产生，企业代表由企业负责人指定。企业劳动争议调解委员会主任由工会成员或者双方推举的人员担任。"

企业劳动争议调解委员会，负责调解本企业发生的劳动争议，调解程序一般包括调解准备、调解开始、实施调解、调解终止几个阶段。根据《劳动争议调解仲裁法》及《企业劳动争议协商调解规定》的相关规定，当事人申请劳动争议调解可以书面申请，也可以口头申请。口头申请的，调解组织应当当场记录申请人基本情况、申请调解的争议事项、理由和时间。调解委员会接到调解申请后，对属于劳动争议受理范围且双方当事人同意调解的，应当在 3 个工作日内受理。对不属于劳动争议受理范围或者一方当事人不同意调解的，应当做好记录，并书面通知申请人。

调解的步骤包括调查核实、召开调解会议、听取陈述、公正调解。调解劳动争议时，调解委员会应当充分听取双方当事人对事实和理由的陈述，耐心疏

---

① 肖传亮等．劳动关系管理（第二版）［M］．大连：东北财经大学出版社，2012：92.

导，帮助其达成协议。经调解达成协议的，应当制作调解协议书。调解协议书由双方当事人签名或者盖章，经调解员签名并加盖调解组织印章后生效，对双方当事人具有约束力，当事人应当履行。调解协议书一式三份，双方当事人和调解委员会各执一份。

自劳动争议调解组织收到调解申请之日起 15 日内未达成调解协议的，当事人可以依法申请仲裁。达成调解协议后，一方当事人在协议约定期限内不履行调解协议的，另一方当事人可以依法申请仲裁。因支付拖欠劳动报酬、工伤医疗费、经济补偿或者赔偿金事项达成调解协议，用人单位在协议约定期限内不履行的，劳动者可以持调解协议书依法向人民法院申请支付令。人民法院应当依法发出支付令。

（2）仲裁。仲裁委员会的办事机构设在当事人所在地区的劳动和社会保险局内。可以申请仲裁的劳动争议有三种情况：一是发生争议后，直接向仲裁委员会申请仲裁的；二是发生争议后，本企业没有调解委员会的；三是发生争议后，经企业调解委员会调解不成的。凡属上述三种情况，又符合法律规定受案范围的劳动争议，双方当事人都有权向仲裁委员会申请仲裁。

劳动争议仲裁的基本程序是：立案、裁决和结案。其中涉及的时效及相关要求如下：

第一，申请仲裁。根据《劳动争议调解仲裁法》第二十七条的规定，劳动争议申请仲裁的时效期间为 1 年。仲裁时效期间从当事人知道或者应当知道其权利被侵害之日起计算。仲裁时效，因当事人一方向对方当事人主张权利，或者向有关部门请求权利救济，或者对方当事人同意履行义务而中断。从中断时起，仲裁时效期间重新计算。因不可抗力或者有其他正当理由，当事人不能在本条第一款规定的仲裁时效期间申请仲裁的，仲裁时效中止。从中止时效的原因消除之日起，仲裁时效期间继续计算。劳动关系存续期间因拖欠劳动报酬发生争议的，劳动者申请仲裁不受本条第一款规定的仲裁时效期间的限制；但是，劳动关系终止的，应当自劳动关系终止之日起 1 年内提出。

第二，提交书面申请。申请人申请仲裁应当提交书面仲裁申请，并按照被申请人人数提交副本。仲裁申请书应当载明下列事项：①劳动者的姓名、性别、年龄、职业、工作单位和住所，用人单位的名称、住所和法定代表人或者主要负责人的姓名、职务；②仲裁请求和所根据的事实、理由；③证据和证据来源、证人姓名和住所。

书写仲裁申请确有困难的，可以口头申请，由劳动争议仲裁委员会记入笔录，并告知对方当事人。

第三，仲裁受理。劳动争议仲裁委员会收到仲裁申请之日起 5 日内，认为符合受理条件的，应当受理，通知申请人，同时在 5 日内将仲裁申请书副本送达被申请人，并组成仲裁庭。被申请人收到仲裁申请书副本后，应当在 10 日内向劳动争议仲裁委员会提交答辩书。劳动争议仲裁委员会收到答辩书后，应当在 5 日内将答辩书副本送达申请人。被申请人未提交答辩书的，不影响仲裁程序的进行。认为不符合受理条件的，应当书面通知申请人不予受理，并说明理由。对劳动争议仲裁委员会不予受理或者逾期未做出决定的，申请人可以就该劳动争议事项向人民法院提起诉讼。

第四，做出裁决。仲裁庭处理劳动争议应当先行调解，在查明事实的基础上，促使当事人双方自愿达成协议，协议内容不得违反法律、法规。调解达成协议的，仲裁庭应当制作调解书。调解书应当写明仲裁请求和当事人协议的结果。调解书由仲裁员签名，加盖劳动争议仲裁委员会印章，送达双方当事人。调解书经双方当事人签收后，发生法律效力。调解不成或者调解书送达前，一方当事人反悔的，仲裁庭应当及时做出裁决。裁决书应当载明仲裁请求、争议事实、裁决理由、裁决结果和裁决日期。裁决书由仲裁员签名，加盖劳动争议仲裁委员会印章，送达双方当事人。

> **小资料**
>
> 《劳动争议调解仲裁法》第四十七条规定，下列劳动争议，除本法另有规定的外，仲裁裁决为终局裁决，裁决书自做出之日起发生法律效力：
>
> （1）追索劳动报酬、工伤医疗费、经济补偿或者赔偿金，不超过当地月最低工资标准 12 个月金额的争议；
>
> （2）因执行国家的劳动标准在工作时间、休息休假、社会保险等方面发生的争议。

仲裁庭裁决劳动争议案件，应当自劳动争议仲裁委员会受理仲裁申请之日起 45 日内结束。案情复杂需要延期的，经劳动争议仲裁委员会主任批准，可以延期并书面通知当事人，但是延长期限不得超过 15 日。逾期未作出仲裁裁决的，当事人可以就该劳动争议事项向人民法院提起诉讼。当事人对仲裁不服的，可自收到仲裁裁决书之日起 15 日内向人民法院提起诉讼，期满不起诉的，裁决书发生法律效力。

> **小案例**
>
> 4 月 28 日，在某纺织厂全体职工大会上，厂工会主席向全厂职工宣布：为庆祝五一，厂工会决定在 5 月份举办劳动竞赛，比一比谁在 5 月份完成的生产任务最多、最好。厂里的每一位工人都有资格参加此次竞赛。为鼓励大家，厂工会决定从工会经费中拿出一笔钱奖励这次竞赛的优胜者，具体方案如下：根

据每位工人全月完成生产任务的多少、质量好坏，评选出一等奖 3 名，可获得 1000 元；二等奖 5 名，奖金为 800 元；三等奖 10 名，奖金为 500 元。听到此公告，全厂工人的热情都被调动起来了，个个摩拳擦掌，准备在 5 月份大干一场。

　　劳动竞赛结束后，评奖工作开始了。经过考核评比，厂工会的领导们发现，完成生产任务最多最好的一共有 4 名工人，这 4 名工人的生产任务完成的一样多、一样好，无法分辨出哪一个稍差点，按说都应该得一等奖，可是一等奖只设了 3 名，所以 4 个人中必须要刷下一名。到底刷掉谁合适呢？最后，工会领导发现，这四个人中有一位外号叫"猴子"的工人，平时对待工作并不太认真，生产任务完成得也很一般，这次是为了竞赛，他才做得如此出色；而其他 3 位工人，平时工作完成得十分优秀。所以，工会认为应该把"猴子"刷下，作为二等奖获得者。

　　当"猴子"拿到二等奖 800 元的奖金时，非常不满，认为工会评奖不公平，就气冲冲地找工会主席说："既然我的竞赛成绩跟一等奖的工人一样，我也应该被评为一等奖，拿 1000 元奖金，现在我才拿 800 元，我不干！你们最好给我补发 200 元，让我也拿到一等奖的奖金，否则，我去劳动争议仲裁委员会申请仲裁，让他们给评评理！"

　　分析：此事件是否属于劳动争议？劳动争议仲裁委员会能受理这种仲裁申请吗？

　　分析提示：

　　1. 参见劳动争议的受案范围。根据劳动争议的受案范围，劳动争议的双方主体，必须一方是劳动者，建立了劳动关系的用人单位。案例中纺织厂工会既不是用人单位，也不是劳动者，不能成为劳动争议的一方主体，所以，此事件不属于劳动争议。

　　2. 既然不属于劳动争议，劳动争议仲裁委员会不能受理"猴子"的仲裁申请书。

　　资料来源：魏耀武. 人力资源管理［M］. 北京：清华大学出版社，2012：279－280.

　　（3）诉讼。劳动争议诉讼是劳动争议当事人不服劳动争议仲裁委员会的裁决，在规定的期限内向人民法院起诉，人民法院依法受理后，依法对劳动争议案件进行审理的活动。

　　提起劳动争议诉讼的条件。根据《劳动法》的规定，劳动争议当事人可以依法向人民法院起诉。但是当事人提起劳动争议诉讼必须符合法定条件，否则法院不予受理。依照我国诉讼法的有关规定，起诉条件是：①起诉人必须是劳动争议的当事人，当事人因故不能亲自起诉的，可以委托代理人代其起诉，其他未经委托授权的无权起诉；②必须是不服劳动争议仲裁委员会裁决而向法院起诉，不能未经劳动仲裁程序直接向人民法院起诉；③必须有明确的被告、具体的起诉请求和事实依据；④起诉不得超过起诉时效，即自收到仲裁裁决书之日起15日内起诉，否则法院不予受理；⑤依法向有管辖权的法院起诉，一般向仲裁委员会所在地的人民法院起诉。

劳动争议案件的诉讼由人民法院的民事审判庭按照《民事诉讼法》规定的普通诉讼程序进行审理，主要的环节有：当事人向法院提出起诉和人民法院受理起诉；案件审理前的准备；开庭审理；对案件的争议做出实体判决和程序上的裁定。劳动争议诉讼是处理劳动争议的最终程序，它通过司法程序保证了劳动争议的最终彻底解决。

9.3.4 劳动争议的预防

预防劳动争议具体可以从以下几个方面着手：

（1）建立、健全企业内部规章制度，加强执行力度，规范企业管理者和劳动者的各种行为。用人单位规章制度的制定须通过民主程序且符合国家法律的有关要求，并已向劳动者公示，才可以作为人民法院审理劳动争议案件的依据。

（2）加强劳动法规的宣传、教育工作，增强劳动关系双方主体的劳动法制观念和劳动法律意识，使他们都能够做到知法、懂法和守法。

（3）加强劳动合同或集体合同的监督和管理，使企业劳动关系双方主体都能依法签订和履行企业劳动合同或集体合同。

（4）发挥工会组织的积极作用，促进其真正成为维护工人合法权益的代言人。工会组织可以通过与雇主谈判的方式，维护工人的合法权益，化解工人与雇主之间的矛盾，有效减少企业劳动争议的发生。

（5）加强企业的民主管理，吸收工人参与企业管理，建立和完善企业劳动关系的内部协调和制约机制，可以融洽双方主体之间的关系，加强企业劳动关系的合作。

9.4 实践流程与要点

和谐的劳动关系是企业发展的重要保证。但在法律法规日益健全、员工维权意识日益增强的今天，劳动争议的发生不可能完全避免。因此，作为人力资源管理实践者，需要清楚地把握解决劳动争议的一般流程和时间节点，以及不同解决途径的流程和关键时间节点。

劳动争议处理的一般流程：

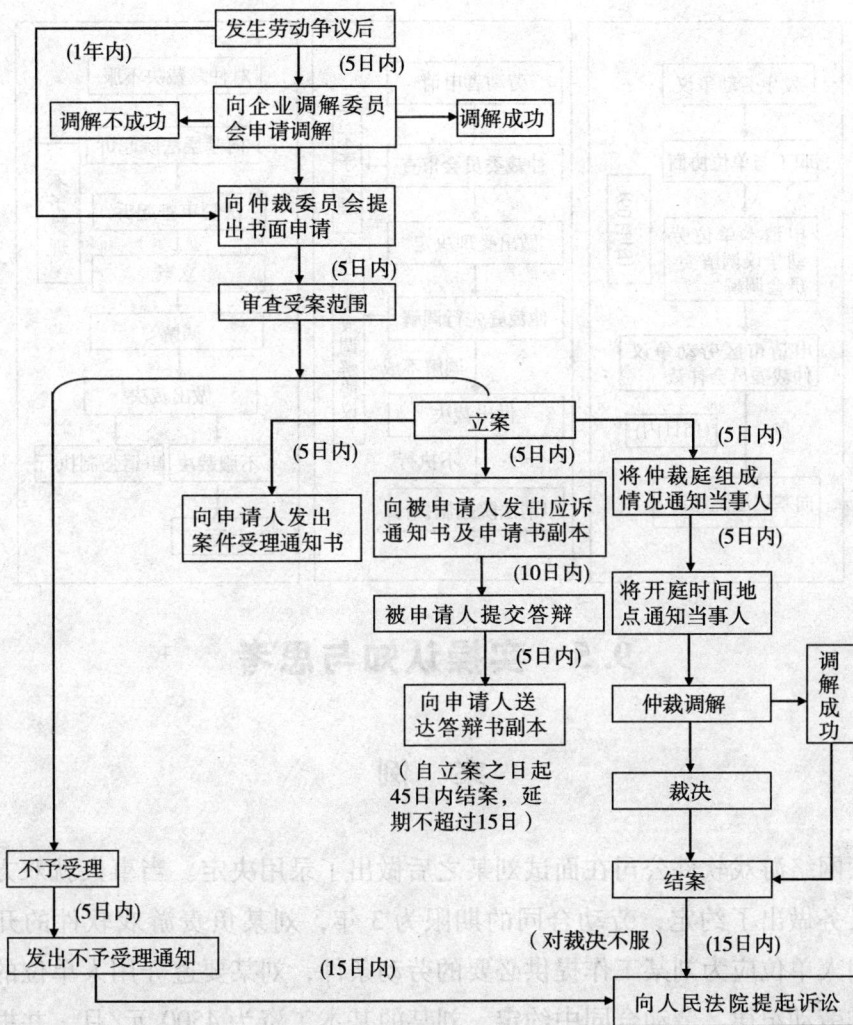

```
                          ┌──────────────┐
                          │  发生劳动争议后 │
        (1年内)            └──────────────┘
                              (5日内)
  ┌──────────┐          ┌──────────────┐          ┌──────────┐
  │  调解不成功 │◄─────────│ 向企业调解委员 │─────────►│  调解成功 │
  └──────────┘          │ 会申请调解    │          └──────────┘
        │               └──────────────┘
        │                      │
        └───────►┌──────────────┐
                 │ 向仲裁委员会提 │
                 │ 出书面申请    │
                 └──────────────┘
                      │
                      │ (5日内)
                 ┌──────────────┐
                 │ 审查受案范围   │
                 └──────────────┘
                      │
        ┌─────────────┴────────────────────────┐
        │              ┌──────┐                 │
        │              │ 立案  │                 │  (5日内)
        │   (5日内)     └──────┘    (5日内)       │
        │        ┌───────┼───────────┐          │
┌──────────┐ ┌──────────────┐ ┌──────────────┐
│ 向申请人发出 │ │ 向被申请人发出应诉 │ │ 将仲裁庭组成    │
│ 案件受理通知 │ │ 通知书及申请书副本 │ │ 情况通知当事人  │
│ 书        │ └──────────────┘ └──────────────┘
└──────────┘        │ (10日内)        │ (5日内)
                 ┌──────────────┐ ┌──────────────┐
                 │ 被申请人提交答辩 │ │ 将开庭时间地    │
                 └──────────────┘ │ 点通知当事人    │
                      │ (5日内)    └──────────────┘
                 ┌──────────────┐        │          ┌──────┐
                 │ 向申请人送     │ ┌──────────────┐ │ 调解  │
                 │ 达答辩书副本   │ │ 仲裁调解       │─►│ 成功  │
                 └──────────────┘ └──────────────┘ └──────┘
                 （自立案之日起          │
                  45日内结案，延      ┌──────────────┐
                  期不超过15）        │ 裁决          │
                                    └──────────────┘
 ┌──────────┐                            │
 │  不予受理  │         ┌──────┐            │
 └──────────┘         │ 结案  │◄───────────┘
      │ (5日内)        └──────┘
 ┌──────────────┐   （对裁决不服）│ (15日内)
 │ 发出不予受理通知 │   (15日内)
 └──────────────┘          ┌──────────────┐
      └───────────────────►│ 向人民法院提起诉讼 │
                           └──────────────┘
```

劳动争议不同解决途径的运作流程：

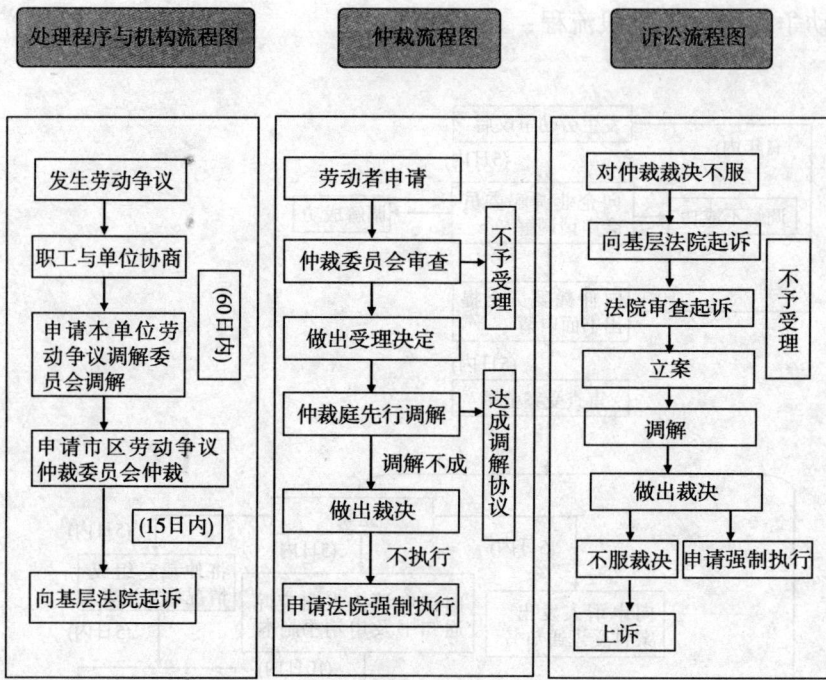

处理程序与机构流程图　　仲裁流程图　　诉讼流程图

```
处理程序与机构流程图          仲裁流程图              诉讼流程图

发生劳动争议              劳动者申请              对仲裁裁决不服
    ↓                      ↓          不      ↓
职工与单位协商          仲裁委员会审查    予    向基层法院起诉    不
    ↓          (60日内)     ↓          受        ↓          予
申请本单位劳          做出受理决定    理    法院审查起诉    受
动争议调解委                ↓                      ↓          理
员会调解              仲裁庭先行调解  达        立案
    ↓                      ↓      成          ↓
申请市区劳动争议      调解不成      调        调解
仲裁委员会仲裁              ↓      解          ↓
    ↓ (15日内)        做出裁决    协        做出裁决
                          ↓      议      ↓        ↓
向基层法院起诉        不执行          不服裁决  申请强制执行
                          ↓              ↓
                    申请法院强制执行    上诉
```

9.5　实操认知与思考

案　例

某网络游戏软件公司在面试刘某之后做出了录用决定。当事人就双方的权利和义务做出了约定，劳动合同的期限为 3 年，刘某负责游戏软件的开发设计，用人单位应为刘某工作提供必要的劳动条件，刘某要遵守用人单位的劳动规章和劳动纪律。劳动合同中约定，刘某的基本工资为 4500 元/月，并根据个人绩效情况可获得相应的绩效工资，还享有各种津贴和福利。劳动合同中还规定，当事人任何一方违反合同，应向对方支付违约金。为了保护用人单位的商业秘密，合同规定，刘某在终止或解除劳动合同后的 2 年内，不得到与用人单位有竞争关系的同类游戏软件公司任职。双方在平等自愿的基础上进行协商，并就劳动合同的主要内容达成一致。

思考问题：

试想一下如果你是这家网络游戏软件公司的人力资源主管，根据刘某的情况拟定一份正式的劳动合同，合同中应列出法定必备条款和双方的约定条款。

本章小结

1. 劳动关系是指劳动力所有者（劳动者）与劳动力使用者（用人单位，包括各类企业、个体工商户、事业单位等）之间，在实现劳动过程中建立的社会经济关系。在中国目前市场经济条件下，劳动关系具体主要包括：所有者与全体职工（包括经营管理人员）的关系；经营管理者与普通职工的关系；经营管理者与工会的关系；工会与职工的关系。

2. 劳动合同亦称劳动契约，是劳动者与用人单位确立劳动关系、明确双方权利和义务的协议。按照我国法律规定，订立劳动合同应采取书面形式。劳动合同的条款分为法定条款和协商条款。通常双方还需要制订附件，附件中明确双方的权利、义务的具体内容。劳动合同的内容通常包括劳动合同期限、工作内容、劳动保护和劳动条件、劳动报酬、劳动纪律、劳动合同终止条件、违反劳动合同的责任以及双方约定条款等。

3. 劳动合同应在合法、公平、平等自愿、协商一致、诚实信用原则的基础上订立，双方当事人必须具备合同的主体资格，并遵循"提议—协商—签约"三个步骤进行。劳动合同的变更需要具备相应的条件，并在平等自愿、协商一致的基础上遵循订立合同的程序进行。劳动合同的变更只限于劳动合同内容的变更，不包括当事人的变更。劳动合同的解除需要具备相应的条件，可以是双方的法律行为，也可是单方的法律行为，即可以由当事人双方协商一致解除劳动合同，也可以由当事人一方提出解除劳动合同。在劳动合同期满或双方当事人约定的劳动合同终止的条件出现的情况下，劳动合同即行终止。

4. 劳动争议也称劳动纠纷，是指劳动关系双方（即劳动者和用人单位）在执行劳动法律、法规或履行劳动合同的过程中，因劳动权利义务发生分歧而引起的争议。劳动争议有特定的当事人，劳动争议的范围限定在法律规定的范围之内，不同的劳动争议适用不同的程序。劳动争议的处理应遵循合法、公正、及时处理、着重调解的原则，一般包括协商、调解、仲裁和诉讼四种情形。

参 考 文 献

[1] 陈京民，韩松. 人力资源规划［M］. 上海：上海交通大学出版社，2006.

[2] 陈维政，余凯威，程文文. 人力资源管理（第三版）［M］. 北京：高等教育出版社，2011.

[3] 谌新民. 人力资源管理概论（第三版）［M］. 北京：清华大学出版社，2005.

[4] 董克用. 人力资源管理概论（第三版）［M］. 北京：中国人民大学出版社，2011.

[5] 范伟，张瞳光. 人力资源管理［M］. 北京：中国商务出版社，2010.

[6] 方少华. 人力资源咨询［M］. 北京：机械工业出版社，2006.

[7] 方振邦，罗海元. 战略性绩效管理（第三版）［M］. 北京：中国人民大学出版社，2010.

[8] 冯虹，陶秋燕. 现代人力资源管理［M］. 北京：经济管理出版社，2006.

[9] 付麟，闻效仪. 人力资源管理概论［M］. 北京：中国劳动社会保障出版社，2008.

[10] 付亚和，许玉林. 绩效管理［M］. 上海：复旦大学出版社，2006.

[11] 葛玉辉. 薪酬管理实务［M］. 北京：清华大学出版社，2011.

[12] 郭晓薇，丁桂凤. 组织员工绩效管理［M］. 大连：东北财经大学出版社，2008.

[13] 胡八一. 人力资源规划实务［M］. 北京：北京大学出版社，2008.

[14] 黄鹤. 信息化背景下的人力资源管理［J］. 黑龙江对外经贸，2007（3）.

[15] 黄维德，刘燕. 人力资源管理实务［M］. 上海：立信会计出版社，2004.

[16] 蒋蓉华. 人力资源管理基础［M］. 北京：清华大学出版社，2007.

[17] 金延平. 人员培训与开发［M］. 大连：东北财经大学出版社，2006.

[18] 李宝元. 绩效管理［M］. 北京：机械工业出版社，2009.

[19] 李文静. 绩效管理（第二版）　［M］. 大连：东北财经大学出版

社，2012.

[20] 李燕萍，李锡元. 人力资源管理（第二版）［M］. 武汉：武汉大学出版社，2012.

[21] 李育英，行金玲. 薪酬设计与管理［M］. 西安：西安交通大学出版社，2011.

[22] 李作学. 人力资源管理工作案例［M］. 北京：人民邮电出版社，2009.

[23] 廖泉文，万希. 中国人力资源管理的发展趋势［J］. 中国人力资源开发，2004（12）.

[24] 林忠，金延平. 人力资源管理（第三版）［M］. 大连：东北财经大学出版社，2012.

[25] 刘美凤，方圆媛. 绩效改进［M］. 北京：北京大学出版社，2011.

[26] 刘昕. 薪酬管理［M］. 北京：中国人民大学出版社，2013.

[27] 刘银华. 薪酬管理（第二版）［M］. 大连：东北财经大学出版社，2011.

[28] 马建新等. 人力资源管理理论与方法［M］. 上海：格致出版社，2011.

[29] 彭剑锋. 21 世纪人力资源管理的十大特点［J］. 中国人才，2000（11）.

[30] 彭剑锋. 人力资源管理概论（第二版）［M］. 上海：复旦大学出版社，2011.

[31] 苏钧. 现代企业人力资源管理［M］. 北京：中国致公出版社，2007.

[32] 唐鑛. 劳动关系管理概论［M］. 北京：中国人民大学出版社，2012.

[33] 王璞. 人力资源管理咨询实务［M］. 北京：机械工业出版社，2004.

[34] 王希永，李晓珍. 大学生事业生涯设计与发展［M］. 广州：中山大学出版社，2001.

[35] 王蕴，孙静. 人力资源管理［M］. 北京：清华大学出版社，2008.

[36] 魏耀武. 人力资源管理［M］. 北京：清华大学出版社，2012.

[37] 温志强. 人力资源开发与管理［M］. 北京：清华大学出版社，2011.

[38] 吴宝华. 人力资源管理实用教程（第二版）［M］. 北京：北京大学

出版社，2012.

　　［39］武欣. 绩效管理实务手册（第二版）［M］. 北京：机械工业出版社，2005.

　　［40］夏姚敢. 人力资源管理（第二版）［M］. 上海：上海财经大学出版社，2012.

　　［41］萧鸣政. 人力资源开发与管理——在公共组织中的应用（第二版）［M］. 北京：北京大学出版社，2009.

　　［42］肖传亮等. 劳动关系管理（第二版）［M］. 大连：东北财经大学出版社，2012.

　　［43］严伟. 薪酬管理［M］. 大连：东北财经大学出版社，2011.

　　［44］杨浩. 人力资源管理［M］. 上海：上海财经大学出版社，2011.

　　［45］杨新华，屠海群等. 人力资源开发与管理［M］. 北京：经济科学出版社，2009.

　　［46］杨毅宏. 人力资源管理全案（第三版）［M］. 北京：电子工业出版社，2012.

　　［47］姚锐敏，田鹏，杨炎轩. 人力资源管理概论［M］. 北京：科学出版社，2010.

　　［48］姚裕群. 人力资源管理（第三版）［M］. 北京：中国人民大学出版社，2007.

　　［49］姚裕群. 人力资源开发与管理概论（第三版）［M］. 北京：高等教育出版社，2011.

　　［50］姚裕群. 职业生涯规划与发展（第二版）［M］. 北京：首都经济贸易大学出版社，2007.

　　［51］姚月娟. 工作分析与应用（第二版）［M］. 大连：东北财经大学出版社，2011.

　　［52］于桂兰，于楠. 劳动关系管理［M］. 北京：清华大学出版社，北京交通大学出版社，2011.

　　［53］张弘，赵曙明. 人力资源管理的演变［J］. 中国人力资源开发，2002（3）.

　　［54］张倜. 劳动关系管理［M］. 北京：电子工业出版社，2006.

　　［55］张雪飞等. 人力资源开发与管理［M］. 北京：科学出版社，2011.

　　［56］赵应文. 人力资源管理［M］. 北京：北京大学出版社，2012.

　　［57］赵永乐，王培君. 人力资源管理概论（第二版）［M］. 上海：上海交通大学出版社，2010.

[58] 郑大奇. 人力资源管理实战 258 问 [M]. 北京：企业管理出版社，2007.

[59] 郑晓明. 现代企业人力资源管理导论 [M]. 北京：机械工业出版社，2002.

[60] 郑兴山. 人力资源管理（第二版）[M]. 上海：上海交通大学出版社，2010.

[61] 朱飞. 绩效激励与薪酬激励 [M]. 北京：企业管理出版社，2010.

[62] 朱勇国. 工作分析 [M]. 北京：高等教育出版社，2007.

[63] 朱勇国. 工作分析与研究 [M]. 北京：中国劳动社会保障出版社，2006.

[64] ［美］劳伦斯·S·克雷曼，吴培冠译. 人力资源管理——获取竞争优势的工具（第四版）[M]. 北京：机械工业出版社，2009.

[65] ［美］斯蒂芬·P·罗宾斯，［美］蒂莫西·A·贾奇. 组织行为学（第十三版）[M]. 北京：清华大学出版社，2010.

[66] ［英］约翰·布里顿，杰弗里·高德著，徐芬丽译. 人力资源管理（第三版）[M]. 北京：经济管理出版社，2005.

[67] R. 韦恩·蒙迪，朱迪·B·蒙迪. 人力资源管理（第 11 版）[M]. 北京：机械工业出版社，2011.

[68] 杰弗里·H·格林豪斯等著. 职业生涯管理（第三版）[M]. 王伟译，北京：清华大学出版社，2006.

[69] 雷蒙德·A·诺伊，约翰·R·霍伦贝克，巴里·格哈特，帕特里克·M·赖特著. 人力资源管理基础（第三版）[M]. 刘昕译，北京：中国人民大学出版社，2011.

[70] 雷蒙德·诺伊著，雇员培训与开发 [M]. 徐芳译，北京：中国人民大学出版社，2001.

[71] 韦恩·F·卡肖著. 人力资源管理 [M]. 王重鸣译，北京：机械工业出版社，2006.

[72] 约瑟夫·J·马尔托奇奥. 战略薪酬管理（第五版）[M]. 北京：中国人民大学出版社，2010.

[73] Bruack, E. H., Hochwarter, W. and Mathys N. Y., "The new management development paradigm", Human Resource Planning, 21 (1), 1997.

《人力资源管理（第二版）》

操作与习题手册

李文静　主编

经济科学出版社

目　　录

第1章　人力资源管理导论

§1.1　练习题

§1.1.1　名词解释

1. 人力资源　　2. 人力资源管理　　3. X 理论—Y 理论　　4. 需要层次论
5. 双因素理论

§1.1.2　填空题

1. 人力资源管理是依据组织和个人发展需要，对组织中的＿＿＿＿＿＿＿这一特殊资源进行有效开发、合理利用与＿＿＿＿＿＿的机制、制度、流程、技术和方法的总称。

2. 人力资源的性质包括：能动性、＿＿＿＿＿＿、时效性、＿＿＿＿＿＿、再生性。

3. 西奥多·舒尔茨认为，人力资本是劳动者身上所具备的两种能力，一种能力是通过＿＿＿＿＿＿获得的，是由个人与生俱来的基因所决定的，另一种能力是后天获得的，是由个人努力经过＿＿＿＿＿＿而形成的。

4. 美国人力资源管理协会将人力资源管理的职能划分成六种：人力资源规划、招募和选择；人力资源开发；＿＿＿＿＿＿；安全和健康；＿＿＿＿＿＿；人力资源研究。

5. 在管理学发展史上提出"期望理论"的是＿＿＿＿＿＿。

§1.1.3　多项选择题

1. 人力资源的作用有哪些？（　　　）
    A. 人力资源是财富形成的关键要素　　　B. 人力资源是经济发展的主要力量
    C. 人力资源是企业的首要资源　　　　　D. 以上选项都包括

2. 人力资源管理的作用有哪些？（　　　）
    A. 有利于企业获得竞争优势
    B. 利于组织生产经营活动的顺利进行
    C. 有利于调动组织员工的积极性，提高劳动生产率
    D. 有利于减少劳动消耗，提高组织经济效益

3. 人性假设理论包括哪几种假设？（　　　）
    A. 经济人假设　　B. 社会人假设　　C. 自我实现人假设　　D. 复杂人假设

4. 马斯洛的需要层次理论都包括哪些需要？（　　　）
    A. 生理需要　　B. 安全需要　　C. 归属和爱的需要
    D. 尊重的需要　　E. 自我实现的需要

5. 人力资源的性质包括：（　　　）
    A. 能动性　　　　　B. 两重性　　　　　C. 时效性
    D. 社会性　　　　　E. 再生性

§1.1.4　简答题

1. 人力资源管理与人事管理的区别有哪些？
2. 人力资源管理的作用有哪些？
3. 美国人力资源管理模式的特点有哪些？

§1.1.5　论述题

1. 我国人力资源管理面临的挑战有哪些？
2. 我国人力资源管理未来的趋势有哪些？

§1.2　习题参考答案

§1.2.1　名词解释

1. 答：人力资源是指在一定范围内能够为社会创造物质财富和精神财富、具有智力劳动和体力劳动能力的人口的总和，它包括数量和质量两个方面。

2. 答：所谓人力资源管理是依据组织和个人发展需要，对组织中的人力这一特殊资源进行有效开发、合理利用与科学管理的机制、制度、流程、技术和方法的总称。

3. 答：麦格雷戈提出了 X 理论—Y 理论，这是一对基于两种完全相反假设的理论，X 理论认为人们有消极的工作原动力，而 Y 理论则认为人们有积极的工作原动力。

4. 答：需要层次论是由心理学家马斯洛提出的动机理论。该理论认为，人的需要可以分为五个层次：生理需要、安全需要、归属和爱的需要、尊重的需要、自我实现的需要。

5. 答：双因素理论，又称"激励—保健因素"理论，是美国的行为科学家弗雷德里克·赫茨伯格提出来的。使职工感到满意的都是属于工作本身或工作内容方面的叫做激励因素；使职工感到不满的，都是属于工作环境或工作关系方面的叫做保健因素。

§1.2.2　填空题

1. 人力，科学管理　　　2. 两重性，社会性　　　3. 先天遗传，学习
4. 报酬和福利，员工和劳动关系　　　5. 弗罗姆

§1.2.3　多项选择题

1. ABCD　　　2. ABCD　　　3. ABCD　　　4. ABCDE　　　5. ABCDE

§1.2.4　简答题

1. 答：人力资源管理与人事管理的区别：

项目	人力资源管理	人事管理
观念	视员工为有价值的重要资源	员工是投入的成本负担
目的	满足员工自我发展的需要，保障组织的长远利益实现	保障组织短期目标的实现
内容	不仅是人员与劳动力的管理，而且是人力资本的管理	人员与劳动力的简单管理
模式	以人为本	以工作为中心
范围	正式组织、非正式组织、团队、组织外	正式组织内
组织结构	树型、矩阵型扩大到网络型	树型或矩阵型
视野	广阔、远程性	较狭窄
性质	战略、策略性	战术、业务性
深度	丰富、主动、注重开发	简单、被动、注重"管人"
功能	系统、整合	单一、分散
地位	从决策层到全员	人事部门执行层
作用	决定组织前途	提高效率与工作生活质量
工作方式	参与	控制、隐秘
协调关系	合作、和谐	监督、对立
角色	挑战性、动态性	例行性、记载式
导向	组织目标与员工行为目标一致	组织目标与员工行为目标分离
部门属性	生产与效益部门	行政部门

2. 答：（1）有利于企业获得竞争优势；（2）有利于组织生产经营活动的顺利进行；（3）有利于调动组织员工的积极性，提高劳动生产率；（4）有利于减少劳动消耗，提高组织经济效益。

3. 答：（1）人力资源的高度市场化配置；（2）以详细分工为基础的人力资源管理制度化；（3）人才的快速提拔；（4）薪酬水平的市场调节；（5）强化培训；（6）人力资源的全球化引进。

§1.2.5　论述题

1. 答：改革开放 30 多年来，中国经济、社会等各个方面都实现了空前的发展，在社会经济发展中面临很多新问题和新挑战，加之经济危机的到来，中国宏观经济的发展背景已经发生了很大变化，中国的人力资源管理要想适应新时代的发展，在竞争中保持优势，应该克服以下四点挑战。

（1）人力资源管理的全球化。全球化主宰着竞争的市场，蕴涵着新市场、新产品、新概念、新的竞争能力和对经营的新的思考方式。人力资源管理需要创建新的模式和流程来培养全球性的灵敏的嗅觉、效率和竞争。第一，人才流动国际化、无国界。21世纪，企业要以全球的视野来招聘和选拔人才，来看待人才的流动。第二，人才市场竞争的国际化。国际化的人才交流市场与人才交流将出现，并成为一种主要形式。人才的价值（价格）就不仅仅是在一个区域市场内来体现，它更多的是要按照国际市场的要求来看待人才价值。第三，跨文化的人力资源管理成为重要内容。不同文化背景的人在一起，就构成了跨文化的环境。在跨文化背景下对不同层面的多样化的人力资源进行有效管理，是人力资源管理的重要任务。第四，人才网成为重要的人才市场形式。要通过利用网络优势来加速人才的交流与流动，并为客户提供人力资源的信息增值服务。第五，人才流动速率加快，流动交易成本与流动风险增加，人才流向高风险、高回报的知识创新型企业。

（2）人力资源管理的信息化。当今信息技术的发展和应用，大大地改变了人们的生活，也给人力资源管理工作带来了深刻的变化。一方面，在信息化进程中起关键作用的资源是人力资源已成为人们的共识，人力资源的核心竞争力地位被充分肯定。企业的人力资源管理应能够适应信息化带来的变化，能够使信息化成为提高管理效率和水平的手段，因而对人力资源的获取、甄选、保留、使用等提出了更高的要求。另一方面，人力资源管理信息化也是企业信息化的重要组成部分。为了适应快速变化的市场，企业需要更加灵活、并能做出快速反应的人力资源管理平台和解决方案。越来越多的企业开始大力推进人力资源管理信息化，试图通过信息技术来降低企业成本，规范业务流程，提高工作效率和人力资源管理水平。由此可见，在信息化背景下，人力资源管理正在经历前所未有的冲击。

（3）高端人才供给远远小于需求。十七大报告提出"优先发展教育，建立人力资源强国"，这就为中国人力资源管理提出了新的方向。目前人力资源素质较低问题在我国尤为突出，过去30年，我国实际上走的是依靠廉价劳动力的劳动密集型发展道路。我国是人力资源大国，劳动力丰富、价格低廉，根据资源禀赋理论，这种发展道路是正确的。但中国经济现在面临很多新的挑战，中国的经济增长模式需要我们进一步反思。实际上劳动力的供给和需求关系在悄然发生变化。尽管从学者的研究来看，中国现在还没有到达"刘易斯拐点"，但是供求关系已经发生变化而且有进一步变化的趋势，今后依靠廉价劳动力的发展模式将逐渐淡出历史舞台。同时随着经济高速增长，经济模式逐渐发生转变，高层次人才已经越来越供不应求，实际上中国不仅缺乏高端人才，也大量缺乏技术工人。企业要获得全面的竞争力，就必须要依靠创新型高端人才，拥有知识的人才将对组织的生存与竞争具有关键意义。

（4）《劳动合同法》的实施带来人力资源管理法制环境的变化。2008年《劳动合同法》的实施，使得人力资源管理人员都在为解决劳动法可能引发的企业成本增加等经营问题寻找捷径。出台《劳动合同法》，为的是进一步保护劳动者的权益，规范雇主的用工行为。《劳动合同法》在长期来讲有利于促进人力资源管理作为战略伙伴关系的形成，但短期而言，对企业人力资源管理是个挑战。这需要人力资源管理者全面理解掌握这部法律。

2. 答：（1）由战术性人力资源管理向战略性人力资源转变。从时间周期看，人力资源的获得与其他任何资源的获得相比都要用更长的时间。人力资源管理不仅仅是人力资源职能部门的责任，也是全体员工及全体管理者的责任。尽管人力资源管理在内容上得到不断的丰富和发展，但许多企业的人力资源管理仍然局限于战术而非战略水平上。现在越来越多的企业认识到，人力资源管理的对象是组织中最重要的资源，它通过所管理的人与其他管理职能进行互动，在实现组织整体目标的过程中起着不可估量的重大作用。而现代企业经营战略的实质，就是在特定的环境下，为实现预定的目标而有效运用包括人力资源在内的各种资源的策略。通过有效的人力资源管理，将促进员工积极参与企业经营目标和战略，并把它与个人目标结合起来，达到企业与员工"双赢"的状态。因此，人力资源管理将成为企业战略规划及战略管理不可分割的组成部分，而不再只是战略规划的执行过程，人力资源管理的战略性更加明显。新的人力资源部门应是规模更小，权力更大，核心任务就是战略。在执行层面上，人力资源合作伙伴将和总经理及他的团队紧密合作，根据战略价值和预期得到的价值，评估、诊断和发展组织联盟。这就要求人力资源专家不仅要对商业有深刻的认识，而且要擅长组织设计、组织变革和干预方法，并且还需要具备分析能力和人际关系能力，以推动变革的顺利开展。很多企业都请人力资源专家实质性地参与战略研究和制定全过程，从而使人力资源管理在更高的层次上得到不断地变化，更趋于强调战略问题，强调如何使人力资源管理为实现组织目标做更大的贡献。

（2）人力资源管理者的角色将重新界定。为适应人力资源管理部门的角色转变，企业人力资源管理者的角色将重新界定，主要表现在以下三方面：

第一，经营决策者角色。传统观点认为，人力资源管理部门是一个无足轻重的行政管理部门，同企业经营没有直接关系，只需要负责企业人员的招聘、培训、工资等日常管理活动。21 世纪，随着市场竞争的日趋激烈，人力资源管理在企业的核心地位越来越突出，人力资源管理者不再仅仅局限在人事工作方面，而是更多地参与到企业经营活动中来，成为一个经营决策者。他们一方面要关注企业经营的长远发展，另一方面也要帮助直线经理和员工进行日常管理活动。

第二，CEO 职位的主要竞争者。随着企业对人力资源管理的日益重视和人力资源在现实生活中的重要作用，使得人力资源管理者在企业中的地位不断上升。CEO 职位的候选人从最初的营销人员、财务人员逐步扩展到人力资源管理人员，越来越多的高层人力资源主管会问鼎 CEO 职位，越来越多的人力资源主管会进入企业董事会。如在 20 世纪 90 年代，美国前 200 家大企业中就有 96 位人力资源高层主管出任 CEO。

第三，直线经理的支持者和服务者。人力资源职能部门的权力淡化；直线经理的人力资源管理责任增加；员工自主管理的责任增加。人力资源管理将成为各级管理人员的共同职责，而不再只是人力资源管理部门的任务。人力资源管理开始被确认为各级管理人员的共同职责。越来越多的企业将要求各级管理人员参与人力资源管理，并对其进行人力资源管理的培训，推广企业人力资源管理的理念、方法和手段。这种趋势也使得各种管理协会、社团组织、教育机构的人力资源管理专业的培训得以蓬勃发展。同时，企业要把人力资源管理工作的各项指标作为直线经理绩效考评的主要内容。企业各层主管应该主动与人力资源管理部门沟通，共同实现企业目标，而不仅仅在需要招工或辞退员工时，才想到人力资源管理部门。

（3）人力资源管理工作外包化趋势日益明显。为了能够适应组织内部结构和工作量的经常变化，使组织能够维持较为有效的系统和程序，出现了人力资源管理工作外包。外包就是将组织的人力资源管理活动委托给组织外部的公司承担，主要原因是组织内部投资结构和工作量的经常变化。一部分基础性工作向社会化的企业管理服务网络转移，企业的档案管理、社会保险、职称评定、招聘和培训等庞杂的事务性工作、知识含量不太高的工作从人力资源部门转移出去，而组织设计、工作分析等具有开创性的职能则交给管理咨询公司。人力资源管理外包的实质就是降低管理成本，通过从战略高度对企业成本结构和成本行为的全面了解、控制和改善，寻求长久的竞争优势，以获取持续有效地适应外部环境的能力，当组织发生变化时，人力资源部门通过它的机构和运行以使它变得更精干和更灵活。

（4）培训的投资将不断增大。培训是企业获得高质量人力资源的重要手段。人力资源是企业所有资源中增值潜力最大、最具有投资价值的资源，而员工培训是企业所有投资中风险最小、收益最大的战略性投资。经过培训，企业由于员工技能提高而得到长足发展，员工则从企业发展和自身努力中获得收益。员工和企业不仅分担了培训成本，而且也分享了培训的收益，意味着企业和员工都有动力继续合作。同时，员工由于获得职业培训特别是特殊职业培训，而使其在企业外部的价值比在企业内部的价值低，必然会选择与企业的命运紧紧联系在一起。企业可以根据自身的实际需要，制定多层次、多渠道、多形式的业内培训，以提高员工业务技能和敬业精神。

（5）工作方式将会发生根本性的变革。随着网络技术的发展，工作以项目为核心的发展趋势日益明显，员工居住地方越来越分散，居家办公也将进一步普及。现在，从事信息密集型行业的人数将逐渐超过从事传统服务业和制造业的人数，现代化的通讯手段，电子邮件、网络会议的使用将成为人们工作联系的主要方式。2000年美国劳工部调查表明，采用在家工作方式的人数已经达到1300万～1900万人，占其劳动力总数的10%以上。与此相应，在家工作正在成为现代劳动市场中正规部门就业的重要发展趋势。调查显示，受过高等教育的人群采取居家办公的工作形式比较多。人们愿意采取居家办公的最重要原因是舒适，人们不愿意采取居家办公的最主要原因是认为居家办公缺乏与同事和客户"面对面"的交流。

第2章 人力资源规划

§2.1 练习题

§2.1.1 名词解释

1. 人力资源规划
2. 人力资源需求预测
3. 人力资源供给预测
4. 人力资源管理信息系统

§2.1.2 填空题

1. 企业制定人力资源规划的原因是＿＿＿＿＿＿＿＿＿＿＿，制定人力资源规划的基础是＿＿＿＿＿＿＿＿＿＿。

2. 人力资源规划包括哪两方面的内容：＿＿＿＿＿＿＿＿＿，＿＿＿＿＿＿＿＿＿。

3. 人力资源规划的最后一个程序是＿＿＿＿＿＿＿＿＿＿。

4. 通过听取专家们关于处理和预测某种重大技术性问题的方法是＿＿＿＿＿＿＿＿。

5. 人力资源供给预测分为＿＿＿＿＿＿＿＿、＿＿＿＿＿＿＿＿＿两种。

6. 管理人员接替模型主要用于人力资源＿＿＿＿＿＿＿＿＿的预测。

7. 人力资源供需不平衡有哪三种情况：＿＿＿＿、＿＿＿＿、＿＿＿＿。

8. 人力资源管理信息系统应该包括哪三个方面的内容：＿＿＿＿、＿＿＿＿和＿＿＿＿＿。

§2.1.3 多项选择题

1. 下列哪些是影响人力资源规划的内部因素？（　　　）
   A. 经营目标的变化　　　　　　　B. 组织形式的变化
   C. 企业高层管理人员的变化　　　D. 企业员工素质的变化

2. 影响人力资源规划的外部因素包括（　　　）。
   A. 人口和劳动力市场的变化　　　B. 行业发展状况的变化
   C. 政府政策的变化　　　　　　　D. 社会文化的变化

3. 人力资源规划的制定原则包括（　　　）。
   A. 科学性　　　B. 系统性　　　C. 动态性　　　D. 局限性

4. 人力资源规划包括哪两方面内容？（　　　）
   A. 企业未来人力资源需求　　　　B. 人力资源总体规划
   C. 人力资源业务规划　　　　　　D. 企业未来人力资源供给

5. 进行人力资源规划要收集研究相关信息，这些信息包括（　　　）。
   A. 企业财务状况　　B. 经营战略　　　C. 经营环境　　　D. 人力资源现状

6. 人力资源需求预测方法中，哪些属于定性分析方法？（　　）

　　A. 现状规划法　　B. 经验预测法　　C. 趋势外推预测法　　D. 德尔菲法

7. 人力资源内部供给预测方法包括哪些？（　　）

　　A. 技能清单法　　B. 人员核查法　　C. 管理人员接替模型　D. 马尔可夫模型

8. 人力资源不平衡的状态一般有（　　）。

　　A. 供不应求　　B. 供过于求　　C. 总体失衡　　D. 结构失衡

§2.1.4　简答题

1. 简述制定人力资源规划的目标。
2. 简述人力资源规划应遵循哪些原则。
3. 人力资源规划分为哪四个程序？
4. 简述德尔菲法操作步骤。
5. 简述人力资源管理信息系统的作用。

§2.1.5　论述题

1. 论述人力资源规划的影响因素。
2. 论述企业如何解决人力资源供求的不平衡？

§2.2　习题参考答案

§2.2.1　名词解释

1. 答：人力资源规划是人力资源管理的一项基础性工作，是指一个企业为了实现其战略目标，根据企业的人力资源现状，科学地预测、分析自己在未来环境变化中的人力资源供给与需求状况，从而制定相应的政策和措施，使企业的人力资源供给和需求达到平衡，确保在需要的时间和需要的岗位上获得所需人才，并使企业和个人都获得长期的利益。

2. 答：人力资源需求预测是指以企业的战略目标、发展规划和工作任务为出发点，综合考虑各种因素的影响，对企业未来人力资源的数量、质量和时间等进行估计的活动。

3. 答：人力资源供给预测是指企业为了实现其既定目标，对未来一段时间内企业内部和外部各类人力资源补充来源情况的预测。

4. 答：人力资源管理信息系统（HRMIS），也称为人力资源管理系统，或人力资源信息系统。它是指对人力资源信息进行收集和加工，利用信息进行人力资源的规划和预测，辅助公司领导进行人力资源开发管理与人事决策的信息系统。

§2.2.2　填空题

1. 不断变化的企业环境，搞清企业现有的人力资源状况
2. 人力资源总体规划，人力资源业务规划
3. 人力资源规划的执行
4. 德尔菲法

5. 内部供给预测，外部供给预测

6. 企业内部人力资源供给

7. 供不应求，供过于求，结构失衡

8. 管理要素，信息要素，系统要素

§2.2.3 多项选择题

1. ABCD　　2. ABC　　3. ABC　　4. BC　　5. BCD　　6. ABD　　7. ABCD　　8. ABD

§2.2.4 简答题

1. 答：制定人力资源规划有六个目标：（1）保证组织在适当时间和不同的岗位上获得适当的员工；（2）促使人力资源的合理利用；（3）确保组织对外部环境变化做出及时的反应，并根据实际情况进行适当的调整；（4）为组织的人力资源活动提供了方向和工作思路；（5）配合组织发展需求，规划人力资源发展；（6）将业务管理人员与职能管理人员的观点结合起来。

2. 答：应遵循科学性原则、系统性原则、动态性原则、实用性与适用性原则、协调性原则和企业与员工共同发展原则。

3. 答：四个程序为收集研究相关信息、人力资源供求预测、人力资源规划的制定、人力资源规划的执行。

4. 答：一是预测筹划。预测筹划工作包括：确定预测的课题及各预测项目；设立负责预测组织工作的临时机构；在组织内部和外部，广泛选择研究人力资源问题领域的专家，成立一个专家小组。二是由专家进行预测。专家预测工作包括：预测机构把包含预测项目的预测表及有关背景材料寄送给各位专家；专家以匿名方式独自对问题做出判断或预测。三是进行统计与反馈。统计与反馈工作包括：收集各预测专家的预测结果；预测机构对各专家意见进行统计分析，综合第一次预测结果；把综合结果反馈给专家小组成员，再要求各专家对新预测表做出第二轮预测。如此反复须经过几轮，通常为3~4轮，专家的意见趋于一致。四是表达预测结果。即预测机构把经过几轮专家预测形成的结果以文字或图表形式表现出来。

5. 答：（1）及时提供全面可靠的信息，改善企业人力资源管理的效率；（2）简化人力资源管理工作，强化其战略职能；（3）规范人力资源管理部门的业务流程；（4）提高企业的整体管理水平；（5）增强员工自我管理与开发能力，增强企业员工的组织认同感。

§2.2.5 论述题

1. 答：（1）企业内部的影响因素有：经营目标的变化；组织形式的变化；企业高层管理人员的变化；企业员工素质的变化。

（2）企业外部的影响因素有：人口和劳动力市场的变化；行业发展状况的变化；政府政策的变化。

2. 答：（1）人力资源供大于求的调整方法：对于总量上的人力资源过剩，可以制定以下政策和措施进行调节：增加无薪假期；提前退休计划；通过开拓新的企业生长点来吸收过剩的人力资源；进行员工培训；裁员。

（2）人力资源供小于求的调整方法：对于总量上的人力资源短缺，可以制定以下政策和措施进行调节：企业人力资源失衡的内部调整；进行技能培训；提高技术改革水平；延长员工的工作时间或增加工作量，并相应地提高工资；聘用临时工；外包。

（3）人力资源结构失衡的调整方法：通过企业内部人员的晋升和调任，以满足空缺职位对人力资源的需求；对于供过于求的普通人力资源，可以有针对性地对其进行培训，提高他们的知识技能，让他们发展成为企业需要的人才，补充到空缺的岗位上；通过人力资源外部流动，来补充企业某些岗位的人力资源需求，并释放另一些岗位过剩的人力资源。

第3章 工作分析

§3.1 练习题

§3.1.1 名词解释

1. 工作分析　　　2. 观察法　　　3. 问卷调查法　　　4. 工作说明书　　　5. 工作规范

§3.1.2 填空题

1. 工作分析是组织人力资源管理的_____。

2. 在进行问卷设计时，为了便于资料的统计，问卷常以_____为主。

3. 工作分析的最终结果是_____。

4. 获取职位要素信息、概括职位特征的直接分析是_____。

5. _____是指工作分析人员直接参与所研究的工作，由此掌握工作要求的第一手资料的一种工作分析方法。

§3.1.3 多项选择题

1. 工作分析中主要收集的工作信息有（　　　）。
   A. 工作活动　　　　　　　　　　B. 工作标准
   C. 所使用的工具设备和辅助工具　　D. 工作环境和定位于人的活动

2. 观察法的缺点在于（　　　）。
   A. 手段不多　　　　　　　　　　B. 效率不高
   C. 适用范围有限　　　　　　　　D. 难以得到组织者合作

3. 一份比较完整的工作说明书应该包括（　　　）。
   A. 工作标识　　　B. 工作概述　　　C. 工作内容　　　D. 工作条件和环境

4. 工作规范和工作说明书编写存在的误区具体表现在（　　　）。
   A. 编写主题不明确 B. 缺乏客观公正性 C. 工作描述过于琐细　D. 追求一劳永逸

§3.1.4 简答题

1. 什么是工作分析？工作分析包括哪些内容？

2. 工作说明书和工作规范的编写应该遵循什么原则？

3. 简述工作分析的程序。

§3.1.5 论述题

1. 试论在人力资源管理活动中工作分析的地位和作用。

2. 试述工作说明书和工作规范编写中存在的误区。

§3.2 习题参考答案

§3.2.1 名词解释

1. 答：所谓工作分析，就是对某特定的工作做出明确的规定，并确定完成这一工作所需要的知识技能等资格条件的过程。

2. 答：观察法是一种传统的工作分析方法，工作分析人员直接到工作现场，对某些特定的工作活动进行观察，收集、记录有关工作的内容、工作间的相互联系、人与工作的关系，以及工作环境、条件等信息，并用文字或图表形式记录下来，然后进行分析和归纳总结的方法。

3. 答：问卷调查法是通过让被调查职位的任职者、主管及其他相关人员填写调查问卷来获取工作相关信息的方法。

4. 答：工作说明书又称职位描述，是以书面的形式对组织中的各个职位的工作性质、工作任务、工作职责与工作环境等所作的统一要求，它实际要描述的是任职者的工作是什么、为什么做、如何做以及在何处做等。

5. 答：工作规范又称岗位规范或者任职资格，是根据工作分析所提供的信息，拟定任职者的资格，列举并说明具体任职者的个人特质、条件、所受教育和培训等，用于招聘、职业培训等活动。

§3.2.2 填空题

1. 基础　2. 封闭式问题　3. 工作说明书和工作规范　4. 职位描述　5. 工作实践法

§3.2.3 多项选择题

1. ABCD　　2. CD　　3. ABCD　　4. ABD

§3.2.4 简答题

1. 答：所谓工作分析，就是对某特定的工作做出明确的规定，并确定完成这一工作所需要的知识技能等资格条件的过程。工作分析由两大部分组成：工作描述和工作说明书。通俗地讲，工作分析就是要通过一系列科学的方法，把职位的工作内容和职位对员工的素质要求弄明白。

（1）工作描述。工作描述具体说明了某一工作的物质特点和环境特点，主要包括以下几个方面：一是工作名称的描述。这主要说明某项工作的专门名称或代号，目的是便于对各种工作进行识别、分类以及确定组织内外的各种工作关系。二是工作内容的描述。这主要是对所要完成的工作任务、工作责任、使用的原材料和机器设备、工作流程、与其他人的正式工作关系、接受监督以及进行监督的性质和内容等方面进行的描述。三是工作条件的描述。这包括对工作地点的温度、湿度、光线、噪声、安全条件、地理位置、屋内或室外等工作条件和物理环境的说明。四是工作社会环境的描述。工作社会环境又被称为工作人际因素，包括工作群体中的人数、完成工作所要求的人际交往的数量和程度、各部门之间的关系、工作地点内外的文化设施、社会风俗的影响程度等。五是聘用条件的描述。这包括对工作时数、工资结构、支付工资的方法以及福利待遇等方面的描述。

（2）工作规范。工作规范主要说明的是从事某项工作的人员必须具备的生理要求和心理要求等任职资格条件，主要包括以下几个方面：一是一般要求，指从事该项工作所需的一般要求，包括年龄、性别、学历、工作经验等。二是生理要求，指从事该项工作所需的生理性要求，包括健康状况、力量与体力、运动的灵活性、感官的灵敏度等。三是心理要求，指从事该项工作所需的心理性要求，包括事业心、合作性、观察力、领导能力、组织能力、沟通能力等。

2. 答：工作说明书和工作规范的编写应该遵循的规则有：

（1）科学性原则。这是对编写程序的要求。工作说明书和工作规范的编写，应该避免主观随意性，从程序上保证其科学性。这就需要相关专家共同参与撰写，任职者的主管审定，人力资源管理部门存档。

（2）适用性原则。这是对工作说明书和工作规范内容的要求。工作说明书和工作规范的内容应该简洁实用、重点突出，既不能过于详细，也不能过于简单，必须明确工作任务、工作职责和任职资格，使之能够被应用于人力资源管理的各项工作。

（3）准确性原则。这是对工作说明书和工作规范的语言表达方面的要求。工作说明书和工作规范应该对工作进行全面清楚地描述，任职者阅读以后能够明确其工作责任和工作流程。工作规范还应该列举并且说明任职者所必须具备的个人特质、条件、所受培训和教育经历等；同时，工作说明书和工作规范的描述应该准确，用词恰当，便于理解和把握。

（4）规范性原则。这是对工作说明书和工作规范的格式要求。工作说明书和工作规范是组织人力资源管理系统的重要文件资料，其内容和描述的结果应该是基本一致的，内容应该是完备的，文本格式应该是统一的，从而使之能够适应现代化技术应用与发展的要求。

3. 答：工作分析是一个对工作进行全面评价的过程，这个过程可以分为四个阶段：准备阶段、调查阶段、分析阶段和完成阶段。

（1）准备阶段。准备阶段是工作分析的第一个阶段，主要任务是了解情况，确定样本，建立关系，组成工作小组。

（2）调查阶段。调查阶段是工作分析的第二个阶段，主要任务是搜集工作分析的信息。通过搜集有关工作活动、工作对员工行为的要求、工作条件、工作环境、工作对员工个人的要求等方面的信息，来进行实际的工作分析。分析的工作不同，所采取的方法也不同，通常可以结合多种方法进行分析。

（3）分析阶段。分析阶段的主要任务是对有关工作特征和工作人员特征的调查进行全面的总结分析。工作分析提供了与工作的性质和功能及任职资格有关的信息，而这些信息只有与从事这些工作的员工及他们的直接主管人员进行核对才有可能不出现偏差。这一核对工作有助于确保工作分析所获得的信息的正确性、完整性，同时也有助于确定这些信息能否被所有与被分析工作相关的人所理解。

（4）完成阶段。这是工作分析的最后阶段。前三个阶段的工作都是为此阶段工作奠定基础的，此阶段的主要任务是依据前三个阶段所得材料编制工作说明书与工作规范。在本章第1节中已经提到过，工作说明书主要指明了工作的内容是什么，工作规范则指明了需要雇用什么样的人来从事这一工作。有时候，工作说明书和工作规范分成两份文件来写，有时候则合并在一份工作说明书中。

§3.2.5　论述题

1. 答：工作分析是人力资源管理的一项重要基础工作，只有做好工作分析，才能保证在人员招聘与录用过程中的适人适位，才能保证人员培训、绩效管理、薪酬管理、职业生涯规划等人力资源管理职能的规范化，从而最大限度地提高人力资源的使用效率，降低人力资源的使用成本。工作分析的作用具体表现在以下几个方面：

（1）有利于人力资源规划。每个组织对于本单位内部的人员配备和工作安排，都必须有一个合理的计划。当内部或外部环境发生改变时，组织也应当根据工作或生产的发展趋势相应地调整人力资源规划。工作分析信息可以帮助组织确定未来的工作需求以及完成这些工作的人员需求。

（2）有利于人员招聘与录用。从上述工作分析的含义我们已经知道，工作描述的主要内容是说明有关工作的静态和动态的特点；工作规范则提出了完成该项工作的有关人员的心理、生理、技能、受教育程度等方面的要求。毫无疑问，在此基础上确定的用人标准，可以帮助招聘人员寻找并发现真正适应工作岗位、能为组织做贡献的候选人。

（3）有利于员工培训与开发。员工的培训与开发解决的是任职者的知识、技能和素质与岗位相互匹配的问题。应该培训开发什么？请专家、讲师来讲课能够开阔人的视野，但所讲的内容是否正是员工所短缺的知识和技能，是否能够有效地提高员工的工作绩效？一般意义上的培训很难回答以上的问题。因此，我们需要根据工作规范对任职者的要求，有针对性地对员工短缺的知识、技能和能力素质进行培训与开发，才能做到有的放矢，从而有效地提高员工的工作能力。通过工作分析，企业可以明确从事某项工作所应具备的技能、知识和其他各种素质条件。这些条件和要求并不能使当前从事各项工作的员工人人都能满足，这就需要企业根据工作分析的结果，参照员工的实际工作绩效，制订和设计培训方案，有区别、有针对性地安排培训内容和方法，以提高员工的工作技能，进而提高工作效率。

（4）有利于建立先进、合理的工作定额和报酬制度。所谓先进、合理，就是在现有工作条件下，经过一定的努力，大多数人能够达到，其中一部分人可以超过，少数人能够接近的定额水平。工作分析是动员和组织员工、提高工作效率的手段，是工作和生产计划的基础，也是制定企业部门定员标准和工资奖励制度的重要依据。工资奖励制度是与工资定额和技术等级标准密切相关的，把工作定额和技术等级标准的评定建立在工作分析的基础上，就能够制定出比较公平合理的报酬制度。

（5）有利于职业生涯规划。随着员工在组织内部和组织间的流动日益频繁，工作分析的结果无论对组织还是对员工本人，在考虑进行流动时都是非常必要的。另外，无论组织还是个人，如果对工作要求和个人工作的联系没有充分了解，就不可能制定有效的职业生涯规划。职业生涯规划针对员工个人的发展方向和工作兴趣，为员工提供了职业发展的通道。工作说明书提供了工作的内容和任职资格，对能力素质也提出要求，为员工的职业发展提供客观的、可供遵循的轨迹。员工可以根据自身发展目标，结合自身的素质特长，清晰规划自己的发展渠道。

2. 答：许多组织在工作说明书和工作规范的编写方面，存在着许多认识误区和操作误区，具体表现在：

（1）编写主题不明确。工作说明书和工作规范需要相关专家、任职者上级主管以及人力资源管理部门共同参与编写。在这个问题上，存在的错误认识和做法是：①由任职者自行编写。许多人误以为任职者最了解自己的工作内容和工作职责，只需任职者根据本岗位一直以来从事的工作内容编写工作职责就可以了。其结果是格式不统一，表达不规范，而且只写出做什么，而应该做到什么程度、什么时候做、怎么做，以及为谁服务、谁给予服务等要求一概不清。②由专家编写。许多人误以为只有专家才是权威的，盲目地依赖专家，将编写工作全部交给专家去完成，其结果可能是：虽然工作说明书和工作规范格式规范、内容详细，但是严重脱离组织的实际情况和特殊要求，缺乏操作性，组织很难贯彻落实，而员工则会产生普遍的不满和对立情绪。③由人力资源管理部门编写。许多组织的人力资源管理部门包揽了编写工作，这在一定程度上失去了编写工作说明书和工作规范的本意。工作说明书和工作规范应该主要由各部门主管负责，人力资源管理部门不能代行其事，人力资源管理部门主要的职责是提供编写格式和方法，并给予适当的指导和审核。

（2）缺乏客观公正性。缺乏客观公正性主要表现在工作说明书和工作规范的编写以现任的人员或者理想的人员为标准，而没有以工作特性为依据。工作说明书描述的只是工作职位应该具有的特性，而与本职位的现任人员无关。工作规范所列举的任何知识、技能和能力的要求，都应该建立在完成工作确实必需的内容之上，而不是理想的候选人应该具备的条件。

（3）追求一劳永逸。工作说明书和工作规范的编写不是一劳永逸的，所有的工作说明书和工作规范都存在可能过时的问题。为了使之能够及时反映工作中发生的变化，应该让任职者及其直接上级每年查看一下工作说明书和工作规范，以便确定现有的工作说明书和工作规范是否需要更新。

第4章 员工招聘

§4.1 练习题

§4.1.1 名词解释

1. 招聘 2. 内部招募 3. 外部招募 4. 评价中心测试 5. 效度

§4.1.2 填空题

1. 招聘工作的起点是＿＿＿＿＿＿＿。
2. 根据"招聘金字塔"原则，如果企业要招聘到 20 名员工，招聘规模至少应该是＿＿＿＿＿＿＿。
3. 招聘活动要以人力资源的＿＿＿＿＿＿职能为依据。
4. 企业招聘员工最常用的方法是＿＿＿＿＿＿。
5. 测量工具达到的可靠或者一致结果的程度成为测试的＿＿＿＿＿＿。

§4.1.3 多项选择题

1. 下列属于内部招募方法的是（　　　　）。
   A. 内部晋升和工作轮换　　　　　　　B. 内部竞聘
   C. 猎头公司　　　　　　　　　　　　D. 临时人员转正
2. 与外部招募相比，内部招募的优点有（　　　　）。
   A. 招聘成本小　　　　　　　　　　　B. 有利于培养员工的忠诚度
   C. 有利于招聘到高质量的人才　　　　D. 有利于激励员工、鼓舞士气
3. 企业要招聘到高层管理人员，适宜选用的招聘渠道有（　　　　）。
   A. 发布广告　　　B. 猎头公司　　　C. 学校招聘　　　　D. 职业介绍所
4. 关于录用决策，表述正确的是（　　　　）。
   A. 应当强调人员之间的互补性
   B. 应关注求职者与应聘者职位的适合度问题
   C. 要考虑组织不同发展阶段对于员工素质的不同要求
   D. 只考虑组织的当前需要，无须考虑长远需求
5. 招聘需求的产生包括（　　　　）。
   A. 组织的自然减员　　　　　　　　　B. 业务量增大
   C. 部分员工长期超负荷工作　　　　　D. 员工离职

§4.1.4 简答题

1. 比较内部招募和外部招募的优缺点。

2. 评价中心测试有哪些优缺点？

3. 简述员工招募的原则。

§4.1.5 论述题

1. 招聘工作在人力资源管理工作中的重要意义是什么？

2. 招聘一般分哪几个步骤进行？每一步的主要工作是什么？

§4.2 习题参考答案

§4.2.1 名词解释

1. 答：招聘是组织为了生存和发展的需要，根据人力资源规划和工作分析的要求，通过发布招聘信息和科学的甄选，使组织获取所需的合格人才，并把他们安排到合适岗位工作的过程。

2. 答：内部招募是指在组织内公布空缺职位、发布招募启事、在职位所需技能和现有员工的技能库进行搜索，从内部招募员工。

3. 答：外部招募是从组织外部获得需要的人员。当组织的产品和技术的更新换代快，来不及培养内部人才适应新的技术的需要，或组织内出现职位空缺而没有合适的内部应聘者，或组织内部的人力资源不能满足招聘人数时，就需要向组织外部招募。

4. 答：评级中心测试是通过评估参加者在相对隔离的环境中做出的一系列活动，以团队作业的方式，客观地测评其专业技术和管理能力，为企业发展选择和储备所需的人才，评价中心技术是一种综合性的人员测评方法。

5. 答：效度即测评的有效性，反映运用某种技术得出的测试结果所能真正衡量被测试对象的程度。

§4.2.2 填空题

1. 确定职位空缺　　　2. 400 人　　　3. 工作分析　　　4. 面试　　　5. 信度

§4.2.3 多项选择题

1. ABD　　　2. ABD　　　3. ABD　　　4. ABC　　　5. ABCD

§4.2.4 简答题

1. 答：（1）内部招募的优势：一是内部招募可以节省时间和成本。内部招募节约了招募广告费、招聘人员的工资、招募中介机构的代理费和岗前培训费等费用。同时，也节省了大量的招募宣传时间、人员筛选时间和培训时间。二是内部招募的员工更加可靠。内部招募的员工已经在企业内部工作了一段时间，已融入企业文化当中，对组织有了责任感和归属感，熟悉企业的规章制度和行为规范，因此对组织的忠诚度也较高。三是内部招募有助于提高效率。现有的员工比外来的人更加熟悉组织岗位职责，更易于接受领导和指挥，易于沟通和协调，甚至不用培训就可以直接上岗，有助于组织工作效率的提高和组织效能的发挥。四是内部招募有利于激励员工。内部招募给内部员工新的发展机会，使他们看到了提升的空间，不断努力提升自己，争取得到晋升的机会。因此，内部招募可以鼓舞员工的士气，提高他们工作的积极性、主动性、创造性，在企业内部形成一个良好的竞争，争取成功的氛围。

内部招募的劣势：一是容易"近亲繁殖"，不利于组织的内部竞争和长期发展。二是可能影响团结。内部竞争必然有胜利者和失败者，未能竞聘上的员工思想上可能会不满，甚至因为竞争和其他员工产生矛盾。三是不利于创新。容易产生"群体思维"，"长官意志"现象。四是可能因领导好恶导致优秀人才的流失或埋没，也可能出现"裙带关系"，滋生组织中的小帮派、小团体，进而削弱组织效能。

（2）外部招募的优势：一是为组织带来不同的价值观和新观点、新思路、新方法。外部招募的人员为组织注入了新鲜的血液，能够加快组织变革的步伐。同时，外来人员为企业带了新的管理方法和技能，这些对企业的发展都是至关重要的。二是能激发现有员工的积极性。外来招募者给组织内部人员带来压力，形成危机意识，激发内部人员的斗志和潜能，从而激活组织的肌体，使组织保持活力。三是外部招募比内部招募对人才培养更快捷、更廉价、更有效。外部招募的渠道广，挑选的余地大，能找到稀缺的全面复合型人才，节省了内部培养的费用，促进人才的合理流动。四是外部招募受现有人际关系的影响小。

外部招募的劣势：人才的获取成本高；外部招募人员不能很快地融入企业，需要长时间进行调整；可能导致内部人员士气低落，挫伤其积极性，也可能引起内部和外来人员的冲突；可能使组织沦为外聘人员的跳板，甚至会泄露组织的一些商业机密。

2. 答：评价中心的优点主要表现在：

第一，评价中心综合使用了多种测评技术，由多个评价者进行评价，因此它提供了从不同的角度对被测评者的目标行为进行观察和测评的机会，能够得到大量的信息，从而能够得出较为可靠和有效的结果。

第二，评价中心采取的情境性测评方法是一种动态的测评方法，在被测评者与其他人进行交往和解决问题的过程中，被测试者的某些特征会得到更加清晰的暴露，有利于对其较复杂的行为进行评价。

第三，评价中心所采取的测评手段很多是对真实情境的模拟，而且很多情境是与拟任工作相关的情境。这样，根据在测评中考察应聘者的实际工作能力和潜在的能力选拔上来的人员，可以直接上岗，节省了大量的培训费用。

但是评价中心也有其自身的缺点：最突出的问题就是它的成本较高，包括货币成本、时间成本、精力成本等。其次，这种测评形式复杂程度较高，任务的设计和实施的控制也较困难。另外，其中运用的技术的有效性也需要进一步的理论解释与验证。

3. 答：招聘工作应该遵循下列原则：

（1）规划性原则。招聘要以人力资源规划和工作分析为依据，人力资源规划是根据组织现在和将来发展的目标、战略，预测、评价组织对人力资源数量和质量的要求，它决定了组织预计要招聘的岗位、部门、数量、时限、类型等要求；工作分析则规定了岗位职责和任职资格，为招聘工作提供主要的参考依据，同时也为应聘者提供了有关岗位的详细信息。组织应该在人力资源规划和工作分析的基础上，有针对性地制订人力资源招聘计划，为成功招聘提供保障。

(2) 双向选择原则。双向选择，是指组织可以按照自己的愿望自主地选择自己所需要的员工，而劳动者也可以完全按照自己的条件要求自由地选择组织。双向选择是劳动力市场资源配置的基本原则，这一原则既可以使组织不断完善自身的形象，增强自身的吸引力，也能使劳动者为了获取理想的职业，在招聘中取胜，从而努力提高自身的素质与技能。

(3) 公开公平竞争原则。强调组织在招聘过程中，应把招聘的单位、岗位、数量、资格条件等情况面向一定范围进行公开告知。同时，为达到公平竞争的目的，要公开、公平、公正地筛选、考核和评价应聘者，减少选拔工作中的主观随意性，也给予社会各种人才一个公平竞争的机会，充分发掘全社会的人才资源。

(4) 人才适用原则。组织在招聘时，必须要坚持"人尽其才，才尽其能"、"广开才路"、"人事相宜"的原则。招聘的对象不一定是最优秀的，但应该是最适合的。招聘时要量才录用，不能一味地要求高学历、高职称，尽量避免大材小用，造成浪费。招聘要以职位的要求为标准，如果应聘者的条件远远超过职位的要求，那么在今后的工作中就会没有发挥的舞台，工作稳定性就不会太高。

(5) 效率优先原则。这一原则指尽可能以最低的招聘费用，录用到最适合组织的人员。效率优先原则表现在，在招聘工作中，根据不同的招聘要求，灵活地选用不同的招聘形式，在保证所招聘员工素质要求的情况下，尽可能降低招聘成本。

(6) 依法招聘原则。任何组织在招聘过程中都要遵守国家关于平等就业的相关法律、法规和劳动政策，包括《劳动法》、《劳动合同法》等劳动法规。实行公平竞争、平等就业，反对种族歧视、性别歧视、信仰歧视甚至容貌歧视和身高歧视，保护未成年人及妇女的权益，关注农民工等弱势群体、少数民族和残疾人群体的就业现状。

§4.2.5 论述题

1. 答：在人力资源管理中，对于员工的招聘与甄选应给予高度重视，它的意义表现在：

(1) 招聘工作决定着组织人力资源的质量。企业的竞争说到底是人才的竞争，人才是企业核心竞争力的源泉，而招聘是组织吸纳优秀人才的主要渠道，也是整个人力资源管理开发的基础。因此，招聘工作直接关系着组织的人力资源的质量。组织只有招聘到合适的员工，才能保证各项目工作的正常开展和组织的长远发展，真正使人才成为企业核心竞争力的重要因素。

(2) 招聘工作影响着组织人员的稳定。招聘时，招聘人员要注重和应聘者之间进行充分的沟通。价值观和文化等的过程，双方沟通得越充分，将来员工的稳定性就越高。一方面，组织要了解应聘者的求职动机，选出和企业价值观、企业文化比较吻合的员工；另一方面，招聘的过程是应聘者了解组织的发展史、战略目标、经营状况、价值观和文化等的过程，双方沟通得越充分，将来员工的稳定性就越高。

(3) 招聘工作给组织带来活力。这主要表现为对高层管理者和技术人员的成功招聘，可以为组织注入新的管理思想、新的工作模式，可能给组织带来技术上的重大革新，为组织增添新的活力。

(4) 招聘工作影响着人力资源管理成本。招聘时应同时考虑三个方面的成本：一是直接成本，包括招聘过程中广告费、招聘人员的工资和差旅费、考核费用、办公费用及聘请专家费用等；二是重置成本，重置成本是指因招聘不慎，须重新再招聘时所花费的费用；三是机会成本，机会成本是指因离职及新员工尚未胜任工作造成的费用支出。一般来说，招聘的职位越高，招聘成本就越大。招聘时必须考虑成本和收益，既要将成本降到最低，又要保证录用人员的素质要求，这是招聘成功的最终目标。

（5）招聘工作影响着组织的社会形象。招聘是组织对外宣传、树立良好社会形象的一个重要渠道。招聘时，组织要和应聘人员、人才中介机构、新闻媒体、高等院校、政府部门等多方发生联系。招聘人员素质的高低和招聘活动组织的成功与否都会影响到社会对企业形象的评价。组织会利用各种形式发布招聘信息，扩大其知名度。特别是有些企业利用精心策划的招聘活动，向人才展示组织的实力和发展前景，同时表明企业对优秀人才的渴望。

对于一个新成立的企业，人员的招聘甄选是企业成败的关键。如果不能招募到符合企业发展目标所需要的员工，企业在物质、资金和时间上的投入就会因为缺少合适的人才去利用这些资源而浪费；如果不能满足企业最初的人员配置，就无法进入正常的运营。对于已经处于运作阶段的企业，由于企业目标任务的变化、人员变化以及外部经营环境的变化，招聘管理工作仍然很关键，企业在其运作过程中需要持续地获得符合企业需要的人才，而劳动力市场上对人才的竞争十分激烈，成功的招聘管理工作可以使企业获得最大的竞争优势。

组织用才的目的在于能够为本身带来利益，而唯有通过严谨而正确的招聘与甄选过程，才能找到真正适合企业的人才。而所谓的有效招聘就是指组织或招聘者"在适宜的时间范围内采取适宜的方式实现人、职位、组织三者的最佳匹配，以达到因事任人、人尽其才、才尽其用的互赢共生目标"。

2. 答：招聘一般要按如下步骤进行：

第一，确定职位空缺。提出招聘需求是整个招聘活动的起点，只有明确了空缺职位的数量、类型和具体要求，组织才能开始制订招聘计划。招聘需求通常是由用人部门根据本部门人员配置情况提出的。人员招聘需求一般产生于下列几种情况：新增业务的出现；组织结构的调整；现有职位的空缺；员工队伍的不合理等。

第二，制订招聘计划。招聘计划是组织招聘的依据，也是人力资资源业务规划的重要组成部分。通过定期或不定期地招聘录用组织所需要的各类人才，为组织人力资源系统充实新生力量，提供可靠的人力资源保证，同时弥补人力资源的不足。招聘计划的主要内容包括：招聘的标准；招聘的范围；招聘的规模和招聘的预算。

第三，发布招聘信息。发布招聘信息的渠道通常有报纸、杂志、电视、网络、布告栏和新闻发布会等形式。组织应结合自身的实际情况和职位的特点来确定信息发布的渠道。

第四，实施招聘活动。主要内容有：选择招聘人员、确定招聘时间、选择招聘地点和人员挑选录用。

第五，招聘评估反馈。招聘工作的最后一个环节就是要对招聘的效果进行评估。对招聘效果进行评估，及时总结经验，帮助组织发现招聘过程中的不足，对招聘进行优化，提高以后的招聘效果。

第5章　员工培训与开发

§5.1　练习题

§5.1.1　名词解释

1. 头脑风暴　　2. 需求分析　　3. 态度培训　　4. 培训效果评估　　5. 培训方案
6. 职业　　7. 职业生涯　　8. 职业锚　　9. 职业发展阶梯　　10. 接班人计划

§5.1.2　填空题

1. 培训体系的构成因素：_____、_____、_____、_____、_____。

2. 培训内容包括三个层次_____、_____、_____。

3. 培训与开发的流程大致可以分为_____、_____、_____、_____几部分。

4. 优秀的培训师在培训中应该扮演好的四个角色是：_____、_____、_____、_____。

5. 柯克帕特里克培训评估模型的四个评估层次是：_____、_____、_____、_____。

6. 一般来说，企业培训方案的编制大体上包括以下几个步骤：_____、_____、_____、_____、_____、_____。

7. 职业规划（career plan）是指对人们职业生涯的计划和安排，包括_____和_____两个层次。

8. 根据霍兰德教授的研究结果，_____是决定一个人选择何种职业的重要因素。

9. 根据萨柏教授的职业生涯阶段划分，在校学习的大学生们处于职业生涯的_____。

10. 重视长期的职业稳定和工作的保障性的职业锚类型是_____。

11. 职业圆锥模型描绘了员工在组织内部的三种发展途径分别为_____、_____和_____。

12. 目前的职业生涯阶梯模式主要有三类：_____、_____和_____。

13. 按照管理者的层次进行管理开发的分类是最具有实践意义的分类方式，即将管理开发活动分为_____、_____和_____三种基本类型。

14. 管理开发大致可以以三种形式进行，_____、_____和_____。

§5.1.3　多项选择题

1. 企业外聘培训师可通过以下途径：_____。
  A. 高校聘请　　　B. 咨询公司　　　C. 熟人介绍　　　　D. 内部选拔

2. 一般来说，一个完整的培训体系由_____几部分组成。
    A. 培训课程体系   B. 培训管理体系
    C. 培训预算   D. 培训效果评估体系

3. 定性评估的方法有：_____。
    A. 问卷调查法   B. 笔试（测验）法
    C. 工作绩效考核法   D. 假设检验法

4. 进行开发技能培训时适合的方法有：_____。
    A. 商业游戏   B. 案例分析   C. 文件处理   D. 头脑风暴

5. 企业的评估结果应反馈给：_____。
    A. 人力资源开发人员   B. 管理层
    C. 受训人员   D. 受训人员的直接主管

6. 角色扮演法的优点有：_____。
    A. 参与性强   B. 趣味性   C. 适合重复   D. 不受时空限制

7. 下列关于职业的说法，正确的是？（　　　）
    A. 职业是社会和劳动分工的结果
    B. 职业应该为社会和他人所承认
    C. 随着职业类型的增加，志愿者也成为一种新型职业
    D. 职业应具有稳定性

8. 下列关于职业生涯的说法，错误的是（　　　）。
    A. 职业生涯是个体的行为经历   B. 职业生涯与职业密切相关
    C. 职业生涯必须是连续的经历   D. 职业生涯与组织并无关系

9. 伴随员工的职位转换或提升的职业发展途径类型为（　　　）。
    A. 向心型   B. 水平型   C. 垂直型   D. 发散型

10. 企业的接班人计划应当是（　　　）。
    A. 在关键岗位出现空缺后实施
    B. 对组织内高潜能人才的持续追踪与培养
    C. 针对组织内的所有工作岗位
    D. 综合考察候选人的管理能力、专业能力和价值观

11. 影响个人职业生涯规划的因素有（　　　）。
    A. 职业锚   B. 能力水平   C. 职业性向   D. 职业发展阶段

12. 组织内职业生涯的双阶梯模式的"双阶梯"指的是（　　　）。
    A. 年龄阶梯   B. 管理阶梯   C. 技术阶梯   D. 学历阶梯

13. 下列管理者开发方法中，属于在职管理体验的是（　　　）。
    A. 职务轮换   B. 管理培训   C. 导师计划   D. 职务扩大化

14. 高层管理者的开发应侧重（　　　），基层管理者的开发则侧重（　　　），而（　　　）是各层次管理者都必须掌握的，在各个管理开发层次都应注重。
    A. 技术性技能   B. 概念性技能   C. 人际关系技能   D. 沟通技能

§5.1.4　简答题

1. 企业进行员工培训与开发的原则有哪些？

2. 影响企业选择培训方法的因素有哪些？

3. 如何建立企业的内部培训师队伍？

4. 如何设置固定培训课程？

5. 简述影响个人职业生涯的环境因素。

6. 简述个人职业生涯规划的基本步骤。

7. 简要说明职业圆锥模型的主要内容。

8. 简述接班人计划实施的主要步骤。

9. 说明个人能力与个人职业发展的关系。

§5.1.5 论述题

1. 如何构建结构化的培训体系。

2. 试述个人在设定职业发展目标时应注意的问题。

3. 试述在员工职业发展早期组织职业管理的主要内容。

§5.2 习题参考答案

§5.2.1 名词解释

1. 答：头脑风暴法，又称智力激励法，是美国现代创造学奠基人奥斯本提出的，是一种创造能力的集体训练法。它把一个组的全体成员都组织在一起，使每个成员都毫无顾忌地发表自己的观点，既不怕别人的讥讽，也不怕别人的批评和指责，是一个使每个人都能提出大量新观点、创造性地解决问题的最有效的方法。

2. 答：培训需求分析，就是在进行培训活动之前，由培训部门及相关人员对组织的任务及其成员的知识、技能等进行鉴别与分析，以确定是否需要培训的过程。其主要作用是确认差距，保证人力资源开发系统的有效性，获取内部与外部的多方支持。培训需求分析主要包括组织分析、任务分析和个人分析三个方面。

3. 答：员工的态度对其绩效有着重要的影响，因而通过培训来使员工的工作态度符合组织需要显得尤为重要，尤其是对新进员工来说，这一培训相当重要，直接决定了新进员工能否融入组织文化当中。员工态度包括员工的工作态度、工作士气、精神状态等。每个组织都有其特定的组织文化以及与其相适应的行为方式，如组织价值观、组织精神（如团队精神、敬业精神）、人际关系等。态度培训的目的就是使员工认同并自觉地融入组织这一文化气氛当中，以最大限度地提高组织运转绩效。

4. 答：所谓的培训效果评估，就是收集有关培训项目实施效果的反馈信息，根据这些信息对培训价值做出评价的过程，其目的是帮助企业在选择、调整各种培训活动以及判断其价值的时候做出更明智的决策。通过评估，可以确定培训项目是否实现了其目标，使培训管理资源得到更广泛的推广和共享，有利于改进和优化培训体系，并促进培训管理水平的提升。

5. 答：所谓培训方案，是从组织的战略出发，在全面、客观的培训需求分析基础上做出的有关培训的总体的实施计划，一个完整的培训方案应包含培训目的、培训对象、培训课程、培训形式、培训内容、培训讲师、培训时间、培训地点、考评方式、培训预算以及培训出现问题时的调整方式等方面的内容。

6. 答：所谓职业，一般是指人们在社会生活中所从事的、以获取报酬为目的的、相对稳定的劳动角色。

7. 答：职业生涯是指一个人一生在职业岗位上度过的、与工作活动相关的连续经历。

8. 答：所谓职业锚，就是指当一个人不得不做出选择的时候，他无论如何都不会放弃的职业中的那种至关重要的东西。

9. 答：职业发展阶梯是指员工在组织中流动所要经历的、所涉工种与技能大体相同的职位序列。

10. 答：企业接班人计划，又称管理继承人计划，是指公司确定和持续追踪关键岗位的高潜能人才，并对这些高潜能人才进行开发的过程。

§5.2.2　填空题

1. 培训机构，培训对象，培训方式，培训时机，培训地点与环境，培训预算，培训师
2. 知识培训，技能培训，态度培训
3. 培训需求的确认，培训目标的设定，培训方案的拟订，培训方案的实施，培训效果的评价
4. 教师，演员，教练，咨询顾问
5. 反应层，学习层，行为层，结果层
6. 培训需求分析，培训条件调查，制定培训的总体目标，分配资源，综合平衡，起草培训方案，提请管理层审批
7. 个人计划，组织计划
8. 职业性向
9. 探索阶段
10. 安全型职业锚
11. 垂直型，水平型，向心型
12. 单阶梯模式，双阶梯模式，多阶梯模式
13. 高层管理者开发，中层管理者开发，基层管理者开发
14. 管理教育，管理培训，在职管理体验

§5.2.3　多项选择题

1. ABC　2. ABD　3. ABC　4. ABCD　5. ABCD　6. AB　7. ABD　8. CD　9. BC　10. BD
11. ABCD　12. BC　13. ACD　14. BAC

§5.2.4　简答题

1. 答：（1）学以致用原则。即培训要有明确的针对性，紧紧围绕培训目标，从实际工作需要出发，与职位特点相联系，做到培训与使用不脱节。

（2）因材施教原则。即培训要根据企业员工的不同状况，选择不同的培训内容，采取不同的培训方式。同时，即使是对同一员工，在不同的发展阶段，其培训也应有所差异。

（3）自发创造原则。即在培训的过程中，要注意充分调动企业员工的主动性、创造

性，强调员工的参与和合作，使他们在每一次培训的过程中都能自发地体验到创造的乐趣。

（4）激励原则。培训与开发是一种人力资本投资，不仅是组织为满足自身发展而进行的投资，同时也使受训者个人受益，因而对员工来说有一种内在的激励作用。在进行员工培训时，应通过一定的机制把培训的激励作用外在化，例如，把培训与员工个人的任职、晋升、奖惩、工资福利等关联起来，使员工充分地体会到培训的诸多好处，而不是被动、消极地参加培训。

（5）全员培训与重点提高的原则。全员培训就是有计划、有步骤地对在职各类人员进行全面培训，这是提高全体员工素质和增强组织整体竞争能力的需要。但是全员培训不等于没有重点，在实行全员培训的同时，应重点地培训一批技术骨干和管理骨干，特别是中高级管理人员和关键技术骨干，使这些重点培训对象发挥带动作用。

（6）近期目标与长远战略相结合原则。企业培训不仅要满足当前生产经营活动的需要，同时又应该具有战略眼光，制定长期的规划，为企业的未来发展做好人力资源方面的战略储备，尤其是对核心人才的培养更应如此，因为这类人才的技术要求比较高，不是一朝一夕就能培养出来的。

2. 答：（1）成本。企业的培训是有成本的，包括经济成本、时间成本、精力成本和机会成本，因而在选择培训方法时，应该关注各种培训方法的成本，以及该种方法预期能够带来的培训的投入与产出比。

（2）企业的规模和实力。企业规模和实力不同，所能够承担的培训成本也不同。对于一些中小企业，由于培训经费有限，应该更多选择商学院的教师或咨询顾问进行培训，或就企业出现的问题进行培训解决；而一些大型企业和外资企业一般都具有系统的培训规划，定期就某些领域聘请业内知名的培训师进行培训，而且采取不同方式的培训，如情景练习、户外拓展训练、沙盘模拟等，通过体验式培训提升员工的团队精神和实际解决问题的能力。

（3）企业的发展战略。企业的发展战略对于培训方法的选择也有影响。企业在不同的发展阶段，对培训的选择也不同，如在初期，可能更多的是一些技巧和专业领域的培训，随后为了增强对企业文化、理念方面的认同，进而在态度、道德、诚信、思维创新、个人修炼等方面进行不同层面的训练。

（4）培训的具体目标。不同的培训目标下，培训方法也有所不同。要根据企业的培训目标选择培训方法，通常企业的培训目标有更新知识、开发技能、改变态度等。

（5）培训课程内容。不同的课程内容需要不同的方法支持。

3. 答：培养企业内部培训师一般可通过以下的程序来进行：

（1）寻找培训师候选人。第一，进行工作动员，因为这些培训师都是兼职的，本职工作是主要的，而培训工作是兼任的。做好这项工作，必须要在动员的基础上，争取其所在部门的支持，征得本人的同意。第二，各个部门上报有资格的培训师候选人名单，培训部门对候选人进行筛选。

（2）培养培训师。培训部门应负责对培训师队伍进行培训技能方面的培训。对所有培训师队伍的组成人员进行培训，是建立内部培训师队伍的最重要的环节。培训的重点在于对培训活动进行策划和组织的技巧，具体包括：培训师的职责和角色，培训师的基本技能，课堂组织技巧，培训效果的评估方法等。需要注意的是在相关的培训完成后，应再次进行测试，以确保组成人员被培训的效果，提高培训师队伍的整体素质。

（3）资格确认。企业高层管理机构或高层管理者对培训合格后的人员进行培训师的资格认定测试后，要对这些组成人员进行正式的资格确认。确认后，人力资源部将其培训师资格归档并录入个人人事资料，从而成为绩效考核、晋升、薪酬评定等方面的依据。这一最后环节标志着培训师队伍最终建立起来。

4. 答：固定培训课程设置的工作量在培训工作中最大，需要在企业中必须建立起以员工职业化为目标的分层分类员工培训体系，明确不同岗位，不同级别的人员必须掌握的知识、技能。在具体操作时，应从岗位分析入手，对所有岗位进行分类，在分类基础上对每一类进行层次级别定义和划分。由此，按照企业的组织结构和岗位胜任模式来建立固定课程体系就有了分析的基础和依据。以各级各类岗位为基础，分析员工开展业务工作所需的职业化行为模块和行为标准，分析支持这些职业化行为模块和行为标准所需的专业知识和专业技能。需要指出的是不同级别的必备知识可以是相同的，但在深度和广度上应该有所区别。

5. 答：（1）社会环境因素：①经济发展水平。一个地区的经济发展水平不同、企业规模和数量不同，个人职业选择的机会也不一样。②社会文化环境。这具体包括教育水平、教育条件、社会文化设施等。③政治制度和氛围。政治和经济是相互影响的，它不仅影响到一国的经济体制，而且影响着企业的组织体制，从而直接影响到个人的职业发展。④价值观念。社会价值观念正是通过影响个人价值观而影响了个人的职业选择和发展。

（2）企业环境因素：①企业文化。企业文化决定了一个企业如何看待它的员工，即它对待员工的态度。所以，员工的职业生涯是受其企业文化所左右的。②管理制度。员工的职业发展，归根到底要靠管理制度来保障，包括合理的培训制度、晋升制度、考核制度、奖惩制度等。③领导者素质和价值观。一个企业的员工职业发展是否能够顺利实施，在很大程度上取决于领导者的重视程度。

6. 答：自我分析与定位、职业发展机会评估、职业选择与目标设定、职业生涯路线选择、制定行动策略与实施、评估与调整。

7. 答：美国学者提出的职业圆锥模型描绘了员工在组织内部的三种发展途径：垂直的、水平的和向心的。第一种发展途径是垂直运动，就是平常所说的晋升，即从下一层职位上升至上一层职位，这是最常见的职业发展类型。第二种发展途径是水平运动，即员工同一级别的不同职位水平移动。此类型下，员工不是沿着组织管理层级向上攀爬，而是在组织内不同职能部门之间进行工作轮换。第三种发展途径是向心型的，即员工向同一级别的核心集团靠拢。

8. 答：接班人计划的实施步骤可分为：明确企业愿景、确定核心竞争力；找准继任职位、细化个人能力要求；甄选接班候选人、建立人才储备库；建立候选人档案、制订培养计划。

9. 答：个人能力对个体职业发展有着重要的影响。第一，能力越强者，对自我价值实现、声望和尊重的要求越高，发展的欲望越强烈，对个体发展的促进也越大；同时，能力强者接受新事物、新知识快，其自我完善的速度快，能力与发展成良性循环，不断上升。第二，在其他条件一定的情况下，能力越强，贡献越大，收入相对越高。高收入一方面为个人发展提供了物质保证，另一方面能替代更多自我发展的时间。所以，能力既对员工个人发展提出了强烈需求，又为个体职业发展的实现提供了可能条件，它是个人职业发展的重要基础和影响因素。

§5.2.5 论述题

1. 答：通常一个完整的结构化培训体系包括：培训课程体系、培训管理体系、培训成果转化三部分。

（1）建立培训课程体系。培训课程体系的设置是建立在培训需求分析基础之上，根据培训课程的普及阶段、基础阶段和提高阶段将培训课程相对应地分为员工入职培训课程、固定课程和动态课程三类。员工入职培训课程设置较为简单，属普及培训，课程主要包括企业发展历史与现状、企业文化、企业相关制度等。固定培训课程是基础培训，是从事各类各级岗位需掌握的应知应会知识和技能、职位晋升、绩效考核知识等的课程培训。动态培训课程是根据科技、管理等发展动态，结合企业发展目标和竞争战略做出培训分析，这类培训属于提高培训课程，旨在确保员工能力的提升，为企业的发展提供人才支持。

相对而言，固定培训课程设置的工作量在培训工作中最大，在企业中必须建立起以员工职业化为目标的分层分类员工培训体系，明确不同岗位，不同级别的人员必须掌握的知识、技能。在具体操作时，应从岗位分析入手，对所有岗位进行分类，在分类基础上对每一类进行层次级别定义和划分。由此，按照企业的组织结构和岗位胜任模式来建立固定课程体系就有了分析的基础和依据。以各级各类岗位为基础，分析员工开展业务工作所需的职业化行为模块和行为标准，分析支持这些职业化行为模块和行为标准所需的专业知识和专业技能。需要指出的是不同级别的必备知识可以是相同的，但在深度和广度上应该有所区别。对于动态培训课程可以从两个层次上进行分析，一是企业目标，分析企业的发展方向和竞争战略，所希望达到的目标。考虑与此相关的管理思路、管理观念和工作重点的转移，组织流程的改造及涉及新的技术领域、工艺技术，并据此确定培训课程；二是科技发展角度，如今科学技术、管理知识发展日新月异。当一项工作内容发生重大革新时，根据由此带来的新技术、新的管理理念来确定培训课程。

（2）建立培训管理体系。培训体系是动态平衡的体系，比如如何配备培训师，如何激励学员培训意愿，如何把培训课程的内容转化为工作流程和规范化的操作文件等，这些都是培训管理体系要考虑的，并通过制定相关制度加以落实。培训管理体系是培训体系有效运作的保证，对培训活动顺利开展起重要的支撑作用。建立培训管理体系可以从以下几个方面着手：一是明确责任人或部门。培训计划的制订和实施，关键是落实负责人或负责单位。要建立责任制，明确分工。培训工作的负责人要有一定工作经验和工作热情，要有能力让公司领导批准培训计划和培训预算，要善于协调与业务部门和其他职能部门的关系，以确保培训计划的实施。二是明确培训的目标和内容。在培训需求调查的基础上，结合组织分析、工作分析、个体分析等以决定培训重点、目标和内容。总之，应整合企业和员工的培训目的，使培训目标准确，培训的内容符合实际需要。三是明确培训方法。关于培训方法，前面已经有所介绍。每种方法都有不同的侧重点，因此必须根据培训对象的不同，选择适当的培训方法。方法的选择除了要考虑人员特点外，还要考虑企业客观条件的可能性。四是制订培训计划表。计划的目的是明确培训的内容、时间、地点、方式、要求等，使人一目了然，同时也便于安排企业的其他工作。计划表的制订必须科学、严谨，而且一旦确定后要严格遵照执行。五是评估并完善。每次进行培训后，应及时对培训活动进行培训评估，并有针对性地对企业培训体系进行修正与完善。

（3）建立培训成果转化机制。无论采用什么样的培训方法与手段，受训者在获得知识技能、理念上的进步之后，要巩固培训效果，必须通过运用实践才能有效且持续地将所学到的知识、技能、能力等运用于生产、管理、研发工作中。而企业就应建立相应的机制来对这种转化过程进行跟进和强化。一是建立协作支持机制。首先，必须获得直接上级支持，即受训者的上级管理人员积极支持其下属参加培训，支持受训者将所学的技能运用到工作中去。其次，同事支持，即通过自愿组成一个小群体，在一起以定期讨论的方式来强化培训成果的转化。二是建立强化激励机制，即通过与企业内部其他管理激励机制联结来强化受训者的培训转化行为过程与结果。不仅要使用外部强化手段，使受训者因为运用在培训中所学新技能和行为而得到加薪、晋升等外在奖励；同时也不能忽略内部强化的作用，受训者因为运用在培训中所学新技能和行为而得到如上级和同事的赞赏等内在奖励。另外，为了全方位地运用强化激励机制，在企业内建立良好氛围，对于为受训者提供协作支持的相关人员也应给予相应的奖励。

2. 答：设定职业生涯目标是指预先设定职业的发展目标，这是设计职业计划的核心步骤。职业生涯目标的设定，是在继职业选择后，对人生目标做出的又一次抉择。它是依据个人的最佳才能、最优性格、最大兴趣和最有利环境等信息所做出的。在确定目标的过程中要注意如下几个方面的问题：①目标要符合社会与组织的需要，有需要才有市场、才有位置；②目标要适合自身特点，并使其建立在自身的优势之上；③目标要高远但不能好高骛远，一个人追求的目标越高，其才能就发展得越快；④目标幅度不宜过宽，最好选择窄一点的领域并把全部身心投入进去，这样容易取得成功；⑤要注意长期目标与短期目标的结合，长期目标指明了发展的方向，短期目标是实现长期目标的保证，长短结合更有利于目标的实现；⑥目标要明确具体，同一时期的目标不要太多，目标越简明、越具体就越容易实现，越能促进个人的发展；⑦要注意职业目标与家庭目标以及个人生活与健康目标的协调与结合，家庭与健康是事业成功的基础和保障。

3. 答：（1）协调企业目标与个人目标：①树立人力资源开发思想。②了解员工的需要。员工的需要包括员工的职业兴趣、职业技能等。企业只有准确地把握员工的主导需求，才能把他们放到最合适的职业轨道上，做到有针对性地满足其需求。③使员工与企业结为利益共同体。企业在制定目标时，要使企业目标包含员工个人目标，并通过有效的沟通使员工了解企业目标，让他们看到实现企业目标给自己带来的利益。

（2）帮助员工制订职业计划：①对员工进行岗前培训，引导新员工。这主要是向新员工介绍组织的基本情况：历史和现状，宗旨、任务和目标，有关的制度、政策和规定，工作职责、劳动纪律和组织文化等，目的是引导员工熟悉环境，减少焦虑感，增加归属感和认同感。②设计职业计划表。职业计划表是一张工作类别结构表，即通过将企业中的各项工作进行分门别类的排列，而形成一个较系统反映企业人力资源配给状况的图表。借助该表，企业组织的普通员工、中低层管理人员以及专业技术人员就可以瞄准自己的目标，在经验人士、主管经理的指导下，正确选择自己的职业道路。③为员工提供职业指导。企业为员工提供职业指导有三种途径：一是通过管理人员进行；二是通过外请专家进行；三是向员工提供有关的自测工具。④分配给员工一项工作进行测试。这样做，对其工作表现和潜能进行考察和实际测试，并及时给予初期绩效反馈，使员工了解自己做得如何，以消除不确定带来的紧张和不安，帮助其学会并能适应该工作。⑤协助员工制订自己的职业计划。企业可以经常举办一些咨询会议，在会上员工和他们的主管人员将根据每一位员工的职业目标来评价他们的职业进步情况，同时确认他们应在哪些方面开展职业开发活动。

第6章 员工绩效考核

§6.1 练习题

§6.1.1 名词解释

1. 绩效　　2. 绩效考核　　3. 关键事件　　4. 标杆　　5. 信度

§6.1.2 填空题

1. 着眼于"干什么、如何去干"的绩效考核，属于面向_____的绩效考核。

2. 《公务员考核规定（试行）》中对公务员考核内容的规定是："_____、_____、_____、_____、_____，重点考核工作实绩。"

3. 360度绩效反馈的信息提供主体包括_____、_____、_____、_____、_____。

4. 关键绩效指标的体系构成包括_____、_____、_____三个层次。

5. 以行业领先者或某些企业的优秀职能操作为基准进行的标杆管理，这种类型为_____标杆管理。

6. 绩效管理流程又称为绩效管理程序、绩效管理循环，它由_____、_____、_____、_____、_____五个环节组成。

7. 绩效考核中的_____效应是指考评者以对被考评者某一方面的印象来涵盖整个考评结果。

§6.1.3 多项选择题

1. 下列对于员工行为的描述，不准确的是（　　）。
   A. 她在公共场合看起来很邋遢　　　　B. 他穿着油渍的裤子
   C. 他是一个诚实的人　　　　　　　　D. 该工程师能够处理任何突发事件

2. 组织绩效与个人绩效的关系为（　　）。
   A. 个人绩效实现了，组织绩效就一定实现
   B. 组织绩效建立在个人绩效的基础上
   C. 组织绩效实现了，个人绩效也就实现了
   D. 个人绩效的实现应以组织绩效的实现为目标

3. 下列关于"绩效"理解正确的是（　　）。
   A. 绩效是员工对组织的承诺　　　　　B. 绩效至少包括行为与结果两个方面
   C. 绩效是组织期望的结果　　　　　　D. 只要努力，就一定能实现好的绩效

4. 平衡记分卡的"平衡"二字，体现于该指标框架中的（　　）。
   A. 财务指标与非财务指标的平衡

    B. 外部市场指标与内部流程指标的平衡

    C. 现有业绩指标与未来发展指标的平衡

    D. 组织绩效指标与个人绩效指标的平衡

5. 下列关于绩效考核说法正确的是（　　）。

    A. 绩效考核是管理者的职责，与员工无关

    B. 目前认为，绩效考核的目的在于开发而不是控制

    C. 只要实施了绩效考核，就比没有强

    D. 与绩效管理相比，绩效考核强调事后的评价

6. "面向素质与技能的考核"指的是（　　）。

    A. 注重考核员工的任职资格和胜任能力

    B. 侧重点在于员工"做了什么"

    C. 主要评价员工的个性、特征、能力、性格、态度、创造性等

    D. 关注员工的工作行为与结果

7. 根据下表所示对"计划能力"的评价结果，该项目评价分值最高的员工为（　　），这种评价方法的名称为（　　）。

    A. 甲　　　　　　　B. 乙　　　　　　　C. 丙　　　　　　　D. 丁
    E. 戊　　　　　　　F. 简单排序法　　　G. 交替排序法　　　H. 配对比较法

被评价者比较对象	甲	乙	丙	丁	戊
甲		−	−	−	−
乙	+		−	+	+
丙	+	+		−	+
丁	+	−	+		+
戊	+	−	−	+	

§6.1.4　简答题

1. 简述绩效管理的基本流程。

2. 对比分析绩效考核与绩效管理的区别。

3. 简述平衡记分卡的指标框架。

4. 简述建立关键绩效指标体系应遵循的原则。

5. 简述绩效考核结果的应用领域。

§6.1.5　论述题

1. 试述绩效考核在人力资源管理体系中的地位作用。

2. 试述绩效考核系统的常见问题及防范措施。

§6.2 习题参考答案

§6.2.1 名词解释

1. 答：绩效是员工依据其所具备的与工作相关的个人素质所做出的工作行为及工作结果，这些行为及结果对组织目标的实现具有积极或消极的作用。

2. 答：绩效考核是指考评主体对照工作目标或绩效标准，采用科学的考核方法，评定员工的工作任务完成情况、工作职责的履行程度和能力发展情况，并且将评定结果反馈给员工的过程。

3. 答：所谓关键事件，是指员工在工作过程中做出的对其所在部门或企业有重大影响的行为，这种影响包括积极影响和消极影响。

4. 答：标杆（Benchmark）一词原意是测量学中的"水准基点"，在此引申为在某一方面的"行事最佳者"或"同业之最"，简单来说，Benchmark 就是标杆、基准的意思，也就是企业所要学习和超越的榜样。

5. 答：所谓绩效考评标准的信度指的是考评同一职位工作绩效的标准在一定时期内应保持一致性，同时，不同的考评人员对同一职位上的员工的考评标准要保持一致。

§6.2.2 填空题

1. 行为
2. 德，能，勤，技，廉
3. 上级主管，同事，下属，客户，供应商
4. 公司级，部门级，个人级
5. 功能
6. 绩效计划，绩效实施，绩效考核，绩效反馈，绩效改进
7. 晕轮

§6.2.3 多项选择题

1. ACD　　2. BD　　3. ABC　　4. ABC　　5. BD　　6. AC　　7. AH

§6.2.4 简答题

1. 答：绩效管理的过程通常被看做是一个循环，这个循环的基本步骤包括：（1）绩效计划：任务确认、权重确认；（2）绩效实施：任务执行、任务指标；（3）绩效考核：绩效评估、绩效审定；（4）绩效反馈面谈：反馈评价、沟通达成共识；（5）绩效改进与导入。

2. 答：（1）过程地位不同。绩效考核是管理过程中的局部环节和手段，而绩效管理则是一个完整的管理过程。（2）侧重点不同。绩效考核侧重绩效的判断和评估，强调事后的评价；绩效管理侧重信息沟通与绩效提高，强调事先沟通与承诺。（3）持续时间不同。绩效考核只出现在特定的时期，而绩效管理则伴随着管理活动的全过程。

3. 答：平衡记分卡的评价指标包括以下四个方面：

（1）客户视角（客户如何看待我们）。客户关心的问题可以分为四类：时间、质量、

性能和服务、成本，要让平衡记分卡发挥作用，企业应在上述几方面确立目标，并将目标转换成具体的衡量指标。

（2）内部视角（我们必须在何处追求卓越）。管理者需要把注意力放在对那些能够确保客户需要的关键的内部经营活动上。因此平衡记分卡的内部衡量指标应当来自对客户满意度影响最大的业务流程。

（3）学习/成长视角（我们能否提升并创造价值）。公司创新、提高与学习能力的提升直接关系到企业的价值，因为只有通过推出新产品、为客户创造更多价值，并不断提高经营效率，公司才能进入新市场。增加收入与利润，才能发展壮大，从而增加股东价值。

（4）财务视角（我们如何满足股东）。财务评价指标显示了公司战略及其实施是否促进了利润的增加。完善的财务控制系统能够促进而不是阻碍组织的全面质量管理水平的提高。典型的财务指标涉及赢利能力、增长率和股东价值。

4. 答：建立关键绩效指标体系应遵循以下原则：第一，体现企业的发展战略与成功的关键要点；第二，强调市场标准与最终成果责任，对于使用关键指标体系的人而言应该有意义，并且可以对其进行测量与控制；第三，在责任明确的基础上，强调各部门的连带责任，促进各部门的协调，不迁就部门的可控性和权限；第四，主线明确，重点突出，简洁实用。

5. 答：当绩效考核完成后，评估结果并不应该束之高阁，而是要与相应的其他人力资源管理环节相衔接。其结果主要可以用于以下方面：

（1）招聘和甄选：根据绩效考核结果的分析，可以确认采用何种评价指标和标准作为招聘和甄选员工的工具，以便提高绩效的预测效度，同时提高招聘的质量并降低招聘成本。

（2）薪酬及奖金的分配：员工薪酬中的变动薪酬部分是体现薪酬激励和约束的主要方式，员工绩效则是确定和发放变动薪酬的主要依据之一。

（3）职务调整：职务晋升、轮换、降职或解聘的决定，很大程度上是以绩效考核结果为依据的。一名经多次考核业绩始终不见改善的员工，如果确实是能力不足不能胜任，则管理者应考虑为其调整工作岗位；业绩保持优良且拥有一定发展潜力的员工，则可以通过晋升的方式更加充分地发挥其能力并激励其继续努力。

（4）培训与开发：绩效考核的结果可以用于指导员工工作业绩和工作技能的提高，通过发现员工在完成工作过程中遇到的困难和工作技能上的差距，制订有针对性的员工培训和发展计划。

§6.2.5　论述题

1. 答：绩效管理处于人力资源管理系统中的核心位置，并与系统中的其他模块实现对接。

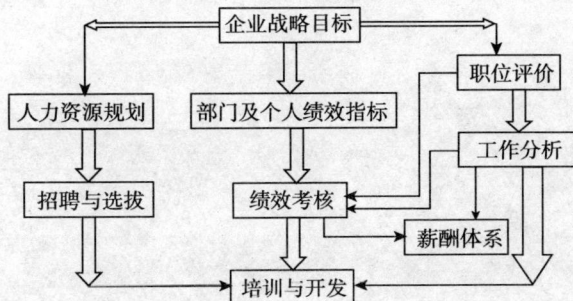

2. 答：（1）绩效考评标准的问题。绩效考评所遵循的标准直接决定着考评结果。因此，考评标准的信度和效度至关重要。绩效考评标准的高信度能保证考评结果的公平性。通常，考评标准的设定应以所考评职位的职位说明书和职位规范为依据。高效度的考评标准能保证考评结果的准确性。要使绩效考评标准具有较高的效度，在设定具体考评项目时就要使其与所考评职位的特点相适应，在各项目权重的设置上也要考虑该职位主要职责和次要职责的关系。此外，还要注意对某一职位绩效考评项目及各项目权重的设立要与类似职位的考评项目和权重的设立相平衡。

（2）考核方法的选择问题。绩效考评的方法有很多种，每种方法都有一定的适用范围与优缺点。因此，企业在考评工作中如果对考评方法选择不当，也会使考评结果产生偏差。此外，由于缺少经验、专业性不够强等原因，企业自行设计的各种考评表有时会出现考评项目模糊不清、互相覆盖、缺乏具体尺度等问题，这些问题同样会使考评结果失真。为了避免这些问题对考评结果的负面影响，企业在进行绩效考评时，要根据考评目的、考评内容等合理地选择考评方法，对于自行设计的各种考评表格要从多个角度进行检查与论证，必要时可以借助专业人员的力量。

（3）考核结果的反馈问题。现代人力资源管理中的绩效考评应该是一个开放的系统，这种开放性意味着整个考评过程应该是上下级之间双向交流的互动过程。而绩效考评的最终目的并不仅仅是为了制定各项人事决策，更为重要的是要肯定员工的优点，激发员工向上的精神，帮助员工找到不足，以明确其今后自我改进的方向。因此，如果考评结果不能以适当的方式反馈给被考评者本人，那么绩效考评本身就失去了意义，更谈不上考评目的的实现。并且，久而久之，员工对于考评也会失去兴趣，将其视为流于形式的一项活动。所以，企业在设计绩效考评制度时，要将反馈制度的建立作为一个重点，以真正建立起上下沟通的通道。

第7章 薪酬管理

§7.1 练习题

§7.1.1 名词解释

1. 职位薪酬　　　　2. 能力薪酬　　　　3. 绩效薪酬　　　　4. 福利

§7.1.2 填空题

1. 狭义的薪酬包括_____和_____两个方面。

2. 薪酬一般由_____、_____、_____、_____、_____五部分构成。

3. 薪酬体系的设计可以分为三类：基于_____的薪酬体系，基于_____的薪酬体系，基于_____的薪酬体系。

4. 职位薪酬主要有_____和_____两种表现形式，其中_____的比重通常占总体薪酬的60%以上。

5. 一个人的绩效行为能力由知识、技能、_____、人格特征和_____五大要素构成。

6. 员工福利通常可分为_____和_____两类。

§7.1.3 多项选择题

1. 薪酬具备的功能（　　　）。
   A. 维持功能　　　B. 激励功能　　　C. 保值增值功能
   D. 再配置功能　　E. 保障功能

2. 薪酬体系的设计目标包括（　　　）。
   A. 战略导向　　　B. 竞争性　　　C. 公平合法
   D. 激励　　　　　E. 经济性

3. 能力薪酬较适于应用的行业有（　　　）。
   A. 运用连续流程生产技术的行业
   B. 从事计算机软件开发的行业
   C. 运用大规模生产技术的行业
   D. 管理咨询行业
   E. 运用单位生产或小批量生产技术的行业以及服务行业

4. 能力薪酬的常见形式主要有（　　　）。
   A. 技术等级工资　　B. 职能等级工资　　C. 职能工资
   D. 能力资格工资　　E. 年功工资

5. 绩效薪酬的形式有（　　）。
　　A. 计件绩效薪酬　　B. 员工持股　　　　C. 佣金绩效
　　D. 股票期权　　　　E. 提成薪酬
6. 下列属于强制性福利的有（　　）。
　　A. 养老保险　　　　B. 失业保险　　　　C. 公积金
　　D. 探亲假　　　　　E. 培训

§7.1.4　简答题

1. 薪酬主要包括哪些内容？
2. 简述职位薪酬的适用条件？
3. 能力薪酬主要有哪几种形式？
4. 员工福利由哪几部分构成？

§7.1.5　论述题

1. 企业薪酬体系设计的目标是什么？
2. 员工福利计划的制订应注意哪些问题？

§7.2　习题参考答案

§7.2.1　名词解释

1. 答：职位薪酬是以岗位或职务作为发放工资的唯一或主要标准的一种工资支付形式。具体是指以员工担任工作的岗位或职务所要求的劳动强度、劳动条件等评价要素所确定的岗位或职务系数为支付工资报酬的根据。

2. 答：能力薪酬指的是依据个体对能力的获得、开发和有效使用，为专业人员、管理人员发展与高绩效有关的综合能力而支付的报酬。在能力薪酬中，决定薪酬的因素包括知识和技能、行为方式、个性特征、动机等。

3. 答：绩效薪酬是根据员工的工作绩效而支付的薪酬，薪酬支付的唯一依据或主要依据是员工的工作绩效和劳动生产率。

4. 答：福利是指用人单位为满足员工生活的需要而向其提供的以非货币工资和延期支付形式为主的补充性报酬与服务。它按照员工的需要和可能、均沾和共享的原则进行分配，大多表现为非现金收入并通常采取间接支付的形式发放。

§7.2.2　填空题

1. 直接经济报酬，间接经济报酬
2. 工资，奖金，津贴，股权，福利
3. 职位，能力，绩效
4. 岗位薪酬，职务薪酬，岗位薪酬
5. 自我认知，动机
6. 强制性福利，自愿性福利

§7.2.3　多项选择题

1. ABCDE　　2. ABCDE　　3. BD　　4. ABCDE　　5. ABCE　　6. ABCD

§7.2.4　简答题

1. 答：通常，薪酬的内容包括：

（1）工资。工资分为基本工资和绩效工资。基本工资是企业为已完成的工作而支付的基本现金薪酬，企业会按周期进行固定发放。绩效工资是对过去工作行为和已取得成就的认可，绩效工资往往随员工的业绩变化而调整，反映了不同员工或不同群体之间的绩效水平差异。

（2）奖金。奖金是企业在达成或超出企业目标时或因为一些特殊事项（如技术创新、工艺革新等）而向员工支付的激励性报酬。奖金往往是属于额外或不定期的，主要包括年终奖金、利润分享（激励性奖金）、收益分享和特别奖金等。

（3）津贴。津贴是指为补偿员工特殊或额外的劳动消耗或因其他特殊原因而支付给员工的一种工资形式，包括补偿员工特殊或额外劳动消耗的津贴、保健津贴、技术津贴、年功津贴及其他津贴。

（4）股权。股权主要包括员工持股计划和股票期权计划。员工持股计划主要针对企业中的基层员工，而股票期权则主要针对中高层管理人员、核心业务和技术人才。

（5）福利。福利是指企业支付给员工的除工资、奖金之外的附加报酬，主要包括国家法定福利和企业自定福利两部分。国家法定福利是指国家规定的企业应当向员工提供的福利。企业自定福利是指企业根据自身情况和员工需求，自定不同的福利项目。

2. 答：（1）岗位描述是否清晰、规范。职位薪酬是在岗位价值评价的基础上建立的，因此，企业必须做到岗位描述清晰、规范。

（2）职位的工作内容是否稳定。每个职位的工作内容必须是相对稳定的，不能是经常变化的，以免影响职位薪酬的公平性和合理性。

（3）职位和员工的能力是否匹配。职位薪酬要求职位所需的能力和员工的能力应当基本匹配，否则就会发生不公平的现象。

职位薪酬主要应用于过程导向的岗位，这类岗位的典型特点是对能力和业绩不容易区分和界定，如管理岗位、行政工勤岗位、部分专业管理岗位、部分生产技术管理岗位等。

3. 答：（1）技术等级工资。技术等级工资是按照工人所达到的技术等级标准确定工资等级，并按照确定的等级工资标准计付劳动报酬。这种工资适用于技术复杂程度比较高、工人劳动差别较大、分工较粗及工作不固定的工种。

（2）职能等级工资。职能等级工资是按照职工所具备的与完成某种一定职位等级工作所相应要求的工作能力等级确定的工资等级。职能等级工资可分为一级一薪、一级数薪，或是单一型职能工资和并存型职能工资。

（3）职能工资。职能工资是企业应当根据员工的能力差异作为向其支付报酬的基础。在职能工资制中，这个体系是任职资格体系，即员工在工作中所需的知识、技能、经验和行为标准等，还需要配套的考核和培训。

（4）能力资格工资。能力资格工资是一种以员工自身的条件，包括技术资格、体质、智力和文化程度等因素为主来反映劳动差别的薪酬。它是通过对员工综合能力的评价来确定员工的薪酬等级和薪酬标准。

（5）年功工资。年功工资也称工龄工资，年功工资一般由两方面构成：由员工的年龄、连续工龄、学历等个人属性决定的工资和根据职务或职务执行能力等因素决定的工资。其特点是：起薪低，工资差别大，随着工龄的增长，每年定期增薪。

4. 答：员工福利通常可分为强制性福利和自愿性福利。

（1）强制性福利。强制性福利是由国家以法律形式强制要求所有在国内注册的企业都必须为员工提供的福利，包括社会保险和各类休假制度，如养老保险、医疗保险、失业保险、公积金、病假、产假、丧假、婚假、探亲假等政府明文规定的福利制度，还有安全保障福利、独生子女奖励等。

（2）自愿性福利。企业自愿性福利是指用人单位为了吸引人才或稳定员工，根据自身特点有目的、有针对性地设置的一些符合企业实际情况的福利。它包括个人福利和生活福利。个人福利具体包括企业年金计划、病假事假、年底双薪、培训、奖励旅游等；生活福利具体包括咨询服务、收入保障计划、家庭援助计划、健康保障计划等。

§7.2.5 论述题

1. 答：（1）战略导向目标。薪酬设计上的战略导向原则是指将企业的薪酬体系构建与企业发展战略有机结合起来，使企业的薪酬体系成为实现企业发展战略的重要杠杆之一。企业在发展的不同生命周期阶段，因为外部市场环境的变化，竞争程度的不同和企业自身优劣势的转变，都会迫使企业制定不同的发展战略。企业战略的调整必然导致薪酬体系的重建或调整。依据战略导向原则，企业应该对"核心人力资源"在政策上予以倾斜，设计相对较高的薪酬水平，如特殊津贴、长期福利等，或者为他们设计单独的薪酬序列，实行不同的薪酬政策。

（2）竞争目标。竞争目标给员工传递的信息是"适者生存"和"竞争是发展的原动力"，这与公司所处的外部的竞争环境相协调。它鞭策员工时刻处于积极向上的精神状态，从容应对一切变化。

企业要想吸引和留住优秀的人才，就必须制定出一整套对人才有吸引力并在同行业中处于较优水平的薪酬政策，并较好地发挥薪酬的激励作用。这应该根据企业的实际情况和所需要的人才类型而定。

（3）激励目标。激励是薪酬的最基本的功能，薪酬设计的激励目标包括两个层面的含义：一是要求企业尽可能满足员工的实际需要。不同的员工需求各异，同样的激励在不同的时期和不同的环境中对同一员工起到的激励作用可能也不同；二是薪酬系统在各岗位或职位的标准上要设定合理的差距，要与员工的能力、绩效、岗位的责任标准等结合起来。

（4）经济性目标。企业的管理者不仅要考虑薪酬系统的吸引力和激励性，还要考虑经济性原则，即企业承受能力的大小、利润的合理积累等问题。企业要合理配置劳动力资源，劳动力资源数量过剩会导致企业薪酬的浪费，劳动力资源缺乏，会导致企业效益下降。企业的分配制度就是在有限的资源和资金内寻求一种最有效的薪酬和福利组合，以确保在最低的薪酬成本下保持企业在人才市场的竞争力和员工的满意度。

（5）透明性目标。透明性包括三方面的含义：薪酬政策的透明、薪酬管理操作的透明以及相关信息传递的透明。薪酬制度的透明化是保证薪酬分配内部公平和员工个人公平的有力支柱，它向员工表明：组织的薪酬制度是建立在公平、公正、公开基础之上的，薪酬的高低有其科学依据和合理性，鼓励所有员工监督其公正性，并对组织的薪酬分配提出申诉或建议。

（6）公平性目标。公平性目标有三种表现形式：外部公平、内部公平和员工个人公平。外部公平性，强调的是本企业薪酬水平同竞争对手的薪酬水平的相对高低以及由此产生的企业在劳动力市场上竞争能力的大小。内部公平强调的是根据各种工作对组织整体目标实现的相对贡献大小来支付报酬。内部公平性问题主要是通过职位分析、职位描述、职位评价建立职位等级结构来实现的。员工个人之间的公平性则是要求组织中的每个员工得到的薪酬与他们各自对组织的贡献相互匹配。

（7）合法性目标。近年来，在一些企业特别是民营企业频繁发生拖欠工资的劳动纠纷，国家和地方相继出台了许多法规法令。《中华人民共和国劳动法》中就有许多是有关付酬方面的规定，如国家关于最低工资、工资支付、养老保险、禁止使用童工、保障妇女和残疾人的权益等。这是任何一个企业在设计薪酬系统时都必须严格遵守和执行的。

2. 答：（1）将福利计划与企业整体的薪资计划相结合。企业工资总额确定以后，就要全面考虑薪资和福利各自所占的比重，既要避免取消福利，即在其薪酬体系中不考虑福利的倾向，又要避免福利无限膨胀的倾向。在设计薪酬体系时，要注意保持福利的合理比重，这个比重对不同地区、不同经济性质的企业有不同的要求，需要企业根据实际情况加以确定。

（2）强化个性化的福利观念与加强团队合作相结合。在实施福利计划时要强化个性化的福利观念，以满足不同员工不同的福利需求。为此一些企业提出了"自助餐式"的福利计划，即把企业每一个员工的年福利总额设定在一个范围内，由员工根据需要自己决定享受何种形式的福利。个性化的福利计划给了员工选择的自由，在一定程度上会冲击员工的团队合作精神，这也是我们需要避免和加以重视的。

（3）处理好实现企业福利目标和引导员工享受福利的关系。企业在实施福利计划时要有意识地加以引导，将员工的福利需求引导到企业的福利目标上来。这就需要人力资源部门做好员工职业生涯规划的指导工作，并指导他们进行适合自身成长需要的福利选择。

（4）企业在设计福利制度时要考虑到福利的成本问题。福利需要相应的经费支出，为了降低福利成本，企业不必向所有的员工都提供一样的福利，而是根据具体情况，区别对待。企业可以考虑在有以下一些情况时区别对待，向不同员工提供不同的福利标准。

第一，以工作时间为标准。全日工享受的福利，半日工、临时工则不需全部享受。

第二，以在职和不在职为标准。在职员工享受的有些福利，如托幼、业余教育、带薪休假等，退休员工或因为经济不景气而临时解雇的员工，则不必享受。

第三，以工龄为标准。员工福利待遇与工龄挂钩，随工龄增加而增加。可以要求员工在向企业提供一定年限的劳动之后，才能开始享受某些福利。

第四，以员工对企业的重要性及对企业的贡献为标准。对企业贡献大的员工，享受较高的福利待遇。但在实行这项措施时，不宜使福利待遇差别过大，以免引起待遇比较低的员工的不满，影响他们的劳动积极性。

第 8 章　员工流动管理

§8.1　练习题

§8.1.1　名词解释

1. 员工流动　　　2. 员工流动管理　　　3. 员工流失　　　4. 主动型在职失业

§8.1.2　填空题

1. 解雇是一种非自愿流出，提前退休属于_____流出。
2. 组织不希望看到的_____称为流失。
3. 在不稳定的进出模式中，管理者强调_____。
4. 员工根据组织的需要，进入任何一个层次的员工流动模式是_____。
5. 即使面临经济周期的变化也不会解雇员工的员工流动模式是_____。
6. 员工流失因素中，与工作相关的个人因素有：职位满足度，职业生涯抱负和预期，对企业忠诚度，对寻找其他职位的预期，_____，员工所属的劳动力市场。
7. 在职满足程度和员工流动之间存在着_____关系。
8. 员工对企业的效忠与员工流失之间存在着_____关系。

§8.1.3　多项选择题

1. 员工流动的形式包括（　　　）。
   A. 流入　　　　　B. 流出　　　　　C. 市场流动　　　　　D. 内部流动
2. 员工内部流动的形式包括（　　　）。
   A. 平级调动　　B. 岗位轮换　　C. 晋升　　　　　D. 降职
3. 员工流失是由多种因素引起的，这些因素一般可以分为（　　　）。
   A. 宏观因素　　B. 微观因素　　C. 组织因素　　　D. 个人因素
4. 管理和控制员工流失的原则有（　　　）。
   A. 差别性控制原则B. 效率原则　　C. 适度原则　　　D. 保密原则
5. 员工流动的模式主要有（　　　）。
   A. 终身雇用模式　B. 或上或出模式　C. 不稳定进出模式　D. 综合模式
6. 员工非自愿流出包括（　　　）。
   A. 解雇　　　　　B. 人员精减　　C. 提前退休　　　D. 辞职
7. 影响员工流动的职业因素有（　　　）。
   A. 职业评价的影响　　　　　　　　B. 职业技术水平的影响
   C. 员工对职业投入的影响　　　　　D. 薪酬水平

8. 影响员工流失的企业因素包括（　　　）。

A. 工资水平
B. 职位的工作内容
C. 企业管理模式
D. 企业对员工流失的态度

§8.1.4　简答题

1. 简述员工流动的前提条件。
2. 一般情况下，流失员工具有哪些特点？
3. 管理和控制员工流失的方式有哪些？
4. 简述卡兹的组织寿命学说。
5. 有效的晋升管理应遵循的原则。

§8.1.5　论述题

试论述流动模式对组织战略产生的影响。

§8.2　习题参考答案

§8.2.1　名词解释

1. 答：员工流动是指员工的流出、流入和在组织内流动所发生的人力资源的变动，它影响到一个组织人力资源的有效配置。组织以人力资源的流动来维持员工队伍的新陈代谢，保持组织的效率与活力。

2. 答：员工流动管理是指从社会资本的角度出发，对人力资源的流入、内部流动和流出进行计划、组织、协调和控制，以确保组织人力资源的可获得性，满足组织现在和未来的人力需要和员工的职业生涯需要。

3. 答：员工流失是指企业不希望出现的员工流出，这样的流出往往给企业带来特殊的损失。

4. 答：主动型在职失业是指员工个人在保持在职的条件下对失业不太在意的一种情况。主动在职失业这种做法在国有企业员工中采用的较多，这些员工一般都在积极从事着第二职业，并不在意失去这份工作带来的收入减少。

§8.2.2　填空题

1. 非自愿　2. 自愿流出　3. 员工的选择　4. 不稳定的进出模式　5. 终身雇用模式
6. 压力　7. 负相关　8. 正相关

§8.2.3　多项选择题

1. ABD　2. ABCD　3. ACD　4. ABCD　5. ABCD　6. ABC　7. ABC　8. ABCD

§8.2.4　简答题

1. 答：员工流动的前提条件：
（1）劳动力具有个人所有权；

（2）劳动力存在就业压力；

（3）职业之间存在各种各样的差异；

（4）劳动能力专业化和劳动力市场需求专业化。

2. 答：员工流失的特点：

（1）流失的员工多是一些已经或将来能够为企业带来竞争优势的企业人才。

（2）流失的员工是市场争夺的对象。

（3）流失的员工的工作更多的是依赖知识而不是外在条件或工具。

（4）流失的员工会使企业面临巨大的损失。

3. 答：管理和控制员工流失的方式：

（1）对员工流动进行立法管理。立法管理就是利用政府制定的相关法律法规对员工流动进行有效的调控。市场经济是法制的经济，劳动法、合同法、经济法等一系列法制法规的建立以及进一步完善，使得企业可以借助法律来保护和规范自己，使不合理的流动受到强制性约束。

（2）对员工流失的规章管理。要减少员工的流动倾向，除了要为员工的发展创造良好的环境，不断增加自身的吸引力外，还必须采取一定的措施加强对员工流动的规章制度管理。制定的规章可以包括：企业要与员工签订劳动用工合同，在合同期内企业不能无故辞退员工，员工也不能擅自离开企业，一方违约必须向另一方交纳违约赔偿金；员工离开企业必须向企业交纳教育培训费。

（3）建立完善的人力资源管理体系。如果说法律和规章制度是员工流失管理的硬环境，那么良好的人力资源管理体系就是员工流失管理的软环境。良好的人力资源管理体系是企业在人本主义思想的指导下，通过对招聘、筛选、再融入管理、职位内容、薪酬福利支付、职业生涯管理，还有企业文化建设等诸多方面的努力和不断地探索修改逐步形成的。想要控制员工的流失首先需要对企业的人力资源管理的各个环节进行仔细的诊断，然后找出自己管理中存在的相关问题，从而判断员工流失的原因和后果，以采取相应的措施。

4. 答：美国学者卡兹从保持企业活力的角度提出了企业组织寿命学说。他是在对科研组织寿命的研究中，发现组织寿命的长短与组织内信息沟通情况有关，与获得成果的情况有关。他通过大量调查统计出了一条组织寿命曲线，即卡兹曲线。

该曲线表明，在一起工作的科研人员，在1.5~5年这个期间里，信息沟通水平最高，获得成果也最多。而在不到1.5年或超过5年的时间段，成员信息沟通水平不高，获得成果也不多。

卡兹曲线告诉我们：一个科研组织也和人一样也有成长、成熟、衰退的过程，组织的最佳年龄区为1.5~5年，超过5年，就会出现沟通减少、反应迟钝，即组织老化，解决的方法是通过员工流动对组织进行改组。卡兹的组织寿命学说从组织活力的角度证明了员工流动的必要性，同时也指出员工流动不宜过快，流动间隔应大于2年，这是适应组织环境和完成一个项目所需的下限时间。

5. 答：有效的晋升管理应遵循的原则：

一是晋升过程正规、平等和透明；二是晋升选拔注重能力；三是对能力的评价要注重对员工技能、绩效、经验、适应性以及素质等因素的综合考察。

§8.2.5　论述题

答：（1）对员工忠诚的影响。每一次组织对员工的解雇都塑造着在职员工对组织忠诚度的改变。具有不安全感的员工可能对自己和组织的关系斤斤计较，只有当其职业生涯的需求被迅速地满足时才决定留下来。而相信自己直到退休都和组织在一起的员工则可能在与组织的关系上有一种更长远的目光。在其职业抱负中，他们可能愿意接受较慢的提升或是临时的降级，而不降低其忠诚程度。人员流动采用或上或出模式的企业在从较年轻的、正寻求提升的员工那里获得高水平的激励上是很成功的。

（2）对员工能力的影响。不稳定的进出模式使管理者强调对员工的选择而非强调对员工的开发。如果在雇用和解雇上并没有限制和值得注意的成本，经理们就会在选择上更仔细，并且在开发上投资更大。这种开发不但能增加员工的能力，还能改变员工和组织之间的关系。想让自己有发展机会的员工通常会对组织有更强的忠诚感。

（3）对组织适应性的影响。流动模式也会影响组织的适应能力。定期的劳动力削减迫使组织解雇那些效率低下者，使新的一代员工有机会重塑组织，这是管理变化的一种方法。在采用不稳定的进出流动模式的组织中员工可能会更富有多样性，而多样性一般来说是有利于创新的。另外，进出模式和或上或出模式也能受到适应性的影响，因为从低层快速晋升上来的人往往没有权力或关系网来发动一个大的变革，又或是冒不起这么大的风险。

（4）对文化的影响。每一个组织都有自己的文化，即一系列指导员工行为的共享信念和价值观。然而，不同组织的文化影响力是有差异的。

文化的力量要受到流动模式的影响。因为流动模式决定着员工和组织在一起的时间，从而决定着学习和传播一系列企业信念的可能性。如在不稳定的进出模式中，人员流出率很高，以致员工未被充分地同化就已经离开组织，而且在这样的组织中也没有足够多的长期员工来传播文化。而在终身雇用制的组织中，发展强有力的文化相对就会容易一些。因为员工更有可能认同组织，并且希望被同化。稳定的高级员工群体也能够帮助新成员被同化。或上或出模式也是可能发展出强有力文化的，只是保持文化的重担要落在相对数量较少的高级员工肩上。

（5）对组织在社会中的角色的影响。不同的流动模式对组织在社会中的角色的认识是不同的。不稳定的进出模式认为员工存在的目的是帮助组织来盈利，而终身雇用制认为，组织存在的目的是提供稳定的就业和保障员工的生活。

第 9 章 劳动关系管理

§9.1 练习题

§9.1.1 名词解释

1. 劳动关系   2. 劳务关系   3. 劳动合同   4. 劳动争议

§9.1.2 填空题

1. 解决劳动争议，应根据_____、_____、_____、_____的原则，依法维护劳动争议当事人的合法权益。

2. 劳动合同应在_____、_____、_____、_____、_____原则的基础上订立，并遵循_____、_____、_____三个步骤进行。

3. 劳动合同的变更只限于_____的变更，不包括_____的变更。

4. _____和_____不是劳动争议处理的必经程序，而_____是劳动争议处理的必要程序。

5. 劳动合同解除分为_____和_____两种形式。

6. 处理劳动争议的程序包括_____、_____、_____、_____、_____。

§9.1.3 多项选择题

1. 下面属于劳动关系范畴的有（   ）。
   A. 所有者与全体职工（含管理人员）的关系
   B. 经营管理者与普通职工的关系   C. 经营管理者与工会的关系
   D. 工会与职工的关系   E. 所有者与行业协会的关系

2. 劳动合同的必备条款包括（   ）。
   A. 劳动合同期限 B. 工作内容   C. 劳动保护和劳动条件
   D. 劳动报酬   E. 违反劳动合同的责任

3. 按照国家的规定，有权负责受理劳动争议案件的专门机构有（   ）。
   A. 设在企业的基层调解委员会   B. 地方的各级劳动争议仲裁委员会
   C. 同级人民法院   D. 当地民政局

4. 下列情形属于劳动争议的有（   ）。
   A. 因除名、辞退和辞职、离职发生的争议
   B. 因财务问题、营销问题而发生的争议
   C. 因工作时间、休息休假、社会保险、福利、培训以及劳动保护发生的争议

D. 因订立、履行、变更、解除和终止劳动合同发生的争议

E. 因职工的股份分红问题而发生的争议

5. 下列情形下允许变更劳动合同的有（　　　）。

　　A. 由原无固定期限的劳动合同变更为下岗合同

　　B. 企业经有关部门批准转产、调整生产任务，致原合同无法履行

　　C. 用人单位发生分立或合并无法履行原合同

　　D. 劳动者因患重病无法履行原合同

　　E. 当事人双方协商同意

6. 用人单位可以单方解除劳动合同的情形有（　　　）。

　　A. 劳动者严重违反用人单位规章制度的

　　B. 劳动者患病或非因工负伤，在规定的医疗期满后，不能从事原工作也不能从事由用人单位另行安排的工作的

　　C. 劳动者因工负伤，伤愈后不能从事原工作的

　　D. 劳动者在试用期间被证明不符合录用条件

　　E. 劳动者被依法追究刑事责任的

7. 符合下列哪些条件之一，劳动合同即行终止（　　　）。

　　A. 劳动合同期满

　　B. 劳动者开始依法享受基本养老保险待遇的

　　C. 因工负伤并被确认丧失或者部分丧失劳动能力

　　D. 女职工在孕期、产期、哺乳期

　　E. 用人单位被吊销营业执照、责令关闭、撤销或者用人单位决定提前解散的

§9.1.4　简答题

1. 事实劳动关系的认定应把握哪些要点？

2. 如何区分劳动关系与劳务关系？

3. 劳动合同订立的程序是什么？

4. 劳动合同解除的条件是什么？

§9.1.5　论述题

1. 劳动合同的内容一般包括哪些方面？

2. 劳动争议产生的原因是什么？

§9.2　习题参考答案

§9.2.1　名词解释

1. 答：劳动关系是指劳动力所有者（劳动者）与劳动力使用者（用人单位，包括各类企业、个体工商户、事业单位等）之间，在实现劳动过程中建立的社会经济关系。

2. 答：劳务关系是指提供劳务的一方为需要的一方以劳动形式提供劳务活动，而需要方应支付约定的报酬，是由两个或两个以上的平等主体，通过劳务合同建立的一种民事

权利义务关系。

3. 答：劳动合同亦称劳动契约，是劳动者与用人单位确立劳动关系、明确双方权利和义务的协议。依法订立的劳动合同是处理劳动争议的直接证据和依据。

4. 答：劳动争议也称劳动纠纷，是指劳动关系双方（即劳动者和用人单位）在执行劳动法律、法规或履行劳动合同的过程中，因劳动权利义务发生分歧而引起的争议。

§9.2.2　填空题

1. 合法，公正，及时处理，调解
2. 合法，公平，平等自愿，协商一致，诚实信用，提议，协商，签约
3. 劳动合同内容，当事人
4. 协商，调解，仲裁
5. 法定解除，协商解除
6. 协商，调解，仲裁，诉讼

§9.2.3　多项选择题

1. ABCD　　2. ABCDE　　3. ABC　　4. ACD　　5. ABCDE　　6. ABDE　　7. ABE

§9.2.4　简答题

1. 答：用人单位和劳动者虽然没有签订书面劳动合同，但劳动者已经成为用人单位的一员，身份上具有从属关系，双方确已形成了劳动权利义务关系的，可以综合下列情况认定为事实劳动关系：劳动者已实际付出劳动并从用人单位取得劳动报酬；用人单位对劳动者实施了管理、指挥、监督的职能；劳动者必须接受用人单位劳动纪律和规章制度的约束。

用人单位与劳动者发生劳动争议不论是否订立劳动合同，只要存在事实劳动关系，符合劳动法适用范围及劳动争议受案范围，仲裁机构均应处理。

2. 答：劳动关系与劳务关系的区别主要在于：

（1）主体不同。劳动关系中的双方主体是确定的，一方是符合法定条件的用人单位，另一方必然是劳动者，而且必须是符合劳动年龄条件（必须是年满16周岁的公民），且具有与履行劳动合同义务相适应的能力的自然人。劳动者必须加入用人单位，成为其中一员，并且遵守单位的规章制度，双方存在领导与被领导的关系，反映的是劳动力与生产资料相结合的关系。而劳务关系的主体类型较多，劳务关系当事人一方或双方既可以是法人，也可以是其他组织，还可以是自然人，劳务提供者无须加入另一方，双方不存在领导与被领导的关系。

（2）劳动风险责任承担不同。用人单位作为劳动关系的一方组织劳动，享有劳动支配权，有义务承担劳动风险责任，必须按照法律法规和地方规章等为职工承担社会保险义务，且用人单位承担其职工的社会保险义务是法律的确定性规范。劳务提供者作为劳动关系的一方自行安排劳动，自己承担劳动风险责任。

（3）劳动报酬的性质、支付方式不同。基于劳动关系发生的劳动报酬是工资，且有按劳分配的性质，其支付方式特定化为一种持续的、定期的支付；基于劳务关系发生的劳动

报酬是劳务费，且有劳务市场属性，其支付方式为一次性劳务价格支付。

（4）适用法律不同。劳动关系适用《中华人民共和国劳动法》和《中华人民共和国劳动合同法》，并由二者进行规范和调整，而劳务关系由《中华人民共和国合同法》和《中华人民共和国民法通则》进行规范和调整。

（5）合同的法定形式不同。劳动关系用劳动合同来确定，其法定形式必须是书面的；而劳务关系用劳务合同来确定，其法定形式可以是书面的，也可以是口头的或其他形式。

3. 答：劳动者和用人单位在签订劳动合同时，应遵循一定的手续和步骤。根据《劳动合同法》的有关规定以及订立劳动合同的实践，签订劳动合同的程序一般为：

（1）提议。在签订劳动合同前，劳动者或用人单位提出签订劳动合同的建议，称为要约，如用人方通过招工简章、广告、电台等渠道提出招聘要求，另一方接受建议并表示完全同意，称为承诺。一般由用人方提出和起草合同草案，提供协商的文本。

（2）协商。双方对签订劳动合同的内容进行认真磋商，包括工作任务、劳动报酬、劳动条件、内部规章、合同期限、保险福利待遇等。协商的内容必须做到明示、清楚、具体、可行，充分表达双方的意愿和要求，经过讨论、研究，相互让步，最后达成一致意见。要约方的要约经过双方反复提出不同意见，最后在新要约的基础上表示新的承诺。在双方协商一致后，协商即告结束。

（3）签约。在认真审阅合同文书，确认没有分歧后，用人单位的法定代表人或者其书面委托的代理人代表用人单位与劳动者签订劳动合同。劳动合同由双方分别签字或者盖章，并加盖用人单位印章。订立劳动合同可以约定生效时间。没有约定的，以当事人签字或盖章的时间为生效时间。当事人签字或盖章时间不一致的，以最后一方签字或盖章的时间为准。

4. 答：（1）双方协商解除的条件。双方协商解除劳动合同，应由当事人双方按照要约、承诺的程序达成解除劳动合同的书面协议。当事人双方协商解除劳动合同必须符合下列条件：一是双方自愿；二是平等协商；三是不得损害一方利益。

（2）用人单位解除劳动合同的条件。因劳动者出现过错而导致企业可以解除劳动合同的法定情形为：劳动者在试用期间被证明不符合录用条件的；劳动者严重违反用人单位的规章制度的；劳动者严重失职、营私舞弊，给用人单位造成重大损害的；劳动者同时与其他用人单位建立劳动关系，对完成本单位的工作任务造成严重影响，或者经用人单位提出，拒不改正的；劳动合同是在欺诈、胁迫或者乘人之危，违背当事人真实意思的情况下订立而无效的；被依法追究刑事责任的。劳动者虽然没有任何主观过错，但法律也允许用人单位解除劳动合同：劳动者患病或非因工负伤，在规定的医疗期满后，不能从事原工作也不能从事由用人单位另行安排的工作的；劳动者不能胜任工作，经过培训或者调整工作岗位仍不能胜任工作的；劳动合同订立时所依据的客观情况发生重大变化，致使劳动合同无法履行，经用人单位与劳动者协商，未能就变更劳动合同达成协议的；用人单位濒临破产进行法定整顿期间或者生产经营状况发生严重困难，确需裁减人员的。

（3）劳动者解除劳动合同的条件。劳动者与用人单位解除劳动合同，可分为两种情况：一是由于劳动者自身的主观原因，想要提前解除劳动合同；二是由于单位的过错，而使劳动者不得不与之解除劳动合同的情况。在第一种情况下，劳动者解除劳动合同，应当提前 30 日以书面形式通知用人单位。这既是劳动者解除劳动合同的程序，也是劳动者解除劳动合同的条件。在第二种情况下，劳动者解除劳动合同，由于是用人单位过错引起的，所以劳动者不需提前 30 日通知用人单位。这种情况适用于《劳动合同法》第三十八条的规定，即有下列情形之一的，劳动者可以随时通知用人单位解除劳动合同：未按照劳动合同约定提供劳动保护或者劳动条件的；未及时足额支付劳动报酬的；未依法为劳动者缴纳社会保险费的；用人单位的规章制度违反法律、法规的规定，损害劳动者权益的；劳动合同是在欺诈、胁迫或者乘人之危，违背当事人真实意思的情况下订立而无效的；法律、行政法规规定劳动者可以解除劳动合同的其他情形。用人单位以暴力、威胁或者非法限制人身自由的手段强迫劳动的，或者用人单位违章指挥、强令冒险作业危及劳动者人身安全的，劳动者可以立即解除劳动合同，不需事先告知用人单位。

（4）劳动合同自行解除的条件。劳动合同自行解除，是指因法律规定的特殊情况发生而导致劳动合同自行提前终止法律效力。它只适用法律规定的特殊情况，并且无须履行解除劳动合同的手续。根据我国有关劳动法规的规定，劳动者被除名、开除、劳动教养以及被判刑的，劳动合同自行解除。

§9.2.5 论述题

1. 答：劳动合同通常应具备的主要条款有：

（1）劳动合同的期限。劳动合同期限是指劳动合同起始至终止之间的时间，或者说是劳动合同具有法律约束力的时段。劳动合同具有法律约束力的生效时间一般为劳动合同双方的签字时间，其终止时间为合同期届满或当事人双方约定的终止条件出现的时间。

（2）工作内容。主要包括劳动者的工种和岗位，以及该岗位应完成的生产（工作）任务、工作地点。工作内容是劳动法律关系所指向的对象，即劳动者具体从事什么种类或什么内容的劳动。

（3）劳动保护和劳动条件。劳动条件是指用人单位对劳动者从事某项劳动提供的必要条件，包括劳动保护条件和其他劳动条件。劳动保护条件是指用人单位为了防止劳动过程中的事故，减少职业危害，保障劳动者的生命安全和健康而采取的各种措施。其他劳动条件是指用人单位为使劳动者顺利完成劳动合同约定的工作任务，为劳动者提供的必要的物质和技术条件。

（4）劳动报酬。应明确劳动者的工资、奖金和津贴的数额或计发办法。劳动力市场就是劳动和货币的交换，由此引起的争议也最多。

（5）劳动纪律。是劳动者在共同劳动过程中所必须遵守的劳动规则和秩序。主要包括用人单位的规章制度或员工守则等内容及其执行程序等。

（6）劳动合同的终止条件。所谓劳动合同终止的条件，就是劳动合同法律关系终结和撤销的条件。劳动合同终止的条件，可分为法定终止条件和约定终止条件。

（7）违反劳动合同的责任。所谓违反劳动合同的责任，是指违反劳动合同约定的各项义务所应承担的责任，包括一方当事人不履行或不完全履行劳动合同以及违反法定或约定条件解除劳动合同所应当承担的法律责任。

劳动合同还可以有约定或称可备条款，它是指法律不做强行规定，由当事人自己在合同中任意约定的条款。通常情况下，劳动合同的可备条款主要集中在以下几个方面：试用期条款；保守商业秘密条款；补充保险和福利待遇条款；竞业禁止条款等。

　　劳动合同的双方当事人可以在国家立法规定的范围内通过协商订立约定条款，如对用人单位出资招收录用、出资培训、住房分配、劳动者保守用人单位商业秘密等事项，约定双方的权利和义务，包括服务期限、保密期限、违约赔偿等。

　　2. 答：产生劳动争议的原因可以从劳动关系的主体出发进行分析：

　　第一，用人单位方面的原因。

　　（1）随着《劳动合同法》的颁布以及劳动力市场的日益成熟，所谓的正式工和临时工已不复存在，用人单位中各类职工的权利是一样的。以往一个较长时期相对于正式工而言的临时工，如今和正式工一样已成为历史名词。但是在相当一部分用人单位的领导和管理人员主观意识上没有完成这个观念的转变或者说根本不了解这个用工政策上的巨大变化，他们不了解、不熟悉《劳动合同法》及现行的有关劳动保障方面的法规、政策，不按法律办事，还是按传统的办法管理员工，这是造成劳动争议的主要原因。

　　（2）用人单位内部规章制度是用人单位自行制定，用于经营、管理单位及规范员工行为的规范性文件。它是用人单位处理违纪员工的"操作手册"，是用人单位内部的"法律"。实践中，因为用人单位内部规章存在问题而引发的劳动纠纷也不少，如有的用人单位规章制度不健全，出现了许多漏洞和不该发生的违规行为。

　　（3）目前，仍有一部分用人单位不按规定与职工签订劳动合同，由此引发的劳动争议层出不穷。《劳动合同法》明确规定，建立劳动关系应当订立劳动合同，明确双方的权利和义务。

　　（4）劳动用工日常管理不规范。引发劳动争议的原因很多，包括社会保险缴纳、劳动报酬支付、辞退、解除和终止劳动合同等诸多问题。例如，有的用人单位虽为职工缴纳了社会保险，但是为了单位自身的利益，压低缴费基数，侵害职工利益；有的用人单位虽然和职工订立了劳动合同，但是合同条款不规范，不约定岗位、工资，且随意变更职工的岗位，降低工资，从而引发劳动争议；某些用人单位解除、终止劳动合同条款不明晰，不了解解除和终止劳动合同之间的区别，从而引发经济补偿金争议；有的用人单位的领导和管理者不了解国家的工时制度，任意延长工作时间，无节制地安排职工加班，不按规定支付加班工资等，从而引发劳动争议。

　　第二，劳动者方面的原因。

　　（1）当前，由于社会的进步、法制大环境的影响，劳动者的法制意识、维权意识不断增强，当自身的利益受到侵害后能勇敢地拿起法律武器维护自己的合法权益。

　　（2）个别劳动者恶意用法，违反用人单位的劳动纪律或侵害用人单位的利益，给用人单位造成严重损失。